자습서

NE 능률

High School English

Reading & Writing

양현권 | 백기창 | 장은미 | 김낙훈 | 김형석 | 박한나

High School English

Reading & Writing

자습서

지은이	양현권 백기창 장은미 김낙훈 김형석 박한나
연구원	윤인아 안효연 여윤구
영문 교열	August Niederhaus MyAn Le Patrick Ferraro
표지·내지 디자인	㈜모노클앤컴퍼니
맥편집	김미진
마케팅	박혜선 김상민
영업	한기영 주성탁 박인규 장순용 김남준

Preface

The purpose of life is to live it, to taste it, to experience to the utmost, to reach out eagerly and without fear for newer and richer experience.

- Eleanor Roosevelt

새로운 도전과 경험을 두려워하지 말고 열정적으로 삶을 살아가라는 의미입니다. 여러분에게 삶의 의미와 목적은 무엇인가요? 열정적인 자세로 매 순간 최선을 다한다면, 여러분이 꿈꾸는 삶에 도달할 수 있다는 것을 기억하세요!

Structures & Features

교과서 지면과 교과서에 제시된 모든 문장에 대한 해석을 통해 교과서 내용을 보다 쉽게 이해할 수 있습니다.

교과서 내용과 관련된 배경 지식을 통해 교과서 내용을 심도 있게 이해할 수 있습니다.

페이지 별로 제시된 주요 어휘와 뜻을 바로 확인할 수 있습니다.

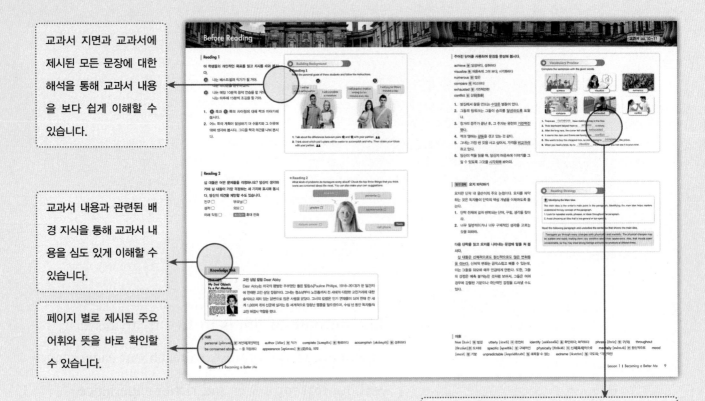

교과서 문제에 대한 정답 및 예시 답안을 해당 자리에서 쉽게 확인할 수 있습니다.

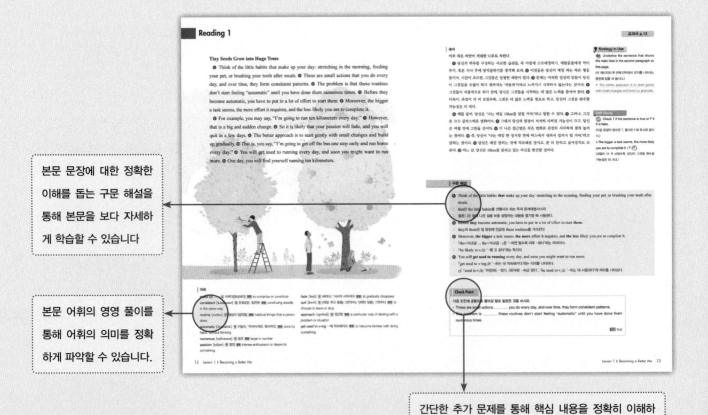

본문 문장에 대한 정확한 이해를 돕는 구문 해설을 통해 본문을 보다 자세하게 학습할 수 있습니다

본문 어휘의 영영 풀이를 통해 어휘의 의미를 정확하게 파악할 수 있습니다.

간단한 추가 문제를 통해 핵심 내용을 정확히 이해하였는지 확인할 수 있습니다.

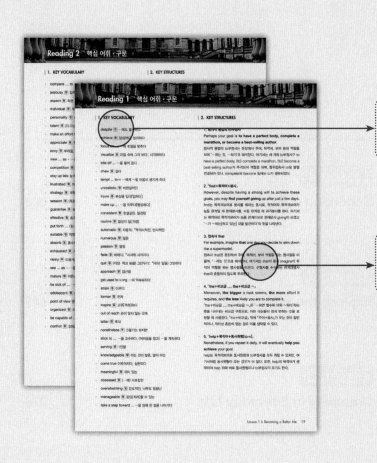

본문의 주요 어휘와 뜻이 정리된 코너를 통해 효율적으로 어휘를 학습할 수 있습니다.

주요 구문이 쓰인 문장을 확인하며 본문의 핵심 구문을 다시 한번 정리할 수 있습니다.

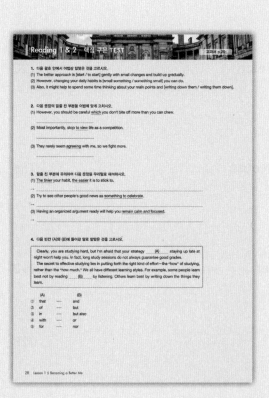

Reading 1과 Reading 2에 제시된 핵심 구문에 대한 확인 문제를 통해 이해도를 다시 한 번 점검할 수 있습니다.

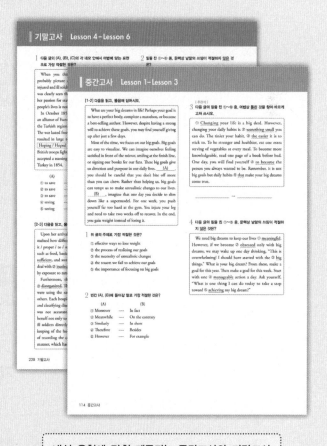

내신 유형에 맞춰 제공되는 중간고사와 기말고사로 학교 시험에 철저하게 대비할 수 있습니다.

Contents

Becoming a Better Me

Lesson Goals

Reading
1. 목표를 달성하는 방법에 관한 글을 읽고 작은 습관을 통해 큰 목표를 이루어 나갈 수 있다.
2. 고민이 있는 학생들에게 조언하는 글을 읽고 십 대 청소년들의 고민과 해결 방법을 이해할 수 있다.
[Reading Strategy] Identifying the Main Idea

Writing
친구에게 조언하는 편지를 쓸 수 있다.
[Writing Task] A Letter of Advice

Language
Nelly is **not** a doctor **but** a nurse.
I **should have arrived** at the airport on time.

Reading 1
Dream Big, Start Small

Q What are you doing to make your dreams come true?

Q. 당신은 꿈을 이루기 위해 무엇을 하고 있는가?

Reading 2
Ask Alice: Advice for Teens

Q Do you have any problems that you want to fix?

Q. 당신에게 바로잡고 싶은 문제가 있는가?

PSYCHOLOGY

PHILOSOPHY

BIG QUESTION

?

How can I become a better person?

CULTURE

WRITING

Words of Wisdom from around the World

Q What is your favorite proverb?

Q. 당신이 가장 좋아하는 속담은 무엇인가?

My Advice for a Friend

Q Who do you usually go to for advice?

Q. 당신은 보통 조언을 구하러 누구에게 가는가?

Reading 1

이 학생들의 개인적인 목표를 읽고 지시를 따라 봅시다.

Ⓐ 나는 베스트셀러 작가가 될 거야.
나는 마라톤을 완주하겠어.

Ⓑ 나는 매일 10분씩 창작 연습을 할 거야.
나는 하루에 15분씩 조깅을 할 거야.

1. Ⓐ 쪽과 Ⓑ 쪽의 차이점에 대해 짝과 이야기해 봅시다.

2. 어느 쪽의 계획이 달성하기 더 쉬울지와 그 이유에 대해 생각해 봅시다. 그다음 짝과 의견을 나눠 봅시다.

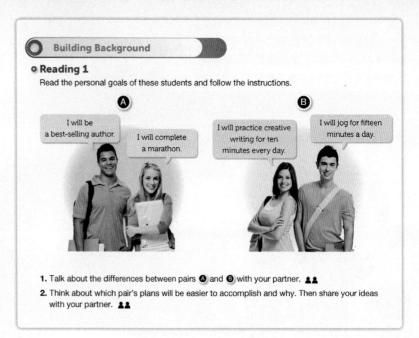

Building Background

○ Reading 1

Read the personal goals of these students and follow the instructions.

Ⓐ
I will be a best-selling author.
I will complete a marathon.

Ⓑ
I will practice creative writing for ten minutes every day.
I will jog for fifteen minutes a day.

1. Talk about the differences between pairs Ⓐ and Ⓑ with your partner. 👥
2. Think about which pair's plans will be easier to accomplish and why. Then share your ideas with your partner. 👥

Reading 2

십 대들은 어떤 문제들을 걱정하나요? 여러분이 생각하기에 십 대들이 가장 걱정하는 세 가지에 표시해 봅시다. 여러분의 의견을 제안할 수도 있습니다.

친구 ☐   부모님 ☐
성적 ☐   외모 ☐
미래 직업 ☐   예시답안 휴대 전화

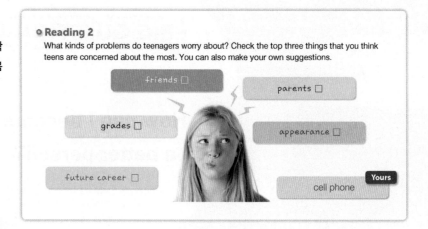

○ Reading 2

What kinds of problems do teenagers worry about? Check the top three things that you think teens are concerned about the most. You can also make your own suggestions.

friends ☐   parents ☐
grades ☐   appearance ☐
future career ☐   cell phone   Yours

Knowledge Link

DEAR ABBY:
My Dad Objects To a Pet Monkey

고민 상담 칼럼 Dear Abby

Dear Abby는 미국의 평범한 주부였던 폴린 필립스(Pauline Phillips, 1918~2013)가 한 일간지에 연재한 고민 상담 칼럼이다. 그녀는 청소년부터 노인층까지 전 세대의 다양한 고민거리에 대한 솔직하고 재치 있는 답변으로 많은 사랑을 받았다. 그녀의 칼럼은 인기 연재물이 되어 한때 전 세계 1,000여 개의 신문에 실리는 등 세계적으로 엄청난 열풍을 일으켰으며, 수십 년 동안 독자들의 고민 해결사 역할을 했다.

어휘

personal [pə́:rsənl] 형 개인의[개인적인]   author [ɔ́:θər] 명 작가   complete [kəmplí:t] 동 완료하다   accomplish [əkámpliʃ] 동 성취하다
be concerned about... ...을 걱정하다   appearance [əpíərəns] 명 (겉)모습, 외모

주어진 단어를 사용하여 문장을 완성해 봅시다.

achieve 동 달성하다, 성취하다
visualize 동 마음속에 그려 보다; 시각화하다
numerous 형 많은
compare 동 비교하다
exhausted 형 기진맥진한
conflict 명 갈등[충돌]

1. 벌집에서 꿀을 만드는 <u>수많은</u> 벌들이 있다.
2. 그들의 팀워크는 그들이 승리를 <u>달성하도록</u> 도왔다.
3. 장거리 경주가 끝난 후, 그 주자는 완전히 <u>기진맥진</u>했다.
4. 잭과 엠마는 <u>갈등</u>을 겪고 있는 것 같다.
5. 그녀는 가장 싼 것을 사고 싶어서, 가격을 <u>비교하려</u>하고 있다.
6. 당신이 책을 읽을 때, 당신의 마음에 이야기를 그릴 수 있도록 그것을 <u>시각화해</u> 보아라.

Vocabulary Preview

Complete the sentences with the given words.

achieve

visualize

numerous

compare

exhausted

conflict

1. There are __numerous__ bees making honey in the hive.
2. Their teamwork helped them to __achieve__ a victory.
3. After the long race, the runner felt utterly __exhausted__.
4. It seems like Jack and Emma are having a(n) __conflict__.
5. She wants to buy the cheapest one, so she is trying to __compare__ the prices.
6. When you read a book, try to __visualize__ the story so that you can see it in your mind.

읽기 전략 요지 파악하기

요지란 단락 내 글쓴이의 주요 논점이다. 요지를 파악하는 것은 독자들이 단락의 핵심 개념을 이해하도록 돕는다.
1. 단락 전체에 걸쳐 반복되는 단어, 구절, 생각을 찾아라.
2. 너무 일반적이거나 너무 구체적인 생각을 고르는 것을 피하라.

다음 단락을 읽고 요지를 나타내는 문장에 밑줄 쳐 봅시다.

<u>십 대들은 신체적으로도 정신적으로도 많은 변화들을 겪는다.</u> 신체적 변화는 급작스럽고 빠를 수 있는데, 이는 그들을 외모에 매우 민감하게 만든다. 또한, 그들의 감정은 예측 불가능한 것처럼 보여서, 그들은 여러 경우에 강렬한 기분이나 극단적인 감정을 드러낼 수도 있다.

Reading Strategy

💡 Identifying the Main Idea

The main idea is the writer's main point in the paragraph. Identifying the main idea helps readers understand the key concept of the paragraph.
1. Look for repeated words, phrases, or ideas throughout the paragraph.
2. Avoid choosing an idea that is too general or too specific.

Read the following paragraph and underline the sentence that shows the main idea.

Teenagers go through many changes both physically and mentally. The physical changes may be sudden and rapid, making them very sensitive about their appearance. Also, their moods seem unpredictable, so they may show strong feelings and extreme emotions at different times.

어휘

hive [haiv] 명 벌집   utterly [ʌ́tərli] 부 완전히   identify [aidéntəfài] 동 확인하다; 파악하다   phrase [freiz] 명 구(句)   throughout [θruːáut] 전 도처에   specific [spəsífik] 형 구체적인   physically [fízikəli] 부 신체[육체]적으로   mentally [méntəli] 부 정신적으로   mood [muːd] 명 기분   unpredictable [ʌ̀npridíktəbl] 형 예측할 수 없는   extreme [ikstríːm] 형 극도의; *극단적인

Reading 1 (PSYCHOLOGHY)

Dream Big, Start Small

PREDICTING Look at the subheadings on pages 12 to 14 and guess what each paragraph is mainly about.
(12쪽에서 14쪽의 부제를 보고 각 단락이 주로 무엇에 관한 내용인지 추측해 봅시다.)

❶ What are your big dreams in life? **❷** Perhaps your goal is to have a perfect body, complete a marathon, or become a best-selling author. **❸** However, despite having a strong will to achieve these goals, you may find yourself giving up after just a few days.

Why Do I Keep Failing to Achieve My Goals?

❹ Most of the time, we focus on our big goals. **❺** Big goals are easy to visualize. **❻** We can imagine ourselves feeling satisfied in front of the mirror, smiling at the finish line, or signing our books for our fans. **❼** These big goals give us direction and purpose in our daily lives. **❽** However, you should be careful that you don't bite off more than you can chew. **❾** Rather than helping us, big goals can tempt us to make unrealistic changes to our lives. **❿** For example, imagine that one day you decide to slim down like a supermodel. **⓫** For one week, you push yourself far too hard at the gym. **⓬** You injure your leg and need to take two weeks off to recover. **⓭** In the end, you gain weight instead of losing it.

│ 어휘

despite [dispáit] 전 …에도 불구하고 영영 in spite of, regardless of
achieve [ətʃíːv] 동 달성하다, 성취하다 영영 to succeed in doing something with a lot of effort
focus on ... …에 초점을 맞추다 영영 to concentrate on a particular thing
visualize [víʒuəlàiz] 동 마음 속에 그려 보다; 시각화하다 영영 to form a mental picture of something
bite off ... …을 물어 끊다 영영 to cut or break something by using the teeth

chew [tʃuː] 동 씹다 영영 to use the teeth to break something up
tempt ... to-v …에게 ~할 마음이 생기게 하다 영영 to make someone want to do something bad
unrealistic [ʌ̀nriəlístik] 형 비현실적인 영영 not practical
injure [índʒər] 동 부상을 입다[입히다] 영영 to cause physical harm or suffering to

해석

크게 꿈꾸고, 작게 시작해라

❶ 인생에서 당신의 큰 꿈들은 무엇인가? ❷ 아마도 당신의 목표는 완벽한 몸매를 갖는 것, 마라톤을 완주하는 것, 또는 베스트셀러 작가가 되는 것일 것이다. ❸ 그러나, 이 목표들을 달성하기 위한 강한 의지를 갖더라도, 당신은 단지 며칠 후에 포기하는 자신을 발견할지도 모른다.

왜 나는 목표들을 달성하는 데 계속해서 실패하는가?

❹ 대부분의 시간 동안, 우리는 큰 목표들에 집중한다. ❺ 큰 목표들은 시각화하기 쉽다. ❻ 우리는 거울 앞에서 만족스러워하고, 결승선에서 미소를 짓고, 팬들에게 책에 사인해 주는 우리 자신을 상상할 수 있다. ❼ 이 큰 목표들은 우리의 일상생활에 방향과 목적을 제시한다. ❽ 그러나, 당신은 너무 욕심을 부리지 않도록 주의해야 한다. ❾ 큰 목표들은 우리를 도와주기보다, 우리 삶에 비현실적인 변화를 만들도록 부추길 수 있다. ❿ 예를 들어, 어느 날 당신이 슈퍼모델처럼 날씬해지기로 결심했다고 상상해 보라. ⓫ 일주일 동안, 당신은 헬스장에서 스스로를 너무 심하게 몰아붙인다. ⓬ 당신은 다리를 다치고 회복하기 위해 2주 동안 휴식을 취해야 한다. ⓭ 결국, 당신은 살이 빠지는 대신 더 찌게 된다.

💡 Strategy in Use

Q1 Underline the sentence that shows the main idea in the second paragraph on this page.

(이 페이지의 두 번째 단락에서 요지를 나타내는 문장에 밑줄 쳐 봅시다.)

▶ Rather than helping us, big goals can tempt us to make unrealistic changes to our lives.

Self-Study

Q1 Check T if the sentence is true or F if it is false.

(다음 문장이 맞으면 T, 틀리면 F에 표시해 봅시다.)

• Big goals can drive us to make unrealistic changes to our lives. (T⃝ F)

(큰 목표들은 우리 삶에 비현실적인 변화를 만들도록 우리를 내몰 수 있다.)

구문 해설

❷ Perhaps your goal is **to have a perfect body, (to) complete a marathon, or (to) become a best-selling author**.

: to have ... a best-selling author는 문장의 주격보어 역할을 하는 명사적 용법의 to부정사구로, 세 개의 to부정사구가 등위접속사 or로 병렬 연결되었다.

❸ However, **despite having a strong will to achieve these goals**, you may *find yourself giving* up after just a few days.

: despite는 '…에도 불구하고'라는 뜻의 전치사로, 뒤에 목적어 역할을 하는 동명사구 having ... goals가 쓰였다.

: 「find+목적어+v-ing」는 '…가 ~하는 것을 발견하다'라는 의미이며, 목적어와 목적격보어가 능동 관계이므로 목적격보어로 현재분사 giving이 쓰였다.

❻ We can imagine **ourselves feeling** satisfied in front of the mirror, **smiling** at the finish line, or **signing** our books for our fans.

: 동사 imagine의 목적어는 ourselves이며, 목적격보어 역할을 하는 현재분사 feeling, smiling, signing이 등위접속사 or로 병렬 연결되었다.

❿ For example, imagine **that** one day you *decide to slim* down like a supermodel.

: that은 동사 imagine의 목적어 역할을 하는 명사절을 이끄는 접속사이다.

: 동사 decide는 to부정사를 목적어로 취한다.

Check Point

1. 다음 괄호 안에서 어법상 알맞은 것을 고르시오.

   You injure your leg and need to take two weeks off [recover / to recover].

2. 주어진 우리말 뜻에 맞도록 빈칸에 알맞은 말을 쓰시오.

   In the end, you gain weight _____ _____ _____ it.

   (결국, 당신은 살이 빠지는 대신 더 찌게 된다.)

   정답 1. to recover 2. instead of losing

Reading 1

Tiny Seeds Grow into Huge Trees

❶ Think of the little habits that make up your day: stretching in the morning, feeding your pet, or brushing your teeth after meals. ❷ These are small actions that you do every day, and over time, they form consistent patterns. ❸ The problem is that these routines don't start feeling "automatic" until you have done them numerous times. ❹ Before they become automatic, you have to put in a lot of effort to start them. ❺ Moreover, the bigger a task seems, the more effort it requires, and the less likely you are to complete it.

❻ For example, you may say, "I'm going to run ten kilometers every day." ❼ However, that is a big and sudden change. ❽ So it is likely that your passion will fade, and you will quit in a few days. ❾ The better approach is to start gently with small changes and build up gradually. ❿ That is, you say, "I'm going to get off the bus one stop early and run home every day." ⓫ You will get used to running every day, and soon you might want to run more. ⓬ One day, you will find yourself running ten kilometers.

어휘

make up ... ···을 이루다[형성하다] 영영 to comprise or constitute

consistent [kənsístənt] 형 한결같은, 일관된 영영 continuing steadily in the same way

routine [ru:tí:n] 명 일상의 일[과정] 영영 habitual things that a person does

automatic [ɔ̀:təmǽtik] 형 자동의; *무의식적인, 반사적인 영영 done by habit, without thinking

numerous [njú:mərəs] 형 많은 영영 large in number

passion [pǽʃən] 명 열정 영영 intense enthusiasm or desire for something

fade [feid] 동 바래다; *서서히 사라지다 영영 to gradually disappear

quit [kwit] 동 (직장·학교 등을) 그만두다; *(하던 일을) 그만하다 영영 to choose to leave or stop

approach [əpróutʃ] 명 접근법 영영 a particular way of dealing with a problem or situation

get used to v-ing ···에 익숙해지다 영영 to become familiar with doing something

해석

아주 작은 씨앗이 거대한 나무로 자란다

❶ 당신의 하루를 구성하는 사소한 습관들, 즉 아침에 스트레칭하기, 애완동물에게 먹이 주기, 혹은 식사 후에 양치질하기를 생각해 보라. ❷ 이것들은 당신이 매일 하는 작은 행동들이며, 시간이 흐르면, 그것들은 일정한 패턴이 된다. ❸ 문제는 이러한 일상의 일들이 당신이 그것들을 수없이 하기 전까지는 '자동적'이라고 느껴지기 시작하지 않는다는 것이다. ❹ 그것들이 자동적으로 되기 전에, 당신은 그것들을 시작하는 데 많은 노력을 쏟아야 한다. ❺ 더욱이, 과업이 더 커 보일수록, 그것은 더 많은 노력을 필요로 하고, 당신이 그것을 완수할 가능성은 더 적다.

❻ 예를 들어, 당신은 "나는 매일 10km를 달릴 거야."라고 말할 수 있다. ❼ 그러나, 그것은 크고 갑작스러운 변화이다. ❽ 그래서 당신의 열정이 서서히 사라질 가능성이 크고, 당신은 며칠 안에 그만둘 것이다. ❾ 더 나은 접근법은 작은 변화로 천천히 시작하여 점차 늘리는 것이다. ❿ 즉, 당신이 "나는 매일 한 정거장 전에 버스에서 내려서 집까지 뛸 거야."라고 말하는 것이다. ⓫ 당신은 매일 달리는 것에 익숙해질 것이고, 곧 더 달리고 싶어질지도 모른다. ⓬ 어느 날, 당신은 10km를 달리고 있는 자신을 발견할 것이다.

◉ Strategy in Use

Q2 Underline the sentence that shows the main idea in the second paragraph on this page.
(이 페이지의 두 번째 단락에서 요지를 나타내는 문장에 밑줄 쳐 봅시다.)

▶ The better approach is to start gently with small changes and build up gradually.

Self-Study

Q2 Check T if the sentence is true or F if it is false.
(다음 문장이 맞으면 T, 틀리면 F에 표시해 봅시다.)

◉ The bigger a task seems, the more likely you are to complete it. (T Ⓕ)
(과업이 더 커 보일수록, 당신이 그것을 완수할 가능성은 더 크다.)

구문 해설

❶ Think of the little habits **that** make up your day: stretching in the morning, feeding your pet, or brushing your teeth after meals.
: that은 the little habits를 선행사로 하는 주격 관계대명사이다.
: 콜론(:)은 앞에 나온 절을 보충 설명하는 내용을 열거할 때 사용한다.

❹ Before **they** become automatic, you have to put in a lot of effort to start **them**.
: they와 them은 앞 문장에 언급된 these routines를 가리킨다.

❺ Moreover, **the bigger** a task seems, **the more** effort it requires, and **the less** *likely* you *are to complete* it.
: 「the+비교급 ..., the+비교급 ~」은 '…하면 할수록 더욱 ~하다'라는 의미이다.
: 「be likely to-v」는 '…할 것 같다'라는 뜻이다.

⓫ You will **get used to running** every day, and soon you might want to run more.
: 「get used to v-ing」는 '…하는 데 익숙해지다'라는 의미를 나타낸다.
cf. 「used to-v」는 '(이전에) …였다, (과거에) …하곤 했다', 「be used to-v」는 '…하는 데 사용되다'의 의미를 나타낸다.

Check Point

다음 빈칸에 공통으로 들어갈 말로 알맞은 것을 쓰시오.
• These are small actions ＿＿＿＿ you do every day, and over time, they form consistent patterns.
• The problem is ＿＿＿＿ these routines don't start feeling "automatic" until you have done them numerous times.

정답 that

Change Your Lifestyle, Not Your Life

❶ To attain your goal, you should focus on changing your lifestyle, not changing your life. ❷ For instance, writing a best-selling novel would be life-changing; practicing creative writing for ten minutes every day would be a new type of lifestyle. ❸ Can you see the difference? ❹ The former is great for inspiring and guiding you, but you might feel it is out of reach. ❺ On the other hand, the latter starts small. ❻ Nonetheless, if you repeat it daily, it will eventually help you achieve your goal.

❼ Changing your life is a big deal. ❽ However, changing your daily habits is something small you can do. ❾ The tinier your habit, the easier it is to stick to. ❿ To be stronger and healthier, eat one extra serving of vegetables at every meal. ⓫ To become more knowledgeable, read one page of a book before bed. ⓬ One day, you will find yourself becoming the person you always wanted to be. ⓭ Remember, it is not big goals but daily habits that make your big dreams come true.

어휘

attain [ətéin] 동 이루다 영영 to gain or achieve something after a lot of effort
former [fɔ́ːrmər] 명 전자 영영 the first of two things that have been mentioned
inspire [inspáiər] 동 고무[격려]하다 영영 to encourage or stimulate
out of reach 손이 닿지 않는 곳에 영영 inaccessibly located or situated
latter [lǽtər] 명 후자 영영 the second of two things that have been mentioned
nonetheless [nʌ̀nðəlés] 부 그렇기는 하지만 영영 despite what has just been said

deal [diːl] 명 일, 것 영영 an event or situation
stick to ... …을 고수하다, (어려움을 참고) …을 계속하다 영영 to keep your commitment to a decision or behavior
serving [sə́ːrviŋ] 명 1인분 영영 an amount of food that is given to a person at a meal
knowledgeable [nɑ́lidʒəbl] 형 아는 것이 많은, 많이 아는 영영 highly educated or informed
come true 이루어지다, 실현되다 영영 to happen in real life

해석

당신의 인생이 아닌, 생활 방식을 바꿔라

❶ 당신의 목표를 이루기 위해서, 당신의 삶을 바꾸는 것이 아니라 당신의 생활 방식을 바꾸는 것에 초점을 맞춰야 한다. ❷ 예를 들어, 베스트셀러 소설을 쓰는 것은 인생을 바꾸는 일일 테지만, 매일 10분씩 창작 연습을 하는 것은 새로운 유형의 생활 방식일 것이다. ❸ 차이점을 알겠는가? ❹ 전자는 당신을 격려하고 이끌어 주기에 아주 좋지만, 당신은 그것이 손에 닿지 않는 것처럼 느낄지도 모른다. ❺ 반면에, 후자는 작게 시작한다. ❻ 그럼에도 불구하고 당신이 매일 그것을 반복한다면, 그것은 결국 당신이 목표를 달성하도록 도울 것이다.

❼ 당신의 삶을 바꾸는 것은 큰 일이다. ❽ 그러나, 당신의 일상 습관을 바꾸는 것은 당신이 할 수 있는 작은 일이다. ❾ 당신의 습관이 더 작을수록, 그것을 계속하는 것이 더 쉽다. ❿ 더 강해지고 건강해지기 위해서, 식사 때마다 채소 1인분을 추가로 먹어라. ⓫ 더 아는 것이 많아지기 위해, 자기 전에 책 한 페이지를 읽어라. ⓬ 언젠가, 당신은 당신 자신이 항상 되고 싶었던 사람이 되어 있는 것을 발견할 것이다. ⓭ 기억해라, 당신의 큰 꿈을 실현시키는 것은 큰 목표가 아니라 매일의 습관이라는 것을.

구문 해설

❶ To attain your goal, you should focus on **changing your lifestyle, not changing your life**.

: changing 이하는 전치사 on의 목적어 역할을 하는 동명사구이다.

❷ For instance, writing a best-selling novel would be life-changing; practicing creative writing for ten minutes every day would be a new type of lifestyle.

: 세미콜론(;)은 의미상 밀접하게 연관된 두 개의 독립된 문장을 연결한다.

❻ Nonetheless, if you repeat *it* daily, *it* will eventually *help* you *achieve* your goal.

: it은 앞 문장의 the latter를 가리키며, 앞서 언급된 '매일 10분씩 창작 연습을 하는 것'을 의미한다.

: 동사 help는 to부정사와 동사원형 둘 다를 목적격보어로 취할 수 있다.

❽ However, **changing your daily habits** is *something small* you can do.

: changing your daily habits는 문장의 주어 역할을 하는 동명사구이다.

: -one, -body, -thing으로 끝나는 부정대명사를 수식하는 형용사(구)는 부정대명사 뒤에 위치한다.

⓭ Remember, **it is** *not* big goals *but* daily habits **that** make your big dreams come true.

: 「it is ... that ~」 강조 구문은 '~한 것은 바로 …이다'라는 뜻이며, be동사와 that 사이에 강조하고자 하는 내용이 온다.

: 「not A but B」는 'A가 아니라 B'라는 의미이며, 이때 A와 B의 문법적 형태는 같아야 한다. 여기서는 A, B에 각각 명사구 big goals와 daily habits가 왔다.

Strategy in Use

Q3 Underline the sentence that shows the main idea in the first paragraph on this page.

(이 페이지의 첫 번째 단락에서 요지를 나타내는 문장에 밑줄 쳐 봅시다.)

▶ To attain your goal, you should focus on changing your lifestyle, not changing your life.

Self-Study

Q3 Fill in the blanks using the appropriate words from the paragraphs above.

(위 단락들에서 적절한 단어를 사용하여 빈칸을 채워 봅시다.)

Changing Your Life (당신의 삶을 바꾸기)
be stronger and healthier (더 강해지고 건강해지기)
become more knowledgeable (더 아는 것이 많아지기)
Changing Your Lifestyle (당신의 생활 방식을 바꾸기)
eat ① one extra serving of vegetables at every meal (식사 때마다 채소 1인분을 추가로 먹기)
read ② one page of a book before bed (자기 전에 책 한 페이지 읽기)

❶ We need big dreams to keep our lives meaningful. ❷ However, if we become obsessed only with big dreams, we may wake up one day thinking, "This is overwhelming! I should have started with the little things." ❸ What is your big dream? ❹ From there, make a goal for this year. ❺ Then make a goal for this week. ❻ Start with one manageable action a day. ❼ Ask yourself, "What is one thing I can do today to take a step toward achieving my big dream?"

어휘

meaningful [míːniŋfəl] 형 의미 있는 영영 important, useful, or worthwhile

obsessed [əbsést] 형 (…에) 사로잡힌 영영 being deeply into something and finding it difficult to stop thinking about it

overwhelming [òuvərhwélmiŋ] 형 압도적인, 너무도 엄청난 영영 overpowering in effect, number, or force

manageable [mǽnidʒəbl] 형 감당[처리]할 수 있는 영영 controllable

take a step toward ... …을 향해 한 걸음 나아가다 영영 to perform a particular action that helps achieve something

해석

❶ 우리는 우리의 삶을 의미 있게 유지하기 위해 큰 꿈들이 필요하다. ❷ 그러나, 만일 우리가 큰 꿈에만 사로잡히게 된다면, 우리는 어느 날 "이것은 압도적이야! 나는 작은 것들부터 시작했어야 했어."라고 생각하며 잠에서 깰지도 모른다. ❸ 당신의 큰 꿈은 무엇인가? ❹ 거기서부터, 올해 목표를 세워라. ❺ 그러고 나서 이번 주 목표를 세워라. ❻ 하루에 감당할 수 있는 하나의 행동부터 시작해라. ❼ 스스로에게 "나의 큰 꿈을 달성하는 데 한 걸음 다가가기 위해 오늘 내가 할 수 있는 한 가지 일은 무엇인가?"라고 질문해라.

Self-Study

Q4 Check T if the sentence is true or F if it is false.

(다음 문장이 맞으면 T, 틀리면 F에 표시해 봅시다.)

● To achieve your dream, you should start with the little things. (T / F)

(당신의 꿈을 이루기 위해, 당신은 작은 것들부터 시작해야 한다.)

구문 해설

❶ We need big dreams to **keep our lives meaningful**.
: 「keep+목적어+목적격보어」 구문으로, 목적격보어로 형용사인 meaningful이 쓰였다.

❷ ..., we may wake up one day **thinking**, "This is overwhelming! I *should have started* with the little things."
: thinking은 주어 we의 상태나 동작을 서술하는 현재분사로, '생각하면서'라는 의미이다.
: 「should have p.p.」는 '…했어야 했다'라는 뜻으로, 과거의 일에 대한 후회나 유감을 나타낸다.

❼ Ask yourself, "What is one thing **(that[which])** I can do today** to take a step toward achieving my big dream?"
: I can do today는 선행사 one thing을 수식하는 목적격 관계대명사절로, 앞에 목적격 관계대명사 that[which]이 생략되었다.

Check Point

1. 주어진 우리말 뜻에 맞도록 괄호 안에서 알맞은 것을 고르시오.

   I [should start / should have started] with the little things.

   (나는 작은 것들부터 시작했어야 했어.)

2. 다음 빈칸에 들어갈 말로 바르게 짝지어진 것을 고르시오.

   | What is one thing I can do today _____ a step toward _____ my big dream? |

   ① takes ····· achieve ② takes ····· achieving ③ to take ····· achieve

   ④ to take ····· achieving ⑤ taking ····· achieve

   정답 1. should have started 2. ④

Reading 1을 바탕으로 상자 안의 단어를 사용하여 reading map을 완성해 봅시다.

당신의 큰 꿈을 이루기 위해서

큰 목표들은 ① 시각화하기 쉽지만, 그것들은 우리 삶에 ② 비현실적인 변화들을 만들도록 우리를 부추길 수 있다.

크고 갑작스러운 변화 대신에, 작고 ③ 점진적인 변화들부터 시작하라.

당신의 목표를 달성하기 위해서, 당신은 인생을 바꾸는 것이 아니라 ④ 생활 방식을 바꾸는 데 초점을 맞춰야 한다.

당신의 큰 꿈을 이루기 위해서, 하루에 ⑤ 감당할 수 있는 하나의 행동부터 시작하라.

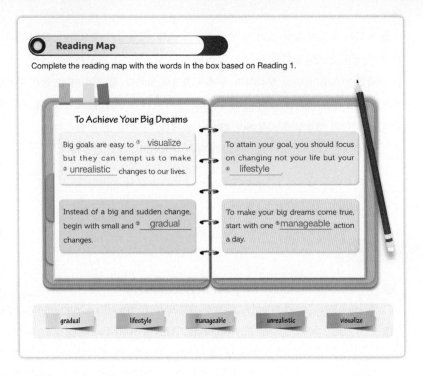

Reading Map

Complete the reading map with the words in the box based on Reading 1.

To Achieve Your Big Dreams

Big goals are easy to ① visualize, but they can tempt us to make ② unrealistic changes to our lives.

To attain your goal, you should focus on changing not your life but your ④ lifestyle

Instead of a big and sudden change, begin with small and ③ gradual changes.

To make your big dreams come true, start with one ⑤ manageable action a day.

gradual lifestyle manageable unrealistic visualize

A 굵게 표시된 표현과 같은 의미를 지닌 표현을 연결해 봅시다.

1. 남자 직원들은 우리 부서의 55%를 이룬다.
2. 미식 축구팀이 50점 차로 지고 있다. 승리하기 어려운 것 같다.
3. 규칙을 만들면, 당신은 그것을 고수해야 한다.

a. …을 고수하다[충실히 지키다]
b. …을 구성하다
c. 달성할 수 없는

B A에서 굵게 표시된 표현을 사용하여 문장을 완성해 봅시다.

1. 최고 경영자는 그의 처음 계획을 고수할 것이라고 말했다.
2. 모두 다른 나라에서 온 11명의 선수들이 우리 축구팀을 이룬다.
3. 그렇게 높은 산을 오르겠다는 나의 목표는 달성하기 어려운 것이라고 모두가 말했지만, 나는 성공했다.

Expressions in Use

A Match the expressions in bold to the expressions with the same meaning.

1. Male employees **make up** 55 percent of our department.
2. The football team is losing by 50 points. Victory seems **out of reach**.
3. If you make a rule, you should **stick to** it.

a. adhere to
b. constitute
c. unachievable

B Complete the sentences with the expressions in bold from **A**.

1. The chief executive said he would   stick to   his first plan.
2. Eleven players from all different countries   make up   our soccer team.
3. Everybody said my aim of climbing such a high mountain was out of reach, but I succeeded.

어휘

employee [implɔ́ii:] 몡 종업원, 고용인   department [dipɑ́:rtmənt] 몡 부서[부처/학과]   chief executive 최고 책임자   aim [eim] 몡 목적, 목표

Reading 1 핵심 어휘·구문

1. KEY VOCABULARY

- despite 전 …에도 불구하고
- achieve 동 달성하다, 성취하다
- focus on ... …에 초점을 맞추다
- visualize 동 마음 속에 그려 보다; 시각화하다
- bite off ... …을 물어 끊다
- chew 동 씹다
- tempt ... to-v …에게 ～할 마음이 생기게 하다
- unrealistic 형 비현실적인
- injure 동 부상을 입다[입히다]
- make up ... …을 이루다[형성하다]
- consistent 형 한결같은, 일관된
- routine 명 일상의 일[과정]
- automatic 형 자동의; *무의식적인, 반사적인
- numerous 형 많은
- passion 명 열정
- fade 동 바래다; *서서히 사라지다
- quit 동 (직장·학교 등을) 그만두다; *(하던 일을) 그만하다
- approach 명 접근법
- get used to v-ing …에 익숙해지다
- attain 동 이루다
- former 명 전자
- inspire 동 고무[격려]하다
- out of reach 손이 닿지 않는 곳에
- latter 명 후자
- nonetheless 부 그렇기는 하지만
- stick to ... …을 고수하다, (어려움을 참고) …을 계속하다
- serving 명 1인분
- knowledgeable 형 아는 것이 많은, 많이 아는
- come true 이루어지다, 실현되다
- meaningful 형 의미 있는
- obsessed 형 (…에) 사로잡힌
- overwhelming 형 압도적인, 너무도 엄청난
- manageable 형 감당[처리]할 수 있는
- take a step toward ... …을 향해 한 걸음 나아가다

2. KEY STRUCTURES

1. 명사적 용법의 to부정사
Perhaps your goal is **to have a perfect body, complete a marathon, or become a best-selling author.**

명사적 용법의 to부정사는 문장에서 주어, 목적어, 보어 등의 역할을 하며 '…하는 것, …하기'로 해석한다. 여기서는 세 개의 to부정사구 to have a perfect body, (to) complete a marathon, (to) become a best-selling author가 주격보어 역할을 하며, 등위접속사 or로 병렬 연결되어 있다. complete와 become 앞에는 to가 생략되었다.

2. 「find+목적어+분사」
However, despite having a strong will to achieve these goals, you may **find yourself giving** up after just a few days.

find는 목적격보어로 분사를 취하는 동사로, 목적어와 목적격보어가 능동 관계일 때 현재분사를, 수동 관계일 때 과거분사를 쓴다. 여기서는 목적어와 목적격보어가 능동 관계이므로 현재분사 giving이 쓰였고 '…가 ～하는[하고 있는] 것을 발견하다'의 뜻을 나타낸다.

3. 접속사 that
For example, imagine **that** one day you decide to slim down like a supermodel.

접속사 that은 문장에서 주어, 목적어, 보어 역할을 하는 명사절을 이끌며, '…라는 것'으로 해석한다. 여기서는 that이 동사 imagine의 목적어 역할을 하는 명사절을 이끈다. 선행사를 수식하는 관계대명사 that과 혼동하지 않도록 주의한다.

4. 「the+비교급 ..., the+비교급 ～」
Moreover, **the bigger** a task seems, **the more** effort it requires, and **the less** likely you are to complete it.

「the+비교급 ..., the+비교급 ～」은 '…하면 할수록 더욱 ～하다'라는 뜻을 나타내는 비교급 구문으로, 어떤 대상들이 함께 변하는 것을 표현할 때 사용한다. 「the+비교급」 뒤에 「주어+동사」가 오는 것이 일반적이나, 의미상 혼돈이 없는 경우 이를 생략할 수 있다.

5. 「help+목적어+동사원형[to-v]」
Nonetheless, if you repeat it daily, it will eventually **help you achieve** your goal.

help는 목적격보어로 동사원형과 to부정사를 모두 취할 수 있지만, 여기서처럼 동사원형이 오는 경우가 더 많다. 또한, help의 목적어가 생략되어 help 뒤에 바로 동사원형이나 to부정사가 오기도 한다.

Reading 2 (PHILOSOPHY)

Ask Alice: Advice for Teens

PREDICTING Read the first sentence of each letter from Michelle, Henry, and Jinho. Then guess what problems they have.
(미쉘, 헨리, 진호가 보낸 각 편지의 첫 문장을 읽어 봅시다. 그러고 나서 그들에게 어떤 문제가 있는지 추측해 봅시다.)

| Home | About | Counseling |

Dear Dr. Alice,

❶ My best friend is smart, funny, and beautiful. ❷ Whenever we are together, she gets everyone's attention. ❸ I know it's not her fault, but I always compare myself to her and feel bad. ❹ How can I overcome my jealousy toward her?

Sincerely,
Michelle

Dear Michelle,

❺ Comparing yourself to others may leave you feeling sad. ❻ That's because we often compare the worst aspects of ourselves to the best aspects of others. ❼ However, you should keep in mind that nobody has it all. ❽ We are all individuals with unique looks, personalities, and talents. ❾ Therefore, make an effort to see the good things in your life and be grateful for them. ❿ When you start to admire and appreciate yourself, your envy toward your best friend will naturally disappear.

⓫ Most importantly, stop viewing life as a competition. ⓬ Another person's success doesn't mean you are failing. ⓭ Try to see other people's good news as something to celebrate. ⓮ Then their happiness will add to yours.

Best regards,
Dr. Alice

어휘

compare ... to ~ …을 ~와 비교하다 영영 to find the differences or similarities between two things

jealousy [dʒéləsi] 명 질투[시기](심) 영영 a feeling of envy

aspect [æspekt] 명 측면 영영 one of the parts of something

individual [ìndəvídʒuəl] 명 개인 영영 one person

personality [pə̀ːrsənǽləti] 명 성격 영영 the set of traits that make up a person's character

talent [tǽlənt] 명 (타고난) 재능 영영 a natural ability to do something well

make an effort to-v …하기 위해 노력하다 영영 to endeavor

appreciate [əprí:ʃièit] 동 진가를 알다[인정하다] 영영 to recognize the worth of someone or something

envy [énvi] 명 부러움, 선망 영영 a desire to have something that someone else has

view ... as ~ …을 ~로 여기다 영영 to regard ... as ~

competition [kàmpətíʃən] 명 경쟁 영영 a situation in which someone is trying to be more successful than others

해석

앨리스에게 물어보세요: 십 대를 위한 조언

앨리스 박사님께

❶ 저의 가장 친한 친구는 똑똑하고, 재미있고, 아름답습니다. ❷ 저희가 함께 있을 때마다, 그녀는 모두의 관심을 받습니다. ❸ 그것이 그녀의 잘못이 아니란 것을 알지만, 저는 항상 제 자신을 그녀와 비교하고 기분이 나빠집니다. ❹ 그녀를 향한 저의 질투심을 어떻게 극복할 수 있을까요?

미쉘 올림

미쉘에게

❺ 당신 자신을 남과 비교하는 것은 당신을 슬프게 할 것입니다. ❻ 그것은 우리가 자주 우리 자신의 가장 안 좋은 점을 타인의 가장 좋은 점과 비교하기 때문입니다. ❼ 그러나, 당신은 그 누구도 모든 것을 갖추고 있지 않다는 것을 명심해야 합니다. ❽ 우리는 모두 고유의 외모, 성격, 그리고 재능을 가진 개인입니다. ❾ 그러므로, 당신의 삶에서 좋은 점들을 보려고 노력하고 그것들에 감사하십시오. ❿ 당신이 스스로를 존중하고 가치를 인정하기 시작한다면, 가장 친한 친구를 향한 당신의 질투는 자연스럽게 사라질 것입니다.

⓫ 가장 중요하게는, 삶을 경쟁으로 여기는 것을 멈추십시오. ⓬ 다른 사람의 성공이 당신이 실패한다는 것을 뜻하지 않습니다. ⓭ 타인의 좋은 소식을 축하할 일로 보려고 노력하십시오. ⓮ 그러면 그들의 행복이 당신의 행복에 더해질 것입니다.

앨리스 박사가

🔍 Strategy in Use

Q1 Underline the sentence that shows the main idea in the first paragraph of Dr. Alice's letter.

(앨리스 박사의 편지의 첫 번째 단락에서 요지를 나타내는 문장에 밑줄 쳐 봅시다.)

▶ Therefore, make an effort to see the good things in your life and be grateful for them.

Self-Study

Q1 What is the purpose of Michelle's letter?

(미쉘의 편지의 목적은 무엇인가?)

▶ She wants to ask for advice on how to overcome her jealousy toward her best friend.

(그녀는 가장 친한 친구를 향한 그녀의 질투심을 극복하는 방법에 대해 조언을 구하고 싶어 한다.)

구문 해설

❷ **Whenever** we are together, she gets everyone's attention.
: 때를 나타내는 복합 관계부사 whenever는 부사절을 이끌며 '…할 때는 언제나'라는 뜻을 나타낸다.

❸ I know **(that) it's not her fault**, but I always *compare* myself *to* her and feel bad.
: it's not her fault는 동사 know의 목적어 역할을 하는 명사절로, 앞에 명사절을 이끄는 접속사 that이 생략되었다.
: 「compare A to B」는 'A를 B와 비교하다'라는 뜻이다.

❺ Comparing yourself to others may leave you **feeling** sad.
: 동사 leave의 목적격보어로 현재분사 feeling이 쓰였다.

❿ When you **start to admire** and **appreciate** yourself, your envy toward your best friend will naturally disappear.
: start는 목적어로 to부정사와 동명사 모두를 취할 수 있는 동사이며, 어느 것이 쓰여도 의미 차이는 거의 없다.

⓫ Most importantly, **stop *viewing*** life *as* a competition.
: 동사 stop은 동명사를 목적어로 취해 '…하는 것을 멈추다'의 뜻을 나타낸다.
: 「view A as B」는 'A를 B로 여기다'라는 뜻이다.

⓭ **Try to see** other people's good news as something *to celebrate*.
: 「try to-v」는 '…하려고 노력하다'라는 의미이다.
: to celebrate은 형용사적 용법의 to부정사로, 앞의 부정대명사 something을 수식한다.

Reading 2

Dear Dr. Alice,

❶ I stay up late every night to study. ❷ However, my grades don't reflect my effort. ❸ I'm starting to feel stressed and frustrated with myself. ❹ After every exam, I think I should have studied harder. ❺ What can I do?

Yours truly,
Henry

Dear Henry,

❻ Clearly, you are studying hard, but I'm afraid that your strategy of staying up late at night won't help you. ❼ In fact, long study sessions do not always guarantee good grades.

❽ The secret to effective studying lies in putting forth the right kind of effort—the "how" of studying, rather than the "how much." ❾ We all have different learning styles. ❿ For example, some people learn best not by reading but by listening. ⓫ Others learn best by writing down the things they learn. ⓬ Try some different study methods and find the most suitable one for you. ⓭ Also, if you sit for hours trying to absorb a lot of information, your brain will become exhausted and you won't be able to remember everything. ⓮ Make sure you take time to rest and review your work when you feel refreshed.

Warm wishes,
Dr. Alice

어휘

stay up late 늦게까지 깨어 있다 영영 to not go to bed early
frustrated [frʌ́streitid] 형 좌절감을 느끼는 영영 discouraged or upset because a situation continues to be bad
strategy [strǽtədʒi] 명 계획[전략] 영영 a set of plans intended to achieve something
session [séʃən] 명 (특정한 활동을 위한) 시간[기간] 영영 a period of time devoted for an ongoing activity
guarantee [gæ̀rəntíː] 동 보장[약속]하다 영영 to ensure that something will happen

effective [iféktiv] 형 효과적인 영영 working well and producing the intended results
put forth ... (힘 등을) 내다, 발휘하다 영영 to put into action; exert
suitable [súːtəbl] 형 적합한 영영 right for a particular occasion
absorb [əbsɔ́ːrb] 동 흡수하다; *받아들이다, 이해하다 영영 to learn and understand ideas, so that they become part of your own knowledge
exhausted [igzɔ́ːstid] 형 기진맥진한 영영 extremely tired

해석

앨리스 박사님께

❶ 저는 매일 밤 공부하기 위해 늦게까지 자지 않습니다. ❷ 그러나, 제 성적은 저의 노력을 반영하지 않습니다. ❸ 저는 스트레스를 받고 저 자신에게 좌절감을 느끼기 시작합니다. ❹ 매 시험 후, 저는 제가 공부를 더 열심히 했어야 했다고 생각합니다. ❺ 제가 무엇을 할 수 있을까요?

헨리 올림

헨리에게

❻ 분명, 당신은 공부를 열심히 하고 있지만, 유감스럽게도 늦은 밤까지 깨어 있는 당신의 전략은 당신에게 도움이 되지 않을 것입니다. ❼ 사실, 긴 공부 시간이 항상 좋은 성적을 보장하는 것은 아닙니다.

❽ 효과적인 공부의 비결은 알맞은 종류의 노력을 기울이는 데 있습니다. '얼마나 많이'보다는 공부하는 '방법'에 있는 것입니다. ❾ 우리 모두에게는 각자 다른 학습 방식이 있습니다. ❿ 예를 들어, 어떤 사람들은 읽기가 아닌 듣기로 가장 잘 학습합니다. ⓫ 다른 사람들은 그들이 배우는 것을 적는 것으로 가장 잘 학습합니다. ⓬ 몇 가지 다른 학습 방법들을 시도해 보고 당신에게 가장 잘 맞는 것을 찾으세요. ⓭ 또한, 많은 정보를 습득하려고 하면서 몇 시간씩 앉아 있으면, 당신의 두뇌는 지칠 것이고 당신은 모든 것을 기억할 수는 없을 것입니다. ⓮ 꼭 쉬는 시간을 갖고 당신이 다시 활기를 찾았을 때 공부한 것을 복습하도록 하세요.

앨리스 박사가

🔍 Strategy in Use

Q2 Underline the sentence that shows the main idea in the second paragraph of Dr. Alice's letter.
(앨리스 박사의 편지의 두 번째 단락에서 요지를 나타내는 문장에 밑줄 쳐 봅시다.)

▶ The secret to effective studying lies in putting forth the right kind of effort—the "how" of studying, rather than the "how much."

Self-Study

Q2 Check T if the sentence is true or F if it is false.
(다음 문장이 맞으면 T, 틀리면 F에 표시해 봅시다.)
(1) Henry's grades have gotten better since he has been staying up late to study. (T (F))
(헨리가 공부하기 위해 늦게까지 자지 않은 이후로 성적이 더 좋아졌다.)
(2) How much you study is as important as how you study. (T (F))
(당신이 얼마나 많이 공부하는가는 어떻게 공부하는가만큼 중요하다.)

구문 해설

❻ Clearly, you are studying hard, but I'm afraid that your strategy **of** staying up late at night won't help you.
: of는 동격을 나타내는 전치사로, your strategy와 staying up late at night는 의미상 동격 관계이다.

❽ The secret to effective studying lies in **putting** forth the right kind of effort—the "how" of studying, rather than the "how much."
: 전치사 in의 목적어로 동명사 putting이 쓰였다.

❿ For example, some people learn best **not** by reading **but** by listening.
: 「not A but B」 구문으로, A와 B에 각각 전치사구 by reading과 by listening이 왔다.

⓭ Also, if you **sit** for hours **trying** to absorb a lot of information, your brain will become exhausted and you won't be able to remember everything.
: 동사 sit 뒤에 현재분사 trying이 주격보어 역할을 하며 주어 you의 상태·동작을 서술한다.

Check Point

본문의 문장 ⓬에서 밑줄 친 one이 의미하는 것을 우리말로 쓰시오.

Try some different study methods and find the most suitable one for you.

_____

정답 학습 방법

Reading 2

Dear Dr. Alice,

❶ These days, my relationship with my parents has changed. ❷ They rarely seem to agree with me, so we fight more. ❸ What's worse, my parents don't see me as a mature person. ❹ I'm sick of arguing with them, and I'm sure my parents feel the same. ❺ I want to fix this problem.

Sincerely yours,

Jinho

Dear Jinho,

❻ Feeling grown up but being treated like a child is challenging, so the adolescent years can be hard. ❼ If you want to communicate well with your parents, try the following tips.

❽ First, when you have a conversation with them, start by saying, "You are right." ❾ This shows your parents that you value their point of view. ❿ Also, it might help to spend some time thinking about your main points and writing them down. ⓫ Having an organized argument ready will help you remain calm and focused. ⓬ In addition, whatever you do, don't get upset and start yelling at your parents. ⓭ Instead, show them that you are capable of having a mature discussion. ⓮ In these ways, you can be seen as a mature person and you can also reduce the level of conflict with your parents.

Warm regards,

Dr. Alice

어휘

rarely [réərli] 뿐 드물게, 좀처럼 ···하지 않는 영영 not often
see ... as ~ ···을 ~로 여기다 영영 think of ... as ~
mature [mətʃúər] 형 어른스러운, 분별 있는 영영 behaving in a reasonable way or fully grown
be sick of ... ···에 넌더리 나다 영영 to be tired of or annoyed with something
adolescent [æ̀dəlésnt] 형 사춘[청년]기의 영영 related to the ages 13 through 19

point of view 관점[견해] 영영 a particular way of judging a situation
organized [ɔ́ːrgənàizd] 형 조직화된; *정리된[계획된] 영영 well arranged
be capable of ... ···할 수 있다 영영 to have the ability to do something
conflict [kánflikt] 명 갈등[충돌] 영영 a state of disagreement between people or groups

해석

앨리스 박사님께

❶ 요즘, 저와 부모님의 관계가 바뀌었습니다. ❷ 그분들은 좀처럼 저에게 동의해 주시지 않는 것 같아서, 저희는 더 싸웁니다. ❸ 설상가상으로, 저희 부모님은 저를 성숙한 사람으로 여기지 않으십니다. ❹ 저는 그분들과 다투는 것이 지겹고, 저희 부모님도 분명 같은 마음일 것입니다. ❺ 저는 이 문제를 해결하고 싶습니다.

진호 올림

진호에게

❻ 다 자랐다고 느끼지만 아이처럼 취급받는 것은 힘든 일이기에, 청소년기는 어려울 수 있습니다. ❼ 당신의 부모님과 의사소통을 잘하고 싶다면, 다음 방법들을 시도해 보십시오. ❽ 첫째로, 당신이 그분들과 대화를 나눌 때, "부모님 말씀이 맞아요."라는 말로 시작하세요. ❾ 이것은 당신이 부모님의 견해를 존중한다는 것을 그분들께 보여 줍니다. ❿ 또한, 당신의 요점에 대해 생각하고 그것을 적어 보는 시간을 갖는 것이 도움이 될 수 있습니다. ⓫ 정리된 논거를 준비해 두는 것은 당신이 평정을 유지하고 계속 집중하도록 도와줄 것입니다. ⓬ 덧붙여, 당신이 무엇을 하든, 화를 내고 부모님께 소리 지르기 시작하지 마십시오. ⓭ 대신, 당신이 어른스러운 논의를 할 수 있다는 것을 그분들에게 보여 주십시오. ⓮ 이 방법들로, 당신은 성숙한 사람으로 보일 수 있고 부모님과의 갈등의 정도 또한 줄일 수 있습니다.

앨리스 박사가

Self-Study

Q3 What are the three tips that will help Jinho communicate better with his parents?
(진호가 부모님과 의사소통을 더 잘하도록 도울 세 가지 조언은 무엇인가?)
▶ First, when he has a conversation with his parents, he should start by saying, "You are right." Second, he should think about his main points and write them down. Finally, he shouldn't get upset and start yelling at his parents.
(첫째로, 그는 부모님과 대화를 나눌 때 "부모님 말씀이 맞아요."라는 말로 시작해야 한다. 둘째로, 그는 자신의 요점에 대해 생각하고 그것들을 적어야 한다. 마지막으로, 그는 화를 내고 부모님께 소리 지르기 시작해서는 안 된다.)

구문 해설

❷ They rarely **seem to agree** with me, so we fight more.
: 「seem to-v」는 '…처럼 보이다, …인 것 같다'의 의미이며, 이때 to부정사는 주격보어의 역할을 한다.

❻ **Feeling grown up but being treated like a child is** challenging, so the adolescent years can be hard.
: but으로 연결된 두 개의 동명사구 Feeling grown up과 being treated like a child가 문장의 주어로 쓰였으며, 이를 연결된 하나의 행위로 보아 단수 취급하여 단수동사 is가 쓰였다.

❾ This shows your parents **that you value their point of view**.
: 동사 shows의 직접목적어로 접속사 that이 이끄는 명사절이 쓰였다.

❿ Also, **it** might help **to *spend some time thinking*** about your main points and *writing* them down.
: it은 가주어이고 to spend 이하가 진주어이다.
: 「spend+시간+(in)+v-ing」는 '…하는 데 시간을 보내다'라는 뜻이며, 동명사 thinking과 writing이 and로 병렬 연결되었다.
: write down은 「동사+부사」의 형태인 구동사로, '…을 적다'의 의미이다. 구동사의 목적어가 대명사(them)이므로, 동사와 부사 사이에 목적어가 와야 한다.

⓫ **Having** an organized argument **ready** will *help* you *remain* calm and focused.
: 사역동사 have의 목적격보어로 형용사 ready가 쓰였다.
: 동사 help의 목적격보어로 동사원형 remain이 쓰였다. help는 동사원형과 to부정사 둘 다를 목적격보어로 취한다.
: remain은 '여전히 …이다'라는 의미의 불완전자동사로, 보어 자리에 형용사 calm과 focused가 왔다.

Reading 2를 바탕으로 말풍선을 완성해 봅시다.

저는 항상 제 자신을 저의 가장 친한 친구와 ① <u>비교하</u>
<u>는데</u>, 이는 저를 슬프게 합니다. 이것을 어떻게 다스려
야 할까요?

→ 당신의 삶에서 좋은 점들을 보려고 노력하고 그것들
에 감사하십시오. 또한, 삶을 ② <u>경쟁</u>으로 여기는 것
을 멈추고 타인의 성공을 축하해 주십시오.

저는 시험을 잘 보기 위해 밤늦게까지 공부합니다. 하
지만, 저는 형편없는 ③ <u>성적</u>을 받습니다. 조언을 부탁
드립니다.

→ 효과적으로 공부하기 위해, 중요한 것은 '얼마나 많
이'보다는 공부하는 '④ <u>방법</u>'입니다. 당신에게 가장
잘 맞는 학습 방법을 알아내십시오. 또한, 휴식을 취
할 것을 기억하십시오.

저는 부모님과 자주 다툽니다. 그분들은 저를 ⑤ <u>성숙</u>
<u>한</u> 사람으로 보지 않으십니다. 이 문제를 어떻게 해결
할 수 있을까요?

→ "부모님 말씀이 맞아요."라는 말로 대화를 시작하십
시오. 당신의 ⑥ <u>요점</u>을 생각하고 그것들을 적어 두
는 것도 도움이 될 것입니다. 또한, 화를 내고 부모
님께 소리 지르지 마십시오.

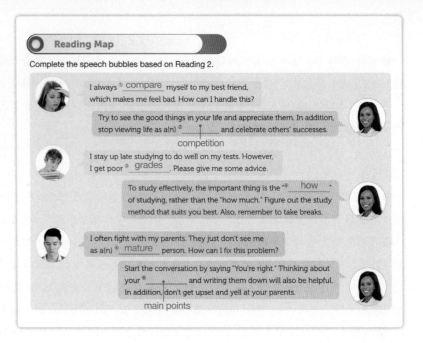

Reading Map

Complete the speech bubbles based on Reading 2.

I always ① compare myself to my best friend, which makes me feel bad. How can I handle this?

Try to see the good things in your life and appreciate them. In addition, stop viewing life as a(n) ② ___ and celebrate others' successes.
competition

I stay up late studying to do well on my tests. However, I get poor ③ grades . Please give me some advice.

To study effectively, the important thing is the ④ ___ how of studying, rather than the "how much." Figure out the study method that suits you best. Also, remember to take breaks.

I often fight with my parents. They just don't see me as a(n) ⑤ mature person. How can I fix this problem?

Start the conversation by saying "You're right." Thinking about your ⑥ ___ and writing them down will also be helpful. In addition, don't get upset and yell at your parents.
main points

A 연어를 살펴보고 빈칸에 다른 예를 써 봅시다.

질투를 극복하다 두려움을 극복하다	노력하다 시간을 내다
Sample	Sample
<u>편견을 극복하다</u>	<u>진행하다, 진보하다</u>

B 상자 안의 단어를 사용하여 문장을 완성해 봅시다.

1. 이 치료법은 공개적으로 말하는 것에 대한 <u>당신의</u>
   <u>두려움을 극복하</u>는 데 도움이 될 것이다.
2. 당신의 관심을 당신 자신의 장점으로 돌림으로써
   당신은 <u>질투심을 극복</u>할 수 있다.
3. 비록 그는 부끄러움이 많지만, 동료들과 어울리기
   위해 <u>노력</u>한다.

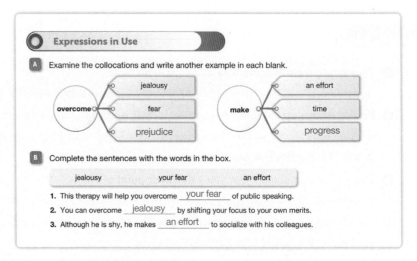

Expressions in Use

A Examine the collocations and write another example in each blank.

overcome — jealousy / fear / prejudice

make — an effort / time / progress

B Complete the sentences with the words in the box.

jealousy   your fear   an effort

1. This therapy will help you overcome <u>your fear</u> of public speaking.
2. You can overcome <u>jealousy</u> by shifting your focus to your own merits.
3. Although he is shy, he makes <u>an effort</u> to socialize with his colleagues.

More Collocations

overcome a habit 버릇을 고치다	make a profit 이윤을 내다
overcome a barrier 장벽을 극복하다	make an attempt 시도하다
overcome a difficulty 어려움을 극복하다	make a fortune 재산을 모으다, 거액을 벌다

어휘

therapy [θérəpi] 명 치료, 요법   public speaking 공석에서 말하기, 연설   shift [ʃift] 동 옮기다, 이동하다   merit [mérit] 명 가치; *장점
socialize [sóuʃəlàiz] 동 (사람들과) 사귀다[어울리다]   colleague [káliːg] 명 동료

1. KEY VOCABULARY

- compare ... to ~ …을 ~와 비교하다
- jealousy 명 질투[시기](심)
- aspect 명 측면
- individual 명 개인
- personality 명 성격
- talent 명 (타고난) 재능
- make an effort to-v …하기 위해 노력하다
- appreciate 동 진가를 알다[인정하다]
- envy 명 부러움, 선망
- view ... as ~ …을 ~로 여기다
- competition 명 경쟁
- stay up late 늦게까지 깨어 있다
- frustrated 형 좌절감을 느끼는
- strategy 명 계획[전략]
- session 명 (특정한 활동을 위한) 시간[기간]
- guarantee 동 보장[약속]하다
- effective 형 효과적인
- put forth ... (힘 등을) 내다, 발휘하다
- suitable 형 적합한
- absorb 동 흡수하다; *받아들이다, 이해하다
- exhausted 형 기진맥진한
- rarely 부 드물게, 좀처럼 …하지 않는
- see ... as ~ …을 ~로 여기다
- mature 형 어른스러운, 분별 있는
- be sick of ... …에 넌더리 나다
- adolescent 형 사춘[청년]기의
- point of view 관점[견해]
- organized 형 조직화된; *정리된[계획된]
- be capable of ... …할 수 있다
- conflict 명 갈등[충돌]

2. KEY STRUCTURES

1. 복합 관계부사 whenever

Whenever we are together, she gets everyone's attention.

관계부사 when에 -ever가 붙은 복합 관계부사 whenever는 때를 나타내는 부사절을 이끌며, '…할 때는 언제나' 또는 '언제 …하더라도'라는 뜻을 나타낸다. 여기서는 '…할 때는 언제나'를 의미하며 Whenever가 포함된 부사절을 Any time (that) we are together로 바꿔 쓸 수 있다.

2. 동명사를 목적어로 취하는 동사 stop

Most importantly, **stop viewing** life as a competition.

stop은 동명사를 목적어로 취하는 동사로, 「stop+v-ing」는 '…하는 것을 멈추다'를 나타낸다. '…하기 위해 멈추다'의 의미를 나타내는 「stop+to-v」에서 to부정사는 목적어가 아닌 부사적 용법의 to부정사라는 것을 유념하도록 한다. stop 외에 동명사를 목적어로 취하는 동사로는 avoid, enjoy, finish, imagine 등이 있다.

3. 동격을 나타내는 전치사 of

Clearly, you are studying hard, but I'm afraid that **your strategy of staying up late at night** won't help you.

앞에서 언급된 (대)명사의 의미를 보충하거나 다른 표현으로 바꿔 말하기 위해 전치사 of를 쓰고 그 뒤에 명사(구)나 명사절을 덧붙여 동격 관계를 나타낼 수 있다. 여기서는 of 앞의 명사구 your strategy와 뒤의 동명사구 staying up late at night가 동격 관계이다.

4. 주격보어 역할을 하는 분사

Also, if you **sit** for hours **trying** to absorb a lot of information, your brain will become exhausted and you won't be able to remember everything.

분사는 특정 동사와 함께 쓰여 주어의 상태·동작을 서술하는 주격보어 역할을 하며, 현재분사는 '…하면서, …한 채로,' 과거분사는 '…되어, …된'이라고 해석한다. 여기서는 동사 sit 뒤의 현재분사 trying이 주어 you의 상태·동작을 서술하고 있다.

5. 「동사+대명사+부사」

Also, it might help to spend some time thinking about your main points and **writing them down**.

「동사+부사」 형태의 구동사의 목적어가 대명사일 때, 목적어는 동사와 부사 사이에 와야 한다. 목적어가 일반 명사인 경우, 목적어는 부사의 앞 또는 뒤 어디에도 올 수 있다. 자주 쓰이는 구동사로는 give up, throw away, point out, put on 등이 있다.

1. 다음 괄호 안에서 어법상 알맞은 것을 고르시오.

(1) The better approach is [start / to start] gently with small changes and build up gradually.

(2) However, changing your daily habits is [small something / something small] you can do.

(3) Also, it might help to spend some time thinking about your main points and [writing down them / writing them down].

2. 다음 문장의 밑줄 친 부분을 어법에 맞게 고치시오.

(1) However, you should be careful <u>which</u> you don't bite off more than you can chew.

_____

(2) Most importantly, stop <u>to view</u> life as a competition.

_____

(3) They rarely seem <u>agreeing</u> with me, so we fight more.

_____

3. 밑줄 친 부분에 유의하여 다음 문장을 우리말로 해석하시오.

(1) <u>The tinier</u> your habit, <u>the easier</u> it is to stick to.

→ _____

(2) Try to see other people's good news as <u>something to celebrate</u>.

→ _____

(3) Having an organized argument ready will help you <u>remain calm and focused</u>.

→ _____

4. 다음 빈칸 (A)와 (B)에 들어갈 말로 알맞은 것을 고르시오.

Clearly, you are studying hard, but I'm afraid that your strategy _____(A)_____ staying up late at night won't help you. In fact, long study sessions do not always guarantee good grades.

The secret to effective studying lies in putting forth the right kind of effort—the "how" of studying, rather than the "how much." We all have different learning styles. For example, some people learn best not by reading _____(B)_____ by listening. Others learn best by writing down the things they learn.

	(A)		(B)
①	that	.....	and
②	of	.....	but
③	in	.....	but also
④	with	.....	or
⑤	for	.....	nor

Reading 1과 Reading 2를 바탕으로 상자 안의 단어를 사용하여 빈칸을 채워 봅시다.

① 작은 변화들로 시작해서 계속 점진적으로 개선해 나가라.

당신의 ② 삶이 아닌 생활 방식을 변화시키는 데 집중하라.

당신의 친구들을 향한 질투심을 극복하기 위해, 그들의 좋은 소식을 ③ 축하하라.

효율적으로 공부하기 위해서, 당신에게 가장 ④ 적합한 학습 방법을 찾아라.

부모님과 의사소통을 잘하기 위해서, 당신이 그들의 의견을 ⑤ 존중한다는 것을 보여 드려라.

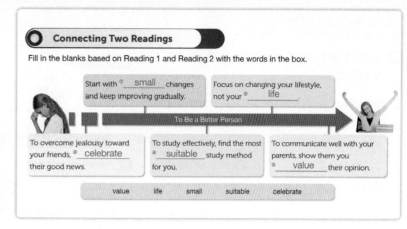

Connecting Two Readings

Fill in the blanks based on Reading 1 and Reading 2 with the words in the box.

Start with ① __small__ changes and keep improving gradually.

Focus on changing your lifestyle, not your ② __life__.

To Be a Better Person

To overcome jealousy toward your friends, ③ __celebrate__ their good news.

To study effectively, find the most ④ __suitable__ study method for you.

To communicate well with your parents, show them you ⑤ __value__ their opinion.

| value | life | small | suitable | celebrate |

A Personalize 올해 계획과 여러분이 그것을 성취하도록 도울 일상 습관의 목록을 작성해 봅시다.

Example

올해의 목표

학교 축제에서 전문 무용수처럼 공연하기

매일의 습관

• 스스로 춤을 추는 모습을 매일 10분간 녹화하기

• 매일 밤 자기 전에 내 영상을 다시 보기

예시답안

올해의 목표

소셜 네트워킹 사이트에 나만의 웹툰을 출간하기

매일의 습관

• 매일 흥미로운 장면 그리기

• 하루에 15분씩 줄거리 구성하기

B Reflect 여러분의 걱정거리에 대해 누군가에게 조언을 구한 적이 있나요? 짝과 경험을 나눠 봅시다.

Check Your Progress
나는 작은 매일의 습관들을 계속해 나감으로써 나의 큰 목표를 달성할 수 있다.
나는 십 대들이 고민하는 문제와 그것들에 대한 해결책을 이해한다.

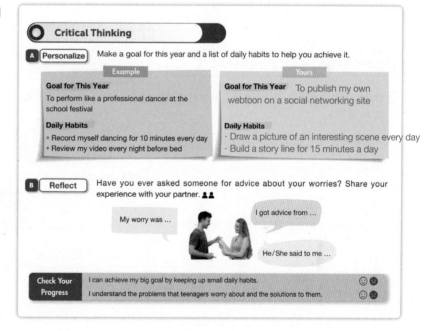

Critical Thinking

A Personalize Make a goal for this year and a list of daily habits to help you achieve it.

Example

Goal for This Year
To perform like a professional dancer at the school festival

Daily Habits
• Record myself dancing for 10 minutes every day
• Review my video every night before bed

Yours

Goal for This Year To publish my own webtoon on a social networking site

Daily Habits
• Draw a picture of an interesting scene every day
• Build a story line for 15 minutes a day

B Reflect Have you ever asked someone for advice about your worries? Share your experience with your partner.

My worry was …

I got advice from …

He/She said to me …

Check Your Progress
I can achieve my big goal by keeping up small daily habits.
I understand the problems that teenagers worry about and the solutions to them.

어휘

perform [pərfɔ́ːrm] 동 행하다; *공연하다   professional [prəféʃənl] 형 직업의; *전문적인   review [rivjúː] 동 재검토하다   예시답안 build [bild] 동 짓다; *만들어 내다, 창조하다   story line 줄거리

Writing Builder

널리는 의사가 아니라 간호사이다.

A 알맞은 문장을 만들기 위해 부분들을 이어서 아래에 써 봅시다.

1. 우리 삼촌은 도시 지역이 아니라 시골 지역에 산다.
2. 그 유명인은 그녀의 미모가 아니라 연기로 알려져 있다.
3. 그녀가 가장 좋아하는 과목은 생물학이 아니라 수학이다.

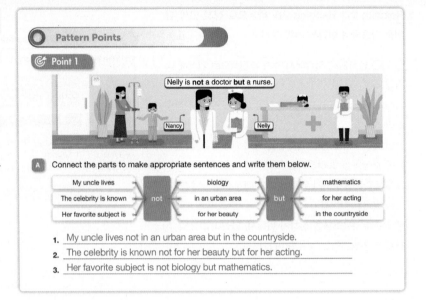

Pattern Points

Point 1

Nelly is **not** a doctor **but** a nurse.

Nancy   Nelly

A Connect the parts to make appropriate sentences and write them below.

My uncle lives		biology		mathematics
The celebrity is known	**not**	in an urban area	**but**	for her acting
Her favorite subject is		for her beauty		in the countryside

1. My uncle lives not in an urban area but in the countryside.
2. The celebrity is known not for her beauty but for her acting.
3. Her favorite subject is not biology but mathematics.

나는 공항에 제시간에 도착했어야 했다.

B 알맞은 문장을 만들기 위해 부분들을 이어서 아래에 써 봅시다.

1. 그 주방장은 그 요리에 소금과 후추를 덜 넣었어야 했다.
2. 그 합창단은 무대에 오르기 전에 더 연습했어야 했다.
3. 그 구직자는 그 면접을 철저히 준비했어야 했다.

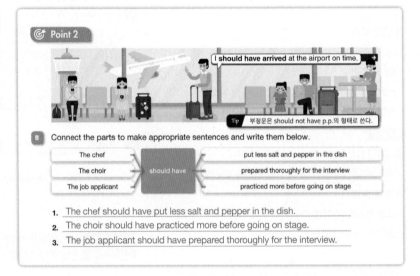

Point 2

I **should have arrived** at the airport on time.

Tip 부정문은 should not have p.p.의 형태로 쓴다.

B Connect the parts to make appropriate sentences and write them below.

The chef		put less salt and pepper in the dish
The choir	should have	prepared thoroughly for the interview
The job applicant		practiced more before going on stage

1. The chef should have put less salt and pepper in the dish.
2. The choir should have practiced more before going on stage.
3. The job applicant should have prepared thoroughly for the interview.

Grammar Point

Point 1 「not A but B」
「not A but B」는 'A가 아니라 B'라는 뜻으로, A와 B에는 동일한 품사이거나 문법적으로 성격이 같은 것이 와야 한다. 이와 같이 떨어져 있는 한 쌍의 요소가 짝을 이루어 쓰이는 어구를 상관접속사라고 부른다.

Point 2 「should have p.p.」
「should have p.p.」는 '…했어야 했는데 (안 했다)'라는 뜻으로 과거에 실현되지 못한 일에 대한 후회나 유감, 안타까움을 나타낸다. 부정형은 「should not have p.p.」의 형태로 쓰고 '…하지 않았어야 했는데 (했다)'라는 의미를 나타낸다. 참고로, 「should have p.p.」가 과거에 대한 추측을 나타낼 때는 '…했을 것이다'라는 의미를 나타낸다.

어휘

biology [baiάlədʒi] 명 생물학   celebrity [səlébrəti] 명 유명인   urban [ɔ́ːrbən] 형 도시의   acting [ǽktiŋ] 명 연기   countryside [kʌ́ntrisàid] 명 시골 지역   pepper [pépər] 명 후추   choir [kwáiər] 명 합창단   thoroughly [θə́ːrouli] 부 완전히, 철저히   applicant [ǽplikənt] 명 지원자

A 예시를 참고하여 각 상황에 대한 문장을 완성해 봅시다.

Example

내가 가장 좋아하는 음식은 파스타가 아니라 소고기 카레이다.

1. 삶에서 중요한 것은 돈이 아니라 사랑이다.
2. 조쉬는 대학에서 화학이 아니라 컴퓨터 공학을 전공했다.
3. 나는 경치를 보는 것을 즐기기 때문에, 비행기가 아니라 기차로 여행하는 것을 더 좋아한다.

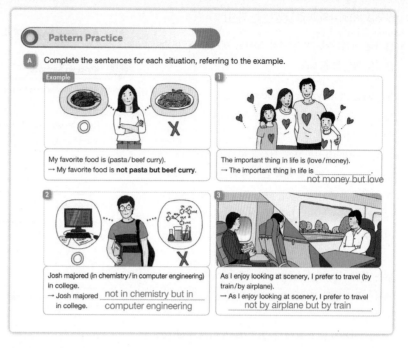

Pattern Practice

A Complete the sentences for each situation, referring to the example.

Example

My favorite food is (pasta / beef curry).
→ My favorite food is **not pasta but beef curry**.

1. The important thing in life is (love / money).
→ The important thing in life is _____ not money but love

2. Josh majored (in chemistry / in computer engineering) in college.
→ Josh majored ___not in chemistry but in___ in college. computer engineering

3. As I enjoy looking at scenery, I prefer to travel (by train / by airplane).
→ As I enjoy looking at scenery, I prefer to travel ___not by airplane but by train___.

B 예시를 참고하여 각 상황에서 후회를 표현하는 문장을 완성해 봅시다.

Example

나는 따뜻한 장갑을 끼지 않았다.

→ 나는 따뜻한 장갑을 껴야 했다.

1. 나는 열심히 공부하지 않았다.
→ 나는 조금 더 열심히 공부했어야 했다.
2. 나는 우산을 가져오지 않았다.
→ 나는 우산을 가져왔어야 했다.
3. 나는 어젯밤에 수박을 너무 많이 먹었다.
→ 나는 어젯밤에 수박을 너무 많이 먹지 말았어야 했다.

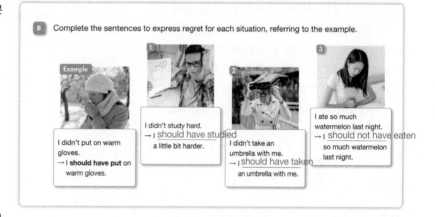

B Complete the sentences to express regret for each situation, referring to the example.

Example

I didn't put on warm gloves.
→ **I should have put** on warm gloves.

1. I didn't study hard.
→ I should have studied a little bit harder.

2. I didn't take an umbrella with me.
→ I should have taken an umbrella with me.

3. I ate so much watermelon last night.
→ I should not have eaten so much watermelon last night.

Check Point

주어진 우리말 뜻에 맞도록 빈칸에 알맞은 말을 쓰시오.

(1) 내가 좋아했던 것은 많은 선물이 아니라 가족과의 시간이었다.

What I liked was _____ many presents _____ time with my family.

(2) 네가 그녀에 대한 소식을 들었을 때 너는 내게 말했어야 했다.

You _____ _____ _____ me when you heard the news about her.

정답 (1) not, but (2) should have told

어휘

major in …을 전공하다   chemistry [kémǝstri] 명 화학   computer engineering 컴퓨터 공학   scenery [síːnǝri] 명 경치
put on …을 입다[쓰다]

친구를 위한 나의 조언 [조언하는 편지]

▋ 편지를 작성하기 전에, 먼저 예시로 제시된 조언하는 편지를 확인해 봅시다.

받는 사람 luckyalex@goodmail.com
제목 휴대 전화 사용을 조절하는 방법
안녕 알렉스

　나는 끊임없이 내 휴대 전화로 문자를 보내거나, 인터넷을 하거나, 게임을 하는 나 자신을 발견해. 나는 휴대 전화에 중독된 것 같아. 너는 휴대 전화를 사용하는 데 문제가 없어 보여. 나에게 조언 좀 해줄 수 있겠니?
리사가

받는 사람 lovelylisa@goodmail.com
제목 휴대 전화 사용을 조절하는 것에 관한 조언
안녕 리사

　나는 네가 어떤 기분인지 알아. 사실, 나에게 작년에 똑같은 문제가 있었거든. 여기 내게 효과가 좋았던 몇 가지 팁이 있어. 우선, 하루에 최소 두세 시간 동안 휴대 전화를 꺼 두는 것이 어때? 처음에는 힘들겠지만, 그것은 분명 네 일에 집중하는 데 도움이 될 거야. 다음으로, 너는 전화벨을 제외한 모든 알림을 꺼 볼 수 있을 거야. 이렇게 하면 네가 휴대 전화를 확인하는 횟수를 줄일 수 있어. 너의 휴대 전화 문제는 즉시 해결되는 것이 아니라 조금씩 해결된다는 것을 기억해. 네가 계속 노력하기를 바랄게.
알렉스가

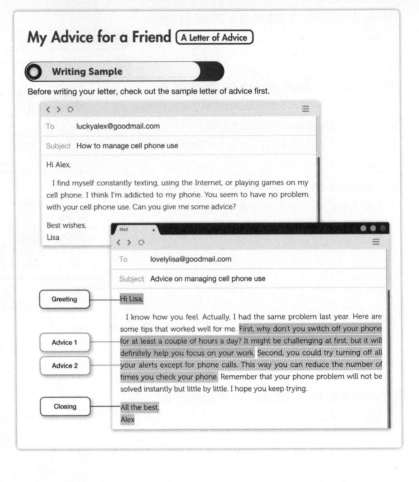

▋ 위에 예시로 제시된 조언하는 편지를 바탕으로 빈칸을 채워 봅시다.

문제	① 휴대 전화 사용을 조절하는 방법
조언	(1) 하루에 최소 ② 두세 시간 정도 휴대 전화를 꺼 두어라. (2) 전화벨을 제외한 모든 ③ 알림을 꺼 보아라.

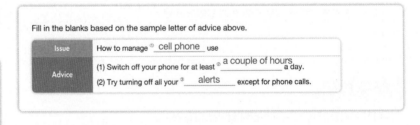

▋ 어휘

manage [mǽnidʒ] 동 간신히 해내다; *관리하다　　constantly [kɑ́nstəntli] 부 끊임없이　　be addicted to …에 빠지다[중독되다]　　work [wəːrk] 동 일하다; *효과가 나다　　switch off (스위치 등을 눌러서) …을 끄다　　a couple of 두서넛의　　definitely [défənitli] 부 분명히

여러분에게 조언이 필요한 개인적인 문제가 있나요? 조원들과 개인적인 문제를 공유하고 조원 중 한 명에게 조언하는 편지를 써 봅시다.

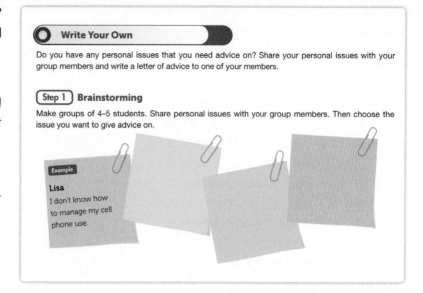

Write Your Own

Do you have any personal issues that you need advice on? Share your personal issues with your group members and write a letter of advice to one of your members.

(Step 1)

4-5명의 학생들로 구성된 모둠을 만들어 봅시다. 조원들과 개인적인 문제를 공유해 봅시다. 그러고 나서 당신이 조언하고 싶은 문제를 선택해 봅시다.

(Step 1) **Brainstorming**

Make groups of 4-5 students. Share personal issues with your group members. Then choose the issue you want to give advice on.

[Example]

리사: 나는 내 휴대 전화 사용을 조절하는 방법을 모르겠다.

Example

Lisa
I don't know how to manage my cell phone use.

(Step 2)

예시를 참고하여 조언하는 편지의 개요를 작성해 봅시다.

(Step 2) **Outlining**

Make an outline for your letter of advice, referring to the example.

[Example]

받는 사람	리사 (lovelylisa@goodmail.com)
주제	휴대 전화 사용을 조절하는 것에 관한 조언
인사말	안녕 리사
조언	(1) 하루에 최소 두세 시간 동안 휴대 전화를 꺼라. (2) 전화벨을 제외한 모든 알림을 꺼라.
맺음말	알렉스가

Example

Receiver
Lisa (lovelylisa@goodmail.com)
Subject
Advice on managing cell phone use
Greeting
Hi Lisa,
Advice
(1) Switch off your phone for at least a couple of hours a day.
(2) Turn off all your alerts except for phone calls.
Closing
All the best,
Alex

Yours

Receiver
Subject
Greeting
Advice
Closing

[예시답안]

받는 사람	카렌 (karen@goodmail.com)
주제	용돈을 관리하는 방법에 관한 조언
인사말	카렌에게
조언	(1) 네 돈을 전부 저금하고 주 단위로 용돈을 인출해라. (2) 네 지출을 기록해 두어라.
맺음말	어거스트가

Receiver	Karen (karen@goodmail.com)
Subject	Advice on how to manage pocket money
Greeting	Dear Karen,
Advice	(1) Save all your money and withdraw your allowance on a weekly basis. (2) Keep a record of your spending.
Closing	Warm wishes, August

어휘

receiver [risíːvər] 명 받는 사람　[예시답안] pocket money 용돈　withdraw [wiðdrɔ́ː] 동 물러나다; *(계좌에서 돈을) 인출하다　allowance [əláuəns] 명 용돈　on a weekly basis 매주, 주 단위로　keep a record of …을 기록해 두다　spending [spéndiŋ] 명 지출

Step 3

개요를 바탕으로 조언하는 편지를 작성해 봅시다.

예시답안

카렌에게

　예전에, 나도 내 용돈을 관리하는 방법을 배워야 했어. 내가 배웠던 것을 바탕으로 몇 가지 팁을 공유해 줄게. 먼저, 네가 받는 돈을 전부 저금하고 주 단위로 용돈을 인출해. 돈은 사치품이 아닌 필수품이므로, 네 용돈의 대부분을 저금하고 네가 필요한 만큼만 들고 다녀. 두 번째로, 네 지출을 기록해 봐. 그러면 네가 사지 말았어야 했던 것들을 알아내고 얼마만큼 저축할 수 있었는지 계산할 수 있을 거야. 그것은 훈련이 필요하겠지만, 나는 네가 해낼 수 있다는 걸 알아!

어거스트가

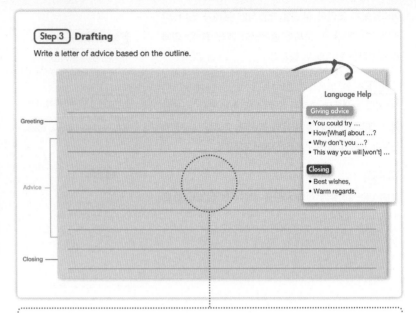

Step 3 Drafting

Write a letter of advice based on the outline.

Greeting

Advice

Closing

Language Help

Giving advice
- You could try …
- How[What] about …?
- Why don't you …?
- This way you will[won't] …

Closing
- Best wishes,
- Warm regards,

Dear Karen,

　In the past, I also had to learn how to manage my pocket money. Let me share some tips based on what I've learned. First, save all the money that you receive and withdraw your allowance on a weekly basis. Money is not a luxury but a necessity, so save most of your allowance and only carry the amount you need. Second, try keeping a record of your spending. Then you can see the things you should not have bought and figure out how much you could have saved. It will take discipline, but I know you can do it!

Warm wishes,

August

Step 4

초고를 개선하기 위해 체크리스트를 이용해 봅시다. 그러고 나서 짝과 초고를 교환하여 서로의 글을 수정해 봅시다.

A Revising Checklist

| 편지에 적절한 인사말과 맺음말이 포함되어 있는가? |
| 제안된 충고가 문제에 적합한가? |

B Editing Checklist

| 대문자 사용 |
| 글쓴이는 편지에서 각 문장, 고유명사, 요일, 월, 국가, 언어, 국적의 첫 글자를 대문자로 작성하였는가? |

Example 1. 여기 내게 효과가 좋았던 몇 가지 팁이 있어.

Example 2. 제임스는 회의에 참석한 후 화요일에 런던에서 돌아올 것이다.

Step 4 Writing Clinic 👥

Use the checklists to improve your draft. Then exchange drafts with your partner and edit each other's.

A Revising Checklist

	self	peer
Does the letter include a proper greeting and closing?	☐	☐
Is the suggested advice appropriate for the issue?	☐	☐

B Editing Checklist

	self	peer
Capitalization Does the writer capitalize the first word of each sentence, proper nouns, days of the week, months of the year, countries, languages, and nationalities in the letter?	☐	☐

Example 1. here are some tips That worked well for me.
　　　　　　 Here　　　　　　　　 that

Example 2. James will return from london on tuesday after attending a meeting.
　　　　　　　　　　　　　　　　 London　　 Tuesday

어휘

capitalization [kæpətəlizéiʃən] 명 대문자 사용 (capitalize 동 대문자로 쓰다)　　proper noun 고유 명사　　**예시답안** luxury [lʌ́kʃəri] 명 호화로움; *사치(품)　　necessity [nəsésəti] 명 필요(성); *필수품　　discipline [dísəplin] 명 훈련, 단련

Step 5

짝의 피드백을 이용하여 조언하는 편지를 다시 써 봅시다.

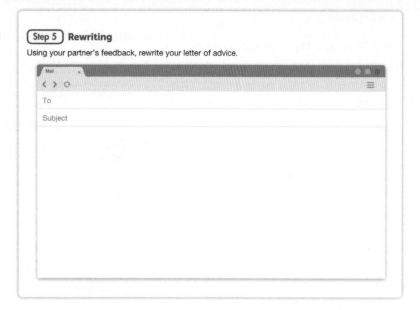

Step 6

A 4명으로 구성된 모둠을 만들어 봅시다. 최종 글을 공유하고 다른 조원들로부터 피드백을 받아 봅시다.

| 편지가 적절한 형식을 따르고 있다 (인사말, 메시지, 맺음말). |
| 제안된 충고가 적절하다. |
| 대문자가 바르게 쓰여 있다. |

B 누구의 편지가 가장 도움이 되는 조언을 포함하고 있나요? 조원들과 의견을 나눠 봅시다.

Check Your Progress 나는 내 친구에게 조언하는 편지를 쓸 수 있다.

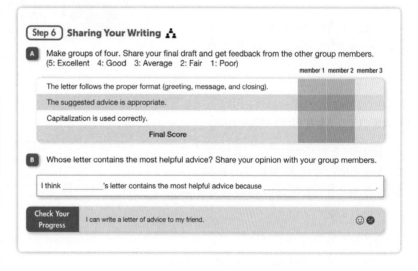

Practice More

다음 문장에서 대문자 사용의 오류를 찾아 바르게 고쳐 쓰시오.

(1) can Karen help me with my work this saturday?

_____ → _____

_____ → _____

(2) According to Dr. johnson, the disease spread throughout taiwan.

_____ → _____

_____ → _____

정답 (1) can → Can, saturday → Saturday (2) johnson → Johnson, taiwan → Taiwan

어휘

fair [fɛər] 형 타당한; *괜찮은   format [fɔ́ːrmæt] 명 구성 방식   contain [kəntéin] 동 …이 들어 있다

Inside Culture

전 세계의 지혜의 말

속담은 진리나 일반적인 사고방식을 효과적으로 나타
내는 잘 알려진 격언이다. 속담은 그것이 생겨난 국가
의 문화적 가치를 반영하기 때문에 흥미롭다. 다음은
노력, 겸손, 그리고 말의 힘에 관한 다른 여러 국가의
속담이다.

노력

참나무는 한 번 찍어서 넘어가지 않는다. (스페인)
봄에 씨를 뿌리지 않으면, 가을에 수확할 수 없을 것이
다. (아일랜드)

겸손

배를 저어 돌아올 수 있는 것보다 더 멀리 나가지 마라.
(덴마크)
아는 모든 것을 말하지 말고, 들은 모든 것을 믿지 말
며, 할 수 있는 모든 것을 하지 마라. (이탈리아)

말의 힘

화가 났을 때는 절대 편지를 쓰지 마라. (중국)
말은 무게를 재야지 헤아리는 것이 아니다. (폴란드)

Words of Wisdom from around the World

Exploring Cultures

A proverb is a popular saying that effectively expresses a truth or common way of thinking. Proverbs are interesting because they reflect the cultural values of their country of origin. The following are proverbs from several different countries about effort, modesty, and the power of words.

Effort

 An oak is not felled at one stroke.

🇪🇸 Spain

 If you do not sow in the spring, you will not reap in the autumn.

🇮🇪 Ireland

Modesty

 Don't sail out farther than you can row back.

🇩🇰 Denmark

Tell not all you know, believe not all you hear, do not all you are able.

🇮🇹 Italy

The Power of Words

 Never write a letter while you are angry.

🇨🇳 China

 Words must be weighed, not counted.

🇵🇱 Poland

속담을 그것의 적절한 의미와 연결해 봅시다.

1. 참나무는 한 번 찍어서 넘어가지 않는다.
2. 말은 무게를 재야지 헤아리는 것이 아니다.
3. 배를 저어 돌아올 수 있는 것보다 더 멀리 나가지
   마라.

a. 겸손하고 과시하지 마라.
b. 만일 무언가를 성취하고 싶다면, 꾸준히 노력하라.
c. 말을 너무 많이 하지 말고, 당신이 하는 말을 주의
   깊게 생각하라.

Check-Up Match the proverbs to their appropriate meanings.

1. An oak is not felled at one stroke.

2. Words must be weighed, not counted.

3. Don't sail out farther than you can row back.

a. Be modest and do not show off.

b. If you want to accomplish something, keep working at it.

c. Do not talk too much, and consider the words that you say carefully.

어휘

proverb [právəːrb] 몡 속담   modesty [mádəsti] 몡 겸손 (modest 혱 겸손한)   stroke [strouk] 몡 타격, 치기   sow [sou] 동 (씨를) 뿌리다
[심다]   reap [riːp] 동 거두다[수확하다]   sail out 출항하다   row [rou] 동 노[배]를 젓다   weigh [wei] 동 …의 무게를 달다
show off 과시하다, 자랑하다

A 4-5명의 학생들로 구성된 모둠을 만들어 봅시다. 노력, 겸손, 그리고 말의 힘에 관한 한국 속담을 찾아봅시다. 그리고 나서 각 부분에 속담 한두 개를 적어 봅시다.

[Example]

열 번 찍어 안 넘어가는 나무 없다.

[예시답안]

노력: 낙숫물이 바위를 뚫는다.
겸손: 원숭이도 나무에서 떨어질 때가 있다.
말의 힘: 빈 수레가 요란하다.

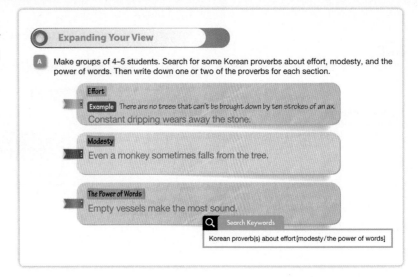

Expanding Your View

A Make groups of 4–5 students. Search for some Korean proverbs about effort, modesty, and the power of words. Then write down one or two of the proverbs for each section.

Effort
[Example] There are no trees that can't be brought down by ten strokes of an ax.
Constant dripping wears away the stone.

Modesty
Even a monkey sometimes falls from the tree.

The Power of Words
Empty vessels make the most sound.

Q **Search Keywords**
Korean proverb(s) about effort [modesty/the power of words]

B 모둠의 결과물을 교실 벽에 전시하고 다른 모둠의 결과물을 읽어 봅시다.

C 교실 벽에 전시된 모든 속담 중, 어떤 것에 따라 살고 싶나요? 조원들과 이야기해 봅시다.

[Example]

나는 "열 번 찍어 안 넘어가는 나무 없다."라는 속담에 따라 살고 싶다. 나는 결과를 빨리 보지 못하면 종종 포기하곤 한다. 하지만, 앞으로는 내 목표를 성취하기 위해 꾸준히 노력할 것이다.

Check Your Progress
나는 속담을 통해 각 문화권이 노력, 겸손, 말의 힘을 생각하는 각각의 다른 방식을 비교·대조할 수 있다.

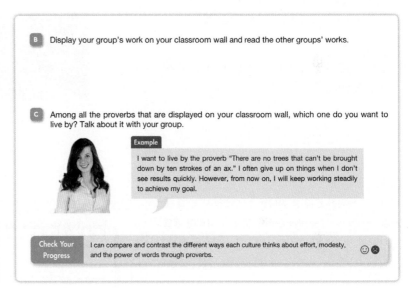

B Display your group's work on your classroom wall and read the other groups' works.

C Among all the proverbs that are displayed on your classroom wall, which one do you want to live by? Talk about it with your group.

Example
I want to live by the proverb "There are no trees that can't be brought down by ten strokes of an ax." I often give up on things when I don't see results quickly. However, from now on, I will keep working steadily to achieve my goal.

Check Your Progress
I can compare and contrast the different ways each culture thinks about effort, modesty, and the power of words through proverbs. ☺☹

Knowledge Link

세계의 속담

Knowledge	There is no shame in not knowing; the shame lies in not finding out. – Russia
	(모르는 것에는 부끄러울 것이 없다. 부끄러움은 알아내지 않는 데 있다. – 러시아)
Friendship	In adversity is when friendship is proven. – Portugal
	(역경에 처했을 때가 우정이 증명되는 때이다. – 포르투갈)
Decision	Measure a thousand times and cut once. – Turkey
	(천 번 재고 단번에 베라. – 터키)

어휘

bring down (사람·사물 등을) 쓰러뜨리다　　ax [æks] 명 도끼　　live by …에 따라 살다　　steadily [stédili] 부 착실하게, 꾸준히　　contrast [kántræst] 동 대조하다　　[예시답안] dripping [drípiŋ] 명 물방울　　wear away 차츰 닳다[닳게 만들다]　　vessel [vésəl] 명 선박; *그릇[용기]

Project

학급 규칙 만들기

Task

여러분은 교실 환경을 개선할 학급 규칙을 만들 것입니다.

Before You Begin

다른 학교나 학급의 학급 규칙 예시를 찾아봅시다.

학급 규칙

규칙 1. 우리 교실을 정돈되고 깨끗하게 유지하라.

규칙 2. 선생님이 말씀하실 때 귀 기울여라.

규칙 3. 말을 하려면 손을 들어 허락을 받아라.

Step 1

4-5명의 학생들로 구성된 모둠을 만들어 봅시다. 여러분의 학급에 어떤 문제가 있는지 이야기해 봅시다.

Example

몇몇 학생들은 수업 시간에 종종 늦는다. 그들 때문에 수업이 지체된다.

Step 2

여러분이 논의한 문제 중 하나를 선택해 봅시다. 그 문제를 해결할 수 있는 학급 규칙을 적고 그 규칙이 필요한 이유를 써 봅시다.

Example

학급 규칙

종이 울리기 전에 자리에 있어라.

왜 이 규칙이 필요한가?

늦게 오는 학생들 때문에 수업이 자주 지체된다.

예시답안

학급 규칙

선생님이 말씀하실 때 조용히 해라.

왜 이 규칙이 필요한가?

우리가 선생님 말씀을 듣고 있을 때 불필요한 잡담으로 인해 자주 산만해진다.

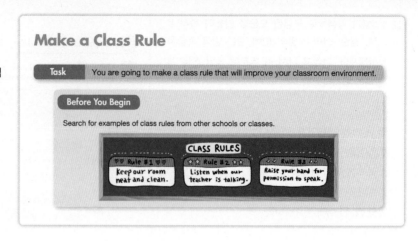

Make a Class Rule

Task You are going to make a class rule that will improve your classroom environment.

Before You Begin

Search for examples of class rules from other schools or classes.

> **CLASS RULES**
> ♥♥ Rule #1 ♥♥
> Keep our room neat and clean.
> ☆☆ Rule #2 ☆☆
> Listen when our teacher is talking.
> ♡♡ Rule #3 ♡♡
> Raise your hand for permission to speak.

Step 1 Make groups of 4–5 students. Talk about what kinds of problems your class has.

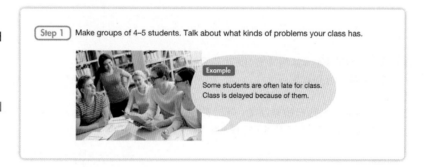

Example
Some students are often late for class. Class is delayed because of them.

Step 2 Choose one of the problems you have discussed. Write down a class rule that can fix the problem and state why that rule is needed.

Example

Class Rule
Be in your seat before the bell rings.

Why is this rule needed?
Class is often delayed because of students who arrive late.

Your group

Class Rule
Be quiet when the teacher talks.

Why is this rule needed?
We are often distracted by unnecessary chatter when we are listening to the teacher.

어휘

neat [niːt] 형 정돈된   permission [pərmíʃən] 명 허락   delay [diléi] 동 미루다; *지연시키다   state [steit] 동 (정식으로) 말하다[쓰다], 진술[서술]하다   **예시답안** distract [distrǽkt] 동 집중이 안 되게[산만하게] 하다   chatter [tʃǽtər] 명 수다, 재잘거림

Step 3

모둠의 제안을 학급에 발표해 봅시다.

Sample

저희 모둠이 선택한 규칙은 "종이 울리기 전에 자리에 있어라."입니다. 늦게 오는 학생들 때문에 수업이 자주 지체되어서, 저희는 이 학급 규칙이 더 나은 학습 환경을 조성하는 데 도움이 될 것으로 생각합니다.

예시답안

저희 모둠이 선택한 규칙은 "선생님이 말씀하실 때 조용히 해라."입니다. 저희가 선생님 말씀을 듣고 있을 때 불필요한 잡담으로 인해 자주 산만해져서, 저희는 이 학급 규칙이 더 나은 학습 환경을 조성하는 데 도움이 될 것으로 생각합니다.

Step 3 Present your group's suggestion to the class.

Sample

The rule our group chose is "_____ Be in your seat before the bell rings _____."
_____(class rule)_____, so we think this class rule would help create a better study environment.
(why the rule is needed)

Class is often delayed because of students who arrive late

예시답안

The rule our group chose is "Be quiet when the teacher talks."
We are often distracted by unnecessary chatter when we are listening to the teacher, so we think this class rule would help create a better study environment.

Step 4

여러분의 학급에 가장 필요하다고 생각하는 학급 규칙에 투표해 봅시다.

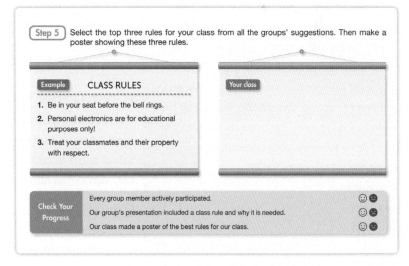

Step 4 Vote for the class rule that you think is needed most in your class.

Group 1　Group 2　Group 3　Group 4　Group 5

Step 5

모든 모둠의 제안 중 여러분의 학급을 위한 최고의 규칙 세 가지를 선택해 봅시다. 그러고 나서 이 세 가지 규칙을 보여 주는 포스터를 만들어 봅시다.

Example

학급 규칙

1. 종이 울리기 전에 자리에 있어라.
2. 개인 전자 기기는 교육용으로만 사용해라!
3. 학급 친구들과 그들의 물건을 소중히 다뤄라.

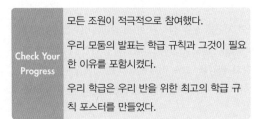

Step 5 Select the top three rules for your class from all the groups' suggestions. Then make a poster showing these three rules.

Example　CLASS RULES

1. Be in your seat before the bell rings.
2. Personal electronics are for educational purposes only!
3. Treat your classmates and their property with respect.

Your class

Check Your Progress

모든 조원이 적극적으로 참여했다.

우리 모둠의 발표는 학급 규칙과 그것이 필요한 이유를 포함시켰다.

우리 학급은 우리 반을 위한 최고의 학급 규칙 포스터를 만들었다.

Check Your Progress
Every group member actively participated. ☺☹
Our group's presentation included a class rule and why it is needed. ☺☹
Our class made a poster of the best rules for our class. ☺☹

어휘

electronics [ilektrániks] 몡 전자 기기　　educational [èdʒukéiʃəl] 혱 교육의, 교육적인　　property [prápərti] 몡 재산, 소유물

A 다음 단락을 읽고 질문에 답해 봅시다.

1. 빈칸에 알맞은 단어를 골라 요약문을 완성해 봅시다.

정답 ①

해석

당신의 질투심을 극복하기 위해서, 당신은 누구도 (A) 완벽하지 않다는 것을 알고 당신의 (B) 장점에 감사해야 한다.

2. 밑줄 친 단어 중 문맥상 적절하지 않은 것은?

정답 ⑤ (appear → disappear)

A Read the following paragraph and answer the questions.

Comparing yourself to others may leave you feeling ① sad. That's because we often compare the worst aspects of ourselves to the ② best aspects of others. However, you should keep in mind that nobody has it all. We are all individuals with ③ unique looks, personalities, and talents. Therefore, make an effort to see the good things in your life and be ④ grateful for them. When you start to admire and appreciate yourself, your envy toward your best friend will naturally ⑤ appear.

1. Complete the summary sentence by choosing the appropriate words for the blanks.

To get over your jealousy, you should know that nobody is ＿＿(A)＿＿ and appreciate your own ＿＿(B)＿＿ .

	(A)	(B)		(A)	(B)
①	perfect	····· strengths	②	perfect	····· weaknesses
③	unique	····· efforts	④	unique	····· strengths
⑤	unique	····· weaknesses			

2. Which one of the underlined words is not appropriate in the context?

B 폴의 문제점을 듣고 지시에 따라 봅시다.

1. 폴의 문제점은 무엇인가?

정답 He hurt his friend's feelings, but he doesn't know how to apologize to her.

해석

그는 친구의 기분을 상하게 했지만, 그녀에게 어떻게 사과할지 모른다.

2. 폴에게 조언하는 편지를 완성해 봅시다.

Sample   Dear Paul,

I understand how you feel. Here is my advice for you. First, how about showing genuine interest in why your friend is hurt? You could try asking some questions about why your friend feels hurt and what would make her feel better. Second, you need to accept responsibility for hurting her feelings. Explain what you might do differently to avoid doing the same thing in the future.
I hope this advice works for you.
Best wishes,
Jina

해석 폴에게

나는 네가 어떤 기분인지 이해해. 여기 너를 위한 내 조언이 있어. 먼저, 네 친구가 왜 감정이 상한 건지에 진심 어린 관심을 보여주는 것이 어떨까? 너는 네 친구가 왜 기분이 상한 건지와 무엇이 그녀의 기분을 더 나아지게 만들지 물어볼 수 있어. 다음으로, 너는 그녀의 기분을 상하게 한 것에 책임을 져야 해. 앞으로 같은 행동을 하는 것을 피하기 위해 무엇을 다르게 할 것인지 설명하도록 해.
이 조언이 네게 효과가 있기를 바랄게.
지나가

B Listen to Paul's problem and follow the instructions. 🎧

1. What is Paul's problem?

→ He hurt his friend's feelings, but ＿＿＿＿＿＿＿＿＿＿＿＿ .

2. Complete the letter of advice to Paul.

Dear Paul,

I understand how you feel. Here is my advice for you. First, ＿＿＿＿＿
＿＿＿＿＿＿＿＿＿＿＿＿＿＿＿＿＿＿＿＿＿＿＿＿＿＿＿＿＿＿＿＿
Second, ＿＿＿＿＿＿＿＿＿＿＿＿＿＿＿＿＿＿＿＿＿＿＿＿＿＿＿＿
＿＿＿＿＿＿＿＿＿＿＿＿＿＿＿＿＿＿＿＿＿＿＿＿＿＿＿＿＿＿＿＿
I hope this advice works for you.
Best wishes,
＿＿＿＿＿＿＿＿

SCRIPT

Hi, I'm Paul. I think I've really hurt my friend's feelings. Two days ago, I had an argument with my friend, Olivia. I think I said something wrong because she looked very upset at the end of the conversation. She hasn't talked to me since that day. I feel really bad. I want to fix this problem, but I don't know how to apologize to her.

해석

안녕, 나는 폴이야. 나는 내 친구의 기분을 정말 상하게 한 것 같아. 이틀 전, 나는 내 친구 올리비아와 말다툼을 했어. 대화가 끝날 무렵에 그녀는 매우 화가 나 보였기 때문에 나는 내가 뭔가 잘못 말했다고 생각해. 그날 이후로 그녀는 내게 말을 걸지 않아. 나는 정말로 마음이 좋지 않아. 나는 이 문제를 해결하고 싶지만, 그녀에게 어떻게 사과할지 모르겠어.

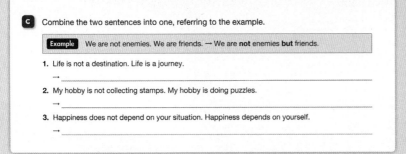

C Combine the two sentences into one, referring to the example.

> **Example** We are not enemies. We are friends. → We are **not** enemies **but** friends.

1. Life is not a destination. Life is a journey.
   → _____
2. My hobby is not collecting stamps. My hobby is doing puzzles.
   → _____
3. Happiness does not depend on your situation. Happiness depends on yourself.
   → _____

D Complete the sentences using the expression 「*should have p.p.*」 and the words in the box.

return	lock	choose

1. I think those pants look awful on Jim. He _____ a different pair.
2. The library charged me a late fee. I _____ the books by the due date.
3. A thief broke into my house yesterday. I _____ the door before leaving home.

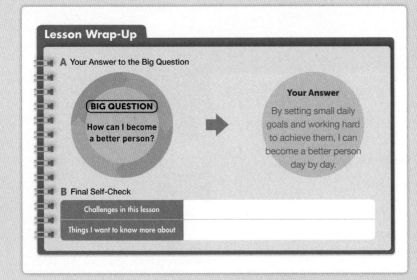

Lesson Wrap-Up

A Your Answer to the Big Question

BIG QUESTION

How can I become a better person?

→

Your Answer

By setting small daily goals and working hard to achieve them, I can become a better person day by day.

B Final Self-Check

Challenges in this lesson	
Things I want to know more about	

C 예시를 참고하여 두 문장을 하나로 합쳐 봅시다.

[정답]

1. Life is not a destination but a journey.
2. My hobby is not collecting stamps but doing puzzles.
3. Happiness does not depend on your situation but on yourself. / Happiness depends not on your situation but on yourself.

[해석]

Example 우리는 적이 아니다. 우리는 동지이다. → 우리는 적이 아니라 동지이다.

1. 삶은 목적지가 아니라 여정이다.
2. 나의 취미는 우표 수집이 아니라 퍼즐 하기이다.
3. 행복은 당신의 상황에 달린 것이 아니라 당신 자신에게 달려 있다.

D 「should have p.p.」 표현과 상자 안의 단어를 이용하여 문장을 완성해 봅시다.

[정답]

1. He should have chosen a different pair.
2. I should have returned the books by the due date.
3. I should have locked the door before leaving home.

[해석]

1. 나는 저 바지가 짐에게 매우 안 어울린다고 생각한다. 그는 다른 것을 선택했어야 했다.
2. 그 도서관이 내게 연체료를 부과했다. 나는 기한 내에 그 책들을 반납했어야 했다.
3. 도둑이 어제 내 집에 침입했다. 나는 집을 나서기 전에 문을 잠갔어야 했다.

A Big Question에 대한 답

BIG QUESTION

나는 어떻게 더 나은 사람이 될 수 있는가?

[예시답안]

매일의 작은 목표들을 세우고 그것들을 달성하기 위해 열심히 노력함으로써, 나는 나날이 더 나은 사람이 될 수 있다.

B 마지막 자가 점검

이번 과에서 어려운 점
내가 더 알고 싶은 것

Explore the World

Lesson Goals

Reading
1. 한양도성을 따라 걸은 후 쓴 기행문을 읽고 우리 문화를 이해하고 자부심을 가질 수 있다.
2. 제임스 홀먼에 관한 글을 읽고 역경에 굴하지 않고 목표를 향해 나아가는 삶의 태도를 배울 수 있다.
[Reading Strategy] Understanding the Mood

Writing
가장 기억에 남는 여행에 관한 기행문을 쓸 수 있다.
[Writing Task] Travelogue

Language
This is the park **where I play soccer on Sundays**.
She is lying on the couch **with her legs stretched out**.

Following the Wall: An Inspiring Walk around Seoul

Q What do you think is the best way to look around your city or town?

Q. 당신이 사는 도시나 마을을 둘러보는 가장 좋은 방법이 무엇이라고 생각하는가?

The Incredible Adventures of James Holman

Q Do you know any famous explorers?

Q. 당신이 아는 유명한 탐험가가 있는가?

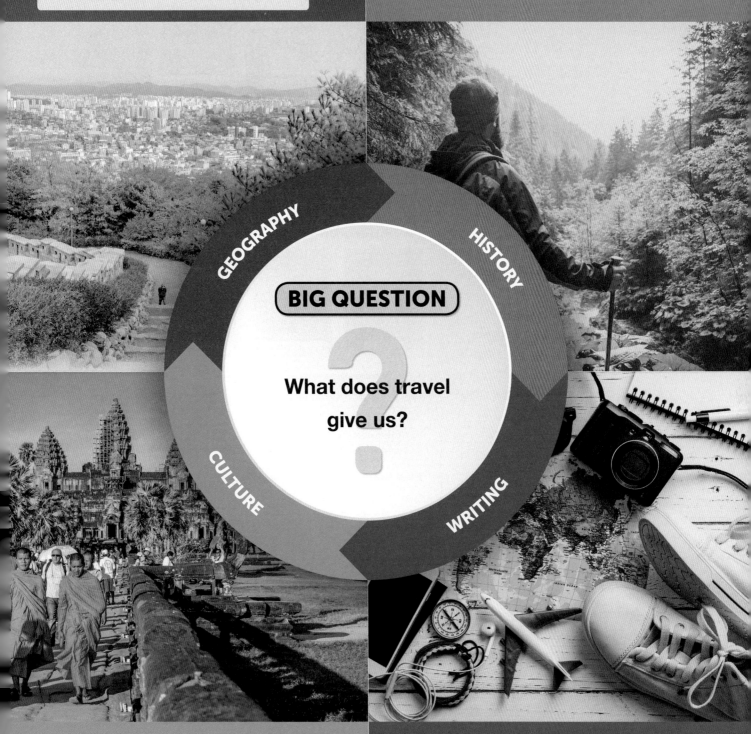

GEOGRAPHY

HISTORY

CULTURE

WRITING

BIG QUESTION

?

What does travel give us?

Exploring World Heritage Sites

Q Do you know any World Heritage Sites?

Q. 당신이 아는 세계 유산이 있는가?

The Most Memorable Trip

Q What was your most memorable trip?

Q. 당신에게 가장 기억에 남는 여행은 무엇이었는가?

Reading 1

사진을 보고 관광객들이 한국에 관해서 어떤 것을 가장 좋아하는지 추측해 봅시다. 짝과 생각을 나눠 봅시다.

궁전, 음식, 자연경관, 쇼핑

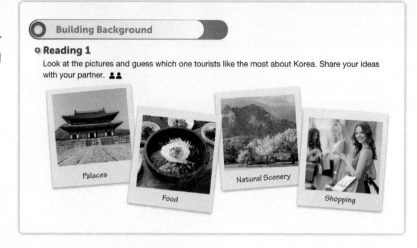

Building Background

○ Reading 1

Look at the pictures and guess which one tourists like the most about Korea. Share your ideas with your partner. 👥👤

Palaces

Food

Natural Scenery

Shopping

Reading 2

역사상 가장 위대한 탐험가들의 사진을 보고 지시를 따라 봅시다.

1. 위에 제시된 알맞은 이름을 사용하여 빈칸을 채워 봅시다.
a. 로알 아문센은 1911년에 남극에 도달했다.
b. 마르코 폴로는 중앙아시아와 중국으로 여행했다.
c. 닐 암스트롱은 1969년에 달 위를 걸은 최초의 사람이었다.
d. 크리스토퍼 콜럼버스는 대서양을 가로질러 미대륙까지 항해했다.

2. 누가 가장 인상적인 탐험가라고 생각하나요? 짝과 생각을 나눠 봅시다.

○ Reading 2

Look at the pictures of some of the greatest explorers in history and follow the instructions.

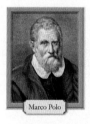 Marco Polo

 Christopher Columbus

 Roald Amundsen

 Neil Armstrong

1. Fill in the blanks with the appropriate names from above.

a. __Roald Amundsen__ reached the South Pole in 1911.

b. __Marco Polo__ made journeys to Central Asia and China.

c. __Neil Armstrong__ was the first to walk on the moon in 1969.

d. __Christopher Columbus__ went on a voyage across the Atlantic Ocean to the Americas.

2. Who do you think is the most impressive explorer? Share your ideas with your partner. 👥👤

Knowledge Link

리처드 프랜시스 버턴

리처드 프랜시스 버턴(Richard Francis Burton, 1821~1890)은 19세기 영국의 외교관이며 작가이자 탐험가이다. 그는 힌디어와 아랍어를 포함해 약 29개 언어를 구사할 수 있었으며, 탁월한 언어 실력을 바탕으로 인도, 아라비아, 아프리카 북동부 등지를 자유롭게 탐사했다. 그는 1858년에 아프리카의 탕가니카 호수를 발견하였고 1861년에는 황금 해안을 조사했으며, 이후 아프리카 탐험의 길잡이 역할을 수행했다.

어휘

palace [pǽlis] 명 궁전   natural scenery 자연경관   explorer [iksplɔ́ːrər] 명 탐험가   in history 역사상   South Pole 남극
make a journey 여행하다   go on a voyage 항해하다

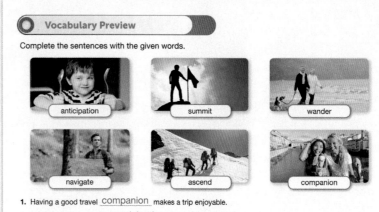

주어진 단어를 사용하여 문장을 완성해 봅시다.

anticipation 명 예상; 기대
summit 명 (산의) 정상, 산꼭대기
wander 동 거닐다, 돌아다니다
navigate 동 (지도 등을 보며) 길을 찾다[방향을 읽다]
ascend 동 오르다, 올라가다
companion 명 동반자, 동행

1. 좋은 여행 동반자가 있다는 것은 여행을 즐겁게 만든다.
2. 배고픈 소년은 기대 속에서 음식이 도착하기를 기다렸다.
3. 지도 덕분에, 나는 숲을 지나 길을 찾을 수 있었다.
4. 나의 조부모님은 그들의 개를 데리고 해변을 거니시곤 했다.
5. 그 등반가는 장시간의 등반 후에 마침내 정상에 도달했다.
6. 당신이 높은 산에 오를수록, 공기는 점점 더 차가워진다.

Vocabulary Preview

Complete the sentences with the given words.

anticipation | summit | wander
navigate | ascend | companion

1. Having a good travel companion makes a trip enjoyable.
2. The hungry boy waited in anticipation for the food to arrive.
3. Thanks to the map, I could navigate my way through the forest.
4. My grandparents used to wander along the shore with their dog.
5. The climber finally got to the summit after many hours of climbing.
6. As you ascend a high mountain, the air grows colder and colder.

읽기 전략 분위기 이해하기

분위기는 글쓴이가 전달하려고 하는 전반적인 느낌이나 감정이다. 글쓴이는 분위기를 조성하기 위해 그림, 대화, 배경, 그리고 줄거리를 포함한 여러 장치를 사용한다. 글 속에서, 분위기는 무슨 일이 일어나는지에 따라 바뀔 수 있다.

이 단락의 마지막 부분에서 '나'는 기분이 어땠는가?

그날 저녁은 매우 추웠다. 나의 가장 친한 친구와 나는 서로에게 아무 말도 하지 않은 채 버스를 타고 있었다. 우리는 방금 말다툼을 했기 때문에, 내 마음은 얼음처럼 얼어 있었다. 잠시 후, 버스가 갑자기 눈 속에 갇혔다. 우리는 내려서 말없이 집으로 걷기 시작했다. 거센 바람이 불고 있었고 우리는 둘 다 추위에 떨고 있었다. 갑자기, 내 친구가 자신의 외투를 벗어 그것으로 내 어깨를 덮어 주었다. 그는 그의 옷뿐만 아니라 그의 마음으로도 내 마음을 따뜻하게 해 주었다.

① 외로운   ② 짜증이 난   ③ 고마워하는   ④ 겁먹은

Reading Strategy

💡 Understanding the Mood

Mood is the overall feeling or emotion a writer is trying to convey. Writers use many devices to create mood, including images, dialogue, setting, and plot. In a passage, the mood can change depending on what is happening.

How did "I" feel in the last part of the paragraph?

It was very chilly that evening. My best friend and I were taking the bus without saying a word to each other. Because we just had an argument, my mind was frozen like ice. After a while, the bus suddenly got stuck in the snow. We got off and started to walk to our homes in silence. A fierce wind was blowing and we were both shivering with cold. All of a sudden, my friend took off his overcoat and covered my shoulders with it. He warmed my mind not only with his clothes but also with his heart.

① lonely   ② irritated   ③ grateful   ④ frightened

어휘

overall [óuvərɔ̀ːl] 형 전반적인   convey [kənvéi] 동 전달하다   setting [sétiŋ] 명 환경; *(소설 등의) 배경   plot [plat] 명 줄거리   chilly [tʃíli] 형 쌀쌀한, 추운   argument [áːrgjumənt] 명 논쟁; 말다툼   frozen [fróuzn] 형 냉동된; *얼어붙은, 언   get stuck 꼼짝 못 하게 되다   fierce [fiərs] 형 사나운; *(비·바람 등이) 거센   shiver [ʃívər] 동 (몸을) 떨다   all of a sudden 갑자기   warm [wɔːrm] 동 따뜻하게 하다

Reading 1　GEOGRAPHY

Following the Wall:
An Inspiring Walk around Seoul

PREDICTING　Read the title and look through the pictures on pages 38 to 41. Then guess what places the writer visited in Seoul.
(제목을 읽고 38쪽에서 41쪽의 사진을 살펴봅시다. 그리고 나서 글쓴이가 서울에서 어떤 장소를 방문했는지 추측해 봅시다.)

❶ I've just returned from an awesome trip to Seoul. ❷ It is a vast metropolis that has been Korea's capital for over 600 years. ❸ I spent three days walking along the Seoul City Wall, which surrounds the center of Seoul. ❹ It was a fantastic way to see this beautiful city from many different angles and to learn about its history along the way.

❺ In 1396, a wall with four main gates and four smaller gates was constructed to keep the city safe from invaders. ❻ Although two of the gates are now gone, many sections of this wall still remain. ❼ The wall, which stretches approximately 18.6 kilometers, is the longest-standing traditional city wall in the world.

어휘

vast [væst] 형 (범위·크기·양 등이) 어마어마한[막대한] 영영 very great in size, extent, number, or degree

metropolis [mitrápəlis] 명 대도시 영영 a very large or densely populated city

surround [səráund] 동 둘러싸다, 에워싸다 영영 to be on all sides of someone or something

construct [kənstrʌ́kt] 동 건설하다 영영 to build or make something physical

invader [invéidər] 명 침략자[군] 영영 someone who enters a country or town by force

approximately [əpráksəmətli] 부 거의, … 가까이 영영 about; close to; roughly

해석

성벽을 따라서: 감명 깊은 서울 도보 여행

❶ 나는 서울로의 아주 멋진 여행에서 이제 막 돌아왔다. ❷ 그곳은 600년 넘게 한국의 수도인 거대한 대도시이다. ❸ 나는 한양도성을 따라 걸으며 3일을 보냈는데, 그것은 서울의 중심부를 둘러싸고 있다. ❹ 그것은 여러 다른 각도에서 이 아름다운 도시를 바라보고, 길을 따라가며 이곳의 역사에 관해 배우는 환상적인 방법이었다.

❺ 1396년에, 침입자들로부터 도시를 안전하게 지키기 위해 사대문과 사소문을 갖춘 성벽이 세워졌다. ❻ 비록 지금은 그 문 중 두 개가 사라졌지만, 이 성벽의 많은 구간은 여전히 남아 있다. ❼ 18.6km가량 뻗어 있는 이 성벽은 세계에서 가장 오래된 전통 성벽이다.

Self-Study

Q1 How many gates did the Seoul City Wall have when it was constructed in 1396?
(한양도성이 1396년에 세워졌을 때 몇 개의 문이 있었는가?)

▶ It had four main gates and four smaller gates when it was constructed in 1396.
(그것이 1396년에 세워졌을 때 사대문(네 개의 큰 문)과 사소문(네 개의 더 작은 문)이 있었다.)

구문 해설

❷ **It** is a vast metropolis *that* has been Korea's capital for over 600 years.
: It은 앞 문장의 Seoul을 가리킨다.
: that은 선행사 a vast metropolis를 수식하는 주격 관계대명사이다.
: 현재완료 has been은 기간을 나타내는 전치사 for(… 동안)와 함께 쓰여 과거부터 현재까지 상태가 지속되고 있음을 나타낸다.

❸ I **spent three days walking** along the Seoul City Wall, *which* surrounds the center of Seoul.
: 「spend+시간+(in)+v-ing」는 '…하는 데 시간을 보내다'라는 의미이다.
: 관계대명사 which가 계속적 용법으로 쓰여 선행사인 the Seoul City Wall을 부연 설명하고 있다.

❹ It was a fantastic way **to see** this beautiful city from many different angles and **to learn** about its history along the way.
: to see와 to learn은 명사구 a fantastic way를 수식하는 형용사적 용법의 to부정사로, 등위접속사 and로 병렬 연결되었다.

❺ In 1396, **a wall with four main gates and four smaller gates was constructed** *to keep* the city safe from invaders.
: 전치사구 with four main gates and four smaller gates가 주어인 a wall을 수식하고 있으며, 동사는 was constructed이다.
: to keep은 목적을 나타내는 부사적 용법의 to부정사이다.
: 「keep+목적어+목적격보어」는 '…을 ~한 상태로 유지하다'라는 의미로, 목적격보어로 형용사 safe가 쓰였다.

❻ **Although** two of the gates are now gone, many sections of this wall still remain.
: although는 '비록 …이지만'이라는 뜻을 나타내는 접속사이다.

❼ The wall, **which stretches approximately 18.6 kilometers**, is the longest-standing traditional city wall in the world.
: which ... kilometers는 선행사 The wall을 보충 설명하는 주격 관계대명사절로, 문장 중간에 삽입된 형태이다.

Check Point

다음 괄호 안에서 어법상 알맞은 것을 고르시오.

(1) In 1396, a wall with four main gates and four smaller gates was constructed to keep the city [safe / safely] from invaders.

(2) Although two of the gates are now gone, many sections of this wall still [remain / remains].

정답 (1) safe (2) remain

Day 1

❶ Full of excitement and anticipation, I began my journey at Heunginjimun Gate, the gate on the east side of the wall. ❷ Not far from there was the Seoul City Wall Museum. ❸ I stopped by this museum to learn all about the history of the wall before I started my walk.

❹ Then I passed through Ihwa Maeul, a village that was home to refugees following the Korean War. ❺ Now, the village is decorated with colorful wall paintings and sculptures. ❻ I was pleasantly surprised by the creativity of the artists. ❼ They have turned the village into a delightful place where visitors can enjoy art everywhere they look.

❽ After looking around in this charming little village, I crossed over Naksan Mountain, which is the lowest of Seoul's four inner mountains. ❾ Naksan Mountain is also known as "Naktasan Mountain," or "Camel Mountain," because of its resemblance to a camel's back.

❿ At last, I finished my walk at Hyehwamun Gate, one of the wall's four smaller gates. ⓫ Thanks to Naksan Mountain's gentle slope, the day's walk ended up being pleasurable and relatively easy.

어휘

anticipation [æntìsəpéiʃən] 명 예상; *기대 영영 an emotion of excitement about something that will happen

stop by ... ···에 잠시 들르다 영영 to visit someone or something briefly

refugee [rèfjudʒíː] 명 난민, 망명자 영영 someone who flees their home or country for safety

be decorated with ... ···로 장식되다 영영 to be made more attractive with

sculpture [skʌ́lptʃər] 명 조각품 영영 a piece of art that is formed by carving or molding stone, metal, or another material

resemblance [rizémbləns] 명 닮음, 유사함 영영 similarity in appearance or external features

slope [sloup] 명 경사지; *경사(도) 영영 the angle of something in relation to a flat surface

end up v-ing 결국 ···하게 되다 영영 to get into a situation without intention

relatively [rélətivli] 부 비교적 영영 in a relative manner

해석

첫째 날

❶ 흥분과 기대를 가득 안고, 나는 성벽의 동쪽에 있는 문인 홍인지문에서 여행을 시작했다. ❷ 그곳에서 멀지 않은 곳에 한양도성 박물관이 있었다. ❸ 나는 도보 여행을 시작하기 전에 성벽의 역사에 관한 모든 것을 배우기 위해 이 박물관에 들렀다.

❹ 그러고 나서 나는 한국 전쟁 이후에 피난민들의 거주지였던 마을인 이화마을을 지나갔다. ❺ 현재, 그 마을은 다채로운 벽화와 조각품으로 꾸며져 있다. ❻ 나는 예술가들의 창의력에 기분 좋게 놀랐다. ❼ 그들은 그 마을을 방문객들이 보는 곳마다 예술을 즐길 수 있는 즐거운 장소로 바꿔 놓았다.

❽ 이 매력적인 작은 마을을 둘러본 뒤 나는 낙산을 넘어갔는데, 그곳은 서울의 내사산 중 가장 낮다. ❾ 낙산은 낙타 등과의 유사성 때문에 '낙타산'으로도 알려져 있다.

❿ 마침내, 나는 성벽의 사소문 중 하나인 혜화문에서 도보 여행을 마쳤다. ⓫ 낙산의 완만한 경사 덕분에, 그날의 도보 여행은 즐겁고 비교적 수월하게 끝났다.

Strategy in Use

Q1 How did the writer feel about the wall paintings and sculptures in Ihwa Maeul?

(글쓴이는 이화마을의 벽화와 조각품에 대해 어떻게 느꼈는가?)

① annoyed
②impressed
③ disappointed

(① 짜증 나는 ② 감명받은 ③ 실망한)

Self-Study

Q2 Why is Naksan Mountain also known as "Naktasan Mountain"?

(낙산은 왜 '낙타산'으로도 알려져 있는가?)

▶ It is known as "Naktasan Mountain" because of its resemblance to a camel's back.

(그것은 낙타 등과의 유사성 때문에 '낙타산'으로 알려져 있다.)

구문 해설

❶ **(Being) Full of excitement and anticipation**, I began my journey at *Heunginjimun Gate, the gate on the east side of the wall*.

　: Full of excitement and anticipation은 부대상황을 나타내는 분사구문으로, 앞에 Being이 생략된 형태이다.

　: Heunginjimun Gate와 the gate ... the wall은 동격 관계이다.

❷ **Not far from there was the Seoul City Wall Museum**.

　: 방향·장소를 나타내는 부사구(Not far from there)가 문장 앞에 나와 주어(the Seoul City Wall Museum)와 동사(was)가 도치되었다.

❼ They have **turned** the village **into** a delightful place *where* visitors can enjoy art everywhere they look.

　: 「turn A into B」는 'A를 B로 바꾸다'라는 의미이다.

　: where는 장소를 나타내는 선행사 a delightful place를 수식하는 관계부사이다.

❽ **After looking around in this charming little village**, I crossed over Naksan Mountain, which is the lowest of Seoul's four inner mountains.

　: After ... village는 의미를 분명히 하기 위해 접속사를 생략하지 않은 분사구문이다. 이런 경우에는 After를 전치사로, looking ... village를 전치사의 목적어로 쓰인 동명사구로 볼 수도 있다.

❾ Naksan Mountain **is** also **known as** "Naktasan Mountain," or "Camel Mountain," because of its resemblance to a camel's back.

　: 「be known as」는 '…로 알려져 있다'라는 의미이다.

⓫ **Thanks to** Naksan Mountain's gentle slope, the day's walk *ended up being* pleasurable and relatively easy.

　: 「thanks to」는 '… 덕분에'를 의미하는 전치사구이다.

　: 「end up v-ing」는 '결국 …하게 되다'라는 뜻으로, 전치사 up의 목적어로 동명사 being이 쓰인 형태이다.

Reading 1

Day 2

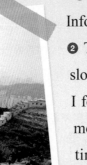

❶ The following day, my trip started from the Malbawi Information Center at the bottom of Bugaksan Mountain. ❷ This mountain is quite steep, so my progress was a lot slower than expected. ❸ However, it wasn't long before I found myself gazing at the spectacular view from the mountain's 342-meter summit. ❹ There, I spent some time looking upon the amazing panorama of Seoul, with its endless high-rise buildings stretching out below me.

❺ With my heart pumping, I continued my trek on the section of the wall over Inwangsan Mountain, which is famous for its wide variety of unusual rock formations. ❻ I was especially impressed by the tremendous size and unique shape of Seonbawi Rock, or "rock of the meditating monk."

❼ The path then split from the original route of the wall, but I was able to rejoin it at the site of what was once Donuimun Gate, one of the main gates. ❽ Although it was destroyed in 1915, the site is now marked by a wood and glass terrace.

❾ Finally, I came back to modern-day Seoul. ❿ My feet were sore, but I felt truly refreshed after walking along the roof of the city and taking in such marvelous views.

어휘

steep [stiːp] 형 가파른, 비탈진 영영 rising or falling sharply

gaze [geiz] 동 (가만히) 응시하다[바라보다] 영영 to look at someone or something with fixed eyes

spectacular [spektǽkjulər] 형 장관을 이루는 영영 amazing to see or witness; dramatic

summit [sʌ́mit] 명 (산의) 정상, 산꼭대기 영영 the top of a mountain

a variety of ... 여러 가지의 영영 many different kinds of

formation [fɔːrméiʃən] 명 형성; *형성물 영영 something that has taken shape naturally over time

tremendous [triméndəs] 형 엄청난 영영 very large or great

meditate [médəteit] 동 명상[묵상]하다 영영 to spend time in quiet thought of spiritual matters

monk [mʌŋk] 명 수도자, 수도승 영영 a member of a religious group devoting himself to pray and work

split [split] 동 분열되다; *(작은 부분들로) 나뉘다, 쪼개지다 영영 to separate into parts

take in ... ...을 보다 영영 to look at something

marvelous [mɑ́ːrvələs] 형 감탄할 만한, 놀라운, 경이로운 영영 extraordinarily good or enjoyable

해석

둘째 날

❶ 이튿날, 나의 여행은 북악산 기슭에 있는 말바위 안내소에서 시작되었다. ❷ 이 산이 매우 가팔라서, 나의 진행은 예상보다 훨씬 더 느렸다. ❸ 하지만, 나는 머지않아 342m 높이의 산 정상에서 장관을 이루는 풍경을 바라보고 있는 나 자신을 발견했다. ❹ 그곳에서, 나는 끝없는 고층 건물들이 내 아래로 펼쳐져 있는 서울의 놀라운 전경을 바라보면서 얼마의 시간을 보냈다.

❺ 심장이 뛰는 채로, 나는 인왕산에 걸친 성벽 구간을 계속 걸었는데, 그곳은 매우 다양하고 독특한 암석 형성으로 유명하다. ❻ 나는 특히 선바위, 즉 '참선하는 승려 바위'의 거대한 크기와 독특한 형상에 감명받았다.

❼ 길은 그다음에 성벽의 원래 경로에서 갈라졌지만, 나는 대문 중 하나인 돈의문이 한때 있던 터에서 그곳으로 다시 합류할 수 있었다. ❽ 비록 돈의문은 1915년에 파괴되었지만, 그 터는 현재 나무와 유리로 된 계단식 단으로 표시되어 있다.

❾ 마침내, 나는 현대의 서울로 돌아왔다. ❿ 발이 아팠지만, 이 도시의 꼭대기를 따라 걸으며 그토록 놀라운 경관을 보고나니 나는 정말로 상쾌한 기분이 들었다.

구문 해설

❷ This mountain is quite steep, so my progress was **a lot** slower than expected.
: a lot은 '훨씬'의 의미로 비교급을 강조하는 부사이며, 다른 비교급 강조 부사로 much, even, far 등이 있다.

❸ However, **it wasn't long before** I *found myself gazing* at the spectacular view from the mountain's 342-meter summit.
: 「it was not long before …」는 '머지않아[이윽고] …했다'라는 의미이다.
: 동사 found의 목적어와 목적격보어가 능동 관계이므로, 목적격보어로 현재분사 gazing이 쓰였다.

❹ There, I spent some time looking upon the amazing panorama of Seoul, **with its endless high-rise buildings stretching** out below me.
: 「with+명사(구)+분사」는 '…가 ~한[된] 채'의 의미이며, 여기서는 명사구(its endless high-rise buildings)와 분사가 능동 관계이므로 현재분사 stretching이 쓰였다.

❼ The path then split from the original route of the wall, but I was able to rejoin it at the site of **what** was once Donuimun Gate, one of the main gates.
: what은 바로 앞의 전치사 of의 목적어 역할을 하는 명사절을 이끄는 관계대명사이며, the thing that[which]으로 바꿔 쓸 수 있다.

Strategy in Use

Q2 How did the writer feel after the second day of the journey?
(글쓴이는 여행의 둘째 날 이후 어떻게 느꼈는가?)
① anxious
②revitalized
③ embarrassed
(① 불안해하는 ② 활력을 느끼는
③ 당황스러운)

Self-Study

Q3 Check T if the sentence is true or F if it is false.
(다음 문장이 맞으면 T, 틀리면 F에 표시해 봅시다.)
(1) The writer reached the top of Bugaksan Mountain earlier than expected thanks to its gentle slope. (T /Ⓕ)
(글쓴이는 북악산의 완만한 경사 덕분에 예상보다 더 일찍 산 정상에 도착했다.)
(2) Inwangsan Mountain is notable for its unique rock formations. (Ⓣ/ F)
(인왕산은 그곳의 독특한 암석 형성으로 유명하다.)

Check Point

다음 빈칸에 들어갈 말로 바르게 짝지어진 것을 고르시오.

> With my heart _____, I continued my trek on the section of the wall over Inwangsan Mountain, _____ is famous for its wide variety of unusual rock formations.

① pumped ····· what   ② pumped ····· which   ③ to pump ····· that
④ pumping ····· which   ⑤ pumping ····· what

정답 ④

Day 3

❶ On the third day, I started my trek from Sungnyemun Gate, which is also known as Namdaemun Gate, and walked to Namdaemun Market. ❷ It is the largest traditional market in Korea, with over 10,000 shops and stalls standing along its streets. ❸ I enjoyed the lively atmosphere with a crowd of people there.

❹ Then I wandered along a reconstructed section of the city wall on the slopes of Namsan Mountain. ❺ There were many visitors at the mountain's summit, from which N Seoul Tower—the city's most recognizable landmark—rises upward toward the sky.

❻ I also enjoyed watching an exciting and energetic traditional Korean dance performance in front of the tower.

❼ After the performance finished, I descended Namsan Mountain, following the wall. ❽ Eventually, I found myself back in the place where the trek had all begun, Heunginjimun Gate.

❾ What an experience! ❿ Though I was exhausted by the end, the trek was absolutely worth it. ⓫ I discovered many different aspects of Seoul on this journey. ⓬ While today Seoul pulses with modernity, the Seoul City Wall serves as a reminder of its gone but not forgotten past. ⓭ I feel a great sense of accomplishment now for having circled such remarkable historic sites.

어휘

stall [stɔːl] 명 가판대, 좌판 영영 a booth where things are displayed for sale

wander [wάndər] 동 거닐다, 돌아다니다 영영 to move without a particular purpose or direction

reconstructed [rìːkənstrΛktid] 형 재건[복원/개조]된 영영 rebuilt

recognizable [rékəgnàizəbl] 형 (쉽게) 알아볼 수 있는 영영 marked and significant

landmark [lǽndmàːrk] 명 주요 지형지물, 랜드마크 영영 a well-known object or building

descend [disénd] 동 내려오다, 내려가다 영영 to go down

pulse [pΛls] 동 맥박 치다, 고동치다 영영 to move or flow with a strong rhythm

reminder [rimáindər] 명 상기시키는[생각나게 하는] 것 영영 something that causes you to think about another thing

accomplishment [əkάmpliʃmənt] 명 성취, 완성 영영 something achieved successfully

remarkable [rimάːrkəbl] 형 놀랄 만한, 주목할 만한 영영 unusual or striking and therefore likely to be noticed

해석

셋째 날

❶ 셋째 날, 나는 남대문으로도 알려진 숭례문에서부터 도보 여행을 시작했고, 남대문시장으로 걸어갔다. ❷ 그곳은 한국에서 가장 큰 전통 시장인데, 10,000개가 넘는 가게와 가판대가 거리를 따라 서 있다. ❸ 나는 그곳에서 사람들 무리와 활기찬 분위기를 즐겼다.

❹ 그리고 나서 나는 남산 비탈길에 있는 성벽의 재건된 구간을 따라 거닐었다. ❺ 산 정상에는 많은 방문객이 있었는데, 그곳에는 이 도시에서 가장 눈에 띄는 랜드마크인 N서울타워가 하늘을 향해 위로 솟아있다. ❻ 나는 타워 앞에서의 신나고 활기찬 한국 전통 무용 공연 관람도 즐겼다.

❼ 공연이 끝난 후에, 나는 성벽을 따라서 남산에서 내려왔다. ❽ 마침내, 나는 도보 여행이 전부 시작되었던 장소인 흥인지문으로 돌아왔음을 알았다.

❾ 얼마나 멋진 경험이었던가! ❿ 나는 마지막에 지치긴 했지만, 그 도보여행은 정말로 그만한 가치가 있었다. ⓫ 나는 이번 여행에서 서울의 다양한 면을 발견했다. ⓬ 오늘날 서울은 현대적인 것들로 고동치지만, 한양도성은 사라지긴 했어도 잊히지 않은 과거를 상기시키는 역할을 한다. ⓭ 나는 지금 이토록 놀라운 유적지들을 둘러본 것에 엄청난 성취감을 느낀다.

Strategy in Use

Q3 What was the mood like in Namdaemun Market?

(남대문시장에서의 분위기는 어땠는가?)

① urgent
② boring
③ dynamic

(① 긴박한   ② 지루한   ③ 역동적인)

Self-Study

Q4 What made the writer feel a great sense of accomplishment?

(무엇이 글쓴이가 엄청난 성취감을 느끼도록 했는가?)

▶ Having circled such remarkable historic sites made the writer feel a great sense of accomplishment.

(이토록 놀라운 유적지들을 둘러본 것이 글쓴이가 엄청난 성취감을 느끼도록 했다.)

구문 해설

❺ There were many visitors at the mountain's summit, **from which** N Seoul Tower—the city's most recognizable landmark—rises upward toward the sky.

: 관계대명사 which가 전치사 from의 목적어로 쓰였다. 이처럼 「전치사+관계대명사」의 어순으로 쓰인 경우, 목적격 관계대명사는 생략할 수 없다.

❻ I also **enjoyed watching** an exciting and energetic traditional Korean dance performance in front of the tower.

: enjoy는 동명사를 목적어로 취하는 동사이다.

❼ After the performance finished, I descended Namsan Mountain, **following the wall**.

: following 이하는 동시동작을 나타내는 분사구문으로, '…하면서'로 해석한다.

❽ Eventually, I *found* myself back in the place **where** the trek *had* all *begun*, Heunginjimun Gate.

: where는 장소를 나타내는 the place를 선행사로 하는 관계부사이다.

: '도보 여행이 시작되었던 것'이 '흥인지문으로 돌아왔음을 알았던 것'보다 먼저 일어난 일이므로, 관계사절에 과거완료 had begun을 썼다.

❾ **What an experience!**

: 감탄을 나타내는 표현은 「What+a(n)+형용사+명사(+주어+동사)!」의 어순으로 쓰며, 형용사를 생략하기도 한다.

⓬ **While** today Seoul pulses with modernity, the Seoul City Wall *serves as* a reminder of its gone but not forgotten past.

: while은 대조를 나타내는 접속사로 '…인 반면'라는 의미를 나타낸다.

: serve as는 '…의 역할을 하다'라는 의미이다.

⓭ I **feel** a great sense of accomplishment now for **having circled such remarkable historic sites**.

: having 이하는 전치사 for의 목적어로 쓰인 동명사구로, '유적지들을 둘러본 것'이 '성취감을 느끼는 것'보다 먼저 일어난 일이므로 완료동명사 having circled가 쓰였다.

Reading 1을 바탕으로 여행 일지를 완성해 봅시다.

첫째 날

흥인지문	한양도성 박물관	이화마을	혜화문
여행을 시작함	성벽의 ① 역사를 배움	다채로운 ② 벽화와 조각품을 감상함	성벽의 사③소문 중 하나

둘째 날

말바위 안내소	북악산	인왕산	돈의문 터
도보를 시작함	서울의 ④ 전경을 즐김	선 바위, 즉 ⑤ '참선 하는 승려 바위'에 감명 받음	1915년에 파괴되었고, 현재 ⑥ 나무와 유리로 된 계단식 단으로 표시됨

셋째 날

숭례문	남대문시장	남산	흥인지문
도보 여행을 시작함	한국에서 가장 큰 ⑦ 전통 시장	한국 전통 ⑧ 무용 공연을 감상함	도보 여행을 마침

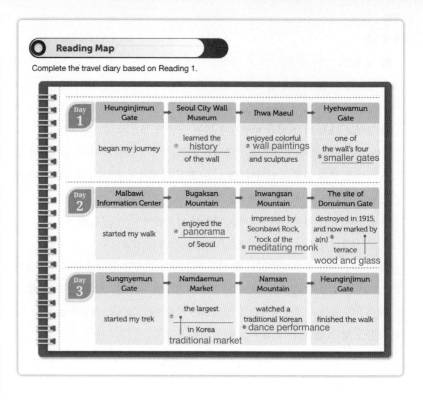

Reading Map

Complete the travel diary based on Reading 1.

Day 1

Heunginjimun Gate	Seoul City Wall Museum	Ihwa Maeul	Hyehwamun Gate
began my journey	learned the ① history of the wall	enjoyed colorful ② wall paintings and sculptures	one of the wall's four ③ smaller gates

Day 2

Malbawi Information Center	Bugaksan Mountain	Inwangsan Mountain	The site of Donuimun Gate
started my walk	enjoyed the ④ panorama of Seoul	impressed by Seonbawi Rock, "rock of the ⑤ meditating monk"	destroyed in 1915, and now marked by a(n) ⑥ terrace wood and glass

Day 3

Sungnyemun Gate	Namdaemun Market	Namsan Mountain	Heunginjimun Gate
started my trek	the largest ⑦ traditional market in Korea	watched a traditional Korean ⑧ dance performance	finished the walk

---

A 굵게 표시된 표현과 같은 의미를 지닌 표현을 연결해 봅시다.

1. 네가 다음에 시내에 오면, 수다 떨게 내 사무실에 잠깐 들러.
2. 네가 단것을 많이 먹으면, **결국** 치아가 썩게 될 것이다.
3. 그 박물관은 **여러** 그림과 조각품을 전시한다.

a. 처하게 되다
b. 잠깐 들르다
c. 다양한

Expressions in Use

A Match the expressions in bold to the expressions with the same meaning.

1. Next time you are in town, **stop by** my office for a chat. •—— a. wind up
2. If you eat a lot of sweets, your teeth will **end up** decaying. •—— b. drop by
3. The museum displays **a variety of** paintings and sculptures. •—— c. all sorts of

B Complete the sentences with the expressions in bold from **A**.

1. I can find __a variety of__ music genres, from classical to folk, in this record store.
2. If you are passionate about what you do, you will most likely __end up__ being successful.
3. My mother asked me to __stop by__ the grocery store and pick up some apples on my way home.

B A에서 굵게 표시된 표현을 사용하여 문장을 완성해 봅시다.

1. 나는 이 음반 가게에서 클래식부터 민속 음악까지 다양한 장르의 음악을 찾을 수 있다.
2. 당신이 하는 일에 열정적이라면, 당신은 틀림없이 결국 성공하게 될 것이다.
3. 우리 엄마는 내게 집에 오는 길에 식료품점에 잠깐 들러서 사과 몇 개를 사 오라고 부탁하셨다.

어휘

chat [tʃæt] 명 (친구 사이의) 담소, 수다   decay [dikéi] 동 부패하다, 썩다   folk [fouk] 명 민속[전통] 음악   passionate [pǽʃənət] 형 열정적인

1. KEY VOCABULARY

- vast 형 (범위·크기·양 등이) 어마어마한[막대한]
- metropolis 명 대도시
- surround 동 둘러싸다, 에워싸다
- construct 동 건설하다
- invader 명 침략자[군]
- approximately 부 거의, … 가까이
- anticipation 명 예상; *기대
- stop by … …에 잠시 들르다
- refugee 명 난민, 망명자
- be decorated with … …로 장식되다
- sculpture 명 조각품
- resemblance 명 닮음, 유사함
- slope 명 경사지; *경사(도)
- end up v-ing 결국 …하게 되다
- relatively 부 비교적
- steep 형 가파른, 비탈진
- gaze 동 (가만히) 응시하다[바라보다]
- spectacular 형 장관을 이루는
- summit 명 (산의) 정상, 산꼭대기
- formation 명 형성; *형성물
- tremendous 형 엄청난
- meditate 동 명상[묵상]하다
- split 동 분열되다; *(작은 부분들로) 나뉘다, 쪼개지다
- marvelous 형 감탄할 만한, 놀라운, 경이로운
- stall 명 가판대, 좌판
- wander 동 거닐다, 돌아다니다
- reconstructed 형 재건[복원/개조]된
- recognizable 형 (쉽게) 알아볼 수 있는
- descend 동 내려오다, 내려가다
- pulse 동 맥박 치다, 고동치다
- reminder 명 상기시키는[생각나게 하는] 것
- accomplishment 명 성취, 완성
- remarkable 형 놀랄 만한, 주목할 만한

2. KEY STRUCTURES

1. 관계대명사의 계속적 용법

I spent three days walking along the Seoul City Wall, **which** surrounds the center of Seoul.

관계대명사의 계속적 용법은 선행사를 부연 설명할 때 사용하며, 관계대명사 앞에 콤마(,)를 써서 나타내거나 삽입절로 나타낼 수 있다. 여기서는 계속적 용법으로 쓰인 관계대명사 which 이하가 선행사 the Seoul City Wall을 부연 설명하고 있다.

2. 「keep+목적어+형용사」

In 1396, a wall with four main gates and four smaller gates was constructed to **keep** the city **safe** from invaders.

동사 keep은 목적격보어로 형용사를 취해 목적어의 상태를 나타내며 '…을 ~(의 상태)로 유지하다[있게 하다]'로 해석한다. keep 이외에 목적격보어로 형용사를 취하는 동사는 turn, make, get, leave 등이 있다.

3. 방향·장소의 부사(구)를 강조하기 위한 도치

Not far from there **was the Seoul City Wall Museum**.

방향·장소를 나타내는 부사(구)를 강조하고자 할 때, 그 부사(구)를 문장 맨 앞에 놓고 「부사(구)+동사+주어」의 어순으로 써서 주어와 동사를 도치시킨다. 여기서는 장소를 나타내는 부사구 Not far from there가 문장 앞에 나와 주어 the Seoul City Wall Museum과 동사 was가 도치되었다.

4. 비교급을 강조하는 부사

This mountain is quite steep, so my progress was **a lot** slower than expected.

「형용사[부사]의 비교급+than …」과 같은 비교급 구문 앞에 부사 much, even, far, a lot 등이 오면 '훨씬, 아주'의 뜻으로 쓰여 비교급의 의미를 강조한다. 여기서는 a lot이 비교급 slower than expected를 강조하고 있다. 부사 very는 비교급을 강조할 수 없다는 점에 유의한다.

5. 완료동명사 「having p.p.」

I feel a great sense of accomplishment now for **having circled** such remarkable historic sites.

술어동사의 시제보다 먼저 일어난 동작이나 상태를 동명사 형태로 나타낼 때 「having p.p.」를 쓰는데 이를 완료동명사라고 한다. 여기서는 전치사 for의 목적어로 완료동명사 having circled가 쓰였으며, 술어동사(feel)의 시제보다 먼저 일어난 일을 나타낸다.

The Incredible Adventures of James Holman

PREDICTING

Look at the pictures on pages 43 to 45 and guess what made James Holman's adventures incredible.
(43쪽에서 45쪽의 그림을 보고 제임스 홀먼의 모험을 놀랍게 만든 것이 무엇일지 추측해 봅시다.)

❶ How far do you think you will be able to travel throughout your life? **❷** It is said that Marco Polo covered more than 20,000 kilometers on his great journeys. **❸** By most standards, that is an impressive distance. **❹** Yet it seems almost insignificant when it is compared to the distance that James Holman covered. **❺** This lesser-known explorer traveled more than 400,000 kilometers in the 1800s! **❻** Holman's travels are incredible enough on their own, but there is an additional fact that makes his story even more remarkable: he was completely blind.

❼ Holman was born in England in 1786 and entered the British Royal Navy as a volunteer at the age of 12. **❽** After several years at sea, he became a rising young officer. **❾** His career ended abruptly, though, when he contracted an unknown illness that caused him to lose his vision. **❿** He was only 25 years old when he became permanently blind and was compelled to leave the navy.

| 어휘

impressive [imprésiv] 형 인상적인, 인상[감명] 깊은 영영 arousing admiration for being great in size, quality, etc.

insignificant [ìnsignífikənt] 형 대수롭지 않은, 하찮은 영영 small or unimportant

navy [néivi] 명 해군 영영 an organization of a country's military forces that fights at sea

rising [ráiziŋ] 형 올라가는; *떠오르는 영영 newly coming into prominence

abruptly [əbrʌ́ptli] 부 갑자기, 불쑥 영영 very suddenly and unexpectedly

contract [kəntrǽkt] 통 줄어들다, 수축하다; *(병에) 걸리다 영영 to become ill with a disease

vision [víʒən] 명 시력; 시야 영영 sight or eyesight

permanently [pə́ːrmənəntli] 부 영구히, (영구) 불변으로 영영 forever and lastingly

be compelled to-v 할 수 없이 …하다 영영 be forced to do something

해석

제임스 홀먼의 믿을 수 없는 모험

❶ 여러분은 평생 얼마나 멀리 여행할 수 있을 것으로 생각하는가? ❷ 마르코 폴로는 그의 위대한 여정에서 20,000km 이상을 여행했다고 한다. ❸ 대부분의 기준에서, 그것은 인상적인 거리이다. ❹ 하지만 제임스 홀먼이 여행한 거리와 비교했을 때 그것은 거의 대수롭지 않아 보인다. ❺ 이 덜 알려진 탐험가는 1800년대에 400,000km 넘게 여행했다! ❻ 홀먼의 여행은 그 자체로 충분히 믿기 힘들지만, 그의 이야기를 훨씬 더 놀랍게 만드는 추가적인 사실이 있는데, 그가 완전히 앞을 보지 못했다는 것이다.

❼ 홀먼은 1786년에 영국에서 태어나 열두 살에 영국 해군에 자원병으로 입대했다. ❽ 해상에서 몇 년을 보낸 후, 그는 떠오르는 젊은 장교가 되었다. ❾ 하지만 그가 시력을 잃게 한 정체불명의 병에 걸렸을 때, 그의 경력은 갑자기 끝이 났다. ❿ 그가 영구적으로 실명하게 되어 해군을 어쩔 수 없이 떠나야 했을 때 그는 고작 스물다섯 살이었다.

Self-Study

Q1 Check T if the sentence is true or F if it is false.
(다음 문장이 맞으면 T, 틀리면 F에 표시해 봅시다.)
(1) Marco Polo traveled a greater total distance than James Holman did. (T Ⓕ)
(마르코 폴로는 제임스 홀먼이 여행한 것보다 총 더 먼 거리를 여행했다.)
(2) James Holman lost his vision and had no choice but to leave the navy. (Ⓣ F)
(제임스 홀먼은 시력을 잃어서 해군을 떠날 수밖에 없었다.)

구문 해설

❶ **How far do you think you will be** able to travel throughout your life?
: 간접의문문의 주절이 do you think[believe/imagine 등]일 때는, 「의문사+do you think+주어+동사」의 어순으로 쓴다.

❷ **It is said that** Marco Polo covered more than 20,000 kilometers on his great journeys.
: 「it is said that ...」은 '…라고 한다'의 의미이며, 「it+be동사+p.p.+that ...」의 수동태로 많이 쓰이는 동사에는 say, believe, know, expect, think 등이 있다.

❹ Yet it **seems** almost **insignificant** when it is compared to the distance *that* James Holman covered.
: seem은 '…처럼 보이다, …인 것 같다'라는 뜻으로, 주격보어로 형용사 insignificant가 쓰였다.
: that은 선행사 the distance를 수식하는 목적격 관계대명사이다.

❻ Holman's travels are **incredible enough** on their own, but there is an additional fact *that* makes his story <u>even</u> more remarkable: he was completely blind.
: 부사 enough는 수식하는 형용사나 부사 뒤에 위치한다.
: that은 선행사 an additional fact를 수식하는 주격 관계대명사이다.
: even은 '훨씬'의 의미로, 비교급을 강조하는 부사이다.

❾ His career ended abruptly, though, when he contracted an unknown illness that **caused him to lose** his vision.
: 「cause+목적어+목적격보어」는 '…가 ~하게 하다'라는 의미로, cause는 목적격보어로 to부정사를 취한다.

❿ He was only 25 years old when he became permanently blind and **was compelled to leave** the navy.
: 「be compelled to-v」는 '할 수 없이 …하다'라는 의미로, 「be forced to-v」 등으로 바꿔 쓸 수 있다.

Check Point

다음 괄호 안의 단어를 바르게 배열하여 문장을 완성하시오.
_____ throughout your life?
(you will / how far / be able to / do you think / travel)

정답 How far do you think you will be able to travel

Reading 2

❶ Most people in this situation would sink into the depths of despair and grief. ❷ However, Holman did not let his misfortune keep him down and confronted his situation. ❸ He tried to keep a positive attitude and started learning how to use an iron-tipped stick to find his way around. ❹ With each tap, he could use his hearing to understand his surroundings better. ❺ Holman finally became confident in his mobility and was even able to navigate London's busy streets without assistance. ❻ With his confidence growing, he decided to go on a great adventure by traveling through France and Italy.

❼ By the time Holman arrived in Naples in 1821, he had become an expert traveler. ❽ He even became the first blind man to ascend Mount Vesuvius. ❾ At the time of his ascent, the mountain was in the middle of intense volcanic activity. ❿ As Holman and his two companions approached the unstable edge of the volcano, the ground became almost too hot to walk on. ⓫ His companions wanted to turn back, but Holman was unafraid. ⓬ He courageously proceeded until he reached the summit.

어휘

despair [dispέər] 명 절망 영영 a feeling or state of extreme hopelessness

grief [griːf] 명 큰 슬픔 영영 deep sadness

misfortune [misfɔ́ːrtʃən] 명 불운, 불행 영영 something unpleasant caused by bad luck

confront [kənfrʌ́nt] 동 직면하다; *(문제나 곤란한 상황에) 맞서다 영영 to face something bad in order to deal with it

navigate [nǽvəgèit] 동 (지도 등을 보며) 길을 찾다[방향을 읽다] 영영 to find a way through a complicated area

ascend [əsénd] 동 오르다, 올라가다 영영 to go up

ascent [əsént] 명 올라감 영영 the act or process of rising, or climbing up

intense [inténs] 형 극심한, 강렬한 영영 very extreme in strength or degree

companion [kəmpǽnjən] 명 동반자, 동행 영영 a person who stays with you, especially on a trip

unstable [ʌ̀nstéibl] 형 불안정한 영영 not solid; likely to fall or move

proceed [prəsíːd] 동 진행하다; *나아가다[이동하다] 영영 to keep going

해석

❶ 이런 상황에 처한 대부분의 사람은 깊은 절망과 슬픔에 빠질 것이다. ❷ 하지만, 홀먼은 그의 불운이 그를 억누르게 두지 않았고 자신의 상황에 맞섰다. ❸ 그는 긍정적인 태도를 유지하려 노력했고 스스로 주변 길을 찾아가도록 끝부분에 쇠가 달린 지팡이를 사용하는 방법을 배우기 시작했다. ❹ 각각의 두드림으로 그는 주변을 더 잘 이해하기 위해 그의 청각을 사용할 수 있었다. ❺ 홀먼은 마침내 자신의 움직임에 자신감을 갖게 되었고 심지어 도움 없이도 런던의 붐비는 거리에서 길을 찾을 수 있었다. ❻ 자신감이 커진 채로, 그는 프랑스와 이탈리아를 여행하는 것으로 엄청난 모험을 떠나기로 결심했다.

❼ 1821년에 홀먼이 나폴리에 도착했을 때, 그는 노련한 여행가가 되어 있었다. ❽ 그는 심지어 베수비오산을 오른 최초의 시각 장애인이 되었다. ❾ 그가 등반했을 때, 그 산은 격렬한 화산 활동 중이었다. ❿ 홀먼과 그의 두 동행이 화산의 불안정한 언저리에 다가갔을 때, 땅은 걷기에 거의 너무 뜨거워졌다. ⓫ 그의 동료들은 되돌아가기를 원했지만, 홀먼은 두렵지 않았다. ⓬ 그는 정상에 이를 때까지 용감하게 나아갔다.

구문 해설

❶ Most people in this situation **would** sink into the depths of despair and grief.
: 조동사 would는 '···일 것이다'의 의미로, 현재나 미래에 대한 추측을 나타낸다.

❷ However, Holman did not **let** his misfortune *keep him down* and confronted his situation.
: 사역동사 let은 목적격보어로 동사원형을 취한다.
: keep down은 '억누르다'라는 의미의 구동사로, 목적어가 대명사(him)이므로 「동사+목적어+부사」의 어순으로 쓰였다.

❸ He tried to keep a positive attitude and started learning **how to use** an iron-tipped stick *to find* his way around.
: 동명사 learning의 목적어로 「의문사+to부정사」인 how to use가 쓰였다.
: to find는 부사적 용법의 to부정사로 목적을 나타낸다.

❻ **With his confidence growing**, he *decided to go* on a great adventure by traveling through France and Italy.
: 「with+명사(구)+분사」는 '···가 ~한[된] 채로'의 의미로, 명사구 his confidence와 분사가 능동 관계이므로 현재분사 growing을 썼다.
: decide는 to부정사를 목적어로 취하는 동사이다.

❽ He even became the first blind man **to ascend** Mount Vesuvius.
: to ascend는 형용사적 용법의 to부정사로, 명사구 the first blind man을 수식한다.

❿ As Holman and his two companions **approached** the unstable edge of the volcano, the ground became almost *too hot to walk* on.
: approach는 '···에 다가가다'라는 뜻의 타동사로, 바로 뒤에 목적어를 취한다. 전치사 to를 동반하지 않도록 주의한다.
: 「too+형용사+to-v」는 '···하기에 너무 ~한'이라는 의미이다.

Strategy in Use

Q1 What was the mood like while Holman was ascending Mount Vesuvius?
(홀먼이 베수비오산을 오르는 동안 분위기는 어땠는가?)
① calm and peaceful
②dangerous and tense
③ humorous and enjoyable
(① 고요하고 평화로운
② 위험하고 긴박한
③ 재미있고 즐거운)

Self-Study

Q2 How could Holman find his way around after losing his vision?
(홀먼은 시력을 잃은 후에 어떻게 주변 길을 찾아갈 수 있었는가?)
▶ He started learning how to use an iron-tipped stick to find his way around.
(그는 주변 길을 찾아가도록 끝부분에 쇠가 달린 지팡이를 사용하는 방법을 배우기 시작했다.)

Q3 What did Holman do when his companions were reluctant to keep going to the summit?
(홀먼은 그의 동행들이 정상까지 계속 오르는 것을 꺼렸을 때 무엇을 했는가?)
▶ He courageously proceeded until he reached the summit.
(그는 정상에 이를 때까지 용감하게 나아갔다.)

Reading 2

❶ After making his way through Europe, Holman continued to travel the world. ❷ He journeyed to Russia, India, China, Australia, and different parts of Africa and South America. ❸ He would explore strange new cities by tapping his walking stick and paying close attention to all the sounds and smells around him. ❹ When people asked Holman how a sightless man could enjoy such journeys, he said that his blindness actually made traveling more thrilling. ❺ It drove his curiosity and forced him to examine everything more deeply than a normal traveler would. ❻ During his life, Holman visited five continents and came into contact with no fewer than 200 separate cultures.

❼ Holman died in 1857 in London, a week after finishing his autobiography, *Holman's Narratives of His Travels*. ❽ Now, long after his death, his triumph over adversity is an inspiration to all of us. ❾ He didn't let his disability stop him from taking on challenges and enjoying his life. ❿ His love for traveling to places where he had never been before helped him overcome whatever difficulties his blindness put in his way. ⓫ He reminds us not to be constrained by our limitations; rather, we should be empowered by them.

어휘

make one's way 나아가다, 가다 영영 to go, especially by following a long route

thrilling [θríliŋ] 형 흥분되는, 짜릿한 영영 extremely exciting; producing a rush of excitement

no fewer than ... …(만큼)이나; *최소한 영영 at least

autobiography [ɔ̀:təbaiάɡrəfi] 명 자서전 영영 a biography written by you about your life

narrative [nǽrətiv] 명 이야기 영영 a story that is told or written

triumph [tráiəmf] 명 업적[승리], 대성공 영영 a great success or achievement

adversity [ædvə́:rsəti] 명 역경 영영 serious difficulty

disability [dìsəbíləti] 명 (신체적·정신적) 장애 영영 a condition that limits a person's physical or mental abilities

constrain [kənstréin] 동 …할 것을 강요하다; *제한[제약]하다 영영 to limit or restrict

해석

❶ 유럽을 지나 여행한 후, 홀먼은 계속해서 세계를 여행했다. ❷ 그는 러시아, 인도, 중국, 호주, 그리고 아프리카와 남아메리카의 여러 지역으로 여행했다. ❸ 그는 그의 지팡이로 두드리고 그를 둘러싼 모든 소리와 냄새에 세심한 주의를 기울임으로써 낯선 새로운 도시를 탐험하곤 했다. ❹ 사람들이 홀먼에게 앞을 못 보는 사람이 어떻게 그런 여행을 즐길 수 있는지 물었을 때, 그는 자신이 앞을 볼 수 없다는 것이 사실 여행을 더 짜릿하게 만든다고 말했다. ❺ 그것은 그의 호기심을 발동시키고 그가 평범한 여행자보다 모든 것을 더 깊이 살피게 했다. ❻ 일생 동안, 홀먼은 다섯 개의 대륙을 방문했고 적어도 200개의 개별 문화와 접촉했다.

❼ 홀먼은 자신의 자서전인 「홀먼의 여행에 관한 이야기」를 완성하고 일주일 뒤인 1857년에 런던에서 사망했다. ❽ 그의 죽음이 한참 지난 후인 지금, 역경을 이겨낸 그의 업적은 우리 모두에게 감화를 준다. ❾ 그는 그의 장애가 도전하고 삶을 즐기는 것을 막도록 두지 않았다. ❿ 이전에 한 번도 가지 않았던 곳으로 여행하는 것에 대한 그의 사랑은 앞을 볼 수 없음이 그의 길에 놓은 어떤 어려움이든지 극복하도록 도와주었다. ⓫ 그는 우리가 한계에 의해 제약받지 말고, 오히려 그것들에 의해 힘을 얻어야 한다는 것을 우리에게 상기시킨다.

Strategy in Use

Q2 How did James Holman feel about traveling?

(제임스 홀먼은 여행하는 것에 대해 어떻게 느꼈는가?)

①excited
② depressed
③ astonished

(① 신이 난　② 우울한　③ 깜짝 놀란)

Self-Study

Q4 Check T if the sentence is true or F if it is false.

(다음 문장이 맞으면 T, 틀리면 F에 표시해 봅시다.)

(1) Holman's blindness discouraged him from experiencing the world as deeply as a normal traveler would. (T / Ⓕ)

(홀먼이 앞을 볼 수 없다는 것은 그가 평범한 여행자만큼 세상을 깊이 경험하는 것을 단념시켰다.)

(2) Holman died after he finished writing his autobiography. (Ⓣ / F)

(홀먼은 자신의 자서전을 쓰는 것을 마친 후 사망했다.)

구문 해설

❹ When people asked Holman **how a sightless man could enjoy such journeys**, he said *that* his blindness actually <u>made</u> traveling more thrilling.

: how ... journeys는 동사 asked의 직접목적어 역할을 하는 간접의문문이며, 「의문사＋주어＋동사」의 어순으로 쓰였다.

: that은 동사 said의 목적어 역할을 하는 명사절을 이끄는 접속사이다.

: 「make＋목적어＋목적격보어」는 '…가 ~하게 하다'라는 의미로, 목적격보어로 형용사구 more thrilling이 쓰였다.

❾ He didn't let his disability **stop** him **from taking** on challenges and **enjoying** his life.

: 「stop[keep/prevent] A from v-ing」는 'A가 …하는 것을 막다'라는 의미이다.

❿ His love for traveling to places **where** he had never been before *helped* him *overcome* <u>whatever</u> difficulties his blindness put in his way.

: where는 장소를 나타내는 선행사 places를 수식하는 관계부사이다.

: help는 목적격보어로 동사원형이나 to부정사를 모두 취할 수 있다.

: whatever는 difficulties를 수식하는 복합 관계형용사로, '어떤 …이든'이라는 의미이다.

⓫ He reminds us **not to be constrained** by our limitations; rather, we should be empowered by *them*.

: to부정사의 부정형은 to부정사 앞에 not이나 never를 써서 나타낸다.

: them은 앞 절에 있는 our limitations를 가리킨다.

Reading 2를 바탕으로 제임스 홀먼의 인생에 있었던 사건들을 올바른 순서대로 배열해 봅시다.

1786년 영국에서 태어남
ⓑ 영국 해군에 자원병으로 입대함
ⓐ 영구적으로 실명하게 됨
ⓓ 스스로 주변 길을 찾아가도록 끝부분에 쇠가 달린 지팡이를 사용하는 방법을 배움
ⓒ 베수비오산을 오른 최초의 시각 장애인이 됨
ⓔ 러시아, 인도, 중국, 호주, 그리고 아프리카와 남아메리카의 여러 지역으로 여행함
1857년 자서전을 완성하고 일주일 후 사망함

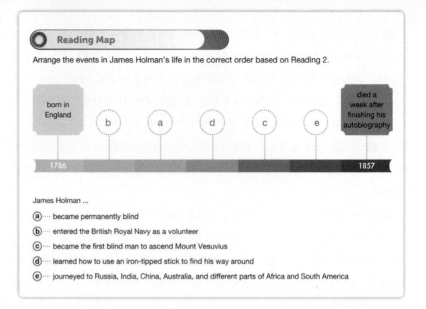

Reading Map

Arrange the events in James Holman's life in the correct order based on Reading 2.

born in England → ⓑ ⓐ ⓓ ⓒ ⓔ → died a week after finishing his autobiography

1786   1857

James Holman ...
ⓐ ···· became permanently blind
ⓑ ···· entered the British Royal Navy as a volunteer
ⓒ ···· became the first blind man to ascend Mount Vesuvius
ⓓ ···· learned how to use an iron-tipped stick to find his way around
ⓔ ···· journeyed to Russia, India, China, Australia, and different parts of Africa and South America

---

A 연어를 살펴보고 빈칸에 다른 예를 써 봅시다.

시력을 잃다
통제력을 잃다

Sample
낙담하다

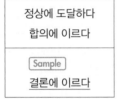

정상에 도달하다
합의에 이르다

Sample
결론에 이르다

B 상자 안의 단어를 사용하여 문장을 완성해 봅시다.

1. 그는 너무 화가 나서 스스로 통제력을 잃었다.
2. 양국은 긴 협상 후에 무역 정책에 관한 합의에 이르렀다.
3. 그녀는 새벽에 산을 오르기 시작해서 정오에 정상에 도달했다.

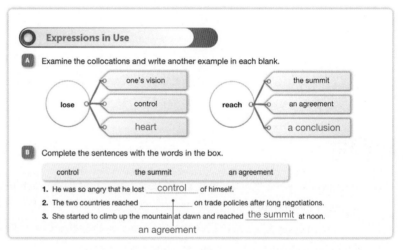

Expressions in Use

A Examine the collocations and write another example in each blank.

lose → one's vision / control / heart

reach → the summit / an agreement / a conclusion

B Complete the sentences with the words in the box.

| control | the summit | an agreement |

1. He was so angry that he lost ___control___ of himself.
2. The two countries reached ___an agreement___ on trade policies after long negotiations.
3. She started to climb up the mountain at dawn and reached ___the summit___ at noon.

More Collocations

lose weight 살을 빼다, 살이 빠지다	reach a goal 목표를 달성하다
lose one's job 직업을 잃다	reach a compromise 타협에 이르다
lose confidence 자신감을 잃다	reach one's destination 목적지에 도달하다

어휘

arrange [əréindʒ] 동 마련하다; *배열하다   agreement [əgríːmənt] 명 동의, 합의   trade [treid] 명 거래, 교역, 무역   policy [pάləsi] 명 정책   negotiation [nigòuʃiéiʃən] 명 협상, 교섭   dawn [dɔːn] 명 새벽

1. KEY VOCABULARY

- **impressive** 형 인상적인, 인상[감명] 깊은
- **insignificant** 형 대수롭지 않은, 하찮은
- **navy** 명 해군
- **rising** 형 올라가는; *떠오르는
- **abruptly** 부 갑자기, 불쑥
- **contract** 동 줄어들다, 수축하다; *(병에) 걸리다
- **vision** 명 시력; 시야
- **permanently** 부 영구히, (영구) 불변으로
- **be compelled to-v** 할 수 없이 …하다
- **despair** 명 절망
- **grief** 명 큰 슬픔
- **misfortune** 명 불운, 불행
- **confront** 동 직면하다; *(문제나 곤란한 상황에) 맞서다
- **navigate** 동 (지도 등을 보며) 길을 찾다[방향을 읽다]
- **ascend** 동 오르다, 올라가다
- **ascent** 명 올라감
- **intense** 형 극심한, 강렬한
- **companion** 명 동반자, 동행
- **unstable** 형 불안정한
- **proceed** 동 진행하다; *나아가다[이동하다]
- **make one's way** 나아가다, 가다
- **thrilling** 형 흥분되는, 짜릿한
- **no fewer than …** …(만큼)이나; *최소한
- **autobiography** 명 자서전
- **narrative** 명 이야기
- **triumph** 명 업적[승리], 대성공
- **adversity** 명 역경
- **disability** 명 (신체적·정신적) 장애
- **constrain** 동 …할 것을 강요하다; *제한[제약]하다

2. KEY STRUCTURES

1. 주격 관계대명사 that

His career ended abruptly, though, when he contracted an unknown illness **that** caused him to lose his vision.

관계대명사는 관계대명사가 이끄는 절 안에서 선행사의 역할에 따라 주격, 소유격, 목적격 관계대명사가 된다. 여기서는 선행사 an unknown illness가 관계대명사절 안에서 주어 역할을 하므로 주격 관계대명사 that이 쓰였다.

2. 「let+목적어+동사원형」

However, Holman did not **let** his misfortune **keep** him down and confronted his situation.

let이 사역동사로 쓰이면 '…를 하도록 하다'라는 의미이며, 목적격보어로 동사원형을 취한다. 여기서는 let의 목적격보어로 동사원형 keep이 쓰였다. let 이외에 동사원형을 목적격보어로 취하는 사역동사에는 make, have 등이 있다.

3. 부사적 용법의 to부정사

He tried to keep a positive attitude and started learning how to use an iron-tipped stick **to find** his way around.

부사적 용법의 to부정사는 목적, 결과, 감정의 원인이나 판단의 근거 등의 의미를 나타낸다. 여기서 to find는 '찾기 위하여'라는 의미로, 부사적 용법 중 목적을 나타낸다.

4. 「too+형용사+to-v」

As Holman and his two companions approached the unstable edge of the volcano, the ground became almost **too hot to walk** on.

「too+형용사+to-v」는 '…하기에 너무 ~한'이라는 의미로, '너무 …해서 ~할 수 없다'라는 의미인 「so+형용사+that+주어+can't [couldn't]+동사」로 바꿔 쓸 수 있다. 여기서 too hot to walk on은 so hot that they couldn't walk on it으로 바꿔 쓸 수 있다.

5. 복합 관계형용사 whatever

His love for traveling to places where he had never been before helped him overcome **whatever** difficulties his blindness put in his way.

복합 관계형용사 whatever는 뒤따르는 명사(구)를 수식하여 '어떤 …든지' 또는 '어떤 …라도'의 의미를 나타낸다. 여기서는 whatever가 명사 difficulties를 수식하여 '어떤 어려움이든지'의 의미를 나타낸다.

1. 주어진 우리말 뜻에 맞도록 괄호 안의 단어를 이용하여 빈칸에 알맞은 말을 쓰시오.

(1) 하지만, 나는 머지않아 342m 높이의 산 정상에서 장관을 이루는 풍경을 바라보고 있는 나 자신을 발견했다. (find, gaze)

→ However, it wasn't long before I _____ _____ _____ at the spectacular view from the mountain's 342-meter summit.

(2) 하지만 그가 시력을 잃게 한 정체불명의 병에 걸렸을 때, 그의 경력은 갑자기 끝이 났다. (cause, lose)

→ His career ended abruptly, though, when he contracted an unknown illness that _____ _____ _____ _____ his vision.

(3) 그가 영구적으로 실명하게 되어 해군을 어쩔 수 없이 떠나야 했을 때 그는 고작 스물다섯 살이었다. (compel, leave)

→ He was only 25 years old when he became permanently blind and _____ _____ _____ _____ the navy.

2. 다음 중 어법상 틀린 부분을 찾아 바르게 고치시오.

(1) I spent three days to walk along the Seoul City Wall, which surrounds the center of Seoul.

_____ → _____

(2) The wall, that stretches approximately 18.6 kilometers, is the longest-standing traditional city wall in the world.

_____ → _____

(3) Yet it seems almost insignificantly when it is compared to the distance that James Holman covered.

_____ → _____

3. 밑줄 친 부분에 유의하여 다음 문장을 우리말로 해석하시오.

(1) <u>Full of excitement and anticipation</u>, I began my journey at Heunginjimun Gate, the gate on the east side of the wall.

→ _____

(2) This mountain is quite steep, so my progress was <u>a lot slower than expected</u>.

→ _____

(3) He even became the first blind man <u>to ascend Mount Vesuvius</u>.

→ _____

4. 다음 빈칸 (A)와 (B)에 들어갈 말로 알맞은 것을 고르시오.

> Holman died in 1857 in London, a week after finishing his autobiography, *Holman's Narratives of His Travels*. Now, long after his death, his triumph over adversity is an inspiration to all of us. He didn't let his disability _____(A)_____ him from taking on challenges and enjoying his life. His love for traveling to places where he had never been before helped him overcome _____(B)_____ difficulties his blindness put in his way. He reminds us not to be constrained by our limitations; rather, we should be empowered by them.

	(A)		(B)
①	stop	·····	whenever
②	stop	·····	whatever
③	stop	·····	however
④	to stop	·····	whatever
⑤	to stop	·····	whichever

상자 안의 단어를 사용하여 Reading 1과 Reading 2의 각 사람과의 인터뷰를 완성해 봅시다.

Q. 여행 중에 당신에게 가장 인상 깊은 것은 무엇이었습니까?

Reading 1

북악산 정상에서의 경관은 놀라웠어요. 그날 가파른 등산로를 따라 걷는 것은 험난했지만. 내려온 다음에는 기분이 ① 상쾌했어요. 또한, 저는 여행 마지막 날에 남대문시장과 남산의 ② 활기찬 기운을 즐겼습니다.

Reading 2

가장 인상적인 순간은 제가 나폴리 근처에 있는 베수비오산을 올랐을 때였어요. 그곳은 화산 활동이 한창이었지만, 저는 ③ 두려워하지 않고 정상까지 갔어요. 제가 앞을 볼 수 없다는 것은 사실 여행을 더욱 ④ 짜릿하게 만들어 주었습니다.

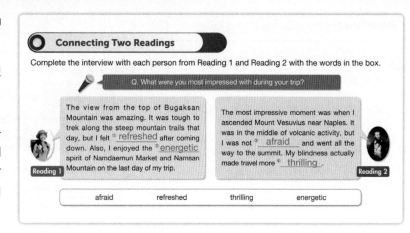

Connecting Two Readings

Complete the interview with each person from Reading 1 and Reading 2 with the words in the box.

Q. What were you most impressed with during your trip?

Reading 1
The view from the top of Bugaksan Mountain was amazing. It was tough to trek along the steep mountain trails that day, but I felt ① refreshed after coming down. Also, I enjoyed the ② energetic spirit of Namdaemun Market and Namsan Mountain on the last day of my trip.

Reading 2
The most impressive moment was when I ascended Mount Vesuvius near Naples. It was in the middle of volcanic activity, but I was not ③ afraid and went all the way to the summit. My blindness actually made travel more ④ thrilling.

| afraid | refreshed | thrilling | energetic |

A [Personalize] 여러분은 유적지, 현대적인 도시, 자연을 경험할 수 있는 장소 중 어떤 곳을 방문하는 것을 선호하나요? 짝과 생각을 나눠 봅시다.

[Example]
나는 과거에 대해 배우는 것에 관심이 있기 때문에 유적지를 방문하는 것을 선호한다.

[예시답안]
도시는 쇼핑몰에서부터 스포츠 경기장까지 흥미로운 장소들로 가득 차 있기 때문에 나는 현대적인 도시를 방문하는 것을 선호한다.

B [Reflect] 여러분은 어려움을 극복하고 성취감을 느껴본 적이 있나요? 짝과 경험을 나눠 봅시다.

[Example]
나는 무대 위에서 긴장하곤 했다. 무대 공포증을 극복하기 위해, 나는 학교 연극 동아리에 들어갔다. 나는 많이 연습했다. 공연 당일, 나는 많은 사람 앞에서 공연을 아주 잘 해냈다. 나는 나 자신이 무척 자랑스러웠다!

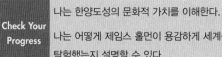

| **Check Your Progress** | 나는 한양도성의 문화적 가치를 이해한다. |
| | 나는 어떻게 제임스 홀먼이 용감하게 세계를 탐험했는지 설명할 수 있다. |

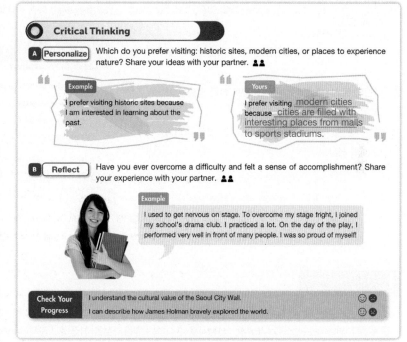

Critical Thinking

A [Personalize] Which do you prefer visiting: historic sites, modern cities, or places to experience nature? Share your ideas with your partner.

[Example]
I prefer visiting historic sites because I am interested in learning about the past.

[Yours]
I prefer visiting modern cities because cities are filled with interesting places from malls to sports stadiums.

B [Reflect] Have you ever overcome a difficulty and felt a sense of accomplishment? Share your experience with your partner.

[Example]
I used to get nervous on stage. To overcome my stage fright, I joined my school's drama club. I practiced a lot. On the day of the play, I performed very well in front of many people. I was so proud of myself!

| **Check Your Progress** | I understand the cultural value of the Seoul City Wall. | |
| | I can describe how James Holman bravely explored the world. | |

어휘

trail [treil] 명 자국[흔적]; *산길   historic site 유적지   stage fright 무대 공포증

Writing Builder

이곳은 내가 일요일마다 축구를 하는 공원이다.

A 알맞은 문장을 만들기 위해 부분들을 이어서 아래에 써 봅시다.

1. 우리 가족은 신선한 딸기를 딸 수 있는 농장을 방문했다.
2. 이곳은 그녀가 청바지를 산 옷 가게이다.
3. 이곳은 내가 어제 점심을 먹은 프랑스 음식점이다.

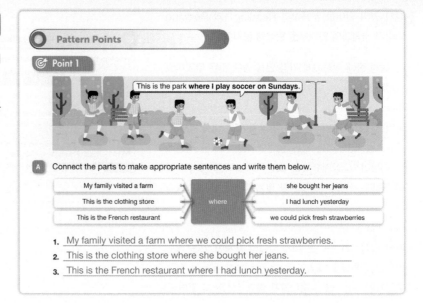

Pattern Points

Point 1

This is the park **where I play soccer on Sundays.**

A Connect the parts to make appropriate sentences and write them below.

My family visited a farm		she bought her jeans
This is the clothing store	where	I had lunch yesterday
This is the French restaurant		we could pick fresh strawberries

1. My family visited a farm where we could pick fresh strawberries.
2. This is the clothing store where she bought her jeans.
3. This is the French restaurant where I had lunch yesterday.

그녀는 다리를 뻗은 채 소파 위에 누워 있다.

B 알맞은 문장을 만들기 위해 부분들을 이어서 아래에 써 봅시다.

1. 나는 꼬리가 나뭇가지에 감긴 채로 자는 원숭이를 보았다.
2. 나는 눈물이 내 얼굴로 흐르는 채로 슬픈 영화를 보고 있었다.
3. 그는 시선을 자신의 레인에 고정시킨 채로 다이빙대 위에 섰다.

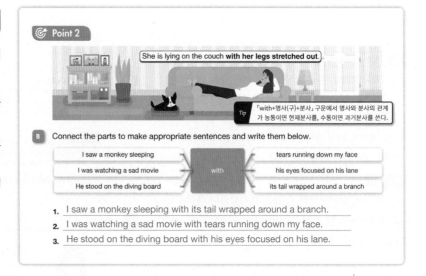

Point 2

She is lying on the couch **with her legs stretched out.**

Tip 「with+명사(구)+분사」 구문에서 명사와 분사의 관계가 능동이면 현재분사를, 수동이면 과거분사를 쓴다.

B Connect the parts to make appropriate sentences and write them below.

I saw a monkey sleeping		tears running down my face
I was watching a sad movie	with	his eyes focused on his lane
He stood on the diving board		its tail wrapped around a branch

1. I saw a monkey sleeping with its tail wrapped around a branch.
2. I was watching a sad movie with tears running down my face.
3. He stood on the diving board with his eyes focused on his lane.

Grammar Point

Point 1 관계부사 where
관계부사 where는 장소를 나타내는 선행사를 수식하는 형용사절을 이끌며, 「전치사(in/at/to/on 등)+which」로 바꿔 쓸 수 있다. 선행사가 the place처럼 장소를 나타내는 일반적인 명사일 때는 선행사와 관계부사 where 중 하나를 생략할 수 있다.

Point 2 「with+명사(구)+분사」
「with+명사(구)+분사」는 '…이 ~한[된] 채로, …을 ~하며'라는 뜻의 분사구문이다. 이때 분사는 명사(구)의 동작이나 상태를 설명해 주는데, 명사(구)와 분사가 능동 관계일 때는 현재분사를, 수동의 관계일 때는 과거분사를 쓴다.

어휘
stretch out (팔·다리 등을) 뻗다   run down (눈물·물 등이) 흘러내리다   wrap [ræp] 동 싸다, 포장하다; *두르다   branch [bræntʃ] 명 나뭇가지

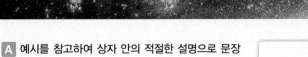

A 예시를 참고하여 상자 안의 적절한 설명으로 문장을 완성해 봅시다.

Example

바르셀로나는 <u>여러분이 많은 독특한 건물을 볼 수 있는</u> 아름다운 도시입니다.

1. 호주의 저비스 만은 <u>여러분이 고래와 돌고래가 수영하는 것을 볼 수 있는</u> 인기 있는 장소입니다.

2. 홍콩의 빅토리아 피크는 <u>여러분이 도시의 장관을 이루는 경치를 즐길 수 있는</u> 산입니다.

3. 싱가포르의 주롱 새 공원은 <u>여러분이 희귀 조류를 접할 수 있는</u> 유명한 관광 명소입니다.

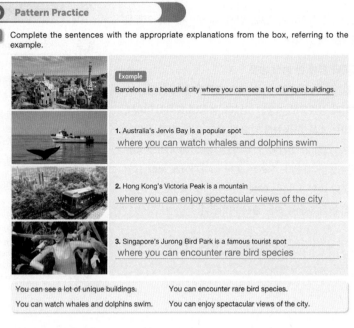

Pattern Practice

A Complete the sentences with the appropriate explanations from the box, referring to the example.

Example
Barcelona is a beautiful city where you can see a lot of unique buildings.

1. Australia's Jervis Bay is a popular spot ____
   where you can watch whales and dolphins swim .

2. Hong Kong's Victoria Peak is a mountain ____
   where you can enjoy spectacular views of the city .

3. Singapore's Jurong Bird Park is a famous tourist spot ____
   where you can encounter rare bird species .

You can see a lot of unique buildings.   You can encounter rare bird species.
You can watch whales and dolphins swim.   You can enjoy spectacular views of the city.

B ⓐ, ⓑ, ⓒ 안의 단어를 알맞은 순서대로 배열하여 단락을 완성해 봅시다.

어느 날 아침, 내 개는 ⓐ <u>꼬리를 흔드는 채로</u> 문 앞에 앉아 있었다. 개가 밖에 나가고 싶어 하는 것 같아서, 나는 내 뒤에 ⓑ <u>개가 따라오는 채로</u> 조깅하러 갔다. 공원에서, 나는 개와 캐치볼 놀이를 했다. 내가 실수로 공을 너무 멀리 던졌고 그것이 연못 근처까지 날아갔다. 개는 그것을 쫓아가는 것에 매우 신이 났다. 우리가 연못 근처에 다다랐을 때, 작은 개구리가 개에게 뛰어올랐다. 개도 매우 놀라서 뛰었고, 내 온몸에 흙탕물을 튀겼다. 우리는 진흙으로 ⓒ <u>우리 몸이 뒤덮인 채로</u> 집으로 돌아왔다.

B Complete the paragraph by putting the words in ⓐ, ⓑ, and ⓒ in the correct order.

One morning, my dog was sitting in front of the door ⓐ (with, wagging, his tail). It seemed that he wanted to go out, so I went for a jog ⓑ (my dog, following, with) behind me. At the park, I played catch with him. I accidently threw the ball too far and it flew near a pond. He was so excited to chase it. When we got near the pond, a small frog jumped at him. He was so startled that he jumped too, and splashed mud all over me. We returned home ⓒ (our bodies, covered, with) in mud.

ⓐ with his tail wagging
ⓑ with my dog following
ⓒ with our bodies covered

Check Point

다음 괄호 안에서 어법상 알맞은 것을 고르시오.

(1) That store is the only place [when / where] you can buy the cereal you like.

(2) The village in [which / where] I grew up has changed a lot over the years.

(3) With everyone [paid / paying] attention, she started her presentation.

(4) Yesterday, I fell asleep with the radio [turning / turned] on.

정답 (1) where   (2) which   (3) paying   (4) turned

어휘

explanation [èksplənéiʃən] 몡 설명   spot [spɑt] 몡 점, 반점; *(특정한) 장소   encounter [inkáuntər] 동 접하다[마주치다]   rare [rɛər] 혱 드문, 희귀한   species [spíːʃiːz] 몡 (pl.) 종(種)   wag [wæg] 동 (꼬리 등을) 흔들다   accidently [æksədəntli] 분 우연히   chase [tʃeis] 동 뒤쫓다   startled [stɑ́ːrtld] 혱 놀란   splash [splæʃ] 동 (물·흙탕물 등을) 튀기다

Writing Workshop

가장 기억에 남는 여행 [기행문]

기행문을 작성하기 전에, 먼저 예시로 제시된 기행문을 확인해 봅시다.

가족과 함께 한 농장 방문

　2017년 5월 6일, 나는 우리 가족과 함께 농장을 방문하러 강원도로 여행을 떠났다. 농장에 도착하자마자, 우리는 소들이 평화롭게 풀을 뜯고 있는 푸른 들판을 볼 수 있었다. 헛간에서, 우리는 낙농가에게 소의 젖을 짜는 법을 배웠다. 우리는 또한 송아지에게 병에 담긴 우유를 먹였다. 나는 여행의 매 순간을 즐겼다. 그것은 직접 농장 체험을 하는 좋은 기회였다.

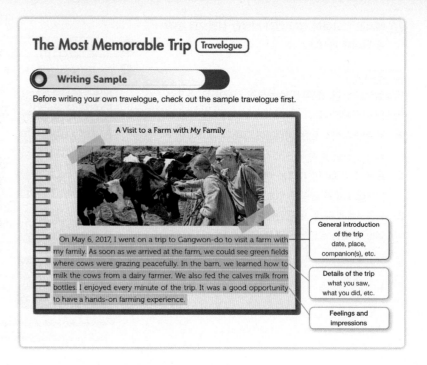

The Most Memorable Trip (Travelogue)

Writing Sample

Before writing your own travelogue, check out the sample travelogue first.

A Visit to a Farm with My Family

On May 6, 2017, I went on a trip to Gangwon-do to visit a farm with my family. As soon as we arrived at the farm, we could see green fields where cows were grazing peacefully. In the barn, we learned how to milk the cows from a dairy farmer. We also fed the calves milk from bottles. I enjoyed every minute of the trip. It was a good opportunity to have a hands-on farming experience.

- General introduction of the trip
  date, place, companion(s), etc.
- Details of the trip
  what you saw, what you did, etc.
- Feelings and impressions

위에 예시로 제시된 기행문을 바탕으로 빈칸을 채워 봅시다.

전반적인 여행 소개	날짜	2017년 ① <u>5월 6일</u>
	장소	강원도에 있는 ② <u>농장</u>
	동행	그녀의 ③ <u>가족</u>
여행의 세부 내용	그녀가 본 것	푸른 들판에서 평화롭게 풀을 뜯는 ④ <u>소들</u>
	그녀가 한 것	• ⑤ <u>소의 젖을 짜는</u> 방법을 배움 • 송아지에게 병에 담긴 우유를 먹임
기분과 인상		⑥ <u>직접</u> 농장 체험을 하는 좋은 기회

Fill in the blanks based on the sample travelogue above.

General introduction of the trip	Date	① <u>May 6</u> , 2017
	Place	a(n) ② <u>farm</u> in Gangwon-do
	Companion(s)	her ③ <u>family</u>
Details of the trip	What she saw	④ <u>cows</u> grazing peacefully in green fields
	What she did	• learned how to ⑤ <u>milk the cows</u> • fed the calves milk from bottles
Feelings and impressions		a good opportunity to have a(n) ⑥ <u>hands-on</u> farming experience

---

어휘

memorable [mémərəbl] 혱 기억할 만한　travelogue [trǽvəlɔ̀ːg] 몡 여행기, 기행문　graze [greiz] 동 (소·양 등이) 풀을 뜯다　barn [bɑːrn] 몡 헛간　dairy farmer 낙농가　feed [fiːd] 동 밥[우유]을 먹이다; 먹이를 주다 (feed–fed–fed)　calf [kæf] 몡 송아지 (*pl.* calves) hands-on 직접 해 보는　general [dʒénərəl] 혱 일반[전반]적인

여러분이 지금까지 갔던 여행 중에서 가장 기억에 남는 것은 무엇이었나요? 그것에 관한 기행문을 써 봅시다.

Step 1

가장 기억에 남는 여행을 떠올려 봅시다. 여행에서 찍은 사진을 붙이고 빈칸을 채워 봅시다.

예시답안

8월 7일에 나의 가장 친한 친구들과 함께 설악산에서 찍은 사진

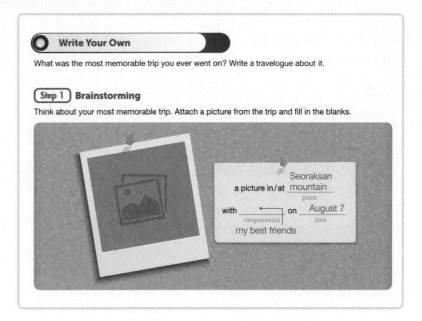

Step 2

기행문의 개요를 작성해 봅시다.

예시답안

전반적인 여행 소개	날짜	2017년 8월 7일
	장소	캠프장과 설악산
	동행	나의 가장 친한 친구들
여행의 세부 내용	당신이 본 것	산 정상에서의 멋진 일출
	당신이 한 것	• 텐트를 치고 우리의 모든 끼니를 만듦 • 강에서 래프팅을 해 봄 • 산 정상까지 올라감
기분과 인상		나의 가장 가까운 친구들과의 정말 즐거운 시간

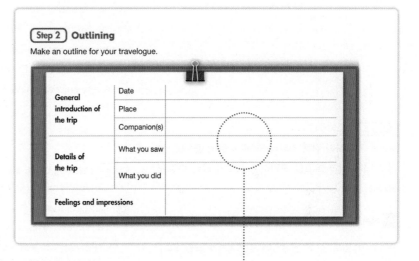

General introduction of the trip	Date	August 7, 2017
	Place	a campsite and Seoraksan Mountain
	Companion(s)	my best friends
Details of the trip	What you saw	the magnificent sunrise at the top of the mountain
	What you did	• set up a tent and cooked all our meals • tried rafting in the river • climbed up to a mountain peak
Feelings and impressions		a very enjoyable time with my closest friends

어휘

attach [ətǽtʃ] 동 붙이다, 첨부하다   예시답안 magnificent [mæɡnífəsnt] 형 참으로 아름다운[훌륭한]   sunrise [sʌ́nràiz] 명 일출   set up 세우다[짓다]

Step 3

개요를 바탕으로 가장 기억에 남는 여행에 관한 기행문을 작성해 봅시다.

예시답안

나의 가장 친한 친구들과의 즐거운 여행

2017년 8월 7일, 나는 나의 가장 친한 친구들과 캠프장과 설악산에 갔다. 우리는 텐트를 치고 캠프장에서 머무르는 동안 우리의 모든 끼니를 만들었다. 우리는 근처 강에서 래프팅도 해 보았다. 다음 날 아침 일찍, 우리는 멋진 일출을 볼 수 있었던 산 정상까지 올라갔다. 여행에서의 매 순간이 나에게 기억에 남을 만했다. 그것은 내 가장 가까운 친구들과의 정말 즐거운 시간이었다.

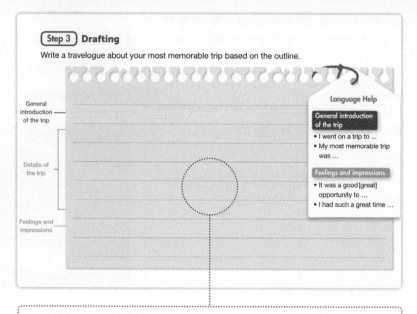

Step 3 Drafting

Write a travelogue about your most memorable trip based on the outline.

General introduction of the trip

Details of the trip

Feelings and impressions

Language Help

General introduction of the trip
- I went on a trip to ...
- My most memorable trip was ...

Feelings and impressions
- It was a good[great] opportunity to ...
- I had such a great time ...

A Pleasant Trip with My Best Friends

On August 7, 2017, I went to a campsite and Seoraksan Mountain with my best friends. We set up a tent and cooked all our meals during our stay at the campsite. We also tried rafting in the nearby river. Early the next morning, we climbed up to a mountain peak where we could see the magnificent sunrise. Every moment of the trip was memorable for me. It was a very enjoyable time with my closest friends.

Step 4

초고를 개선하기 위해 체크리스트를 이용해 봅시다. 그러고 나서 짝과 초고를 교환하여 서로의 글을 수정해 봅시다.

A Revising Checklist

기행문이 날짜, 장소, 동행인에 관한 정보를 포함하고 있는가?
기행문이 글쓴이가 보고 한 것에 관한 세부 내용을 포함하고 있는가?
글쓴이의 기분이나 인상을 묘사하는 문장이 있는가?

B Editing Checklist

과거시제 사용
기행문에서 과거의 일을 서술하기 위해 과거시제가 바르게 사용되었는가?

Example 1. 농장에 도착하자마자, 우리는 푸른 들판을 볼 수 있었다.

Example 2. 그날 밤, 내 남편과 나는 우리의 결혼기념일을 맞아 저녁 식사를 하러 외출했다.

Step 4 Writing Clinic 👥

Use the checklists to improve your draft. Then exchange drafts with your partner and edit each other's.

A Revising Checklist

	self	peer
Does the travelogue include information about the date, place, and companion(s)?	☐	☐
Does the travelogue include details of what the writer saw and did?	☐	☐
Is there a sentence describing the writer's feelings or impressions?	☐	☐

B Editing Checklist

	self	peer
Past tense use Is the past tense used correctly to describe past events in the travelogue?	☐	☐

Example 1. As soon as we arrived at the farm, we can see green fields.
                                                          could

Example 2. That night, my husband and I go out to dinner for our wedding anniversary.
                                         went

어휘

go out 외출하다[나가다]   wedding anniversary 결혼기념일   예시답안 nearby [nìərbái] 형 인근의, 가까운 곳의

Step 5

짝의 피드백을 이용하여 기행문을 다시 써 봅시다.

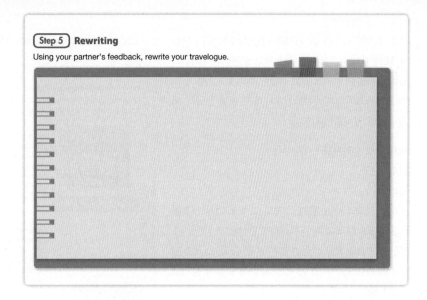

Step 5 Rewriting

Using your partner's feedback, rewrite your travelogue.

Step 6

A 4명으로 구성된 모둠을 만들어 봅시다. 최종 글을 공유하고 다른 조원들로부터 피드백을 받아 봅시다.

여행의 묘사가 자세하고 흥미롭다.

기행문은 과거시제와 관련된 어떤 오류도 포함하고 있지 않다.

B 누구의 기행문이 가장 흥미롭나요? 조원들과 의견을 나눠 봅시다.

Check Your Progress 나는 가장 기억에 남는 여행에 관한 기행문을 쓸 수 있다.

Step 6 Sharing Your Writing

A Make groups of four. Share your final draft and get feedback from the other group members.
(5: Excellent 4: Good 3: Average 2: Fair 1: Poor)

	member 1	member 2	member 3
The description of the trip is detailed and interesting.			
The travelogue does not contain any errors that are related to the past tense.			
Final Score			

B Whose travelogue is the most interesting? Share your opinion with your group members.

I think _____'s travelogue is the most interesting because _____.

Check Your Progress I can write a travelogue about my most memorable trip. ☺☹

Practice More

다음 문장에서 과거시제 사용의 오류를 찾아 바르게 고쳐 쓰시오.

(1) While crossing over the bridge, we look at a fantastic seascape last night.

_____ → _____

(2) In early 2016, she releases her second English album.

_____ → _____

정답 (1) look → looked (2) releases → released

어휘

detailed [ditéild] 형 상세한 문제 seascape [síːskèip] 명 바다 경치 release [rilíːs] 동 풀어 주다; *공개[발표]하다

Inside Culture

세계 유산 탐구하기

세계 유산은 인류에 큰 가치를 지닌 자연적 또는 문화적 장소이다. 이 장소들을 보호하고 보존하기 위해, 이곳들은 특별한 의의가 있고 각별한 주의를 요하는 것으로 유네스코에 의해 등재되었다. 아래 몇몇 문화적 세계 유산을 살펴보도록 하자.

백제 역사 유적지구
위치: 한국
의의:
- 백제 시대의 사원, 왕릉, 그리고 그 밖의 다른 건축물들을 포함한 여덟 개의 유적지로 구성됨
- 건축 기술과 불교 관행과 같은 한국, 중국, 그리고 일본의 고대 동아시아 왕국 간 문화적 교류의 증거를 보여 줌

앙코르
위치: 캄보디아
의의:
- 9세기부터 15세기까지 지속된 크메르 제국의 웅장한 유적을 포함함
- 유명한 사원인 앙코르 와트를 포함함

알타의 암각화
위치: 노르웨이
의의:
- 북극권 근처의 바위 표면에 있는 수천 개의 그림과 조각을 포함함
- 선사시대에 환경과 인간 활동이 어떤 모습이었는지 드러냄

Exploring World Heritage Sites

Exploring Cultures

World Heritage Sites are natural or cultural sites that have great value to humanity. To protect and preserve these places, they are listed by UNESCO as having special significance and requiring special care. Let's look at some cultural World Heritage Sites below.

Location: Korea
Significance:
- consist of eight historical sites, including temples, royal tombs, and other buildings from the Baekje period
- show evidence of the cultural exchanges between the ancient East Asian kingdoms in Korea, China, and Japan such as construction techniques and Buddhist practices

Baekje Historic Areas

Location: Cambodia
Significance:
- contains the magnificent remains of the Khmer Empire, which lasted from the 9th to the 15th century
- includes the famous temple, Angkor Wat

Angkor

Location: Norway
Significance:
- contains thousands of paintings and carvings on rock surfaces near the Arctic Circle
- reveals what the environment and human activities looked like in prehistoric times

Rock Art of Alta

Check-Up Listen and match each description to the correct World Heritage Site. 🎧

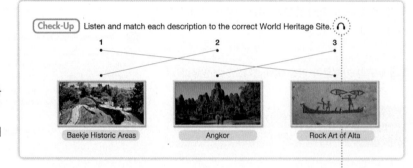

| 1 | 2 | 3 |

Baekje Historic Areas　　　Angkor　　　Rock Art of Alta

SCRIPT

1. This site has very important paintings and carvings on rock surfaces. These reveal the traces of human settlement in prehistoric times near the Arctic Circle.
2. This site consists of many temples, royal tombs, and other historic buildings. These show that there was cultural interchange between the ancient East Asian kingdoms in Korea, China, and Japan.
3. This site contains the marvelous remains of the Khmer Empire. Angkor Wat is one of the famous temples at this site.

해석

1. 이 유적지에는 바위 표면에 매우 중요한 그림들과 조각들이 있다. 이것들은 선사시대에 북극권 근처에서의 인간 정착의 흔적을 나타낸다.
2. 이 유적지는 많은 사원, 왕릉, 그리고 그 밖의 역사적 건축물들로 구성되어 있다. 이것들은 한국, 중국, 그리고 일본의 고대 동아시아 왕국들 사이에 문화적 교류가 있었음을 보여 준다.
3. 이 유적지에는 크메르 제국의 훌륭한 유적들이 있다. 앙코르 와트는 이 유적지의 유명한 사원 중 하나이다.

어휘

World Heritage Site 세계 유산　　humanity [hjuːmǽnəti] 몡 인류, 인간　　significance [signífikəns] 몡 중요성, 의의　　temple [témpl] 몡 신전, 사원　　royal tomb 왕릉　　construction [kənstrʌ́kʃən] 몡 건설, 공사　　practice [prǽktis] 몡 실행; *관행　　remains [riméinz] 몡 (pl.) 나머지; *유적　　empire [émpaiər] 몡 제국　　carving [káːrviŋ] 몡 조각품　　reveal [riví:l] 동 밝히다; *드러내다, 보여주다　　prehistoric [prìːhistɔ́ːrik] 혱 선사 시대의　　**SCRIPT** trace [treis] 몡 자취, 흔적　　settlement [sétlmənt] 몡 정착　　interchange [ìntərtʃéindʒ] 몡 교환

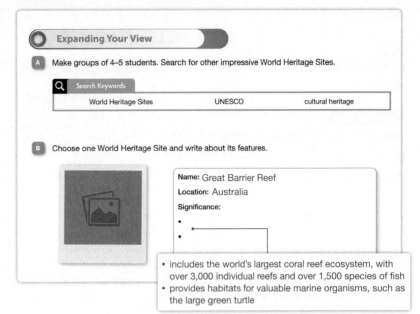

A 4-5명의 학생들로 구성된 모둠을 만들어 봅시다. 다른 인상 깊은 세계 유산을 찾아봅시다.

B 세계 유산 한 곳을 골라 그 특징에 관해 써 봅시다.

예시답안

이름: 그레이트 배리어 리프(대보초)

위치: 호주

의의:

• 3,000개가 넘는 개별 산호와 1,500개가 넘는 어종과 함께 세계 최대의 산호초 생태계를 포함함

• 큰 바다거북과 같은 귀중한 해양 생물들을 위한 서식지를 제공함

Expanding Your View

A Make groups of 4-5 students. Search for other impressive World Heritage Sites.

Search Keywords

World Heritage Sites   UNESCO   cultural heritage

B Choose one World Heritage Site and write about its features.

Name: Great Barrier Reef
Location: Australia
Significance:
•
•

• includes the world's largest coral reef ecosystem, with over 3,000 individual reefs and over 1,500 species of fish
• provides habitats for valuable marine organisms, such as the large green turtle

C 모둠의 결과물을 교실 벽에 전시하고 다른 모둠의 결과물을 읽어 봅시다.

D 모둠과 함께 교실 벽에 전시된 곳들 중 여러분이 가장 보고 싶은 세계 유산에 관해 이야기해 봅시다.

Example

나는 노르웨이에 있는 알타의 암각화가 가장 보고 싶다. 나는 선사시대의 그림을 보고 인류 역사의 초기에 사람들이 어떻게 살았는지에 관해 배우고 싶다.

Check Your Progress 나는 세계 유산의 가치를 이해한다.

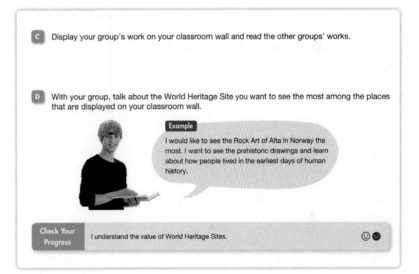

C Display your group's work on your classroom wall and read the other groups' works.

D With your group, talk about the World Heritage Site you want to see the most among the places that are displayed on your classroom wall.

Example
I would like to see the Rock Art of Alta in Norway the most. I want to see the prehistoric drawings and learn about how people lived in the earliest days of human history.

Check Your Progress I understand the value of World Heritage Sites. ☺☹

Knowledge Link

라파누이 국립공원 (Rapa Nui National Park)

라파누이 국립공원은 칠레 이스터 섬에 위치한 세계 유산으로, '모아이'로 불리는 인간의 얼굴 모양을 한 거대 석상으로 유명하다. 폴리네시아 원주민들은 300년 무렵 섬에 정착하여 1000년 넘게 외부의 영향을 받지 않고 독창적인 조각과 건축으로 고유의 전통을 수립했다. 현재 약 900개 정도의 모아이가 섬 곳곳에 있다.

어휘

feature [fíːtʃər] 명 특성, 특징   예시답안 coral reef 산호초   ecosystem [ékousìstəm] 명 생태계   habitat [hǽbitæt] 명 서식지   marine [məríːn] 형 바다의, 해양의   organism [ɔ́ːrgənìzm] 명 유기체, 생물(체)

Project

여행 전단 만들기

Task

여러분은 여러분이 사는 지역에 관한 여행 전단을 만들 것입니다.

Before You Begin

여행 전단을 몇 개 모아 봅시다. 그것들을 짝과 살펴보고 여행 전단을 만들기 위해 어떤 종류의 정보가 필요한지 이야기해 봅시다.

Step 1

4-5명의 학생들로 구성된 모둠을 만들어 봅시다. 여러분이 사는 지역을 여행하는 관광객들에게 추천해 주고 싶은 명소, 활동, 먹거리에 관해 이야기해 봅시다.

Step 2

예시를 참고하여 모둠의 여행 전단을 위한 개요를 작성해 봅시다.

Example

장소: 춘천

1. 명소
- 소양댐과 소양호
- 김유정 문학촌

2. 활동
- 레일바이크

3. 먹거리
- 닭갈비 (매운 닭 볶음 요리)

예시답안

장소: 순천

1. 명소
- 순천만 국가 정원
- 순천 드라마 촬영장

2. 활동
- 전통차 만들기 체험

3. 먹거리
- 꼬막과 짱뚱어

Step 3

각 조원의 역할을 정해 봅시다.

Make a Travel Leaflet

Task　You are going to make a travel leaflet about the area you live in.

Before You Begin

Collect some travel leaflets. Look through them with your partner and talk about what kind of information is needed to make a travel leaflet. 👥

Step 1　Make groups of 4–5 students. Talk about any attractions, activities, and food that you want to recommend to tourists in the area you live in.

Step 2　Make an outline for your group's travel leaflet, referring to the example.

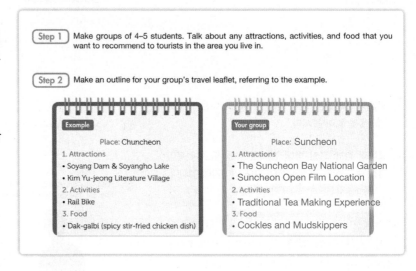

Example

Place: Chuncheon

1. Attractions
- Soyang Dam & Soyangho Lake
- Kim Yu-jeong Literature Village

2. Activities
- Rail Bike

3. Food
- Dak-galbi (spicy stir-fried chicken dish)

Your group

Place: Suncheon

1. Attractions
- The Suncheon Bay National Garden
- Suncheon Open Film Location

2. Activities
- Traditional Tea Making Experience

3. Food
- Cockles and Mudskippers

Step 3　Choose a role for each member of your group.

Role	Writers			Designer
	Attractions	Activities	Food	
Name				

어휘

leaflet [líːflit] 명 (광고나 선전용) 전단　　attraction [ətrǽkʃən] 명 명소[명물]　　literature [lítərətʃər] 명 문학　　stir-fry 볶다

Step 4

개요를 바탕으로 모둠의 여행 전단을 만들어 봅시다.

Example

춘천
우리의 아름다운 호수와 산을 보러 오세요!

닭갈비
춘천은 닭갈비라고 불리는 맵고 맛있는 닭 요리로 유명합니다. 그것은 신선한 채소와 함께 볶은 닭 요리입니다.

레일바이크
여기에서, 방문객들은 북한강을 따라 아름다운 경치를 즐기며 오래된 철로를 따라서 레일바이크를 탈 수 있습니다.

김유정 문학촌
이 마을은 한국의 주요 작가 중 한 명인 김유정이 태어난 곳입니다. 다양한 행사가 이곳에서 일 년 내내 열립니다.

소양댐과 소양호
소양댐은 아시아에서 가장 큰 다목적 댐입니다. 소양호는 댐이 건설되었을 때 생겼으며 자연경관이 아름답습니다.

Step 4 Create your group's travel leaflet based on the outline.

Example

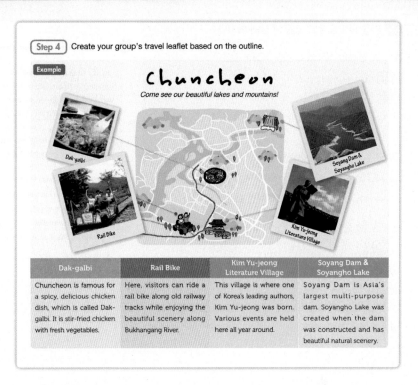

Dak-galbi	Rail Bike	Kim Yu-jeong Literature Village	Soyang Dam & Soyangho Lake
Chuncheon is famous for a spicy, delicious chicken dish, which is called Dak-galbi. It is stir-fried chicken with fresh vegetables.	Here, visitors can ride a rail bike along old railway tracks while enjoying the beautiful scenery along Bukhangang River.	This village is where one of Korea's leading authors, Kim Yu-jeong was born. Various events are held here all year around.	Soyang Dam is Asia's largest multi-purpose dam. Soyangho Lake was created when the dam was constructed and has beautiful natural scenery.

Step 5

모둠의 여행 전단을 교실 벽에 전시하고 최고의 여행 전단에 투표해 봅시다.

Check Your Progress	모든 조원이 참여하여 자신의 역할을 수행했다.
	우리 모둠의 전단은 명소, 활동, 그리고 먹거리에 관한 정보를 포함한다.

Step 5 Display your group's travel leaflet on your classroom wall and vote for the best one.

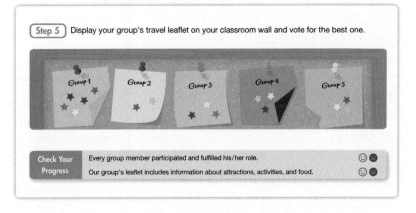

Check Your Progress	Every group member participated and fulfilled his/her role.	☺ ☹
	Our group's leaflet includes information about attractions, activities, and food.	☺ ☹

어휘

railway track 철도 궤도   leading [líːdiŋ] 형 가장 중요한, 선도하는   all year around 일 년 내내   multi-purpose 다목적[다용도]의   fulfill [fulfíl] 동 (특정 역할·기능을) 하다, 수행하다

Lesson Review

A 다음 단락을 읽고 질문에 답해 봅시다.

1. 이 단락의 제목으로 가장 적절한 것은?

정답 ③

해석

① 나폴리: 이탈리아에서 관광객들이 가장 좋아하는 도시

② 좋은 여행 동반자의 중요성

③ 용감한 시각 장애 여행가의 투지

④ 베수비오산: 나폴리의 전설적인 산

2. ⓐ-ⓔ 중 어떤 문장이 단락의 내용과 관련이 없는가?

정답 ⓒ

해석

ⓒ 폭발 후의 거대한 화산재 구름은 산비탈에 사는 사람들에게 위협이 되었다.

A Read the following paragraph and answer the questions.

By the time Holman arrived in Naples in 1821, he had become an expert traveler. ⓐ He even became the first blind man to ascend Mount Vesuvius. ⓑ At the time of his ascent, the mountain was in the middle of intense volcanic activity. ⓒ The huge clouds of volcanic ash after the eruption were a threat to the people living on the slopes of the mountain. ⓓ As Holman and his two companions approached the unstable edge of the volcano, the ground became almost too hot to walk on. ⓔ His companions wanted to turn back, but Holman was unafraid. He courageously proceeded until he reached the summit.

1. Which is the best title for the paragraph?

① Naples: The Favorite City of Tourists in Italy

② The Importance of a Good Travel Companion

③ The Determination of a Fearless Blind Traveler

④ Mount Vesuvius: A Legendary Mountain in Naples

2. Which sentence (ⓐ-ⓔ) is not relevant to the paragraph?

B 메모를 바탕으로 여행기를 완성해 봅시다.

Sample

Fun Weekend at Haeundae Beach

On August 5, 2017, I went on a trip to Haeundae Beach with my family. As soon as we arrived there, we saw a long stretch of white sandy beach and crystal clear water. After we changed into our swimming suits, we swam at the beach. Then we ate fresh raw fish for dinner. Through this trip, I was able to make a special memory with my family.

해석

해운대 해변에서의 즐거운 주말

2017년 8월 5일에, 나는 가족과 함께 해운대 해변으로 여행을 떠났다. 그곳에 도착하자마자, 우리는 길게 펼쳐진 백사장과 수정같이 맑은 물을 보았다. 수영복으로 갈아입은 후에, 우리는 해변에서 수영했다. 그러고 나서 우리는 저녁으로 신선한 회를 먹었다. 이 여행을 통해서, 나는 가족과 특별한 추억을 만들 수 있었다.

B Complete the travelogue based on the memo.

\<MEMO\>

General introduction of the trip

- Date: August 5, 2017
- Place: Haeundae Beach
- Companion(s): my family

Details of the trip

- What I saw: a long stretch of white sandy beach and crystal clear water
- What I did: swam at the beach
- What I ate: fresh raw fish for dinner

My feelings and impressions

- a special memory with my family

Fun Weekend at Haeundae Beach

On August 5, 2017, I went on a trip to _____

_____

_____

After we changed into our swimming suits,

_____

_____

Through this trip, _____

_____

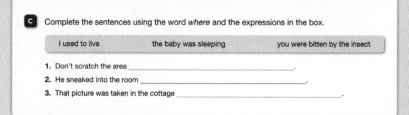

C Complete the sentences using the word *where* and the expressions in the box.

I used to live	the baby was sleeping	you were bitten by the insect

1. Don't scratch the area _____ .
2. He sneaked into the room _____ .
3. That picture was taken in the cottage _____ .

D Complete the sentences using the expressions in the box. Change the word forms if necessary.

with her hair curl	with his eyes glue	with all passengers seat

1. The cruise ship departed from the harbor _____ .
2. My sister visited a hair salon and came back _____ .
3. He sat for hours _____ to the screen of his computer.

Lesson Wrap-Up

A Your Answer to the Big Question

BIG QUESTION
What does travel give us?

→

Your Answer
Travel helps us to broaden our views of life and the world.

B Final Self-Check

Challenges in this lesson	
Things I want to know more about	

C 단어 where과 상자 안의 표현을 사용하여 문장을 완성해 봅시다.

〔정답〕

1. Don't scratch the area <u>where you were bitten by the insect</u>.
2. He sneaked into the room <u>where the baby was sleeping</u>.
3. That picture was taken in the cottage <u>where I used to live</u>.

〔해석〕

1. 네가 곤충에게 물린 부위를 긁지 마라.
2. 그는 아기가 자고 있던 방에 살짝 들어갔다.
3. 그 사진은 내가 예전에 살던 시골집에서 찍은 것이다.

D 상자 안의 표현을 사용하여 문장을 완성해 봅시다. 필요하면 단어 형태를 바꿔 봅시다.

〔정답〕

1. The cruise ship departed from the harbor <u>with all passengers seated</u>.
2. My sister visited a hair salon and came back <u>with her hair curled</u>.
3. He sat for hours <u>with his eyes glued</u> to the screen of his computer.

〔해석〕

1. 모든 승객을 착석시킨 채로 유람선이 항구에서 출발했다.
2. 내 여동생은 미용실에 가서 그녀의 머리가 곱슬곱슬하게 된 채로 돌아왔다.
3. 그는 컴퓨터 화면에 그의 시선을 고정시킨 채로 몇 시간 동안 앉아 있었다.

A Big Question에 대한 답

BIG QUESTION
여행은 우리에게 무엇을 주는가?

〔예시답안〕
여행은 인생과 세계를 보는 우리의 시각을 넓히도록 돕는다.

B 마지막 자가 점검

이번 과에서 어려운 점
내가 더 알고 싶은 것

Creativity in Everyday Life

Lesson Goals

Reading 1. 재생 건축에 관한 글을 읽고 재생 건축의 가치를 생각해 볼 수 있다.
2. GPS 발명에 관한 글을 읽고 새로운 관점이 위대한 발명을 이끌어 낸다는 것을 이해할 수 있다.
[Reading Strategy] Scanning

Writing 중고 물품을 판매하는 광고 글을 쓸 수 있다.
[Writing Task] Advertisement

Language Lucy is **one of the tallest students** in our class.
Lauren **has been married** to Brian for five years.

Saving Abandoned Buildings with Creativity

Q What do you think we can do with abandoned buildings?

Q. 당신은 버려진 건물들로 우리가 무엇을 할 수 있다고 생각하는가?

GPS: Born from a Change in Perspective

Q What are the advantages of using GPS?

Q. GPS 사용의 장점은 무엇인가?

ART

SCIENCE

BIG QUESTION

How does creativity help us in life?

CULTURE

WRITING

Thinking Differently to Create Change

Q Do you know of any ideas that came from thinking differently?

Q. 다르게 생각하는 것으로부터 비롯된 아이디어에 대해 아는 것이 있는가?

A Secondhand Item for Sale

Q Do you have an item you don't need anymore but which might be useful to others?

Q. 당신에게 더는 필요하지 않지만 다른 사람들에게는 유용하게 쓰일지 모르는 물건이 있는가?

Before Reading

Reading 1

건축물의 사진을 봅시다. 그것들의 과거의 용도를 추측해서 적어 봅시다. 그러고 나서 짝과 생각을 나눠 봅시다.

Sample			
현재	박물관	호텔	테마파크
과거	발전소	감옥	격납고

Building Background

Reading 1

Look at the pictures of the buildings. Guess their uses in the past and write them down. Then share your ideas with your partner. 🏃🏃

Now a museum	Now a hotel	Now a theme park
Past a power station	Past a prison	Past a hangar

Reading 2

발명품의 사진을 보고 지시를 따라 봅시다.

1. 이 발명품들이 어떻게 사람들의 삶에 영향을 미쳤는지 상상해 봅시다. 그러고 나서 짝과 생각을 나눠 봅시다.
2. 다음을 듣고 화자가 이야기하고 있는 발명품의 명칭을 적어 봅시다.
   (1) 바퀴 달린 수화물 가방
   (2) 깡통 고리
   (3) 조립 라인

Reading 2

Look at the pictures of the inventions and follow the instructions.

assembly line | wheeled luggage | can tab

1. Imagine how these inventions have influenced people's lives. Then share your ideas with your partner. 🏃🏃
2. Listen and write the name of the invention that the speakers are talking about. 🎧
   (1) wheeled luggage   (2) _____ can tab _____   (3) _____ assembly line _____

SCRIPT

(1) When Bernard D. Sadow was struggling with two heavy pieces of luggage at the airport, he happened to see a worker rolling a machine on a wheeled cart. It gave him an idea of how to move his luggage easily. That is how he invented this.

(2) In the past, people had to bring a separate opener for canned foods. One day at a picnic, Ermal Fraze forgot to bring an opener, so he had trouble opening the canned drinks. This incident made him think about possible solutions that would eliminate the need for a can opener in the future.

(3) In the early days, cars sat on the ground and mechanics moved the parts to assemble them. One day, Henry Ford visited a beef packing plant. It used overhead trolleys to move meat from worker to worker. This inspired him to make this invention. By mechanically moving the parts to the workers instead of having workers carry the parts, cars could be manufactured faster and with less labor.

해석

(1) 버나드 새도가 공항에서 무거운 짐 가방 두 개로 힘겨워할 때, 그는 한 노동자가 바퀴가 달린 카트 위로 기계를 굴리는 것을 보게 되었다. 이것은 그에게 짐 가방을 쉽게 옮기는 방법에 대한 아이디어를 주었다. 그렇게 그는 이것을 발명했다.

(2) 과거에, 사람들은 통조림 식품을 여는 별개의 따개를 가지고 다녀야 했다. 어느 날 소풍에서, 에멀 프레이즈는 따개를 가져오는 것을 잊어서, 캔 음료를 여는 데 어려움을 겪었다. 이 사건은 그가 훗날 통조림 따개의 필요성을 없앨 가능한 해결책을 생각하도록 만들었다.

(3) 옛날에, 차는 바닥에 놓여 있었고 기계공들은 부품을 조립하기 위해 그것을 들고 이동했다. 어느 날, 헨리 포드는 소고기 포장 공장을 방문했다. 그곳에서는 노동자에서 노동자로 소고기를 이동시키기 위해 머리 위에 설치된 수레를 사용했다. 이것은 그가 이 발명품을 만들도록 영감을 주었다. 노동자들이 부품을 나르게 하는 대신 기계적으로 부품을 노동자들에게 이동시킴으로써, 차는 더 빠르고 더 적은 노동력으로 제조될 수 있었다.

어휘

SCRIPT struggle with …로 고심하다; *…로 씨름하다   eliminate [ilímənèit] 동 없애다   assemble [əsémbl] 동 모으다; *조립하다

주어진 단어를 사용하여 문장을 완성해 봅시다.

resemble 동 닮다, 비슷[유사]하다
convert 동 전환하다; 전환시키다
artificial 형 인공[인조]의
launch 동 시작[착수]하다; (우주선 등을) 발사하다
satellite 명 (인공)위성
extraordinary 형 기이한, 놀라운; 비범한

1. 풍차는 풍력을 사용 가능한 전기로 <u>전환한다</u>.
2. 우주 왕복선을 <u>발사하려는</u> 시도는 성공적이었다.
3. 모든 사람이 내가 나의 아버지와 걷는 방식이 <u>닮은</u> 것에 놀란다.
4. 이 <u>위성</u>은 방송 신호를 내보내면서 지구 주위를 돌고 있다.
5. 사탕을 더 매력적으로 보이게 하기 위해서, <u>인공적인</u> 색소가 종종 사용된다.
6. 고작 여섯 살이지만, 그 어린 소녀는 이미 <u>비범한</u> 바이올린 연주자이다.

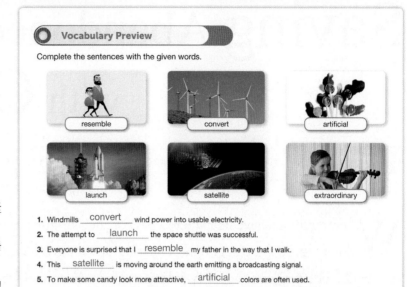

Vocabulary Preview

Complete the sentences with the given words.

resemble / convert / artificial / launch / satellite / extraordinary

1. Windmills <u>convert</u> wind power into usable electricity.
2. The attempt to <u>launch</u> the space shuttle was successful.
3. Everyone is surprised that I <u>resemble</u> my father in the way that I walk.
4. This <u>satellite</u> is moving around the earth emitting a broadcasting signal.
5. To make some candy look more attractive, <u>artificial</u> colors are often used.
6. Although she is only six years old, the young girl is already a(n) extraordinary violinist.

읽기 전략 훑어 읽기

훑어 읽기는 특정 정보를 찾기 위해 글을 빠르게 읽는 기법이다.
1. 찾고 있는 특정 정보와 관련된 단어를 찾아라.
2. 그리고 나서 관련된 단어의 앞뒤 문장을 읽어라.

다음 포스터를 훑어 읽고 질문에 답해 봅시다.

> 캔터베리 연극 동아리 상연
> 한여름 밤의 꿈
> 날짜: 5월 6 & 7일 오후 5시
> 장소: 캔터베리 고등학교 대강당
> 표 가격: 전 좌석 10달러

1. 연극의 제목은 무엇인가?
→ 연극의 제목은 「한여름 밤의 꿈」이다.
2. 연극에 몇 시에 시작하는가?
→ 연극은 오후 5시에 시작한다.
3. 표는 얼마인가?
→ 그것은 10달러이다.

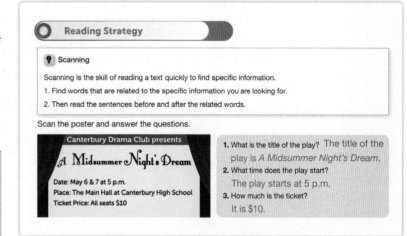

Reading Strategy

💡 Scanning

Scanning is the skill of reading a text quickly to find specific information.
1. Find words that are related to the specific information you are looking for.
2. Then read the sentences before and after the related words.

Scan the poster and answer the questions.

Canterbury Drama Club presents
A Midsummer Night's Dream
Date: May 6 & 7 at 5 p.m.
Place: The Main Hall at Canterbury High School
Ticket Price: All seats $10

1. What is the title of the play? The title of the play is *A Midsummer Night's Dream.*
2. What time does the play start? The play starts at 5 p.m.
3. How much is the ticket? It is $10.

어휘

windmill [wíndmìl] 명 풍차   usable [júːzəbl] 형 사용 가능한   attempt [ətémpt] 명 시도   space shuttle 우주 왕복선   emit [imít] 동 (빛·열·가스 등을) 내다[내뿜다]   broadcasting [brɔ́ːdkæstiŋ] 명 방송   scan [skæn] 동 자세히 살피다; *(대충) 훑어보다   present [prizént] 동 주다; *(극을) 상연하다

Reading 1 (ART)

Saving Abandoned Buildings with Creativity

PREDICTING Look at the pictures on pages 65 to 67 and guess what "adaptive reuse" means.
(65쪽에서 67쪽의 사진을 보고 '재생 건축'이 무엇을 뜻하는지 추측해 봅시다.)

❶ When buildings have become too old for their original purpose, they are often simply knocked down. ❷ People might oppose tearing down the old buildings, especially if they are precious landmarks, but it is hard to justify letting unused structures take up valuable space. ❸ In such cases, adaptive reuse—the reusing of an old building or structure for something other than its original purpose—is a smart solution. ❹ Here are some outstanding examples of adaptive reuse from around the world.

Modern Art Museum in England

❺ When the Bankside Power Station in London was shut down in 1981, the building was at risk of being torn down by developers. ❻ However, many people started a movement to save the landmark building on the southern bank of the River Thames. ❼ Eventually, it was decided that this building would be used as a new modern art museum to be called Tate Modern, and much of the character of the original power station building would be maintained.

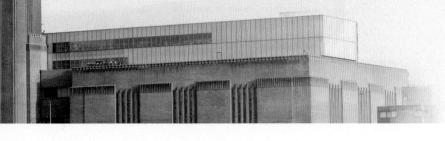

어휘

abandoned [əbǽndənd] 형 버려진, 유기된 영영 deserted
knock down ... (건물을) 때려 부수다[철거하다] 영영 to destroy a structure
oppose [əpóuz] 동 반대하다 영영 to act against or express opposition to
tear down ... (건물 등을) 허물다[헐다] 영영 to pull something down by force
precious [préʃəs] 형 귀중한, 값어치 있는 영영 of great value
justify [dʒʌ́stəfài] 동 옳다고 하다; *정당화시키다[하다] 영영 to give a reason for doing something
take up ... (시간·공간을) 차지하다 영영 to fill some space

adaptive [ədǽptiv] 형 적응할 수 있는, 적응성이 있는 영영 able to change in new situations
other than ... …외에; …와 다른[…이 아닌] 영영 different from
outstanding [àutstǽndiŋ] 형 뛰어난, 우수한 영영 extremely good
shut down ... (공장 등을) 폐쇄하다, 닫다 영영 to close something, usually forever
at risk of ... …의 위험에 처한 영영 having a chance of something bad happening
maintain [meintéin] 동 유지하다[지키다] 영영 to keep in the same condition

해석

창의력으로 버려진 건물 구하기

❶ 건물들이 원래의 용도로는 너무 낡았을 때, 그것들은 흔히 그냥 철거된다. ❷ 사람들은 오래된 건물들을, 특히 그것들이 귀중한 랜드마크라면 허무는 것에 반대할지 모르지만, 사용되지 않는 건축물들이 소중한 공간을 차지하도록 내버려 두는 것을 정당화하기는 어렵다. ❸ 그러한 경우, 재생 건축, 즉 오래된 건물이나 구조물을 본래 용도와 다른 용도로 재사용하는 것은 현명한 해결책이다. ❹ 여기 전 세계 재생 건축의 몇몇 탁월한 사례들이 있다.

영국의 현대 미술관

❺ 런던의 뱅크사이드 발전소가 1981년에 문을 닫았을 때, 그 건물은 개발자들에 의해 허물어질 위기에 처했었다. ❻ 그러나, 많은 사람들은 템스 강의 남쪽 둑에 있는 랜드마크 건물을 지키기 위한 운동을 시작했다. ❼ 결국, 이 건물은 테이트 모던이라 불릴 새로운 현대 미술관으로 사용되기로 결정되었고, 본래 발전소 건물의 특징 대부분은 유지될 것이었다.

Self-Study

Q1 Check T if the sentence is true or F if it is false.

(다음 문장이 맞으면 T, 틀리면 F에 표시해 봅시다.)

Most of the characteristics of the Bankside Power Station have disappeared in Tate Modern. (T / Ⓕ)

(테이트 모던에서는 뱅크사이드 발전소의 대부분의 특징들이 사라졌다.)

구문 해설

❷ People might **oppose tearing** down the old buildings, especially if they are precious landmarks, but *it* is hard *to justify letting* unused structures take up valuable space.
: oppose와 justify는 동명사를 목적어로 취하는 동사이다.
: it은 가주어, to justify 이하가 진주어이다.
: 「let+목적어+목적격보어」는 '…가 ~하게 허락하다'라는 의미로, 사역동사 let은 목적격보어로 동사원형을 취한다.

❸ In such cases, adaptive reuse—**the reusing of an old building or structure for something other than its original purpose**—is a smart solution.
: 대시(—)로 연결된 명사구 the reusing ... purpose는 앞의 adaptive reuse를 보충 설명한다.

❹ **Here are some outstanding examples** *of adaptive reuse from around the world.*
: 부사 here가 문장 맨 앞에 오면, 주어와 동사가 도치된다. 단, 주어가 대명사일 때는 도치되지 않는다.
: 전치사구 of ... world가 문장의 주어 some outstanding examples를 수식하고 있다.

❼ Eventually, **it** was decided **that this building would be used as a new modern art museum** *to be called* Tate Modern, and much of the character of the original power station building would be maintained.
: it은 가주어, that ... Tate Modern이 진주어이다.
: to be called는 형용사적 용법의 to부정사이며, a new modern art museum을 수식한다.

Check Point

다음 괄호 안의 단어를 바르게 배열하여 문장을 완성하시오.

However, many people _____ on the southern bank of the River Thames.

(the landmark building / a movement / started / to save)

정답 started a movement to save the landmark building

Reading 1

Before | After

❶ Tate Modern still resembles the old power station, on both the outside and the inside, which features concrete floors and steel beams. ❷ The Turbine Hall, stretching 155 meters long, 23 meters wide, and 35 meters high, was turned into a vast, grand entrance area. ❸ It also functions as a display space for large art installations. ❹ Next to the Turbine Hall is the Boiler House, which holds seven floors. ❺ The reception and common areas are on the first two floors. ❻ The third through the fifth floors have exhibition galleries. ❼ The sixth and seventh floors feature restaurants and bars.

❽ The Bankside Power Station could have become just a pile of bricks, but instead it has been transformed into one of the world's largest museums of modern and contemporary art.

Luxury Hotel in the Netherlands

❾ Another spectacular example of adaptive reuse can be seen in this beautiful hotel in the Netherlands, which blends its own unique history with modern functionality. ❿ The building was one of the Netherlands' most infamous prisons from 1863 until 2007. ⓫ However, it has undergone a complete transformation into luxurious accommodations.

│ 어휘

resemble [rizémbl] 통 닮다, 비슷[유사]하다 영영 to look similar

feature [fíːtʃər] 통 특징으로 삼다 영영 to have as a noticeable attribute

installation [ìnstəléiʃən] 명 설치[설비]; *설치 미술품 영영 a piece of art which usually consists of some objects, light, or sound

reception [risépʃən] 명 접수처[프런트] 영영 an area where visitors are received

be transformed into ... …로 변모되다 영영 to be changed into something different

contemporary [kəntémpərèri] 형 동시대의; *현대의 영영 related to the present time

blend ... with ~ 섞다; *…을 ~와 조화시키다 영영 to mix something with another thing

infamous [ínfəməs] 형 악명 높은 영영 famous for something bad

undergo [ʌ̀ndərgóu] 통 (변화 등을) 겪다[받다] 영영 to experience something

accommodation [əkàmədéiʃən] 명 거처; *숙박 시설 영영 a place for someone to stay

해석

❶ 테이트 모던은 외부와 내부 모두 여전히 옛 발전소와 비슷한데, 콘크리트 바닥과 철제 기둥들이 그 특징을 이룬다. ❷ 길이 155m, 너비 23m, 높이 35m로 뻗어 있는 터빈 홀은 크고 웅장한 출입 구역으로 바뀌었다. ❸ 그곳은 커다란 설치 미술을 위한 전시 공간으로도 기능한다. ❹ 터빈 홀 옆에는 보일러 하우스가 있는데, 7층으로 되어 있다. ❺ 로비와 공용 공간은 처음 두 층에 있다. ❻ 3층에서 5층에는 전시회장이 있다. ❼ 6층과 7층은 음식점과 술집을 특징으로 한다.

❽ 뱅크사이드 발전소는 그저 벽돌 더미가 됐을 수도 있었지만, 대신에 그것은 세계에서 가장 큰 근현대 미술관 중 하나로 변모되었다.

네덜란드의 호화로운 호텔

❾ 재생 건축의 또 다른 극적인 사례는 네덜란드에 있는 이 아름다운 호텔에서 볼 수 있는데, 이곳만의 고유한 역사와 현대적인 기능성을 조화시키고 있다. ❿ 그 건물은 1863년부터 2007년까지 네덜란드의 가장 악명 높은 감옥 중 하나였다. ⓫ 그러나, 그것은 호화로운 숙박 시설로의 완전한 변화를 겪었다.

♀ Strategy in Use

Q1 What is on the third through the fifth floors of the Boiler House at Tate Modern?

(테이트 모던에서 보일러 하우스의 3층에서 5층까지에는 무엇이 있는가?)

▶ There are exhibition galleries.

(전시회장이 있다.)

Self-Study

Q2 Fill in the blanks by using the words from the paragraphs above.

(위 단락의 단어를 사용하여 빈칸을 채워 봅시다.)

(1) The Turbine Hall of Tate Modern was changed into a big entrance area.

(테이트 모던의 터빈 홀은 큰 출입 구역으로 바뀌었다.)

(2) The hotel in the Netherlands mixes its unique history with modern functionality.

(네덜란드의 호텔은 그곳의 고유한 역사를 현대적인 기능성과 조화시키고 있다.)

구문 해설

❷ The Turbine Hall, **stretching 155 meters long, 23 meters wide, and 35 meters high**, was turned into a vast, grand entrance area.

: 현재분사구 stretching ... high가 문장 중간에 삽입되어 앞의 명사구 The Turbine Hall을 부연 설명하고 있다.

❹ Next to the Turbine Hall **is the Boiler House**, *which* holds seven floors.

: 방향·장소를 나타내는 부사구 Next to the Turbine Hall이 문장 앞에 나와 주어 the Boiler House와 동사 is가 도치되었다.

: which는 선행사인 the Boiler House를 부연 설명하는 계속적 용법의 관계대명사로, 앞에 콤마(,)가 쓰였다.

❽ The Bankside Power Station **could have become** just a pile of bricks, but instead it *has been transformed* into one of the world's largest museums of modern and contemporary art.

: 「could have p.p.」는 '…했을 수도 있다'라는 의미로 과거에 대한 불확실한 추측을 나타낸다.

: 현재완료 수동태 「have[has] been p.p.」는 과거에 발생한 일이 현재까지 영향을 미치는 현재완료 「have[has] p.p.」에 수동태 「be p.p.」가 합쳐진 형태이다.

: 「one of the+(형용사의) 최상급+복수명사」는 '가장 …한 ~ 중 하나'라는 의미이다.

Check Point

다음 빈칸에 들어갈 말로 바르게 짝지어진 것을 고르시오.

- It also functions _____ a display space for large art installations.
- However, it has undergone a complete transformation _____ luxurious accommodations.

① at ····· of   ② in ····· of   ③ with ····· about   ④ for ····· about   ⑤ as ····· into

정답 ⑤

Reading 1

Before

After

❶ The building originally had 105 prison cells, but these have been converted into 40 luxurious rooms. ❷ The rooms have been updated with modern furnishings, but details like exposed brick, barred windows, and original cell doors offer clues about its past. ❸ If you need extra space, suite rooms with names like The Judge, The Lawyer, The Jailer, and The Director are available. ❹ Guests can even enjoy a special dinner while slides of the jail's history are shown. ❺ They are given black and white striped jail hats to get into the mood.

❻ This hotel used to be a place from which people desperately wanted to escape, but with some creative thinking, it has been turned into a place guests never want to leave.

Tropical Theme Park in Germany

❼ People living in Berlin who are eager to escape from the bitter cold of winter are now in luck. ❽ Near the city, a huge hangar for manufacturing airships has become a theme park where the sun always shines and the temperature remains a mild 26 degrees Celsius. ❾ The hangar fell into disuse because the company that owned it went bankrupt in 2002. ❿ However, a company in Malaysia looked at this massive deserted dome and saw great potential. ⓫ In 2004, the hangar opened as a tropical theme park.

어휘

be converted into ... ···로 전환되다 영영 to be changed into something different
furnishing [fə́ːrniʃiŋ] 명 가구, 비품 영영 the furniture in a room
desperately [déspərətli] 부 절망적으로; *필사적으로 영영 with great urgency
be eager to-v ···을 간절히 하고 싶어 하다 영영 to want to do something very much
hangar [hǽŋər] 명 격납고 영영 a large place for keeping aircraft
manufacture [mæ̀njufǽktʃər] 동 제조[생산]하다 영영 to make things on a large scale

fall into disuse 못쓰게 되다, 쓰이지 않게 되다 영영 to no longer be used or maintained
go bankrupt 파산하다 영영 to legally declare you don't have enough money to pay your debts
massive [mǽsiv] 형 거대한 영영 very large
deserted [dizə́ːrtid] 형 사람이 없는; *버려진 영영 not lived in or used anymore
dome [doum] 명 둥근 지붕; *반구형의 것[건물] 영영 an object or a building shaped like the top half of a ball

해석

❶ 이 건물에는 원래 105개의 감방이 있었지만, 이것들은 40개의 호화로운 객실로 개조되었다. ❷ 객실들은 현대적인 가구들로 새롭게 꾸며졌으나, 드러나 있는 벽돌, 창살이 있는 창문, 그리고 원래의 감방문 같은 세부 요소들이 그것(그 건물)의 과거에 관한 단서를 제공한다. ❸ 만일 당신에게 여분의 공간이 필요하다면, 판사, 변호사, 교도관, 그리고 감독관과 같은 명칭의 스위트 룸을 이용할 수 있다. ❹ 투숙객들은 심지어 교도소의 역사에 관한 슬라이드가 상영되는 동안 특별한 저녁 식사도 즐길 수 있다. ❺ 그들이 분위기에 빠져들도록 흑백 줄무늬의 교도소 모자가 주어진다.

❻ 한때 이 호텔은 사람들이 필사적으로 탈출하고자 했던 장소였지만, 약간의 창의적인 생각으로 그곳은 투숙객들이 절대로 떠나고 싶어 하지 않는 장소가 되었다.

독일의 열대 테마파크

❼ 겨울의 혹독한 추위에서 벗어나기를 갈망하는 베를린 사람들은 이제 운이 좋다. ❽ 그 도시 근처, 비행선 제조를 위한 거대한 격납고는 늘 햇살이 빛나고 기온이 온화한 섭씨 26도로 유지되는 테마파크가 되었다. ❾ 그 격납고는 그것을 소유한 회사가 2002년에 파산해서 쓰이지 않게 되었다. ❿ 그러나, 말레이시아의 한 회사가 이 거대한 반구형의 버려진 건물을 보고 엄청난 잠재력을 보았다. ⓫ 2004년에, 그 격납고는 열대 테마파크로 개장했다.

Strategy in Use

Q2 How many prison cells were in the building?
(그 건물에는 몇 개의 감방이 있었는가?)
▶ There were 105 prison cells in the building.
(그 건물에는 105개의 감방이 있었다.)

Self-Study

Q3 What parts of the rooms offer clues about the past of the hotel?
(객실의 어떤 부분들이 그 호텔의 과거에 관한 단서를 제공하는가?)
▶ The exposed brick, barred windows, and original cell doors offer clues about the hotel's past.
(드러나 있는 벽돌, 창살이 있는 창문, 그리고 원래의 감방문이 그 호텔의 과거에 관한 단서를 제공한다.)

Q4 Why did the hangar in Germany stop being used?
(독일의 격납고는 왜 사용이 중지되었는가?)
▶ The hangar in Germany stopped being used because the company that owned it went bankrupt in 2002.
(독일의 격납고는 그것을 소유한 회사가 2002년에 파산해서 사용이 중지되었다.)

구문 해설

❻ This hotel **used to be** a place *from which* people desperately wanted to escape, but with some creative thinking, it has been turned into a place (that[which]) guests never want to leave.
: 「used to-v」는 '…하곤 했다'라는 의미로, 현재에는 존재하지 않는 과거의 상태나 습관을 나타낸다.
: 관계대명사 which가 전치사 from의 목적어로 쓰였다. 「전치사+관계대명사」의 형태로 쓰인 경우 목적격 관계대명사는 생략할 수 없다.
: guests never want to leave는 선행사 a place를 수식하는 관계대명사절로, 앞에 목적격 관계대명사 that[which]이 생략되어 있다.

❼ **People living in Berlin** *who are eager to escape from the bitter cold of winter* **are** now in luck.
: living in Berlin은 문장의 주어 People을 수식하는 현재분사구이며, 동사는 are이다.
: who ... winter는 선행사 People ... Berlin을 수식하는 주격 관계대명사절이다.

❽ Near the city, a huge hangar for manufacturing airships has become a theme park **where** the sun always shines and the temperature remains a mild 26 degrees Celsius.
: where는 장소를 나타내는 선행사 a theme park를 수식하는 관계부사이다.

❾ The hangar fell into disuse because the company **that owned *it*** went bankrupt in 2002.
: that owned it은 선행사 the company를 수식하는 주격 관계대명사절이다.
: it은 앞서 언급된 The hangar를 가리킨다.

Reading 1

Before

After

❶ Measuring about 66,000 square meters, the dome is tall enough to fit the Statue of Liberty inside. ❷ It contains the world's largest artificial rainforest, with more than 50,000 plants. ❸ The indoor pool is the size of four Olympic swimming pools, and the waterslide is nine stories tall. ❹ In the southern section of the dome, a special foil roof produces artificial sunlight, so visitors can get a tan even in the middle of winter!

❺ By looking at the enormous dome with new eyes, a company was able to turn this huge space into an amazing vacation spot.

❻ Adaptive reuse helps us preserve our heritage while allowing for new creative developments at the same time. ❼ Each of these remarkable destinations shows that by changing our point of view, we can breathe new life into old, abandoned buildings.

어휘

artificial [ɑ̀ːrtəfíʃəl] 형 인공[인조]의 영영 made by people; not natural
enormous [inɔ́ːrməs] 형 막대한, 거대한 영영 very big
destination [dèstənéiʃən] 명 목적지, 도착지 영영 the place that someone or something is going to

breathe new life into ... ⋯에 새 생명을 불어넣다 영영 to bring new energy to something

해석

❶ 약 66,000m² 규모로, 그 반구형 건물은 안에 자유의 여신상이 들어갈 만큼 충분히 높다. ❷ 그곳에는 50,000그루가 넘는 식물을 보유한 세계에서 가장 큰 인공 열대 우림이 있다. ❸ 실내 수영장은 올림픽 수영장 4개의 크기이며, 워터슬라이드는 9층 높이이다. ❹ 반구형 건물의 남쪽 부분에서는 특수 은박 지붕이 인공 햇빛을 만들어 내서, 방문객들은 심지어 한겨울에도 선탠을 할 수 있다!

❺ 커다란 반구형 건물을 새로운 눈으로 바라봄으로써, 한 회사는 이 거대한 공간을 놀라운 휴양지로 변화시킬 수 있었다.

❻ 재생 건축은 새롭고 창의적인 발전을 하도록 하는 동시에 우리의 유산을 보존하도록 돕는다. ❼ 이 각각의 놀라운 장소들은 우리의 관점을 바꿈으로써, 우리가 오래되고 버려진 건물에 새 생명을 불어넣을 수 있음을 보여 준다.

Strategy in Use

Q3 What is the benefit of the special foil roof at this theme park?
(이 테마파크의 특수 은박 지붕의 이점은 무엇인가?)

▶ Visitors can get a tan even in the middle of winter thanks to the artificial sunlight it produces.
(방문객들은 그것이 만들어 내는 인공 햇빛 덕분에 심지어 한겨울에도 선탠을 할 수 있다.)

Self-Study

Q5 How does adaptive reuse help us?
(재생 건축은 어떻게 우리를 돕는가?)

▶ Adaptive reuse helps us preserve our heritage while allowing for new creative developments at the same time.
(재생 건축은 새롭고 창의적인 발전을 하도록 하는 동시에 우리의 유산을 보존하도록 돕는다.)

구문 해설

❶ **Measuring about 66,000 square meters**, the dome is *tall enough to fit* the Statue of Liberty inside.
: Measuring about 66,000 square meters는 부대상황을 나타내는 분사구문이다.
: 「형용사[부사]+enough+to-v」는 '…할 만큼 충분히 ~한[하게]'이라는 의미이다.

❺ **By looking** at the enormous dome with new eyes, a company was able to *turn* this huge space *into* an amazing vacation spot.
: 「by v-ing」는 '…함으로써'라는 의미이다.
: 「turn A into B」는 'A를 B로 바꾸다'라는 의미이다.

❻ Adaptive reuse **helps** us **preserve** our heritage *while allowing for new creative developments at the same time.*
: help는 목적격보어로 동사원형이나 to부정사를 취한다.
: while 이하는 부대상황을 나타내는 분사구문으로, 의미를 분명히 하기 위해 접속사 while을 생략하지 않았다.

❼ **Each** of these remarkable destinations **shows** *that by changing our point of view, we can breathe new life into old, abandoned buildings*.
: 부정대명사 each는 단수 취급하므로 단수동사 shows가 쓰였다.
: that 이하는 동사 shows의 목적어 역할을 하는 명사절이다.

Check Point

다음 괄호 안에서 어법상 알맞은 것을 고르시오.
Each of these remarkable destinations [show / shows] that by changing our point of view, we can breathe new life into old, abandoned buildings.

정답 shows

Reading 1을 바탕으로 상자 안의 단어를 사용하여 reading map을 완성해 봅시다.

① 재생 건축은 오래된 건물의 본래 용도와 다른 용도로의 재사용이다.

[Example 1]

영국에 있는 ② 발전소는 세계에서 가장 큰 근현대 ③ 미술관들 중 하나로 변모되었다.

[Example 2]

네덜란드의 가장 악명 높은 ④ 감옥들 중 하나는 호화로운 ⑤ 호텔로 개조되었다.

[Example 3]

독일의 사용되지 않는 ⑥ 격납고는 세계에서 가장 큰 인공 열대 우림이 있는 ⑦ 테마파크로 두 번째 생명을 부여받았다.

우리의 ⑧ 관점을 바꿈으로써, 우리는 우리의 ⑨ 유산을 보존하고 오래되고 버려진 건물들에 새 생명을 부여할 수 있다.

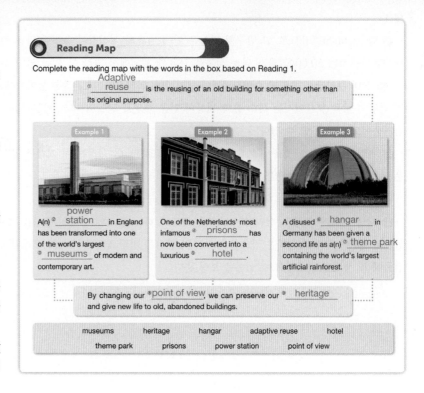

Reading Map

Complete the reading map with the words in the box based on Reading 1.

① Adaptive __reuse__ is the reusing of an old building for something other than its original purpose.

Example 1
A(n) ② power __station__ in England has been transformed into one of the world's largest ③ __museums__ of modern and contemporary art.

Example 2
One of the Netherlands' most infamous ④ __prisons__ has now been converted into a luxurious ⑤ __hotel__.

Example 3
A disused ⑥ __hangar__ in Germany has been given a second life as a(n) ⑦ __theme park__ containing the world's largest artificial rainforest.

By changing our ⑧ point of view, we can preserve our ⑨ __heritage__ and give new life to old, abandoned buildings.

museums	heritage	hangar
theme park	prisons	power station

adaptive reuse hotel point of view

A 굵게 표시된 표현과 같은 의미를 지닌 표현을 연결해 봅시다.

1. 우리는 수리를 위해서 빵집을 일시적으로 **닫을** 것이다.
2. 사람들은 화재 피해자들을 **간절히 돕고 싶어 하는** 것 같다.
3. 열차 승객의 감소는 그 역을 **쓰이지 않게** 했다.

a. 폐쇄하다
b. 쓰이지 않게 되다
c. …을 열망하다

Expressions in Use

A Match the expressions in bold to the expressions with the same meaning.

1. We will temporarily **shut down** the bakery for renovation. —— a. close down
2. People seem to **be eager to** help the victims of the fire. —— b. go out of use
3. The decline in train passengers caused the station to **fall into disuse**. —— c. be keen to

B Complete the sentences with the expressions in bold from **A**.

1. When everyone owns a mobile phone, landlines will __fall into disuse__.
2. The international enterprise plans to __shut down__ its branch in India.
3. They appeared to __be eager to__ beat the rival soccer team in the finals.

B A에서 굵게 표시된 표현을 사용하여 문장을 완성해 봅시다.

1. 모든 사람이 휴대 전화를 가지고 있으면, 일반 전화는 쓰이지 않게 될 것이다.
2. 그 국제 기업은 인도에 있는 지사를 폐쇄할 계획이다.
3. 그들은 결승에서 경쟁 축구팀을 간절히 이기고 싶어 하는 것 같다.

어휘

luxurious [lʌgʒúəriəs] 형 호화로운   temporarily [tèmpərérəli] 부 일시적으로   renovation [rènəvéiʃən] 명 수선, 수리   victim [víktim] 명 피해자, 희생자   decline [dikláin] 명 감소[하락/축소]   landline [lǽndlàin] 명 일반 전화   enterprise [éntərpràiz] 명 기업   branch [bræntʃ] 명 나뭇가지; *지사, 분점   beat [biːt] 동 (게임·시합에서) 이기다

1. KEY VOCABULARY

- abandoned 형 버려진, 유기된
- knock down ... (건물을) 때려 부수다[철거하다]
- oppose 동 반대하다
- tear down ... (건물 등을) 허물다[헐다]
- justify 동 옳다고 하다; *정당화시키다[하다]
- take up ... (시간 · 공간을) 차지하다
- adaptive 형 적응할 수 있는, 적응성이 있는
- other than ... …외에; …와 다른[…이 아닌]
- outstanding 형 뛰어난, 우수한
- shut down ... (공장 등을) 폐쇄하다, 닫다
- at risk of ... …의 위험에 처한
- maintain 동 유지하다[지키다]
- resemble 동 닮다, 비슷[유사]하다
- feature 동 특징으로 삼다
- installation 명 설치[설비]; *설치 미술품
- reception 명 접수처[프런트]
- be transformed into ... …로 변모되다
- contemporary 형 동시대의; *현대의
- blend ... with ~ 섞다; …을 ~와 조화시키다
- infamous 형 악명 높은
- undergo 동 (변화 등을) 겪다[받다]
- accommodation 명 거처; *숙박 시설
- be converted into ... …로 전환되다
- furnishing 명 가구, 비품
- desperately 부 절망적으로; *필사적으로
- be eager to-v …을 간절히 하고 싶어 하다
- hangar 명 격납고
- manufacture 동 제조[생산]하다
- fall into disuse 못쓰게 되다, 쓰이지 않게 되다
- go bankrupt 파산하다
- massive 형 거대한
- deserted 형 사람이 없는; *버려진
- dome 명 둥근 지붕; *반구형의 것[건물]
- artificial 형 인공[인조]의
- enormous 형 막대한, 거대한
- destination 명 목적지, 도착지
- breathe new life into ... …에 새 생명을 불어넣다

2. KEY STRUCTURES

1. 가주어 it, 진주어 to부정사
People might oppose tearing down the old buildings, especially if they are precious landmarks, but **it** is hard **to justify letting unused structures take up valuable space**.
주어로 쓰이는 to부정사가 길어질 경우, to부정사를 문장 뒤로 보내고 주어 자리에 가주어 it을 쓸 수 있다. 가주어 it은 '그것'으로 해석하지 않는다.

2. 「could have p.p.」
The Bankside Power Station **could have become** just a pile of bricks, but instead it has been transformed into one of the world's largest museums of modern and contemporary art.
조동사 can의 과거형 could와 현재완료가 함께 쓰인 「could have p.p.」는 '…했을 수도 있다'는 뜻으로, 과거에 대한 불확실한 추측을 나타낸다. 여기서는 뱅크사이드 발전소가 벽돌 더미로 '됐을 수도 있다'라는 의미를 나타낸다.

3. 현재분사
People **living in Berlin** who are eager to escape from the bitter cold of winter are now in luck.
분사는 명사의 앞이나 뒤에서 명사를 수식할 수 있다. 분사가 단독으로 명사를 수식할 때는 명사 앞에서, 분사가 목적어나 수식어구 등과 함께 쓰여 길어질 때는 명사 뒤에서 수식한다. 여기서는 현재분사구 living in Berlin이 앞에 있는 명사 People을 수식한다. 현재분사 living 앞에 「주격 관계대명사+be동사」인 who[that] are가 생략된 형태로 볼 수도 있다.

4. 접속사가 있는 분사구문
Adaptive reuse helps us preserve our heritage **while allowing for new creative developments at the same time**.
분사구문에서 분사 앞의 접속사는 보통 생략되지만, 분사구문의 의미를 명확히 하기 위해 접속사를 남겨둘 수 있다. 여기서는 부대상황의 의미를 명확히 하기 위해 접속사 while을 남겨 둔 것으로, while allowing ... time은 while it(= adaptive reuse) allows ... time으로 바꿔 쓸 수 있다.

5. 부정대명사 each
Each of these remarkable destinations **shows** that by changing our point of view, we can breathe new life into old, abandoned buildings.
부정대명사 each는 사람 또는 사물이 둘 이상인 경우에 각각, 각자의 개별성을 나타낼 때 쓰이며 단수 취급한다. 위와 같이 '… 중 각자[각기]'를 의미하는 「each of+한정사+복수명사」의 형태로도 많이 쓰인다.

Reading 2 (SCIENCE)

GPS: Born from a Change in Perspective

PREDICTING Read the first paragraph on this page and guess what this reading is mainly about.
(이 페이지의 첫 단락을 읽고 이 글이 주로 무엇에 관한 것인지 추측해 봅시다.)

❶ For thousands of years, humans had difficulty trying to figure out where they were. ❷ So, they devoted a great deal of time and effort to resolving this problem. ❸ They drew complicated maps, constructed great landmarks to keep themselves on the right path, and even learned to navigate by looking up at the stars. ❹ Nowadays, it is much easier to find out where you are and which way to go because you have one of the world's greatest inventions at your fingertips. ❺ As long as you have a Global Positioning System (GPS) receiver, you never have to worry about taking a wrong turn. ❻ Your GPS receiver can tell you your exact location and give you directions to any place you need to go to, no matter where you are on the planet! ❼ But how was this amazing technology invented?

어휘

perspective [pərspéktiv] 명 관점, 시각 영영 a way of seeing something
have difficulty v-ing …하는 데 어려움을 겪다 영영 to have a hard time doing something
devote ... to ~ (시간·에너지 등을) ~에 바치다[쏟다] 영영 to spend a lot of time or energy on something

a great deal of ... 다량의, 많은 영영 a large amount of something
resolve [rizάlv] 동 (문제 등을) 해결하다 영영 to find a solution
at one's fingertips 당장 이용할 수 있는 영영 nearby and readily available
take a wrong turn 진로를 잘못 들다 영영 to go in the wrong direction

해석

GPS: 관점의 변화에서 탄생하다

❶ 수천 년 동안, 인간은 그들이 어디에 있는지 알아내려고 하는 데 어려움을 겪었다. ❷ 그래서, 그들은 이 문제를 해결하는 데 많은 시간과 노력을 쏟았다. ❸ 그들은 복잡한 지도를 그렸고, 그들 자신이 맞는 길로 가기 위해 거대한 표지물을 세웠으며, 심지어 별을 올려다봄으로써 길을 찾는 것을 배웠다. ❹ 오늘날, 당신은 세계에서 가장 위대한 발명품 중 하나를 바로 이용할 수 있기 때문에 당신이 어디에 있는지와 어떤 길로 가야 하는지 알아내는 것이 훨씬 더 쉽다. ❺ 당신이 위성 위치 확인 시스템(GPS) 수신기를 가지고 있는 한, 당신은 잘못된 길로 들어설 것을 걱정할 필요가 전혀 없다. ❻ 당신이 지구상 어디에 있더라도, 당신의 GPS 수신기는 당신의 정확한 위치를 알려주고 당신이 가야 할 어떤 곳이든 당신에게 방향을 알려줄 것이다! ❼ 그런데 이 놀라운 기술은 어떻게 발명되었을까?

Self-Study

Q1 What did people do to find out their locations before the invention of GPS?
(사람들은 GPS 발명 이전에 그들의 위치를 알아내기 위해 무엇을 했는가?)

▶ People drew complicated maps, constructed great landmarks to keep themselves on the right path, and even learned to navigate by looking up at the stars.
(사람들은 복잡한 지도를 그렸고, 그들 자신이 맞는 길로 가기 위해 거대한 표지물을 세웠으며, 심지어 별을 올려다봄으로써 길을 찾는 것을 배웠다.)

구문 해설

❶ For thousands of years, humans **had difficulty trying** to figure out *where they were*.
: 「have difficulty v-ing」는 '…하는 데 어려움을 겪다'라는 의미로, 「have trouble v-ing」로 바꿔 쓸 수 있다.
: where they were는 figure out의 목적어로 쓰인 간접의문으로, 「의문사+주어+동사」의 어순으로 쓰였다.

❷ So, they **devoted** a great deal of time and effort **to resolving** this problem.
: 「devote A to B」는 'A를 B에 바치다'라는 의미로, 전치사 to의 목적어로 동명사 resolving이 쓰였다.

❹ Nowadays, it is **much** easier to find out where you are and which way to go because you have *one of the world's greatest inventions* at your fingertips.
: much(훨씬)는 비교급 easier를 강조하는 부사이다.
: 「one of the+(형용사의) 최상급+복수명사」는 '가장 …한 ~ 중 하나'라는 의미이다.

❺ **As long as** you have a Global Positioning System (GPS) receiver, you never have to worry about *taking* a wrong turn.
: as long as는 '…이기만[하기만] 하면'의 의미이며, so long as로 바꿔 쓸 수 있다.
: 전치사 about의 목적어로 동명사 taking이 쓰였다.

❻ Your GPS receiver can tell you your exact location and give you directions to any place you need to go to, **no matter where** you are on the planet!
: no matter where는 양보의 부사절을 이끌며 '어디에[로/서] …하더라도'라는 의미이다.

Check Point

밑줄 친 부분에 유의하여 다음 문장을 해석하시오.
For thousands of years, humans had difficulty <u>trying to figure out where they were</u>.

> **정답** 수천 년 동안, 인간은 그들이 어디에 있는지 알아내려고 하는 데 어려움을 겪었다.

Reading 2

❶ The story begins in 1957, when the Soviet Union shocked the world by announcing that it had launched *Sputnik 1*—the world's first man-made satellite—into orbit. ❷ In particular, two researchers at Johns Hopkins University's Applied Physics Laboratory, William Guier and George Weiffenbach, were amazed by this achievement. ❸ Filled with curiosity, they built a listening station the following year, and they began to closely monitor *Sputnik 1*'s radio signal. ❹ While listening to the persistent sound from the satellite, they noticed something interesting: its radio frequency repeatedly became higher and lower. ❺ This was happening because the frequency of a radio signal rises and falls depending on whether the satellite is moving toward or away from the listener. ❻ By keeping track of these changes, Guier and Weiffenbach were able to determine the satellite's precise location.

어휘

launch [lɔːntʃ] 동 시작[착수]하다; *(우주선 등을) 발사하다 영영 to send something into space

man-made 형 사람이 만든, 인공의 영영 made by people; not natural

satellite [sǽtəlàit] 명 (인공)위성 영영 an object that is launched into space and circles a planet

orbit [ɔ́ːrbit] 명 궤도 영영 the curved path that is followed by a planet or satellite

monitor [mάnətər] 동 모니터[감시]하다 영영 to check something on a regular basis

persistent [pərsístənt] 형 끈질긴; *지속되는 영영 continuing to occur for a long time

frequency [frí:kwənsi] 명 빈도; *(전파 등의) 주파수 영영 the rate at which a radio wave moves up and down

keep track of ... …을 추적하다, …에 대해 지속적으로 파악하다 영영 to pay attention to something in order to stay informed about it

determine [ditə́ːrmin] 동 알아내다, 밝히다 영영 to calculate something by investigating closely

precise [prisáis] 형 정확한, 정밀한 영영 accurate

해석

❶ 이야기는 1957년에 시작하는데, 그때는 소련이 세계 최초의 인공위성인 스푸트니크 1호를 궤도로 발사했다고 발표하여 세계를 깜짝 놀라게 했던 때였다. ❷ 특히, 존스 홉킨스 대학 응용 물리학 연구소의 두 명의 연구원인 윌리엄 귀에르와 조지 와이펜바흐는 이 성취에 매우 놀랐다. ❸ 호기심으로 가득 차서, 그들은 이듬해에 청취 기지를 지었고, 스푸트니크 1호의 무선 신호를 면밀히 관찰하기 시작했다. ❹ 위성으로부터 나오는 지속적인 소리를 듣던 중 그들은 흥미로운 점에 주목했는데, 그것의 무선 주파수가 반복적으로 높아졌다가 낮아지는 것이었다. ❺ 이것은 위성이 청취자 쪽으로 이동하는지 그로부터 멀어지는지에 따라 무선 신호의 주파수가 상승하고 하강하기 때문에 발생하고 있었다. ❻ 이러한 변화를 추적함으로써, 귀에르와 와이펜바흐는 위성의 정확한 위치를 알아낼 수 있었다.

Strategy in Use

Q1 What was the world's first man-made satellite?

(세계 최초의 인공위성은 무엇이었는가?)

▶ It was *Sputnik 1*.

(그것은 스푸트니크 1호였다.)

Self-Study

Q2 What did Guier and Weiffenbach do after *Sputnik 1* was launched?

(귀에르와 와이펜바흐는 스푸트니크 1호가 발사된 후 무엇을 했는가?)

▶ They built a listening station and began to closely monitor *Sputnik 1*'s radio signal.

(그들은 청취 기지를 지었고 스푸트니크 1호의 무선 신호를 면밀히 관찰하기 시작했다.)

구문 해설

❶ The story begins in 1957**, when** the Soviet Union <u>shocked</u> the world by announcing *that* it <u>had launched</u> *Sputnik 1*—the world's first man-made satellite—into orbit.

: when은 시간을 나타내는 선행사 1957을 부연 설명하는 계속적 용법의 관계부사로, 앞에 콤마(,)가 쓰였다.

: that은 announcing의 목적어 역할을 하는 명사절을 이끄는 접속사이다.

: 소련이 '스푸트니크 1호를 발사한 것'이 '세계를 놀라게 한 것'보다 먼저 일어난 일이므로, that절에 과거완료 had launched가 쓰였다.

❷ In particular, **two researchers at Johns Hopkins University's Applied Physics Laboratory, William Guier and George Weiffenbach**, were amazed by this achievement.

: two researchers ... Laboratory와 William Guier and George Weiffenbach는 콤마(,)로 동격임을 나타낸다.

❸ **(Being) Filled with curiosity**, they built a listening station the following year, and they *began to* closely *monitor Sputnik 1*'s radio signal.

: Filled with curiosity는 수동형 분사구문으로, 앞에 Being이 생략되었다.

: 동사 begin은 목적어로 to부정사와 동명사를 둘 다 취할 수 있다.

❹ **While listening to the persistent sound from the satellite**, they noticed *something interesting*: its radio frequency repeatedly became higher and lower.

: While ... satellite는 동시동작을 나타내는 분사구문으로, 의미를 명확히 하기 위해 접속사 While이 생략되지 않은 형태이다.

: '-thing'으로 끝나는 부정대명사는 형용사가 뒤에서 수식한다.

❺ This was happening because the frequency of a radio signal rises and falls depending on **whether** the satellite is moving toward **or** away from the listener.

: 접속사 whether는 전치사 on의 목적어 역할을 하는 명사절을 이끌며, or와 함께 쓰여 '…인지 아니면 ~인지'로 해석한다.

Check Point

다음 빈칸에 들어갈 말로 바르게 짝지어진 것을 고르시오.

This was happening because the frequency of a radio signal rises and falls depending on _____ the satellite is moving toward _____ away from the listener.

① that ····· or　② that ····· and　③ whether ····· or　④ whether ····· and　⑤ if ····· but

정답 ③

Reading 2

❶ Although Guier and Weiffenbach found this fascinating, tracking satellites was not exactly part of their duties. ❷ Their director, Frank McClure, called them into his office, suspecting that they had been wasting their time. ❸ He asked them to explain the thing they had been working on. ❹ As Guier and Weiffenbach explained themselves, an idea flashed through McClure's mind. ❺ "If we can figure out where the satellite is," McClure said, "then can't we do the opposite and use the satellite to figure out where we are?" ❻ This turned out to be a revolutionary insight. ❼ Not only could radio signals be measured to track a satellite from the ground, but by measuring the distance from the satellite to the receiver, the receiver's precise location could be determined as well. ❽ This is the fundamental concept behind modern GPS. ❾ Satellites are utilized to transmit signals, and any device with a GPS receiver can use these signals to calculate where you are, how high you are, and even how fast you are moving.

❿ McClure was able to come up with this brilliant insight by taking the idea Guier and Weiffenbach had been researching—finding where a satellite was from a known location—and turning it on its head. ⓫ Likewise, we can produce extraordinary inventions and ideas by reversing our perspective. ⓬ The real act of discovery, it has been said, consists not in seeking new lands, but in seeing things with new eyes!

어휘

fascinating [fǽsənèitiŋ] 형 대단히 흥미로운, 매력적인 영영 able to make people very interested

suspect [səspékt] 동 의심하다 영영 to believe something is bad, wrong, or questionable

revolutionary [rèvəlúːʃənèri] 형 혁명의; *획기적인 영영 changing something in an extreme way

insight [ínsàit] 명 통찰력 영영 the ability to understand and realize something

fundamental [fʌ̀ndəméntl] 형 근본[본질]적인 영영 basic or important

transmit [trænsmít] 동 전송[송신]하다 영영 to send a radio or television signal

turn ... on its head …을 완전히 뒤집어 생각하게 하다[…을 근본적으로 뒤엎다] 영영 to completely change how something is viewed or done

extraordinary [ikstrɔ́ːrdənèri] 형 기이한, 놀라운; *비범한 영영 very unusual or impressive

reverse [rivɔ́ːrs] 동 (정반대로) 뒤바꾸다 영영 to change to the opposite direction

consist in ... (주요 특징 등이) …에 있다 영영 to have something as an important feature

해석

❶ 비록 귀에르와 와이펜바흐는 이것이 대단히 흥미롭다고 생각했지만, 위성을 추적하는 것은 정확하게는 그들 업무의 일부가 아니었다. ❷ 그들의 관리자인 프랭크 맥클루어는 그들이 시간을 낭비하고 있었다고 의심하며, 그들을 그의 사무실로 불렀다. ❸ 그는 그들에게 그들이 작업하고 있었던 것을 설명하라고 요구했다. ❹ 귀에르와 와이펜바흐가 해명하자, 한 아이디어가 맥클루어의 뇌리를 스쳤다. ❺ "만일 우리가 위성이 어디에 있는지 알아낼 수 있다면, 우리는 반대로 해서 우리가 어디에 있는지 알아내기 위해 위성을 사용할 수는 없을까요?"라고 맥클루어가 말했다. ❻ 이것은 획기적인 통찰력으로 드러났다. ❼ 무선 신호는 위성을 추적하기 위해 지표면에서부터 측정될 수 있었을 뿐만 아니라 위성에서 수신기까지의 거리를 측정함으로써, 수신기의 정확한 위치 역시 측정될 수 있었다. ❽ 이것이 현대 GPS 이면에 있는 기본 개념이다. ❾ 위성은 신호를 전송하는 데 활용되고, GPS 수신기가 달린 어떤 장치든 당신이 어디에 있는지, 얼마나 높은 곳에 있는지, 심지어 얼마나 빨리 움직이고 있는지를 측정하는 데 이 신호를 사용할 수 있다.

❿ 맥클루어는 귀에르와 와이펜바흐가 연구해 왔던 개념, 즉 확인된 장소에서 위성이 어디에 있는지 찾아내는 것을 받아들이고 이를 완전히 뒤집어 생각함으로써 이 놀라운 통찰을 제시할 수 있었다. ⓫ 마찬가지로, 우리는 우리의 관점을 뒤바꿈으로써 대단한 발명품이나 아이디어를 만들어 낼 수 있다. ⓬ 전해지기를, 진정한 발견은 새로운 영역을 찾는 데 있는 것이 아니라, 새로운 눈으로 사물을 보는 데 있는 것이다!

🎙 Strategy in Use

Q2 Who came up with the fundamental concept of modern GPS?

(누가 현대 GPS의 기본 개념을 생각해 냈는가?)

▶ Frank McClure did.

(프랭크 맥클루어가 했다.)

Self-Study

Q3 Check T if the sentence is true or F if it is false.

(다음 문장이 맞으면 T, 틀리면 F에 표시해 봅시다.)

(1) At first, McClure thought Guier and Weiffenbach were not doing their work properly. (T) F)

(처음에, 맥클루어는 귀에르와 와이펜바흐가 그들의 일을 제대로 하지 않고 있다고 생각했다.)

(2) McClure found out how to control the movement of a satellite. (T (F))

(맥클루어는 위성의 움직임을 통제하는 방법을 알아냈다.)

구문 해설

❶ Although Guier and Weiffenbach **found this fascinating**, tracking satellites was not exactly part of their duties.
: 「find+목적어+목적격보어」는 '…을 ~라고 생각하다[여기다]'라는 의미로, 형용사 fascinating이 목적격보어로 쓰였다.

❷ Their director, Frank McClure, called them into his office, **suspecting** *that they had been wasting their time.*
: suspecting 이하는 부대상황을 나타내는 분사구문이다.
: that 이하는 suspecting의 목적어 역할을 하는 명사절이다.
: had been wasting은 과거완료 진행형으로, 과거의 특정 시점 이전에 시작된 동작·상태가 과거의 그 시점까지 계속되었음을 나타낸다.

❼ **Not only** *could radio signals* be measured to track a satellite from the ground, **but** by measuring the distance from the satellite to the receiver, the receiver's precise location could be determined as well.
: 상관접속사 「not only A but (also) B」는 'A뿐만 아니라 B도'라는 의미이다.
: 부정어구 Not only가 문장 앞에 나와서 주어 radio signals와 조동사 could가 도치되었다.

❾ Satellites are utilized to transmit signals, and any device with a GPS receiver can use these signals to calculate **where you are**, **how high you are**, and even **how fast you are moving**.
: where 이하는 calculate의 목적어 역할을 하는 간접의문문이다. 「의문사+주어+동사」 어순의 where you are와 「how+형용사[부사]+주어+동사」 어순의 how high you are, how fast you are moving이 등위접속사 and로 병렬 연결되어 있다.

⓬ The real act of discovery, **it has been said**, consists *not* in seeking new lands, *but* in seeing things with new eyes!
: it has been said는 설명을 덧붙이기 위해 문장 중간에 삽입된 절이다.
: 「not A but B」는 'A가 아니라 B'라는 의미이며, A와 B에는 전치사 in의 목적어 역할을 하는 동명사구가 쓰였다.

Reading 2를 바탕으로 reading map을 완성해 봅시다.

세계 최초의 인공 ① 위성인 스푸트니크 1호는 소련에 의해 1957년에 우주로 발사되었다.

윌리엄 귀에르와 조지 와이펜바흐는 스푸트니크 1호의 무선 신호를 면밀히 ③ 관찰하기 위해서 청취 ② 기지를 세웠다.

귀에르와 와이펜바흐는 위성의 무선 주파수의 변화를 감지했고, 이러한 변화들의 기록은 그들이 위성의 정확한 ④ 위치를 알아내는 데 도움이 되었다.

귀에르와 와이펜바흐는 그들이 발견한 것을 그들의 관리자인 프랭크 맥클루어에게 설명했고, 그는 ⑤ GPS의 기본 원리가 될 아이디어를 떠올렸다.

위성에서부터 수신기까지의 거리를 측정함으로써, ⑥ 수신기의 정확한 위치를 알아내는 것 또한 가능하다.

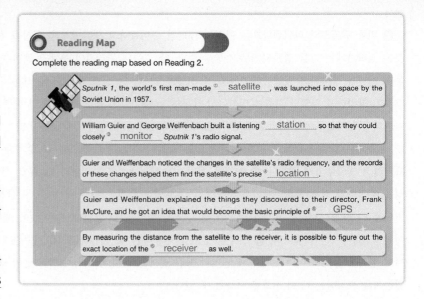

Reading Map

Complete the reading map based on Reading 2.

Sputnik 1, the world's first man-made ① __satellite__ , was launched into space by the Soviet Union in 1957.

William Guier and George Weiffenbach built a listening ② __station__ so that they could closely ③ __monitor__ Sputnik 1's radio signal.

Guier and Weiffenbach noticed the changes in the satellite's radio frequency, and the records of these changes helped them find the satellite's precise ④ __location__ .

Guier and Weiffenbach explained the things they discovered to their director, Frank McClure, and he got an idea that would become the basic principle of ⑤ __GPS__ .

By measuring the distance from the satellite to the receiver, it is possible to figure out the exact location of the ⑥ __receiver__ as well.

A 연어를 살펴보고 빈칸에 다른 예를 써 봅시다.

문제를 해결하다	거리를 측정하다
갈등을 해결하다	가치를 판단하다
Sample	Sample
문제를 해결하다	정도를 측정하다

B 상자 안의 단어를 사용하여 문장을 완성해 봅시다.

1. 이 애플리케이션은 당신이 매일 걸은 거리를 측정할 수 있다.
2. 사람은 부나 사회적 지위로 삶의 가치를 판단할 수 없다.
3. 두 국가는 군사력이 아닌 평화적인 방법을 통해서 그들의 갈등을 해결했다.

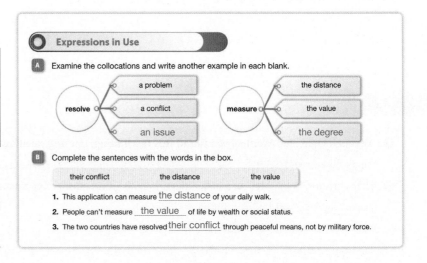

Expressions in Use

A Examine the collocations and write another example in each blank.

resolve — a problem / a conflict / an issue

measure — the distance / the value / the degree

B Complete the sentences with the words in the box.

their conflict	the distance	the value

1. This application can measure the distance of your daily walk.
2. People can't measure the value of life by wealth or social status.
3. The two countries have resolved their conflict through peaceful means, not by military force.

More Collocations

resolve a dispute 분쟁을 해결하다	measure the amount 양을 측정하다
resolve the crisis 위기를 타개하다	measure volume 부피를 측정하다
resolve a question 의문을 풀다	measure speed 속도를 측정하다

어휘

principle [prínsəpl] 명 원칙; *원리   wealth [welθ] 명 부, 재산   status [stéitəs] 명 신분[자격]; *(사회적) 지위   means [miːnz] 명 수단, 방법   military force 군사력

Reading 2 핵심 어휘·구문

1. KEY VOCABULARY

- perspective 명 관점, 시각
- have difficulty v-ing …하는 데 어려움을 겪다
- devote ... to ~ (시간·에너지 등을) ~에 바치다[쏟다]
- a great deal of ... 다량의, 많은
- resolve 동 (문제 등을) 해결하다
- complicated 형 복잡한
- at one's fingertips 당장 이용할 수 있는
- receiver 명 수화기; *(방송) 수신기
- take a wrong turn 진로를 잘못 들다
- announce 동 발표하다, 알리다
- launch 동 시작[착수]하다; *(우주선 등을) 발사하다
- man-made 형 사람이 만든, 인공의
- satellite 명 (인공)위성
- orbit 명 궤도
- monitor 동 모니터[감시]하다
- persistent 형 끈질긴; *지속되는
- frequency 명 빈도; *(전파 등의) 주파수
- repeatedly 부 되풀이하여
- keep track of …을 추적하다, …에 대해 지속적으로 파악하다
- determine 동 알아내다, 밝히다
- precise 형 정확한, 정밀한
- fascinating 형 대단히 흥미로운, 매력적인
- suspect 동 의심하다
- revolutionary 형 혁명의; *획기적인
- insight 명 통찰력
- fundamental 형 근본[본질]적인
- transmit 동 전송[송신]하다
- turn ... on its head …을 완전히 뒤집어 생각하게 하다
- extraordinary 형 기이한, 놀라운; *비범한
- reverse 동 (정반대로) 뒤바꾸다
- consist in ... (주요 특징 등이) …에 있다

2. KEY STRUCTURES

1. 「no matter + 의문사」
Your GPS receiver can tell you your exact location and give you directions to any place you need to go to, **no matter where** you are on the planet!

「no matter+의문사」는 '…하더라도'라는 의미로, 양보의 부사절을 이끈다. 여기서는 no matter where가 쓰여 '어디에[로/서] …하더라도'라고 해석하며 wherever로 바꿔 쓸 수 있다.

2. 과거완료
The story begins in 1957, when the Soviet Union shocked the world by announcing that it **had launched** *Sputnik 1*—the world's first man-made satellite—into orbit.

과거의 어느 시점 이전에 완료되었거나 그 시점까지 영향을 미친 일, 또는 과거에 일어난 두 가지 일 중 먼저 일어난 일을 나타낼 때 과거완료「had p.p.」를 쓴다. 여기서는 소련이 '스푸트니크 1호를 발사한(had launched) 것'이 '세계를 놀라게 한(shocked) 것'보다 이전의 일이므로 과거완료 시제를 썼다.

3. 수동형 분사구문
(Being) Filled with curiosity, they built a listening station the following year, and they began to closely monitor *Sputnik 1*'s radio signal.

수동태인 부사절을 분사구문으로 바꿀 때「Being[Having been]+p.p.」로 쓰는데, 이때 Being이나 Having been은 대개 생략된다. 따라서, Filled 앞에 Being이 생략되었다고 할 수 있다.

4. 명사절을 이끄는 종속접속사 whether
This was happening because the frequency of a radio signal rises and falls depending on **whether** the satellite is moving toward **or** away from the listener.

종속접속사 whether는 '…인지 (아닌지)'라는 뜻으로 문장의 주어, 목적어, 보어 역할을 하는 명사절을 이끈다. 여기서는 whether가 전치사 on의 목적어 역할을 하는 명사절을 이끌며, 뒤에 or와 함께 쓰여 '…인지 아니면 ~인지'라는 의미를 나타낸다.

5. 부정어구로 인한 도치
Not only could radio signals be measured to track a satellite from the ground, but by measuring the distance from the satellite to the receiver, the receiver's precise location could be determined as well.

not, no, never, little, hardly 등의 부정어구가 문장 맨 앞에 오면 주어와 동사가 도치된다. 조동사가 있는 문장일 때는「부정어구+조동사+주어+동사원형」, 일반동사가 있을 때는「부정어구+do[does/did]+주어+동사원형」의 어순으로 쓴다.

1. 다음 빈칸에 공통으로 들어갈 말을 쓰시오.

> - Tate Modern still resembles the old power station, on both the outside and the inside, _____ features concrete floors and steel beams.
> - Next to the Turbine Hall is the Boiler House, _____ holds seven floors.

2. 주어진 우리말 뜻에 맞도록 괄호 안의 단어를 바르게 배열하여 문장을 완성하시오.

(1) 약 66,000m² 규모로, 그 반구형 건물은 안에 자유의 여신상이 들어갈 만큼 충분히 높다.

→ Measuring about 66,000 square meters, the dome is _____ the Statue of Liberty inside. (fit / enough / to / tall)

(2) 오늘날, 당신은 세계에서 가장 위대한 발명품 중 하나를 바로 이용할 수 있기 때문에 당신이 어디에 있는지와 어떤 길로 가야 하는지 알아내는 것이 훨씬 더 쉽다.

→ Nowadays, it is much easier to find out where you are and which way to go because you have _____ at your fingertips. (inventions / world's / one / the / greatest / of)

(3) 당신이 지구상 어디에 있더라도, 당신의 GPS 수신기는 당신의 정확한 위치를 알려주고 당신이 가야 할 어떤 곳이든 당신에게 방향을 알려줄 것이다!

→ Your GPS receiver can tell you your exact location and give you directions to any place you need to go to, _____ on the planet! (you / where / no / are / matter)

3. 다음 문장의 밑줄 친 부분을 어법에 맞게 고치시오.

(1) The Turbine Hall, <u>stretches</u> 155 meters long, 23 meters wide, and 35 meters high, was turned into a vast, grand entrance area.

_____

(2) So, they devoted a great deal of time and effort to <u>resolve</u> this problem.

_____

(3) The real act of discovery, it has been said, consists not in <u>seek</u> new lands, but in seeing things with new eyes!

_____

4. 다음 빈칸 (A), (B), (C)에 들어갈 말로 알맞은 것을 고르시오.

> People living in Berlin who are eager to escape from the bitter cold of winter (A) ⎡is / are⎤ now in luck. Near the city, a huge hangar for manufacturing airships has become a theme park (B) ⎡which / where⎤ the sun always shines and the temperature remains a mild 26 degrees Celsius. The hangar fell into disuse because the company (C) ⎡that / what⎤ owned it went bankrupt in 2002. However, a company in Malaysia looked at this massive deserted dome and saw great potential. In 2004, the hangar opened as a tropical theme park.

	(A)		(B)		(C)
①	is	·····	which	·····	that
②	is	·····	where	·····	what
③	are	·····	where	·····	what
④	are	·····	which	·····	what
⑤	are	·····	where	·····	that

Reading 1과 Reading 2를 바탕으로 사진 속 각각의 것을 그것의 새로운 용도와 연결해 봅시다.

1. 오래된 발전소
2. 버려진 교도소
3. 사용되지 않는 거대한 격납고
4. 위성으로부터의 신호

a. 근현대 미술관
b. 지구상에서 정확한 위치를 찾기 위한 신호
c. 독특한 경험을 원하는 사람들을 위한 호텔
d. 거대한 인공 열대 우림이 있는 열대 테마파크

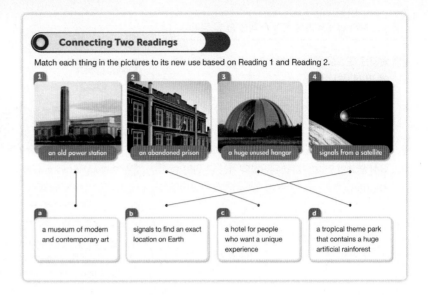

Connecting Two Readings

Match each thing in the pictures to its new use based on Reading 1 and Reading 2.

1	2	3	4
an old power station	an abandoned prison	a huge unused hangar	signals from a satellite

a	b	c	d
a museum of modern and contemporary art	signals to find an exact location on Earth	a hotel for people who want a unique experience	a tropical theme park that contains a huge artificial rainforest

A 〔 Apply 〕 재생 건축의 다른 예시 중 아는 것이 있나요? 짝과 그것에 관해 이야기해 봅시다.

〔Example〕

예전 서울 시청
↓
30만 권이 넘는 도서를 제공하는 공공 도서관

〔예시답안〕

멕시코의 선적 컨테이너
↓
쉽게 확장될 수 있는 주택

B 〔 Reflect 〕 다르게 생각하는 것의 힘을 경험한 적이 있나요? 짝과 경험을 나눠 봅시다.

Check Your Progress	나는 몇몇 버려진 건물들이 어떻게 유용한 공간이 되었는지 이해한다.
	나는 새로운 관점이 어떻게 GPS의 발명을 가져왔는지 설명할 수 있다.

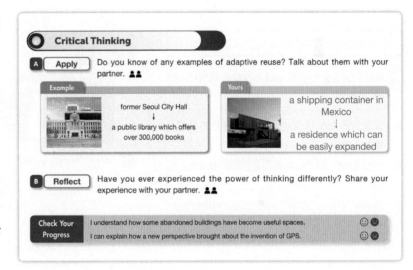

Critical Thinking

A 〔 Apply 〕 Do you know of any examples of adaptive reuse? Talk about them with your partner. 👥

Example	
	former Seoul City Hall ↓ a public library which offers over 300,000 books

Yours	
	a shipping container in Mexico ↓ a residence which can be easily expanded

B 〔 Reflect 〕 Have you ever experienced the power of thinking differently? Share your experience with your partner. 👥

Check Your Progress	I understand how some abandoned buildings have become useful spaces.	☺ ☹
	I can explain how a new perspective brought about the invention of GPS.	☺ ☹

어휘

tropical [trάpikəl] 〔형〕 열대 지방의, 열대의   bring about ⋯을 유발[초래]하다   〔예시답안〕 residence [rézədəns] 〔명〕 주택, 거주지   expand [ikspǽnd] 〔동〕 확대[확장/팽창]시키다

Writing Builder

루시는 우리 반에서 가장 키가 큰 학생 중 한 명이다.

A 알맞은 문장을 만들기 위해 부분들을 이어서 아래에 써 봅시다.

1. 맛있는 음식을 먹는 것은 내 삶에서 가장 큰 즐거움 중 하나이다.
2. 음력 설날은 한국에서 가장 큰 휴일 중 하나이다.
3. 화석 연료의 연소는 지구 온난화의 가장 큰 원인 중 하나이다.

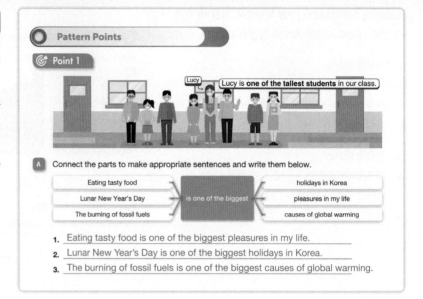

Pattern Points

Point 1

Lucy

Lucy is **one of the tallest students** in our class.

A Connect the parts to make appropriate sentences and write them below.

Eating tasty food		holidays in Korea
Lunar New Year's Day	is one of the biggest	pleasures in my life
The burning of fossil fuels		causes of global warming

1. Eating tasty food is one of the biggest pleasures in my life.
2. Lunar New Year's Day is one of the biggest holidays in Korea.
3. The burning of fossil fuels is one of the biggest causes of global warming.

로렌은 브라이언과 결혼한 지 5년이 되었다.

B 알맞은 문장을 만들기 위해 부분들을 이어서 아래에 써 봅시다.

1. 그 토양은 수십 년 동안 독성 화학 물질에 의해 오염되어 왔다.
2. 그 호랑이는 2015년부터 동물원에서 길러지고 있다.
3. 그녀의 전기는 지금까지 20개 언어로 번역되었다.

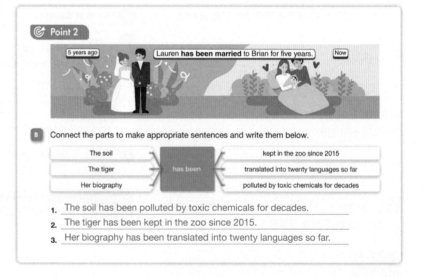

Point 2

5 years ago

Lauren **has been married** to Brian for five years.

Now

B Connect the parts to make appropriate sentences and write them below.

The soil		kept in the zoo since 2015
The tiger	has been	translated into twenty languages so far
Her biography		polluted by toxic chemicals for decades

1. The soil has been polluted by toxic chemicals for decades.
2. The tiger has been kept in the zoo since 2015.
3. Her biography has been translated into twenty languages so far.

Grammar Point

Point 1 「one of the+(형용사의) 최상급+복수명사」
「one of the + (형용사의) 최상급+복수명사」는 '가장 …한 ~ 중 하나'라는 뜻의 최상급 구문이다. 뒤에 in, of, at 등과 함께 범위를 나타내는 표현이 올 수 있다.

Point 2 「have[has] been p.p.」
현재완료 수동태는 과거에 발생한 일이 현재까지 영향을 미치는 현재완료 「have[has] p.p.」에 수동태 「be p.p.」가 합쳐진 것으로, '…되었다, …을 당해 왔다'로 해석한다. 동작을 행하는 행위자는 「by+행위자」의 형태로 나타낼 수 있다.

어휘

Lunar New Year's Day 음력설, 설날　fossil fuel 화석 연료　translate [trænsléit] 동 번역[통역]하다　biography [baiágrəfi] 명 전기
toxic [táksik] 형 유독성의　chemical [kémikəl] 명 화학 물질　decade [dékeid] 명 10년

A 단어를 알맞은 순서로 배열하여 문장을 만들어 봅시다.

1. 기린은 동물계에서 가장 혀가 긴 동물 중 하나이다.
2. 해파리는 지구상에서 가장 오래된 해양 동물 중 하나이다.
3. 타조는 무게가 대략 155kg까지 나가는 현존하는 가장 무거운 조류 중 하나이다.

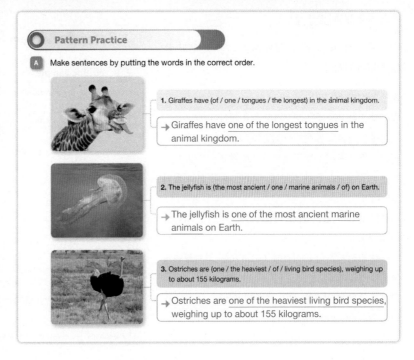

Pattern Practice

A Make sentences by putting the words in the correct order.

1. Giraffes have (of / one / tongues / the longest) in the animal kingdom.
→ Giraffes have <u>one of the longest tongues</u> in the animal kingdom.

2. The jellyfish is (the most ancient / one / marine animals / of) on Earth.
→ The jellyfish is <u>one of the most ancient marine animals</u> on Earth.

3. Ostriches are (one / the heaviest / of / living bird species), weighing up to about 155 kilograms.
→ Ostriches are <u>one of the heaviest living bird species</u>, weighing up to about 155 kilograms.

B 다음 단락을 읽고 ⓐ, ⓑ, ⓒ 안의 단어들을 알맞은 형태로 바꿔 봅시다.

　모두가 실수를 하고, 레오나르도 다빈치조차도 그렇다. 그는 최후의 만찬 그림을 그릴 때 실수를 했는데, 그 그림은 그의 걸작 중 하나라고 ⓐ 인정되어 왔다. 그는 그의 그림을 더 다채롭게 보이게 하려고 새로운 그림 기법을 사용했다. 그러나, 그것은 예상치 못한 결과를 가져왔는데, 그의 그림이 벽에서 분리되기 시작한 것이다. 그의 걸작은 망가질 위기에 처했다. 수 세기 동안, 그 그림을 복원하기 위한 수많은 시도들이 ⓑ 행해져 왔다. 이 아름다운 디자인은 ⓒ 보존되었지만, 원작의 많은 부분은 현재 사라졌다.

B Read the following paragraph and change the words in ⓐ, ⓑ, and ⓒ into the correct form.

　Everybody makes mistakes, even Leonardo da Vinci. He made mistakes when he was painting *The Last Supper*, which ⓐ (have, be, acknowledge) as one of his masterpieces. He used a new painting skill to make his painting look more colorful. However, it triggered unexpected results—his painting began to separate from the wall. His masterpiece was in danger of falling into ruin. For centuries, numerous attempts ⓑ (have, be, make) to restore the painting. Although this beautiful design ⓒ (have, be, preserve), much of the original painting is gone now.

ⓐ <u>has been acknowledged</u>　ⓑ <u>have been made</u>　ⓒ <u>has been preserved</u>

Check Point

주어진 우리말 뜻에 맞도록 괄호 안의 단어를 이용하여 빈칸에 알맞은 말을 쓰시오.
(1) 야구는 세계에서 가장 인기 있는 스포츠 중 하나이다.
　Baseball is one of ＿＿＿＿ ＿＿＿＿ ＿＿＿＿ ＿＿＿＿ in the world. (popular, sport)
(2) 신제품의 디자인이 몇 년간 수십 번 수정되고 있다.
　The design of the new products ＿＿＿＿ ＿＿＿＿ ＿＿＿＿ dozens of times over the years. (revise)

정답 (1) the most popular sports　(2) has been revised

어휘
animal kingdom 동물계　jellyfish [dʒélifiʃ] 명 해파리　ostrich [ɔ́ːstritʃ] 명 타조　weigh [wei] 동 무게[체중]가 …이다　acknowledge [æknálidʒ] 동 인정하다　masterpiece [mǽstərpìːs] 명 걸작, 명작　trigger [trígər] 동 유발하다, 일으키다　fall into ruin 파멸에 빠지다　restore [ristɔ́ːr] 동 회복시키다; *복원[복구]하다　**문제** dozens of 수십의, 많은　revise [riváiz] 동 변경[수정]하다

중고 물품 판매 [광고 글]

▎광고 글을 작성하기 전에, 먼저 예시로 제시된 광고 글을 확인해 봅시다.

좋은 자전거 팝니다!

합리적인 가격에 좋은 자전거를 찾고 계십니까?

저에게 당신을 위한 완벽한 물건이 있습니다!

이것은 붉은 프레임에 갈색 바구니를 갖고 있습니다.

저는 이것을 2년 전에 샀는데, 이것은 두어 번 사용되었습니다.

이것은 상태가 좋은데, 프레임에 약간의 긁힌 자국만 있습니다.

이것은 자전거를 타고 학교에 가고자 하는 십 대들에게 유용할 것입니다.

가격은 고작 30달러로, 정말 저렴합니다!

관심 있으시면 judy@abcmail.com으로 연락 주세요.

A Secondhand Item for Sale (Advertisement)

Writing Sample

Before writing your own advertisement, check out the sample advertisement first.

A Nice Bike for Sale!

Item for sale

Are you looking for a nice bike at a reasonable price?
I have the perfect one for you!

Description
It has a red frame and a brown basket.
I bought it two years ago, and it has been used a couple of times.
It is in good condition, with only a few scratches on the frame.

Target buyer
It will be useful for teenagers who want to bike to school.

Price
It's only $30—a real bargain!

Contact info
Contact me at judy@abcmail.com if you're interested.

▎예시로 제시된 위 광고 글을 바탕으로 빈칸을 채워 봅시다.

Fill in the blanks based on the sample advertisement above.

Item for sale		a bike	
Description	Features	• a red ① _____frame_____ • a brown ② _____basket_____	
	Date of purchase	③ _____two_____ year(s) ago	
	Condition	only④ _____a few scratches_____ on the frame	
Target buyer		teenagers who want to⑤ _____bike to school_____	
Price		$⑥ _____30_____	
Contact info		⑦ _____judy@abcmail.com_____	

팔려는 물건		자전거
설명	특징	• 빨간 ① 프레임 • 갈색 ② 바구니
	구입 날짜	③ 2년 전
	상태	프레임에 ④ 약간의 긁힌 자국만
목표 구매자		⑤ 자전거를 타고 학교에 가고자 하는 십 대
가격		⑥ 30달러
연락처		⑦ judy@abcmail.com

▎**어휘**

secondhand [sékəndhǽnd] 형 간접의; *중고의   for sale 팔려고 내놓은   advertisement [ædvərtáizmənt] 명 광고   reasonable [ríːzənəbl]
형 타당한; *(가격이) 적정한   frame [freim] 명 틀; *(가구·차량 등의) 뼈대[프레임]   bargain [báːrɡən] 명 (정상가보다) 싸게 사는 물건
purchase [páːrtʃəs] 명 구입, 구매

여러분에게 더는 필요하지 않지만 다른 누군가에게 유용할 수 있는 물건을 생각해 봅시다. 그것에 관한 광고 글을 써 봅시다.

Step 1

당신이 더는 사용하지 않는 한 가지 물건을 골라 봅시다. 그러고 나서 누가 그것을 필요로 할지 생각해 봅시다.

Example
- 사용하지 않는 물건: 자전거
- 유용하게 사용할 대상: 자전거를 타고 학교에 가고자 하는 십 대들

예시답안
- 사용하지 않는 물건: 재킷
- 유용하게 사용할 대상: 가벼운 재킷을 갖고 싶어하는 사람들

Step 2

광고 글의 개요를 작성해 봅시다.

예시답안

팔려는 물건	검정 재킷	
설명	특징	• 요즘 유행 • 크고 유용한 주머니
	구입 날짜	두 달 전
	상태	아주 좋은 상태
목표 구매자	가벼운 재킷이 필요한 사람들	
가격	40달러	
연락처	123-456-789	

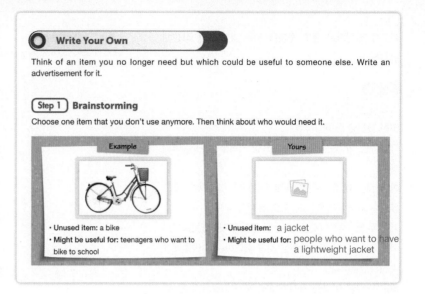

Write Your Own

Think of an item you no longer need but which could be useful to someone else. Write an advertisement for it.

Step 1 Brainstorming

Choose one item that you don't use anymore. Then think about who would need it.

Example
- Unused item: a bike
- Might be useful for: teenagers who want to bike to school

Yours
- Unused item: a jacket
- Might be useful for: people who want to have a lightweight jacket

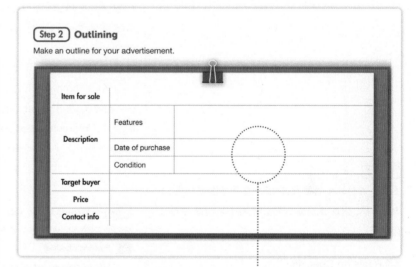

Step 2 Outlining

Make an outline for your advertisement.

Item for sale		
Description	Features	
	Date of purchase	
	Condition	
Target buyer		
Price		
Contact info		

Item for sale		a black jacket
Description	Features	• in style now • big useful pockets
	Date of purchase	two months ago
	Condition	in great condition
Target buyer		people who want to have a lightweight jacket
Price		$40
Contact Info		123-456-789

어휘

예시답안 lightweight [láitwèit] 형 가벼운[경량의]   latest [léitist] 형 최근의[최신의]

Writing Workshop

Step 3

개요를 바탕으로 중고 물품을 위한 광고 글을 작성해 봅시다.

예시답안

멋진 검정 재킷 팝니다!

멋진 재킷을 원하십니까?

그렇다면 이 멋진 중고 재킷을 살 기회를 놓치지 마세요!

이 자켓은 아주 좋은 상태에 있습니다. 그것에는 크고 유용한 주머니가 있는데, 요즘 유행입니다.

저는 두 달 전에 이것을 사서, 한 번도 입지 않았습니다.

저는 이것을 가벼운 재킷을 갖고 싶어하는 사람들에게 추천하겠습니다.

좋은 가격에 이것을 가져가세요! 저는 이것을 단돈 40달러에 팔겠습니다.

관심 있으시면, 123-456-789로 제게 문자를 보내 주세요.

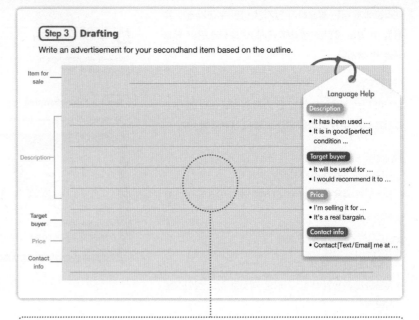

Step 3 Drafting

Write an advertisement for your secondhand item based on the outline.

Item for sale

Description

Target buyer

Price

Contact info

Language Help

Description
- It has been used …
- It is in good [perfect] condition …

Target buyer
- It will be useful for …
- I would recommend it to …

Price
- I'm selling it for …
- It's a real bargain.

Contact info
- Contact [Text/Email] me at …

A Cool Black Jacket for Sale!

Do you want a nice jacket?

Then don't miss the chance to buy this cool used jacket!

This jacket is in great condition. It has big useful pockets, which are in style now.

I bought it two months ago, and it hasn't been worn.

I would recommend it to people who want to have a lightweight jacket.

Get it at a good price! I am selling it for only $40.

If you're interested, text me at 123-456-789.

Step 4

초고를 개선하기 위해 체크리스트를 이용해 봅시다. 그러고 나서 짝과 초고를 교환하여 서로의 글을 수정해 봅시다.

A Revising Checklist

| 광고 글이 팔려는 물건에 대한 충분한 정보를 포함하고 있는가? |
| 광고 글은 목표 구매자가 팔려는 물건에 흥미를 갖게 할 만큼 충분히 매력적인가? |

B Editing Checklist

| 명사의 수 일치 |
| 광고 글의 모든 명사가 적절한 단수형이나 복수형으로 쓰였는가? |

Example 1. 이 자전거는 상태가 좋은데, 프레임에 약간의 긁힌 자국만 있다.

Example 2. 나는 한 달 전에 이 화려한 부츠를 샀다.

Step 4 Writing Clinic 👥

Use the checklists to improve your draft. Then exchange drafts with your partner and edit each other's.

A Revising Checklist

	self	peer
Does the advertisement include enough information about the item for sale?	☐	☐
Is the advertisement attractive enough to make target buyers interested in the item for sale?	☐	☐

B Editing Checklist

	self	peer
Noun number agreement Are all the nouns in the advertisement in proper singular or plural form?	☐	☐

Example 1. This bike is in good condition, with only a few scratch on the frame.
~~scratch~~ scratches

Example 2. I purchased these fancy boots a months ago.
~~months~~ month

어휘

agreement [əgríːmənt] 명 합의; *(인칭·성·수·격의) 일치   singular [síŋɡjulər] 형 단수형의   plural [plúərəl] 형 복수형의   fancy [fǽnsi] 형 장식이 많은, 화려한   예시답안 text [tekst] 동 (휴대 전화로) 문자를 보내다

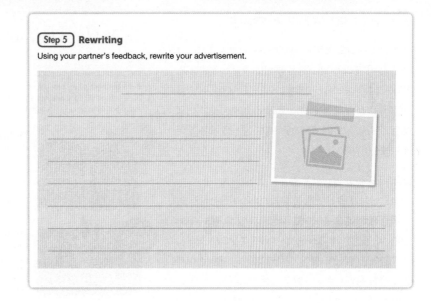

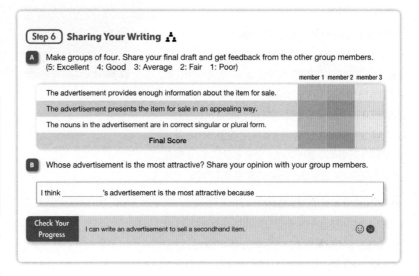

Step 5

짝의 피드백을 이용하여 광고 글을 다시 써 봅시다.

Step 6

A 4명으로 구성된 모둠을 만들어 봅시다. 최종 글을 공유하고 다른 조원들로부터 피드백을 받아 봅시다.

| 광고 글은 팔려는 물건에 대한 충분한 정보를 제공하고 있다. |
| 광고 글은 매력적인 방식으로 팔려는 물건을 나타내고 있다. |
| 광고 글에 있는 명사는 올바른 단수형이나 복수형을 취하고 있다. |

B 누구의 광고 글이 가장 매력적인가요? 조원들과 의견을 나눠 봅시다.

Check Your Progress 나는 중고 물품을 판매하기 위해 광고 글을 쓸 수 있다.

Practice More

다음 문장에서 명사의 수 일치의 오류를 찾아 바르게 고쳐 쓰시오.

(1) Half of the child in this class go to private institutes after school.

_____ → _____

(2) A great number of people take part in the festival every years.

_____ → _____

정답 (1) child → children   (2) years → year

어휘

appealing [əpíːliŋ] 형 매력적인   문제 private institute 사설 학원   a great number of 다수의, 많은

Inside Culture

변화를 만들어 내기 위해 다르게 생각하기

우리 중 누구라도 특정한 사고방식에 갇힐 수 있다. 그러나, 만약 우리가 이 고정된 패턴을 깨닫고 부순다면, 우리는 많은 창의적인 아이디어를 만들어 낼 수 있을 것이다. 아래는 고정 관념의 틀에서 벗어난 것이 어떻게 큰 변화를 만들어 냈는지를 보여 주는 전 세계의 여러 사례들이다.

영국: 공중전화 박스의 부활

휴대 전화가 널리 쓰임에 따라, 영국의 상징적인 빨간 공중전화 박스는 대부분 사용되지 않게 되었다. 최근에, 이 공중전화 박스 중 일부는 초록색으로 칠해지고 지붕에 태양 전지판이 설치되었다. 그것들은 이제 휴대 전화 충전소로 기능한다. 많은 사람들이 휴대 전화를 충전해야 함에 따라, 이 충전소는 더 자주 찾아지기 시작하고 있다.

탄자니아: 우리 밖으로 동물들을 꺼내기

탄자니아에 있는 한 동물원이 재정난을 겪고 있을 때, 한 직원이 아이디어를 생각해 냈다. "동물과 방문객이 그들의 역할을 바꾸면 어떨까?" 그는 이 아이디어를 제안했고 그것은 동물원에 의해 승인되었다. 동물들이 우리에 넣어지는 대신에, 사람들이 우리 안으로 들어가 동물들이 야생에서 돌아다니는 것을 관찰한다. 이 멋진 생각 덕분에, 그 동물원은 큰 인기를 얻게 되었다.

페루: 지리적 한계를 극복하기

모라이는 페루에 있는 사발처럼 생긴 지역이다. 대체로 농사는 평평한 땅에서만 짓는다고 생각되지만, 그곳에 사는 사람들은 이 곡선 지역을 최대한으로 활용했다. 모라이의 깊이와 형태는 바닥부터 꼭대기까지 섭씨 15도만큼의 온도 차이를 만든다. 이렇게 큰 온도 차는 많은 종류의 작물이 그곳에서 재배될 수 있도록 했고 농업 발전을 촉진했다.

다음 문장이 맞으면 T, 틀리면 F에 표시해 봅시다.

1. 영국의 오래된 공중전화 박스 일부는 이제 휴대 전화 충전용으로 쓰인다.
2. 동물들이 우리에서 풀려난 뒤에 탄자니아에 있는 동물원의 방문객 수가 줄어들었다.
3. 페루에 있는 평평한 땅은 그곳에 사는 사람들이 다양한 작물들을 기를 수 있도록 했다.

Thinking Differently to Create Change

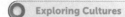

Exploring Cultures

Even the best of us can get stuck in certain thinking patterns. However, if we can recognize and break these fixed patterns, we'll be able to generate many creative ideas. Below are several examples from around the world that show how thinking outside the box has made big changes.

England

Revival of Telephone Boxes

As mobile phones have gained widespread use, England's symbolic red telephone boxes have largely fallen into disuse. Recently, some of these telephone boxes have been painted green and equipped with a solar panel on the roof. They now function as mobile phone charging boxes. With many people needing to charge their mobile phones, these boxes are starting to be visited more often.

Tanzania

Getting Animals out of Cages

When a zoo in Tanzania was having financial difficulties, one employee came up with an idea: "What if the animals and visitors switched their roles?" He suggested this idea and it was approved by the zoo. Instead of animals being put in cages, people get inside the cages and watch animals wander in the wild. Thanks to this terrific idea, the zoo has become very popular.

Peru

Overcoming Geographical Limitations

Moray is an area of land in Peru which is shaped like a bowl. It is generally believed that farming only works on flat land, but the people living there made the most of this curved area. The depth and design of Moray creates a temperature difference of as much as 15 degrees Celsius from the bottom to the top. This large temperature difference allowed many types of crops to be cultivated there and promoted agricultural development.

Check-Up Check T if the sentence is true or F if it is false.

	T	F
1. Some old phone boxes in England are now used for charging mobile phones.	☑	☐
2. The number of visitors to a zoo in Tanzania decreased after animals were released from the cages.	☐	☑
3. The flat land in Peru enabled the people living there to grow diverse crops.	☐	☑

어휘

generate [dʒénərèit] 동 발생시키다   think outside the box 고정 관념에서 벗어나다   revival [riváivəl] 명 회복, 부활   widespread [wáidspred] 형 널리 퍼진   symbolic [simbálik] 형 상징적인   be equipped with ... …을 갖추고 있다   solar panel 태양 전지판   approve [əprúːv] 동 찬성하다; *승인하다   geographical [dʒìːəgræfikəl] 형 지리(학)적인   limitation [lìmətéiʃ:n] 명 제한; *한계   depth [depθ] 명 깊이   cultivate [kʌltəvèit] 동 (땅을) 경작하다; *(식물·작물을) 재배하다   promote [prəmóut] 동 촉진하다   agricultural [æ̀grikʌ́ltʃərəl] 형 농업의

A 4-5명의 학생들로 구성된 모둠을 만들어 봅시다. 다르게 생각하는 것이 큰 변화를 가져온 다른 예를 찾아봅시다.

B 하나의 아이디어를 선정하고 그것이 가져온 변화에 대해 써 봅시다.

[Example]

아이디어: 네덜란드의 디자이너들은 사람들이 안을 들여다볼 수 있는 특별한 쓰레기봉투를 만들어 냈다.

변화: 사람들은 여전히 상태가 온전한 원하지 않는 물건들로 봉투를 채워서, 다른 사람들이 그 봉투 안을 들여다보고 그들이 생각하기에 쓸모 있는 것은 무엇이든 가져갈 수 있다.

[예시답안]

아이디어: 몇몇 예술가들이 더러운 것을 지우며 벽에 그래피티를 그린다.

변화: 예술가들은 지저분한 벽을 찾아 더러운 것을 없앰으로써 그 위에 그림을 그린다. 이러한 예술 형태는 혁신적인 방법으로 '깨끗한'에 대한 관념을 전달한다. 동시에, 그것은 대중들에게 무료로 아름다운 예술 작품을 제공한다.

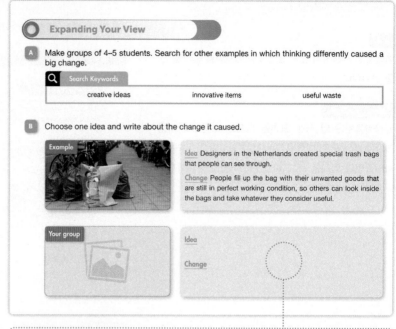

Expanding Your View

A Make groups of 4-5 students. Search for other examples in which thinking differently caused a big change.

🔍 Search Keywords

| creative ideas | innovative items | useful waste |

B Choose one idea and write about the change it caused.

Example

Idea Designers in the Netherlands created special trash bags that people can see through.

Change People fill up the bag with their unwanted goods that are still in perfect working condition, so others can look inside the bags and take whatever they consider useful.

Your group

Idea

Change

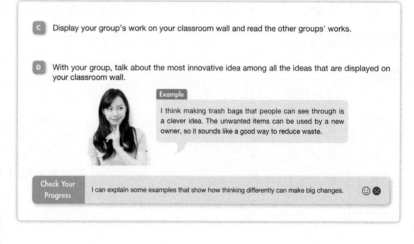

Idea: Some artists draw graffiti on walls by cleaning off the dirt.

Change: The artists find dirty walls and create images on them by removing the dirt. This art form conveys a sense of "clean" in an innovative way. At the same time, it provides beautiful works of art to the public for free.

C 모둠의 결과물을 교실 벽에 전시하고 다른 모둠의 결과물을 읽어 봅시다.

D 교실 벽에 전시된 모든 아이디어 중에서 가장 혁신적인 아이디어에 관해 조원들과 이야기해 봅시다.

[Example]

나는 사람들이 안을 들여다볼 수 있는 쓰레기봉투를 만든 것이 기발한 아이디어라고 생각한다. 원하지 않는 물건들이 새 주인에 의해 사용될 수 있어서, 그것은 쓰레기를 줄이는 좋은 방법인 것 같다.

Check Your Progress
나는 다르게 생각하는 것이 어떻게 큰 변화들을 만들 수 있는지 보여 주는 몇몇 예시들을 설명할 수 있다.

C Display your group's work on your classroom wall and read the other groups' works.

D With your group, talk about the most innovative idea among all the ideas that are displayed on your classroom wall.

Example

I think making trash bags that people can see through is a clever idea. The unwanted items can be used by a new owner, so it sounds like a good way to reduce waste.

Check Your Progress I can explain some examples that show how thinking differently can make big changes. 😊 😟

어휘

innovative [ínəvèitiv] 형 혁신적인　　fill up A with B A를 B로 가득 채우다　　clever [klévər] 형 영리한; *기발한　　[예시답안] graffiti [grəfíːti] 명 (공공장소에 하는) 낙서, 그래피티　　clean off …을 닦아내다, 지우다　　convey [kənvéi] 통 전달하다[전하다]　　for free 공짜로

업사이클 용품 제작하기

Task

여러분은 사용하지 않는 물건으로 업사이클 용품을 만들 것입니다.

Before You Begin

업사이클링은 안 쓰는 물건을 가지고 그것에 가치를 더하는 방식으로 변형시키는 것을 의미한다. 아래 업사이클링의 예시를 보고 이것들이 어떻게 만들어졌는지 짝과 이야기해 봅시다.

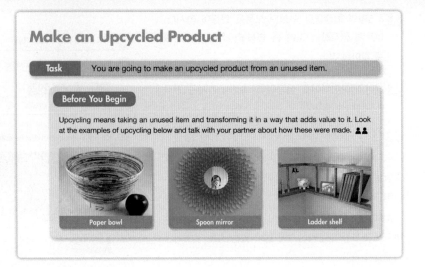

Make an Upcycled Product

Task   You are going to make an upcycled product from an unused item.

Before You Begin

Upcycling means taking an unused item and transforming it in a way that adds value to it. Look at the examples of upcycling below and talk with your partner about how these were made. 👥

| Paper bowl | Spoon mirror | Ladder shelf |

Step 1

4-5명의 학생들로 구성된 모둠을 만들어 봅시다. 여러분 주변에 사용하지 않는 물건에서 어떤 종류의 업사이클 용품이 만들어질 수 있는지 논의해 봅시다.

Step 2

논의한 것 중에서 한 가지 물건을 선택해 봅시다. 모둠의 업사이클 용품을 위한 개요를 작성해 봅시다.

Example

	전	후
물건	플라스틱병	▶ 화분
용도	물 담기	▶ 식물 기르기
만드는 방법	병을 반으로 자르고 흙으로 바닥을 채움으로써	

예시답안

	전	후
물건	오래된 청바지 한 벌	▶ 가방
용도	옷으로 입기	▶ 물건을 가지고 다니기
만드는 방법	청바지를 조각내고 바느질함으로써	

Step 1   Make groups of 4–5 students. Discuss what kinds of upcycled products can be made from the unused items around you.

Step 2   Choose one product among those you've discussed. Make an outline for your group's upcycled product.

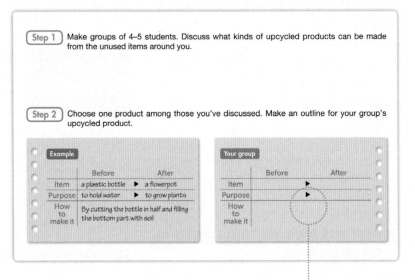

	Before	After
Item	a pair of old jeans	▶ a bag
Purpose	to be worn as clothing	▶ to carry things
How to make it	By cutting the jeans into pieces and sewing	

어휘

ladder [lǽdər] 명 사다리   shelf [ʃelf] 명 선반   flowerpot [fláuərpàt] 명 화분   in half 절반으로   예시답안 sew [sou] 동 바느질하다, 깁다

Step 3

개요를 바탕으로 모둠의 업사이클 용품을 만들어 봅시다.

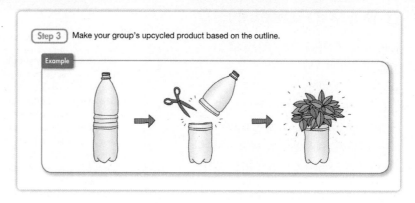

Step 3 Make your group's upcycled product based on the outline.

Example

Step 4

여러분의 업사이클 용품을 학급에 발표해 봅시다. 그 물건의 본래 용도와 새로운 용도를 말하고, 그것을 업사이클링하는 것의 이점을 설명해 봅시다.

Sample

저희 모둠은 플라스틱병을 이용해서 화분을 만들었습니다. 그것은 원래 물을 담는 데 사용되었습니다. 지금 그것은 식물을 기르는 데 사용될 수 있습니다. 이것은 플라스틱병을 더 사용할 수 있게 하고 우리 행성을 더 푸르게 만들 것입니다.

예시답안

저희 모둠은 오래된 청바지 한 벌을 이용해서 가방을 만들었습니다. 그것은 원래 옷으로 입는 데 사용되었습니다. 지금 그것은 물건을 가지고 다니는 데 사용될 수 있습니다. 이것은 중고 청바지에 새 생명을 주고 우리가 돈을 절약하도록 도울 것입니다.

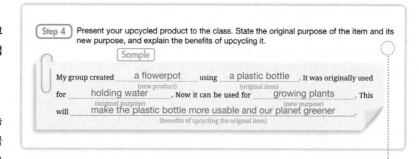

Step 4 Present your upcycled product to the class. State the original purpose of the item and its new purpose, and explain the benefits of upcycling it.

Sample

My group created ___a flowerpot___ using ___a plastic bottle___. It was originally used
           (new product)   (original item)
for ___holding water___. Now it can be used for ___growing plants___. This
    (original purpose)   (new purpose)
will ___make the plastic bottle more usable and our planet greener___.
               (benefits of upcycling the original item)

예시답안

My group created a bag using a pair of old jeans. It was originally used for being worn as clothing. Now it can be used for carrying things. This will give new life to used jeans and help us to save money.

Step 5

모둠의 업사이클 용품을 교실에 전시하고 가장 창의적인 용품에 투표해 봅시다.

Check Your Progress	모든 모둠원들이 적극적으로 참여했다.
	우리 모둠의 업사이클 용품은 실용적이고 친환경적이다.
	우리 모둠의 발표에는 우리가 만든 업사이클 용품의 이점이 포함되었다.

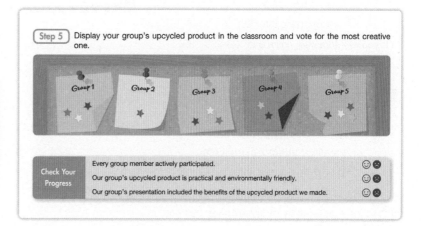

Step 5 Display your group's upcycled product in the classroom and vote for the most creative one.

Check Your Progress	Every group member actively participated.	☺ ☹
	Our group's upcycled product is practical and environmentally friendly.	☺ ☹
	Our group's presentation included the benefits of the upcycled product we made.	☺ ☹

어휘

practical [prǽktikəl] 형 실제적인; *실용적인   environmentally friendly 환경 친화적인

Lesson Review

A 다음 단락을 읽고 질문에 답해 봅시다.

1. 이 단락의 제목으로 가장 적절한 것은?

[정답] ②

[해석]

① 현대 물리학의 선물로서의 GPS

② GPS의 기본 개념은 어떻게 탄생되었는가

③ 획기적인 통찰력을 얻는 방법에 관한 조언들

④ 위성이 지구 궤도를 도는 방법 이면의 원리

2. 빈칸에 들어갈 말로 가장 적절한 것은?

[정답] ③

[해석]

① 위성의 위치가 측정될 수 있었다

② 위성은 반대 방향으로 이동할 수 있었다

③ 수신기의 정확한 위치가 측정될 수 있었다

④ 무선 주파수의 강도가 측정될 수 있었다

A Read the following paragraph and answer the questions.

Although Guier and Weiffenbach found this fascinating, tracking satellites was not exactly part of their duties. Their director, Frank McClure, called them into his office, suspecting that they had been wasting their time. He asked them to explain the thing they had been working on. As Guier and Weiffenbach explained themselves, an idea flashed through McClure's mind. "If we can figure out where the satellite is," McClure said, "then can't we do the opposite and use the satellite to figure out where we are?" This turned out to be a revolutionary insight. Not only could radio signals be measured to track a satellite from the ground, but by measuring the distance from the satellite to the receiver, _____ as well. This is the fundamental concept behind modern GPS.

1. Which is the best title for the paragraph?

① GPS as a Gift from Modern Physics   ② How the Basic Concept of GPS Was Born

③ Tips on How to Gain Revolutionary Insight   ④ The Principle behind How Satellites Orbit Earth

2. Which one fits best in the blank?

① the location of the satellite could be calculated

② the satellite could be moving in the opposite way

③ the receiver's precise location could be determined

④ the strength of the radio frequency could be measured

B 메모를 바탕으로 다음 물건을 위한 광고 글을 써 봅시다.

[Sample]

A Useful Backpack for Sale!

Do you want a backpack at an affordable price?

Here is the perfect one for you!

I bought it three months ago.

It is in fine condition and has no stains.

It will be useful for students who need a light backpack.

I'm selling it for $5.

If you're interested, call me at 123-456-789.

Don't miss this chance!

[해석]

쓸 만한 배낭 팝니다!

적당한 가격에 배낭을 원하시나요?

여기 당신에게 완벽한 것이 있습니다!

저는 이것을 3달 전에 샀습니다.

이것의 상태는 좋고 얼룩이 없습니다.

이것은 가벼운 배낭이 필요한 학생에게 유용할 것입니다.

저는 이것을 5달러에 팝니다.

관심 있으시면, 123-456-789번으로 전화 주세요.

이 기회를 놓치지 마세요!

B Based on the memo, write an advertisement for the item.

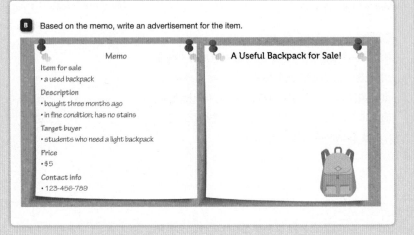

Memo

Item for sale
• a used backpack

Description
• bought three months ago
• in fine condition; has no stains

Target buyer
• students who need a light backpack

Price
• $5

Contact info
• 123-456-789

A Useful Backpack for Sale!

C Complete the sentences with the expressions in the box.

the lowest	the most common	the most competent

1. Singapore has one of _____ crime rates in the world.
2. Joe is recognized as one of _____ lawyers at our firm.
3. Coughing is one of _____ symptoms when you catch a cold.

D Complete the sentences, referring to the example.

> **Example** Someone has stolen my passport.
> → My passport **has been stolen** by someone.

1. Many people have loved this song since its release.
   → This song _____ by many people since its release.
2. The Greeks have used olive oil for cooking for thousands of years.
   → Olive oil _____ by the Greeks for cooking for thousands of years.
3. The company has exported ten million cell phones so far this year.
   → Ten million cell phones _____ by the company so far this year.

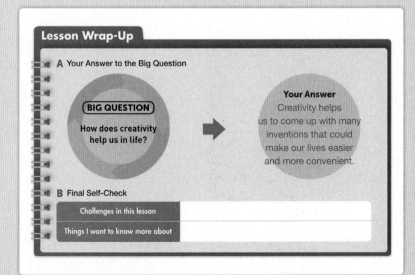

Lesson Wrap-Up

A Your Answer to the Big Question

BIG QUESTION
How does creativity help us in life?

→

Your Answer
Creativity helps us to come up with many inventions that could make our lives easier and more convenient.

B Final Self-Check

| Challenges in this lesson | |
| Things I want to know more about | |

C 상자 안의 표현을 사용하여 문장을 완성해 봅시다.

[정답]

1. Singapore has one of the lowest crime rates in the world.
2. Joe is recognized as one of the most competent lawyers at our firm.
3. Coughing is one of the most common symptoms when you catch a cold.

[해석]

1. 싱가포르는 세계에서 범죄율이 가장 낮은 곳 중 하나이다.
2. 조는 우리 회사에서 가장 유능한 변호사 중 한 명으로 인정받는다.
3. 기침은 감기에 걸렸을 때 가장 흔한 증상 중 하나이다.

D 예시를 참고하여 문장을 완성해 봅시다.

[정답]

1. This song has been loved by many people since its release.
2. Olive oil has been used by the Greeks for cooking for thousands of years.
3. Ten million cell phones have been exported by the company so far this year.

[해석]

[Example] 누군가 내 여권을 훔쳤다. → 내 여권은 누군가에 의해 도난당했다.

1. 많은 사람이 이 노래가 발매된 이후로 이것을 사랑했다. → 이 노래는 발매된 이후로 많은 사람에게 사랑받았다.
2. 그리스인들은 수천 년 동안 요리에 올리브유를 사용했다. → 올리브유는 그리스인들에 의해 수천 년 동안 요리에 사용되었다.
3. 그 회사는 올해 들어 지금까지 천만 대의 휴대 전화를 수출했다. → 천만 대의 휴대 전화가 올해 들어 지금까지 그 회사에 의해 수출되었다.

A Big Question에 대한 답

[BIG QUESTION]
창의성이 우리 삶에 어떻게 도움을 주는가?

[예시답안]
창의성은 우리의 삶을 더 수월하고 편리하게 만들어 줄 수 있는 발명품을 많이 만들어내는 데 도움을 준다.

B 마지막 자가 점검

| 이번 과에서 어려운 점 |
| 내가 더 알고 싶은 것 |

[1-2] 다음을 읽고, 물음에 답하시오.

What are your big dreams in life? Perhaps your goal is to have a perfect body, complete a marathon, or become a best-selling author. However, despite having a strong will to achieve these goals, you may find yourself giving up after just a few days.

Most of the time, we focus on our big goals. Big goals are easy to visualize. We can imagine ourselves feeling satisfied in front of the mirror, smiling at the finish line, or signing our books for our fans. These big goals give us direction and purpose in our daily lives. __(A)__ , you should be careful that you don't bite off more than you can chew. Rather than helping us, big goals can tempt us to make unrealistic changes to our lives. __(B)__ , imagine that one day you decide to slim down like a supermodel. For one week, you push yourself far too hard at the gym. You injure your leg and need to take two weeks off to recover. In the end, you gain weight instead of losing it.

1 위 글의 주제로 가장 적절한 것은?

① effective ways to lose weight
② the process of realizing our goals
③ the necessity of unrealistic changes
④ the reason we fail to achieve our goals
⑤ the importance of focusing on big goals

2 빈칸 (A), (B)에 들어갈 말로 가장 적절한 것은?

	(A)		(B)
①	Moreover	·····	In fact
②	Meanwhile	·····	On the contrary
③	Similarly	·····	In short
④	Therefore	·····	Besides
⑤	However	·····	For example

| 주관식 |

3 다음 글의 밑줄 친 ①~⑤ 중, 어법상 틀린 것을 찾아 바르게 고쳐 쓰시오.

① Changing your life is a big deal. However, changing your daily habits is ② something small you can do. The tinier your habit, ③ the easier it is to stick to. To be stronger and healthier, eat one extra serving of vegetables at every meal. To become more knowledgeable, read one page of a book before bed. One day, you will find yourself ④ to become the person you always wanted to be. Remember, it is not big goals but daily habits ⑤ that make your big dreams come true.

_____ → _____

4 다음 글의 밑줄 친 ①~⑤ 중, 문맥상 낱말의 쓰임이 적절하지 않은 것은?

We need big dreams to keep our lives ① meaningful. However, if we become ② obsessed only with big dreams, we may wake up one day thinking, "This is overwhelming! I should have started with the ③ big things." What is your big dream? From there, make a goal for this year. Then make a goal for this week. Start with one ④ manageable action a day. Ask yourself, "What is one thing I can do today to take a step toward ⑤ achieving my big dream?"

[5-6] 다음을 읽고, 물음에 답하시오.

Comparing yourself to others may leave you feeling sad. That's because we often compare the worst aspects of ourselves to the best aspects of others. However, you should keep in mind that nobody has it all. We are all individuals with unique looks, personalities, and talents. ① Therefore, make an effort to see the good things in your life and be grateful for them. ② When you start to admire and appreciate yourself, your envy toward your best friend will naturally disappear. ③ It is said that a best friend is someone who knows the real you.

④ Most importantly, stop viewing life as a competition. ⑤ Another person's success doesn't mean you are failing. <u>타인의 좋은 소식을 축하할 일로 보려고 노력하십시오.</u> Then their happiness will add to yours.

5 위 글에서 전체 흐름과 관계 <u>없는</u> 문장은?

| 주관식 |

6 위 글의 밑줄 친 우리말 뜻에 맞도록 주어진 단어를 활용하여 문장을 완성하시오.

_____ _____ _____ other people's good news as something _____ _____. (see, celebrate)

7 다음 글의 빈칸에 들어갈 말로 가장 적절한 것은?

The secret to effective studying lies in putting forth the right kind of effort—the "how" of studying, rather than the "how much." We all _____. For example, some people learn best not by reading but by listening. Others learn best by writing down the things they learn. Try some different study methods and find the most suitable one for you. Also, if you sit for hours trying to absorb a lot of information, your brain will become exhausted and you won't be able to remember everything. Make sure you take time to rest and review your work when you feel refreshed.

① manage our grades
② make an effort to study
③ have different learning styles
④ have similar study methods
⑤ need to take a break now and then

8 다음 글의 흐름으로 보아, 주어진 문장이 들어가기에 가장 적절한 곳은?

Instead, show them that you are capable of having a mature discussion.

First, when you have a conversation with them, start by saying, "You are right." (①) This shows your parents that you value their point of view. (②) Also, it might help to spend some time thinking about your main points and writing them down. (③) Having an organized argument ready will help you remain calm and focused. (④) In addition, whatever you do, don't get upset and start yelling at your parents. (⑤) In these ways, you can be seen as a mature person and you can also reduce the level of conflict with your parents.

9 다음 글의 밑줄 친 ①~⑤ 중, 어법상 <u>틀린</u> 것은?

① <u>Full</u> of excitement and anticipation, I began my journey at Heunginjimun Gate, the gate on the east side of the wall. Not far from there ② <u>the Seoul City Wall Museum was</u>. I stopped by this museum ③ <u>to learn</u> all about the history of the wall before I started my walk.

Then I passed through Ihwa Maeul, a village that was home to refugees ④ <u>following</u> the Korean War. Now, the village is decorated with colorful wall paintings and sculptures. I was pleasantly surprised by the creativity of the artists. They have turned the village into a delightful place ⑤ <u>where</u> visitors can enjoy art everywhere they look.

[10-11] 다음을 읽고, 물음에 답하시오.

The following day, my trip started from the Malbawi Information Center at the bottom of Bugaksan Mountain. This mountain is quite steep, so my progress was a lot slower than expected. However, it wasn't long before I found myself gazing at the spectacular view from the mountain's 342-meter summit. There, I spent some time looking upon the amazing panorama of Seoul, _____(A)_____ its endless high-rise buildings stretching out below me.

_____(B)_____ my heart pumping, I continued my trek on the section of the wall over Inwangsan Mountain, which is famous for its wide variety of unusual rock formations. I was especially impressed by the tremendous size and unique shape of Seonbawi Rock, or "rock of the meditating monk."

The path then split from the original route of the wall, but I was able to rejoin it at the site of what was once Donuimun Gate, one of the main gates. Although it was destroyed in 1915, the site is now marked by a wood and glass terrace.

10 위 글의 내용과 일치하지 않는 것은?

① 북악산은 경사가 가파르다.
② 필자는 북악산의 정상에 올랐다.
③ 인왕산은 독특한 암석 형성으로 유명하다.
④ 선바위는 크기가 거대하다.
⑤ 돈의문은 파괴된 후 다시 복원되었다.

| 주관식 |
11 빈칸 (A)와 (B)에 공통으로 들어갈 알맞은 말을 쓰시오.

_____

12 다음 글에 드러난 필자의 심경으로 가장 적절한 것은?

After the performance finished, I descended Namsan Mountain, following the wall. Eventually, I found myself back in the place where the trek had all begun, Heunginjimun Gate.

What an experience! Though I was exhausted by the end, the trek was absolutely worth it. I discovered many different aspects of Seoul on this journey. While today Seoul pulses with modernity, the Seoul City Wall serves as a reminder of its gone but not forgotten past. I feel a great sense of accomplishment now for having circled such remarkable historic sites.

① scared and frightened
② curious and encouraged
③ fulfilled and satisfied
④ relieved and comfortable
⑤ regretful and apologetic

[13-14] 다음을 읽고, 물음에 답하시오.

Holman was born in England in 1786 and entered the British Royal Navy as a volunteer at the age of 12. After several years at sea, he became a ① rising young officer. His career ended abruptly, though, when he ② contracted an unknown illness that caused him to lose his vision. He was only 25 years old when he became ③ permanently blind and was compelled to leave the navy.

Most people in this situation would sink into the depths of ④ despair and grief. However, Holman did not let his misfortune keep him down and ⑤ confronted his situation. He tried to keep a positive attitude and (A) (learning / an iron-tipped stick / use / how / started / to) to find his way around. With each tap, he could use his hearing to understand his surroundings better.

13 위 글의 밑줄 친 낱말의 영영 풀이로 적절하지 않은 것은?

① rising: newly coming into prominence
② contract: to cause an illness to end or disappear
③ permanently: forever and lastingly
④ despair: a feeling or state of extreme hopelessness
⑤ confront: to face something bad in order to deal with it

| 주관식 |

14 위 글의 (A)에 주어진 말을 바르게 배열하시오.

_____

15 주어진 글 다음에 이어질 글의 순서로 가장 적절한 것은?

By the time Holman arrived in Naples in 1821, he had become an expert traveler.

(A) As Holman and his two companions approached the unstable edge of the volcano, the ground became almost too hot to walk on.

(B) His companions wanted to turn back, but Holman was unafraid. He courageously proceeded until he reached the summit.

(C) He even became the first blind man to ascend Mount Vesuvius. At the time of his ascent, the mountain was in the middle of intense volcanic activity.

① (A) – (B) – (C) ② (A) – (C) – (B)
③ (B) – (A) – (C) ④ (B) – (C) – (A)
⑤ (C) – (A) – (B)

[16-17] 다음을 읽고, 물음에 답하시오.

After making his way through Europe, Holman continued to travel the world. He journeyed to Russia, India, China, Australia, and different parts of Africa and South America. He would explore strange new cities by tapping his walking stick and (A) to pay / paying close attention to all the sounds and smells around him. When people asked Holman how a sightless man could enjoy such journeys, he said that his blindness actually made traveling more thrilling. It drove his curiosity and forced him (B) examine / to examine everything more deeply than a normal traveler would. During his life, Holman visited five continents and came into contact with no fewer (C) as / than 200 separate cultures.

16 위 글의 내용을 한 문장으로 요약하고자 한다. 빈칸 ⓐ와 ⓑ에 들어갈 말로 가장 적절한 것은?

Holman's blindness ____ⓐ____ his curiosity about the world, and he explored everything around him more ____ⓑ____ than other travelers.

	(A)		(B)
①	satisfied	.....	slowly
②	suppressed	.....	clearly
③	stimulated	.....	carefully
④	aroused	.....	easily
⑤	controlled	.....	extremely

17 위 글의 (A), (B), (C)의 각 네모 안에서 어법에 맞는 표현으로 가장 적절한 것은?

	(A)		(B)		(C)
①	to pay	.....	examine	.....	as
②	paying	.....	to examine	.....	than
③	to pay	.....	to examine	.....	than
④	paying	.....	to examine	.....	as
⑤	to pay	.....	examine	.....	than

18 다음 글을 통해 알 수 없는 내용은?

Tate Modern still resembles the old power station, on both the outside and the inside, which features concrete floors and steel beams. The Turbine Hall, stretching 155 meters long, 23 meters wide, and 35 meters high, was turned into a vast, grand entrance area. It also functions as a display space for large art installations. Next to the Turbine Hall is the Boiler House, which holds seven floors. The reception and common areas are on the first two floors. The third through the fifth floors have exhibition galleries. The sixth and seventh floors feature restaurants and bars.

① Tate Modern has a similar appearance to the old power station.

② The Turbine Hall was once an entrance area.

③ The Boiler House is located near the Turbine Hall.

④ Works of art are displayed on the third floor of the Boiler House.

⑤ Visitors can have a meal on the sixth and seventh floors of the Boiler House.

19 다음 글의 (A), (B), (C)의 각 네모 안에서 문맥에 맞는 낱말로 가장 적절한 것은?

The building originally had 105 prison cells, but these have been (A) blended / converted into 40 luxurious rooms. The rooms have been updated with modern furnishings, but details like exposed brick, barred windows, and original cell doors offer clues about its past. If you need extra space, suite rooms with names like The Judge, The Lawyer, The Jailer, and The Director are (B) available / affordable. Guests can even enjoy a special dinner while slides of the jail's history are shown. They are given black and white striped jail hats to get into the mood.

This hotel used to be a place from which people desperately wanted to (C) encounter / escape, but with some creative thinking, it has been turned into a place guests never want to leave.

	(A)	(B)	(C)
①	blended	available	escape
②	blended	available	encounter
③	blended	affordable	escape
④	converted	affordable	encounter
⑤	converted	available	escape

[20-21] 다음을 읽고, 물음에 답하시오.

People living in Berlin who are eager to escape from the bitter cold of winter are now in luck. Near the city, a huge hangar for manufacturing airships has become a theme park where the sun always shines and the temperature remains a mild 26 degrees Celsius. The hangar fell into disuse because the company that owned it went bankrupt in 2002. However, a company in Malaysia looked at this massive deserted dome and saw great potential. In 2004, the hangar opened as a tropical theme park.

Measuring about 66,000 square meters, the dome is tall enough to fit the Statue of Liberty inside. It contains the world's largest artificial rainforest, with more than 50,000 plants. The indoor pool is the size of four Olympic swimming pools, and the waterslide is nine stories tall. In the southern section of the dome, a special foil roof produces artificial sunlight, so visitors can get a tan even in the middle of winter!

20 위 글에서 설명하는 테마파크에 관해 언급되지 <u>않은</u> 것은?

① 위치
② 실내 온도
③ 개장 시기
④ 규모
⑤ 입장료

| 주관식 |

21 위 글에서 빈칸에 들어갈 말을 찾아 질문에 대한 답을 완성하시오.

Q. Why did the hangar in Germany stop being used?
A. It was because the company that owned the hangar _____ _____.

22 다음 글에서 전체 흐름과 관계 없는 문장은?

For thousands of years, humans had difficulty trying to figure out where they were. So, they devoted a great deal of time and effort to resolving this problem. ① They drew complicated maps, constructed great landmarks to keep themselves on the right path, and even learned to navigate by looking up at the stars. ② Nowadays, it is much easier to find out where you are and which way to go because you have one of the world's greatest inventions at your fingertips. ③ As long as you have a Global Positioning System (GPS) receiver, you never have to worry about taking a wrong turn. ④ In fact, GPS signals become very weak when they arrive at the Earth's surface. ⑤ Your GPS receiver can tell you your exact location and give you directions to any place you need to go to, no matter where you are on the planet!

23 다음 글의 밑줄 친 부분 중, 가리키는 대상이 나머지 넷과 다른 것은?

The story begins in 1957, when the Soviet Union shocked the world by announcing that it had launched *Sputnik 1*—① the world's first man-made satellite—into orbit. In particular, two researchers at Johns Hopkins University's Applied Physics Laboratory, William Guier and George Weiffenbach, were amazed by this achievement. Filled with curiosity, they built a listening station the following year, and they began to closely monitor ② *Sputnik 1*'s radio signal. While listening to the persistent sound from the satellite, they noticed something interesting: ③ its radio frequency repeatedly became higher and lower. ④ This was happening because the frequency of a radio signal rises and falls depending on whether the satellite is moving toward or away from the listener. By keeping track of these changes, Guier and Weiffenbach were able to determine ⑤ the satellite's precise location.

[24-25] 다음을 읽고, 물음에 답하시오.

Not only could radio signals be measured to track a satellite from the ground, but by measuring the distance from the satellite to the receiver, the receiver's precise location could be determined as well. This is the fundamental concept behind modern GPS. Satellites are utilized to transmit signals, and any device with a GPS receiver can use these signals to calculate where you are, how high you are, and even how fast you are moving.

McClure was able to come up with this brilliant insight by taking the idea Guier and Weiffenbach had been researching—finding where a satellite was from a known location—and turning it on its head. _____, we can produce extraordinary inventions and ideas by reversing our perspective. The real act of discovery, it has been said, consists not in seeking new lands, but in seeing things with new eyes!

24 위 글의 제목으로 가장 적절한 것은?

① How to Use a GPS Receiver
② Why the GPS Is the Best Invention Ever
③ New Ideas Come from a Different Angle
④ The Difficulties of Coming up with Amazing Idea
⑤ Secrets of Innovation: Keep Challenging Yourself!

25 위 글의 빈칸에 들어갈 말로 가장 적절한 것은?

① Likewise
② However
③ Above all
④ For instance
⑤ On the other hand

Lesson 4

Deliver Your Voice

Lesson Goals

Reading
1. 나이팅게일에 관한 글을 읽고 정보를 효과적으로 전달하는 방법을 이해할 수 있다.
2. 국가별로 의미가 다른 제스처에 관한 글을 읽고 문화의 다양성을 이해하고 적절한 제스처를 사용할 수 있다.
[Reading Strategy] Finding Transitional Words and Phrases

Writing
도표의 내용을 설명하는 글을 쓸 수 있다.
[Writing Task] Graph Description

Language
This is the graph **developed by Florence Nightingale**.
Jimmy is wearing **the same** baseball cap **as** Tommy.

Florence Nightingale: Saving Lives with Statistics

Q How can you make your ideas more persuasive?

Q. 당신은 어떻게 당신의 생각을 더 설득력 있게 만들 수 있는가?

Gestures across the Globe

Q Are gestures an effective way to communicate with others?

Q. 제스처는 다른 사람과 의사소통하는 데 효과적인 방법인가?

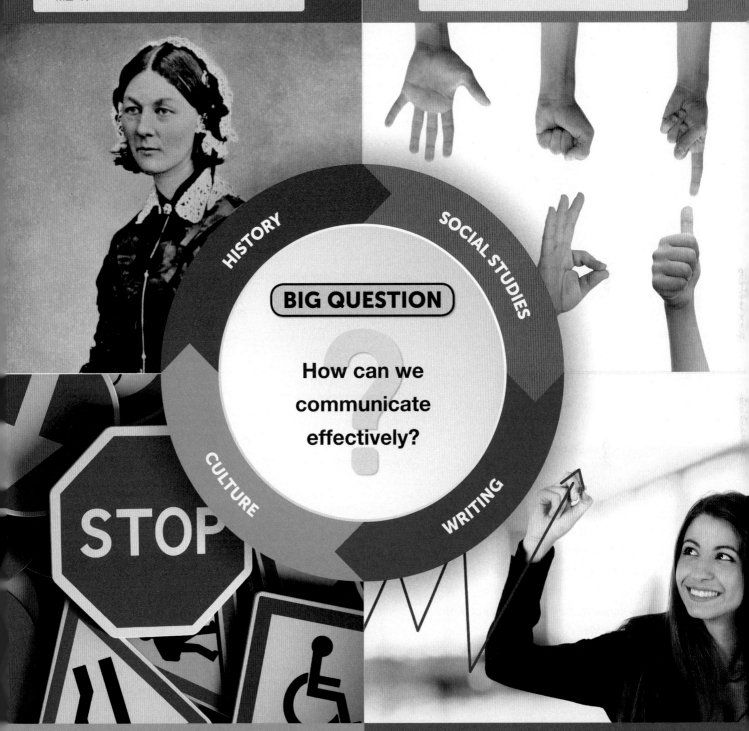

HISTORY

SOCIAL STUDIES

CULTURE

WRITING

BIG QUESTION

?

How can we communicate effectively?

Road Signs around the World

Q Can you think of any interesting road signs you have seen?

Q. 당신이 보았던 흥미로운 도로 표지판 중 생각나는 것이 있는가?

Effective Communication through Graphs

Q When can graphs be used most effectively?

Q. 그래프는 언제 가장 효과적으로 사용될 수 있는가?

Before Reading

Reading 1

정보를 나타내는 아래 두 가지 방법을 살펴봅시다. 어떤 것이 더 효과적인지 짝과 논의해 봅시다.

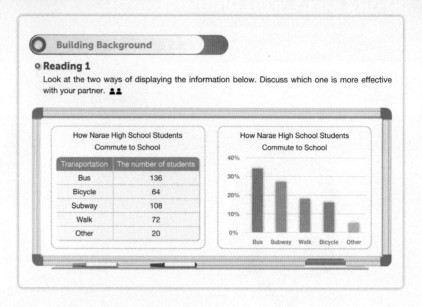

Building Background

○ **Reading 1**

Look at the two ways of displaying the information below. Discuss which one is more effective with your partner. 👥

Transportation	The number of students
Bus	136
Bicycle	64
Subway	108
Walk	72
Other	20

How Narae High School Students Commute to School

Reading 2

그림을 보고 지시를 따라 봅시다.

1. 각 제스처의 알맞은 의미를 아래 상자에서 추측해 봅시다.
a. 숫자 8
b. '인색한' 또는 '가격이 저렴한'
c. "이게 무엇인가요?" 또는 "무엇을 원하나요?"

2. 다음을 듣고 여러분의 추측이 맞았는지 확인해 봅시다.

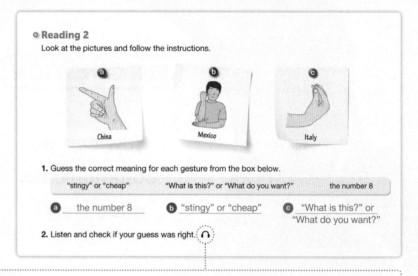

○ **Reading 2**

Look at the pictures and follow the instructions.

ⓐ China ⓑ Mexico ⓒ Italy

1. Guess the correct meaning for each gesture from the box below.

| "stingy" or "cheap" | "What is this?" or "What do you want?" | the number 8 |

ⓐ ___ the number 8   ⓑ ___ "stingy" or "cheap"   ⓒ ___ "What is this?" or "What do you want?"

2. Listen and check if your guess was right. 🎧

[SCRIPT]

a. If the thumb and index finger make a capital letter "L" and the other fingers are closed with the palm facing the front, it means the number 8 in China.

b. In Mexico, tapping on one's elbow means "stingy" or "cheap." For extra emphasis, people may bang their elbows on the table.

c. Italians frequently bring the fingertips of either hand together and hold the hand in the air. This gesture is used to say "What is this?" or "What do you want?"

[해석]

a. 엄지손가락과 집게손가락으로 대문자 'L'을 만들고 손바닥이 앞으로 향한 채 다른 손가락들을 오므리면, 이것은 중국에서 숫자 8을 의미한다.

b. 멕시코에서, 자신의 팔꿈치를 톡톡 두드리는 것은 '인색한' 혹은 '가격이 저렴한' 것을 의미한다. 더 강조하기 위해, 사람들은 자신의 팔꿈치로 탁자 위를 쾅 하고 칠 수도 있다.

c. 이탈리아 사람들은 자주 어느 한쪽 손끝을 모아서 공중으로 손을 들어 올린다. 이 제스처는 "이게 무엇인가요?" 혹은 "무엇을 원하나요?"라고 말하기 위해 사용된다.

어휘

effective [iféktiv] 형 효과적인   commute [kəmjúːt] 동 통근[통학]하다   stingy [stíndʒi] 형 인색한   SCRIPT index finger 집게손가락
tap [tæp] 동 가볍게 두드리다   emphasis [émfəsis] 명 강조   bang [bæŋ] 동 쾅[탕] 하고 치다   frequently [fríːkwəntli] 부 자주, 흔히
fingertip [fíŋɡərtìp] 명 손가락 끝

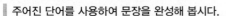

주어진 단어를 사용하여 문장을 완성해 봅시다.

statistics 명 통계, 통계 자료
sanitary 형 위생의; 위생적인
wound 명 상처, 부상
contagious 형 전염되는, 전염성의
exaggerated 형 과장된, 부풀린
aggressive 형 공격적인

1. 먹기 전에 손을 씻는 것이 <u>위생적이다</u>.
2. 발표자가 <u>통계</u>로 자신의 주장을 뒷받침했다.
3. 내 개는 항상 낯선 사람에게 짖는다. 그는 굉장히 <u>공격적이다</u>.
4. 그 광대는 관객들을 즐겁게 하려고 <u>과장된</u> 제스처를 사용했다.
5. 그 의사는 환자의 손에 난 <u>상처</u>에 붕대를 감는 데 능숙했다.
6. 감기는 <u>전염되기</u> 때문에, 기침할 때 반드시 입을 가려라.

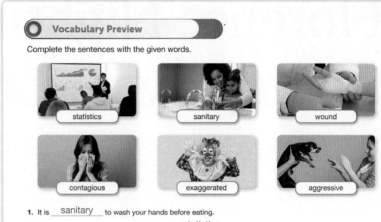

Vocabulary Preview

Complete the sentences with the given words.

statistics / sanitary / wound
contagious / exaggerated / aggressive

1. It is ___sanitary___ to wash your hands before eating.
2. The speaker backed up his argument with ___statistics___.
3. My dog always barks at strangers; he is very ___aggressive___.
4. The clown used ___exaggerated___ gestures to entertain the audience.
5. The doctor was skillful at bandaging the ___wound___ on the patient's hand.
6. Because colds are ___contagious___, be sure to cover your mouth when you cough.

읽기 전략 **연결어구 찾기**

연결어구는 개념 간 연결을 더 명확하게 한다. 이것들은 추가, 예시, 대조, 시간 순서, 결과, 요약 등을 나타내기 위해 사용된다.

다음 단락을 읽고 각 빈칸에 들어갈 적절한 연결어구를 상자에서 골라 봅시다.

제인과 사라는 자매지만, 그들은 정반대이다. 제인은 일을 혼자 하는 것을 좋아한다. ① 예를 들어, 그녀는 보통 혼자 영화를 보러 간다. 또한, 그녀는 침실에서 책을 읽는 것을 좋아한다. ② 그에 반해, 사라는 더 외향적이다. 예를 들면, 그녀는 남자인 친구들과 야구를 하는 것을 좋아한다. ③ 게다가, 그녀는 록 밴드의 리드 보컬이다.

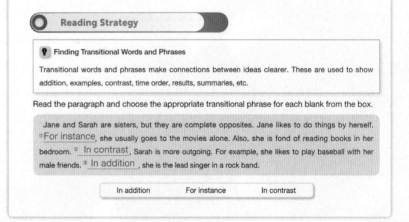

Reading Strategy

💡 Finding Transitional Words and Phrases
Transitional words and phrases make connections between ideas clearer. These are used to show addition, examples, contrast, time order, results, summaries, etc.

Read the paragraph and choose the appropriate transitional phrase for each blank from the box.

Jane and Sarah are sisters, but they are complete opposites. Jane likes to do things by herself. ① For instance, she usually goes to the movies alone. Also, she is fond of reading books in her bedroom. ② In contrast, Sarah is more outgoing. For example, she likes to play baseball with her male friends. ③ In addition, she is the lead singer in a rock band.

In addition / For instance / In contrast

어휘

back up …을 뒷받침하다[도와주다]   argument [árgjumənt] 명 논쟁; *주장   bark [baːrk] 동 (개가) 짖다   clown [klaun] 명 광대
entertain [èntərtéin] 동 (손님을) 접대하다; *즐겁게 해 주다   be skillful at …에 능숙하다   bandage [bǽndidʒ] 동 붕대를 감다   be sure to-v
꼭[반드시] …을 해라   cough [kɔːf] 동 기침하다   contrast [kántræst] 명 대조   summary [sʌ́məri] 명 요약   opposite [ápəzit] 명 반대(되는 사람·것)   be fond of …을 좋아하다   outgoing [áutgòuiŋ] 형 외향적인, 사교적인

Florence Nightingale: Saving Lives with Statistics

PREDICTING Look at the title and pictures on pages 90 to 93. Then guess the relationship between Florence Nightingale and statistics.

(제목과 90쪽에서 93쪽의 그림을 봅시다. 그리고 나서 플로렌스 나이팅게일과 통계의 관계를 추측해 봅시다.)

❶ When you think of Florence Nightingale, you probably picture a lady with a lamp taking care of injured and ill soldiers. ❷ Her compassion for these people was clearly seen through her acts. ❸ On the other hand, her passion for statistics as a way to save people's lives is not well known to many people.

❹ In October 1853, the conflict between Russia and an alliance of European countries turned into a war in the Turkish region known as Crimea. ❺ The war lasted from October 1853 to March 1856 and resulted in large numbers of deaths and injuries. ❻ Hoping to contribute her skills to help the British troops fighting in the Crimean War, Nightingale accepted a nursing position at an army base in Scutari, Turkey in 1854.

어휘

statistics [stətístiks] 몡 통계, 통계 자료; 통계학 영영 quantitative data about something in the form of numbers

injured [índʒərd] 형 부상을 입은, 다친 영영 hurt or physically harmed

compassion [kəmpǽʃən] 몡 연민, 동정심 영영 a strong feeling of sympathy

alliance [əláiəns] 몡 동맹, 연합; *동맹 단체[동맹국] 영영 a group of two or more countries that join forces, especially to protect each other or fight a common enemy

contribute [kəntríbjuːt] 통 기부[기증]하다; *(원조 · 지식 등을) 주다, 제공하다 영영 to give something in order to help achieve a goal

troop [truːp] 몡 (특히 대규모의) 병력, 군대 영영 a group of soldiers

해석

플로렌스 나이팅게일: 통계로 생명 구하기

❶ 당신은 플로렌스 나이팅게일을 생각할 때, 아마 부상당하고 병든 군인들을 돌보는 램프를 든 여성을 상상할 것이다. ❷ 이 사람들에 대한 그녀의 연민은 그녀의 행동을 통해 분명히 보인다. ❸ 반면에, 사람들의 생명을 구하려는 방법으로서의 통계에 대한 그녀의 열정은 많은 사람에게 잘 알려져 있지 않다.

❹ 1853년 10월, 러시아와 유럽 연합국 사이의 갈등은 크림 반도로 알려진 터키 지역에서 전쟁으로 변모되었다. ❺ 전쟁은 1853년 10월부터 1856년 3월까지 지속되었고 수많은 사망과 부상을 초래했다. ❻ 크림 전쟁에서 싸우는 영국군을 돕기 위해 그녀의 기술을 제공하길 바랐기 때문에, 나이팅게일은 1854년 터키의 스쿠타리에 있는 군 기지에서 간호직을 맡았다.

💡 Strategy in Use

Q1 Find a transitional phrase that indicates contrast in the first paragraph on this page.

(이 페이지의 첫 번째 단락에서 대조를 나타내는 연결어구를 찾아봅시다.)

▶ On the other hand (반면에)

Self-Study

Q1 Why did Florence Nightingale join the war as a nurse?

(플로렌스 나이팅게일은 왜 간호사로 전쟁에 참여했는가?)

▶ She joined the war as a nurse because she hoped to contribute her skills to help the British troops fighting in the Crimean War.

(그녀는 크림 전쟁에서 싸우는 영국군을 돕기 위해 자신의 기술을 제공하길 바랐기 때문에 간호사로 전쟁에 참여했다.)

구문 해설

❶ When you think of Florence Nightingale, you probably picture a lady with a lamp **taking care of injured and ill soldiers.**

: 현재분사구 taking ... soldiers가 앞의 명사 a lady를 수식한다. with a lamp는 a lady를 수식하는 전치사구이다.

❸ On the other hand, **her passion for statistics as a way *to save* people's lives is** not well known to many people.

: 문장의 주어(her passion)가 수식어구(for statistics ... people's lives)로 인해 길어진 경우로, 전치사구의 수식을 받는 명사구인 her passion에 동사의 수를 일치시켜 단수동사 is가 쓰였다.

: to save는 앞의 명사 a way를 수식하는 형용사적 용법의 to부정사이다.

❹ In October 1853, the conflict **between Russia and an alliance of European countries** turned into a war in the Turkish region *known as Crimea.*

: 「between A and B」는 'A와 B 사이'라는 의미이며, 전치사구 between ... countries가 문장의 주어인 the conflict를 수식하고 있다.

: 과거분사구 known as Crimea가 앞의 명사구 the Turkish region을 수식한다. known 앞에 「주격 관계대명사+be동사」인 which[that] is가 생략되었다고 볼 수도 있다.

❻ **Hoping to contribute her skills *to help* the British troops <u>fighting in the Crimean War</u>**, Nightingale accepted a nursing position at an army base in Scutari, Turkey in 1854.

: Hoping to ... War는 이유를 나타내는 분사구문으로, As[Because/Since] she hoped to ... War 등으로 바꿔 쓸 수 있다.

: to help는 목적을 나타내는 부사적 용법의 to부정사이다.

: 현재분사구 fighting in the Crimean War는 앞의 명사구 the British troops를 수식한다.

Check Point

다음 괄호 안에서 어법상 알맞은 것을 고르시오.

(1) When you think of Florence Nightingale, you probably picture a lady with a lamp [taking / taken] care of injured and ill soldiers.

(2) On the other hand, her passion for statistics as a way to save people's lives [is / are] not well known to many people.

정답 (1) taking (2) is

Reading 1

❶ Upon her arrival at the base in Scutari, Nightingale realized how difficult it would be to provide proper medical care at the base. ❷ Essential supplies such as food, basic furniture, and blankets were not sufficient, and sometimes nonexistent. ❸ Patients had to deal with inadequate sanitation, which was worsened by exposure to rats and fleas.

❹ Furthermore, the medical records were extremely disorganized. ❺ That was because none of the hospitals were using the same reporting system as any of the others. ❻ Each hospital had a different system of naming and classifying diseases, and even the number of deaths was not accurate. ❼ Thus, Nightingale dedicated herself not only to serving the needs of the injured and ill soldiers directly but also to improving the record-keeping of the hospitals. ❽ She introduced the practice of recording the cause of each death in a uniform manner, which had not been done previously.

❾ After witnessing many tragic deaths during the war, Nightingale knew that the only way to prevent unnecessary deaths was to improve sanitary conditions in army hospitals. ❿ Therefore, she decided to persuade army officials and politicians that widespread sanitation reform was necessary. ⓫ With the help of William Farr, a leading statistician at the time, Nightingale made a number of reports based on the information she had gathered during the war. ⓬ She knew that her message might easily get lost in a long list of tables. ⓭ So, in an attempt to communicate the information in a more effective way, she developed a unique graph: the polar area graph.

어휘

sufficient [səfíʃənt] 형 충분한 영영 enough to fulfill a need

deal with ... (문제 등에) 대처하다 영영 to cope with a problem

inadequate [inǽdikwət] 형 부적당한, 부적절한 영영 not good enough or too low in quality

sanitation [sæ̀nətéiʃən] 명 위생 시설[관리] 영영 the conditions relating to people's health, especially the process of providing clean water

exposure [ikspóuʒər] 명 (유해한 환경 등에의) 노출 영영 the state of being unprotected in a situation

classify [klǽsəfài] 동 분류[구분]하다 영영 to divide things into groups

dedicate [dédikèit] 동 (시간·노력을) 바치다, 전념[헌신]하다 영영 to provide all your energy and time to something

witness [wítnis] 동 목격하다 영영 to see something happen

tragic [trǽdʒik] 형 비극적인 영영 causing extreme sorrow, especially because of death or suffering

sanitary [sǽnətèri] 형 위생의 영영 relating to the conditions that affect public health

reform [rifɔ́ːrm] 명 개혁[개선] 영영 the action of making changes to a system in order to improve it

statistician [stæ̀tistíʃən] 명 통계 전문가, 통계학자 영영 someone who specializes in or works with statistics

해석

❶ 스쿠타리에 있는 군 기지에 도착하자마자, 나이팅게일은 기지에 적절한 의학 치료를 제공하는 것이 얼마나 어려울지 깨달았다. ❷ 음식, 기본 가구, 그리고 담요와 같은 필수 보급품이 충분하지 않았으며, 어떨 때는 아예 없었다. ❸ 환자들은 부적절한 위생 시설에 대처해야 했는데, 이는 쥐와 벼룩에의 노출로 악화되었다.

❹ 게다가, 의료 기록은 극도로 체계적이지 못했다. ❺ 그것은 어떤 병원도 다른 어느 곳과 동일한 기록 체계를 사용하고 있지 않았기 때문이었다. ❻ 병원마다 질병에 이름을 붙이고 분류하는 체계가 달랐고, 심지어 사망자 수도 정확하지 않았다. ❼ 따라서, 나이팅게일은 부상당하고 병든 군인들의 요구를 직접 들어주는 것뿐만 아니라 병원의 기록 관리를 개선하는 데에도 전념했다. ❽ 그녀는 각 사망의 원인을 동일한 방식으로 기록하는 관행을 도입했는데, 이는 이전에 시행된 적이 없었다.

❾ 전쟁 중 많은 비극적인 죽음을 목격한 뒤, 나이팅게일은 불필요한 죽음을 방지하는 유일한 방법은 군 병원 내 위생 상태를 향상하는 것임을 알았다. ❿ 그래서, 그녀는 군 관료들과 정치인들에게 광범위한 위생 개혁이 필요하다고 설득하기로 결심했다. ⓫ 당시 선도적인 통계학자였던 윌리엄 파르의 도움으로, 나이팅게일은 전쟁 중에 수집한 정보를 바탕으로 많은 보고서를 작성했다. ⓬ 그녀는 긴 목록의 표에서 그녀의 메시지를 쉽게 놓칠 수 있음을 알았다. ⓭ 그래서, 더 효과적인 방법으로 정보를 전달하려는 시도로, 그녀는 독특한 그래프인 폴라 그래프를 개발했다.

Strategy in Use

Q2 Find a transitional word that introduces additional information in the second paragraph on this page.
(이 페이지의 두 번째 단락에서 추가적인 정보를 소개하는 연결어를 찾아봅시다.)
▶ Furthermore (게다가)

Self-Study

Q2 Why were the medical records disorganized?
(의료 기록은 왜 체계적이지 못했는가?)
▶ They were disorganized because none of the hospitals were using the same reporting system as any of the others.
(어떤 병원도 다른 어느 곳과 동일한 기록 체계를 사용하고 있지 않았기 때문에 의료 기록은 체계적이지 못했다.)

Q3 What did Nightingale develop to communicate information more effectively?
(나이팅게일은 더 효과적으로 정보를 전달하기 위해 무엇을 개발했는가?)
▶ She developed the polar area graph.
(그녀는 폴라 그래프를 개발했다.)

구문 해설

❶ Upon her arrival at the base in Scutari, Nightingale realized **how difficult** *it* would be *to provide proper medical care at the base*.
: how difficult 이하는 realized의 목적어 역할을 하는 간접의문문으로, 「의문사+주어+동사」의 어순으로 쓰였다.
: it은 간접의문문의 가주어이고, to provide 이하가 진주어이다.

❺ That was because none of the hospitals were using **the same** reporting system **as** any of the others.
: 「the same ... as ~」는 '~와 같은 …'라는 의미이다.

❼ Thus, Nightingale **dedicated herself** not only **to serving** the needs of the injured and ill soldiers directly but also **to improving** the record-keeping of the hospitals.
: 「dedicate oneself to ...」는 '…에 전념하다'라는 의미로, 전치사 to의 목적어로 동명사 serving과 improving이 쓰였다.

❾ **After witnessing many tragic deaths during the war**, Nightingale knew that the only way to prevent unnecessary deaths was *to improve sanitary conditions in army hospitals*.
: After witnessing ... the war는 의미를 분명히 하기 위해 접속사를 생략하지 않은 분사구문이다. After를 전치사로, witnessing을 전치사의 목적어로 쓰인 동명사로 볼 수도 있다.
: to improve 이하는 that이 이끄는 명사절에서 주격보어 역할을 하는 명사적 용법의 to부정사구이다.

⓫ **With the help of** William Farr, a leading statistician at the time, Nightingale made a number of reports based on the information *(that[which])* she had gathered during the war.
: 「with the help of ...」는 '…의 도움으로'라는 뜻이다.
: she 이하는 the information을 선행사로 하는 목적격 관계대명사절로, 앞에 관계대명사 that[which]이 생략되었다.

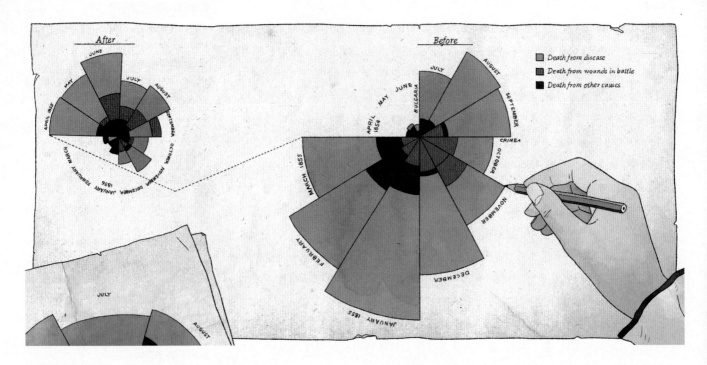

❶ The polar area graph presented a great deal of information about the causes of death of British soldiers in Crimea at a glance. ❷ Each of the twelve sectors displayed on the graph represented a different month. ❸ The size of the sector showed how many deaths occurred that month, with the largest sectors indicating the months with the highest death rates. ❹ Within each sector, three colors were used to show the cause of death. ❺ The blue section represented deaths attributed to infectious diseases like cholera. ❻ The pink section showed deaths caused by wounds, most of which were received in combat. ❼ Black stood for deaths caused by anything other than diseases or wounds.

| 어휘

at a glance 한눈에 영영 with only a quick look

indicate [índikèit] 동 나타내다[보여 주다] 영영 to represent something

attribute ... to ~ ···을 ～의 결과로 보다 영영 to believe something was caused by an event or situation

infectious [infékʃəs] 형 전염되는[전염성의] 영영 able to be passed from one person to another

wound [wuːnd] 명 상처, 부상 영영 a damaged part of the body

combat [kámbæt] 명 전투, 싸움 영영 fighting between military forces

stand for ... ···을 나타내다[의미하다] 영영 to represent or mean

해석

❶ 폴라 그래프는 크림 반도에서의 영국 군인들의 사망 원인에 관한 다량의 정보를 한눈에 보여 주었다. ❷ 그래프에 보이는 열두 개의 영역 각각은 다른 달을 나타냈다. ❸ 영역의 크기는 그달에 얼마나 많은 사망자가 발생했는지를 보여 주었는데, 가장 큰 영역은 사망률이 가장 높은 달을 나타냈다. ❹ 각 영역 내에는, 사망 원인을 보여주기 위해 세 개의 색이 사용되었다. ❺ 파란색 부분은 콜레라 같은 전염병으로 인한 죽음을 나타냈다. ❻ 분홍색 부분은 부상으로 인한 사망을 보여 주었는데, 그중 대부분은 전투에서 당한 것이었다. ❼ 검은색은 질병이나 부상 외에 다른 것으로 인한 사망을 나타냈다.

Self-Study

Q4 Check T if the sentence is true or F if it is false.

(다음 문장이 맞으면 T, 틀리면 F에 표시해 봅시다.)

(1) The size of the sector in the polar area graph indicated the number of deaths during that month. ((T) F)

(폴라 그래프의 영역의 크기는 그달 동안의 사망자 수를 보여 주었다.)

(2) The pink section in the polar area graph represented deaths caused by infectious diseases. (T (F))

(폴라 그래프의 분홍색 부분은 전염병으로 인한 죽음을 나타냈다.)

구문 해설

❸ The size of the sector showed **how many deaths occurred that month**, *with the largest sectors indicating* the months with the highest death rates.

: how ... month는 동사 showed의 목적어 역할을 하는 간접의문문이다.

: with ... indicating은 「with+명사(구)+분사」 구문으로, 명사구(the largest sectors)와 분사가 능동 관계이므로 현재분사 indicating이 사용되었다.

❹ Within each sector, three colors **were used to show** the cause of death.

: 「be used to-v」는 '…하는 데 사용되다'라는 의미이다.

cf. 「be used to v-ing」는 '…하는 데 익숙하다,' 「used to-v」는 '과거에 …하곤 했다'라는 의미이다.

❻ The pink section showed deaths **caused by wounds**, *most of which were received in combat.*

: caused by wounds는 앞의 명사 deaths를 수식하는 과거분사구이다.

: most of which 이하는 wounds를 선행사로 하는 계속적 용법의 관계대명사절이다. 「of which」 앞에 한정사(all, both, some, any, most 등)가 올 수 있으며 '그중 …는'이라고 해석한다.

Check Point

1. 다음 괄호 안의 단어를 바르게 배열하여 문장을 완성하시오.

The blue section represented _____ (infectious / to / deaths / diseases / attributed) like cholera.

2. 주어진 우리말 뜻에 맞도록 빈칸에 알맞은 말을 쓰시오.

The pink section showed deaths caused by wounds, _____ _____ _____ were received in combat.

(분홍색 부분은 부상으로 인한 사망을 보여 주었는데, 그중 대부분은 전투에서 당한 것이었다.)

정답 1. deaths attributed to infectious diseases   2. most of which

Reading 1

❶ Nightingale analyzed this data and tried to figure out ways to lower the number of deaths. ❷ For example, she made efforts to improve air flow in hospitals and develop safer ways to process sewage during the war. ❸ Her efforts resulted in a sharp drop in deaths caused by contagious diseases. ❹ This can be seen on the graph in the months where the blue section nearly disappears.

❺ Through her graphs, Nightingale effectively demonstrated the substantial impact that contagious diseases had on the soldiers in the army hospital. ❻ In fact, infectious disease would have wiped out the entire army if the trend had continued. ❼ By showing her message in such a clear way, however, she was able to convince people that a large number of deaths could be prevented. ❽ As a consequence, sanitation procedures used by hospitals underwent extensive reforms, and the number of preventable deaths decreased sharply. ❾ Thanks to her effective tools of communication, she made a crucial and lasting impact in the fields of both medicine and statistics.

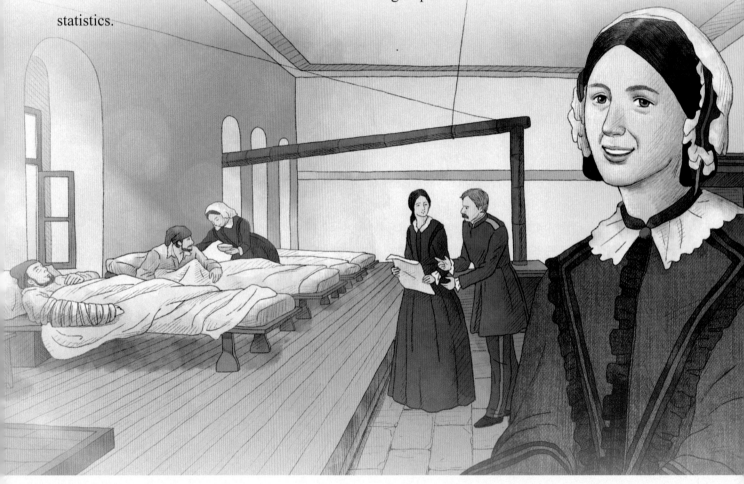

어휘

sewage [súːidʒ] 명 하수, 오물 영영 used water which is carried away through sewers

contagious [kəntéidʒəs] 형 전염되는, 전염성의 영영 able to be spread from one person to another

demonstrate [démənstrèit] 동 입증하다 영영 to show or explain something clearly

substantial [səbstǽnʃəl] 형 상당한 영영 large in amount or degree

wipe out ... …을 완전히 파괴하다[없애 버리다] 영영 to eliminate completely

convince [kənvíns] 동 납득시키다, 확신시키다 영영 to make someone believe firmly that something is true

procedure [prəsíːdʒər] 명 절차[방법] 영영 a set of actions for doing something

extensive [iksténsiv] 형 아주 넓은[많은], 대규모의 영영 very large in amount, size, or degree

crucial [krúːʃəl] 형 중대한, 결정적인 영영 extremely important

lasting [lǽstiŋ] 형 지속적인 영영 existing for a long time

해석

❶ 나이팅게일은 이 자료를 분석하여 사망자 수를 줄이는 방법을 알아내려고 노력했다. ❷ 예를 들어, 그녀는 병원 내 공기 흐름을 개선하고 전쟁 중 하수를 처리하는 더 안전한 방법을 개발하기 위해 노력했다. ❸ 그녀의 노력은 전염병으로 인한 죽음이 급격하게 감소하는 결과를 낳았다. ❹ 이것은 파란색 부분이 거의 사라진 달의 그래프에서 볼 수 있다.

❺ 그녀의 그래프를 통해, 나이팅게일은 군 병원 내에서 전염병이 군인들에게 미치는 상당한 영향을 효과적으로 보여 주었다. ❻ 사실상, 그 추세가 계속되었다면 전염병이 군 전체를 전멸시켰을 것이다. ❼ 그러나 그녀의 메시지를 그런 명확한 방식으로 보여 줌으로써, 그녀는 많은 죽음이 예방될 수 있다는 것을 사람들에게 납득시킬 수 있었다. ❽ 그 결과, 병원에 의해 사용되었던 위생 절차는 대대적인 개혁에 들어갔고, 예방 가능한 사망자 수가 급격하게 감소했다. ❾ 그녀의 효과적인 의사소통 수단 덕분에, 그녀는 의학과 통계학 두 분야 모두에 중대하고 지속적인 영향을 끼쳤다.

Strategy in Use

Q3 Find a transitional phrase that introduces a result in the second paragraph on this page.
(이 페이지의 두 번째 단락에서 결과를 소개하는 연결어구를 찾아봅시다.)

▶ As a consequence (그 결과)

Self-Study

Q5 What happened after hospitals went through major sanitation reforms?
(병원이 큰 위생 개혁을 거친 후에 어떤 일이 발생했는가?)

▶ The number of preventable deaths in hospitals decreased sharply.
(병원에서 예방 가능한 사망자 수가 급격하게 감소했다.)

구문 해설

❹ This can be seen on the graph in the months **where** the blue section nearly disappears.
: where는 the graph를 선행사로 하는 관계부사이다. in the months는 the graph를 수식하는 전치사구이다.

❺ Through her graphs, Nightingale effectively demonstrated the substantial impact **that contagious diseases had on the soldiers in the army hospital**.
: that 이하는 선행사 the substantial impact를 수식하는 목적격 관계대명사절이다. 목적격 관계대명사 that은 생략할 수 있다.

❻ In fact, infectious disease **would have wiped** out the entire army **if** the trend **had continued**.
: 「If+주어+had p.p., 주어+조동사의 과거형+have p.p.」는 과거 사실과 반대되는 상황을 가정하는 가정법 과거완료 구문이다.

❼ **By showing** her message in such a clear way, however, she was able to *convince people that a large number of deaths could be prevented*.
: 「by v-ing」는 '…함으로써'라는 의미이다.
: 동사 convince의 간접목적어는 people, 직접목적어는 접속사 that 이하이다.

Check Point

다음 빈칸에 들어갈 말로 알맞은 것을 고르시오.
This can be seen on the graph in the months _____ the blue section nearly disappears.
① which   ② why   ③ when   ④ where   ⑤ how

정답 ④

After Reading 1

Reading 1을 바탕으로 상자 안의 단어를 사용하여 reading map을 완성해 봅시다.

1854년에, 플로렌스 나이팅게일은 크림 전쟁에서 싸우는 영국군을 돕기 위해 ① 간호직을 맡았다.

그녀는 군 기지에 위생 시설이 부적절하고 의료 기록이 극도로 ② 체계적이지 못하다는 것을 깨달았다.

그녀는 위생 ③ 개혁이 필요하다고 생각해서, 많은 보고서를 작성하기 시작했다.

정보를 더 효과적으로 전달하기 위해, 나이팅게일은 ④ 폴라 그래프를 개발했다.

그녀의 그래프는 병원의 위생 상태를 개선한 후 ⑤ 전염되는 질병으로 인한 죽음이 급격히 감소했음을 보여주었다.

그녀의 그래프를 사용하여, 그녀는 병원에서 위생 개혁을 시작하도록 사람들을 납득시켰고, 그것은 ⑥ 사망자 수를 줄였다.

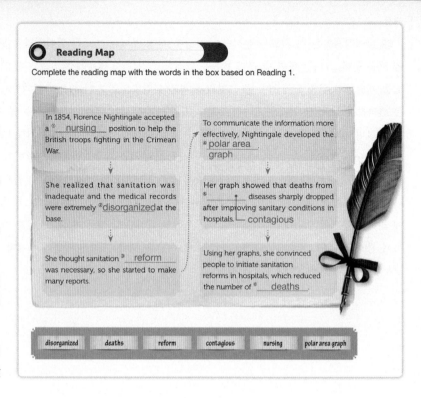

Reading Map

Complete the reading map with the words in the box based on Reading 1.

In 1854, Florence Nightingale accepted a ① __nursing__ position to help the British troops fighting in the Crimean War.

She realized that sanitation was inadequate and the medical records were extremely ②disorganized at the base.

She thought sanitation ③ __reform__ was necessary, so she started to make many reports.

To communicate the information more effectively, Nightingale developed the ④ polar area graph

Her graph showed that deaths from ⑤ __contagious__ diseases sharply dropped after improving sanitary conditions in hospitals.

Using her graphs, she convinced people to initiate sanitation reforms in hospitals, which reduced the number of ⑥ __deaths__.

| disorganized | deaths | reform | contagious | nursing | polar area graph |

A 굵게 표시된 표현과 같은 의미를 지닌 표현을 연결해 봅시다.

1. 그 정치가는 재정 위기에 대처할 방안을 제시했다.
2. 나는 한눈에 그가 정직한 사람이라는 것을 바로 안다.
3. 이 시에서 흰 토끼는 순수성과 천진난만함을 나타낸다.

a. 나타내다, 상징하다
b. …에 대처하다
c. 첫눈에

B A에서 굵게 표시된 표현을 사용하여 문장을 완성해 봅시다.

1. MC라는 글자는 '사회자'를 나타낸다.
2. 나는 누군가 이미 봉투를 열었음을 한눈에 알 수 있었다.
3. 성공한 운동선수는 경쟁의 부담감에 대처하는 법을 안다.

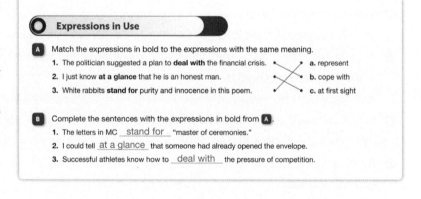

Expressions in Use

A Match the expressions in bold to the expressions with the same meaning.

1. The politician suggested a plan to **deal with** the financial crisis. — b. cope with
2. I just know **at a glance** that he is an honest man. — c. at first sight
3. White rabbits **stand for** purity and innocence in this poem. — a. represent

B Complete the sentences with the expressions in bold from **A**.

1. The letters in MC __stand for__ "master of ceremonies."
2. I could tell __at a glance__ that someone had already opened the envelope.
3. Successful athletes know how to __deal with__ the pressure of competition.

어휘

extremely [ikstríːmli] 부 극도로   initiate [iníʃièit] 동 개시되게 하다, 착수시키다   disorganized [disɔ́ːrɡənàizd] 형 체계적이지 못한
politician [pàlətíʃən] 명 정치가   purity [pjúərəti] 명 순수성   innocence [ínəsəns] 명 결백, 무죄; *천진   pressure [préʃər] 명 압력; *압박(감), 스트레스

1. KEY VOCABULARY

- statistics 명 통계, 통계 자료; 통계학
- injured 형 부상을 입은, 다친
- compassion 명 연민, 동정심
- alliance 명 동맹, 연합; *동맹 단체[동맹국]
- contribute 동 기부[기증]하다; *(원조·지식 등을) 주다, 제공하다
- troop 명 (특히 대규모의) 병력, 군대
- sufficient 형 충분한
- deal with ... (문제 등에) 대처하다
- inadequate 형 부적당한, 부적절한
- sanitation 명 위생 시설[관리]
- exposure 명 (유해한 환경 등에의) 노출
- classify 동 분류[구분]하다
- dedicate 동 (시간·노력을) 바치다, 전념[헌신]하다
- witness 동 목격하다
- tragic 형 비극적인
- sanitary 형 위생의
- reform 명 개혁[개선]
- statistician 명 통계 전문가, 통계학자
- at a glance 한눈에
- indicate 동 나타내다[보여 주다]
- attribute ... to ~ …을 ~의 결과로 보다
- infectious 형 전염되는[전염성의]
- wound 명 상처, 부상
- combat 명 전투, 싸움
- stand for ... …을 나타내다[의미하다]
- sewage 명 하수, 오물
- contagious 형 전염되는, 전염성의
- demonstrate 동 입증하다
- substantial 형 상당한
- wipe out ... …을 완전히 파괴하다[없애 버리다]
- convince 동 납득시키다, 확신시키다
- procedure 명 절차[방법]
- extensive 형 아주 넓은[많은], 대규모의
- crucial 형 중대한, 결정적인
- lasting 형 지속적인

2. KEY STRUCTURES

1. 이유를 나타내는 분사구문
Hoping to contribute her skills to help the British troops fighting in the Crimean War, Nightingale accepted a nursing position at an army base in Scutari, Turkey in 1854.
분사구문은 때, 이유, 동시동작, 연속동작, 조건, 양보 등의 의미를 나타낸다. 여기서는 Hoping to ... War가 이유를 나타내는 분사구문으로 쓰여, '…하므로, …하기 때문에'라고 해석한다.

2. 간접의문문
Upon her arrival at the base in Scutari, Nightingale realized **how difficult it would be to provide proper medical care at the base**.
간접의문문은 「의문사+주어+동사」의 어순으로 쓰며 문장에서 주어, 목적어, 보어 등의 역할을 한다. 여기서는 how 이하가 동사 realized의 목적어 역할을 하는 간접의문문으로 쓰였다.

3. 「the number of+복수명사+단수동사」
Each hospital had a different system of naming and classifying diseases, and even **the number of deaths was** not accurate.
「the number of+복수명사」는 '…의 수'라는 의미로 단수 취급하여 뒤에 단수동사가 온다. 반면 「a number of+복수명사」는 '많은 …'라는 의미로 복수 취급하여 뒤에 복수동사가 온다. 여기서는 the number of deaths가 '사망자의 수'를 나타내므로, 단수동사 was가 뒤따른다.

4. 가정법 과거완료
In fact, infectious disease **would have wiped** out the entire army **if** the trend **had continued**.
가정법 과거완료는 「If+주어+had p.p., 주어+조동사의 과거형+have p.p.」의 형태로 과거 사실과 반대되는 일이나 실현되지 못한 일을 가정할 때 쓰이며, '(과거에) 만약 …했더라면, ~했을 텐데'라는 의미이다.

5. that절이 직접목적어로 쓰인 4형식 문장
By showing her message in such a clear way, however, she was able to convince **people that a large number of deaths could be prevented**.
「주어+동사+간접목적어+직접목적어」 형태의 4형식 문장에서 that절이 직접목적어로 쓰일 수 있다. 여기서는 동사 convince의 간접목적어가 people, 직접목적어가 that절이다.

Gestures across the Globe

PREDICTING   Read the paragraph on this page and guess what this reading is mainly about.
(이 페이지의 단락을 읽고 이 글이 주로 무엇에 관한 것인지 추측해 봅시다.)

❶ Imagine that you are abroad and you are looking for a restroom. ❷ The problem is you don't speak the language. ❸ What would you do in this situation? ❹ You would probably try to use your hands, arms, face, head, or any other parts of your body to deliver your message. ❺ When you encounter a language barrier, gestures are an obvious alternative to illustrate your points. ❻ These movements may seem like the simplest way to communicate, but a gesture in one culture might not have the same meaning as that gesture in another culture. ❼ In other words, your gestures may seem like nonsense to others, so they might think you are weird. ❽ On some occasions, they might feel offended by your gestures even if you didn't mean to cause offense.

어휘

barrier [bǽriər] 명 장벽 영영 an obstacle that separates two sides and prevents interaction between them
obvious [ábviəs] 형 분명한[명백한] 영영 easy to see or recognize
alternative [ɔːltə́ːrnətiv] 명 대안, 선택 가능한 것 영영 something that can be used instead of something else
weird [wiərd] 형 기이한, 이상한 영영 very strange and unusual

on some occasion(s) 어떤 경우에는 영영 sometimes, but not very often
offend [əfénd] 동 기분을 상하게[불쾌하게] 하다 영영 to make someone angry or upset
offense [əféns] 명 위반; *화나게[불쾌하게] 하는 행위, 모욕 영영 the feeling of being angry or upset by someone's words or actions

해석

전 세계의 제스처

❶ 당신이 해외에 있고 화장실을 찾고 있다고 상상해 보라. ❷ 문제는 당신이 그 나라의 언어를 말할 줄 모른다는 것이다. ❸ 이 상황에서 당신은 어떻게 하겠는가? ❹ 아마 당신은 메시지를 전하기 위해 손, 팔, 얼굴, 머리, 또는 신체의 다른 부분들을 사용하려 할 것이다. ❺ 당신이 언어 장벽에 부딪혔을 때, 제스처는 당신이 말하고자 하는 바를 설명하기 위한 명백한 대안이다. ❻ 이 동작들은 의사소통하기 위한 가장 간단한 방법처럼 보일지 모르지만, 한 문화에서의 제스처가 다른 문화의 그 제스처와 같은 의미를 갖지 않을 수도 있다. ❼ 다시 말해서 당신의 제스처가 다른 사람들에게는 말이 안 되는 것처럼 보일 수 있어서, 그들이 당신을 이상하게 생각할지도 모른다. ❽ 어떤 경우에는, 당신이 기분을 상하게 하려고 한 것이 아닐지라도 그들은 당신의 제스처로 인해 불쾌해할 수 있다.

구문 해설

❷ The problem is **(that) you don't speak the language**.
: you 이하는 주격보어로 쓰인 명사절로, 명사절을 이끄는 접속사 that이 생략되었다.

❹ You would probably try to use your hands, arms, face, head, or any other parts of your body **to deliver** your message.
: to deliver는 목적을 나타내는 부사적 용법의 to부정사이다.

❻ These movements may seem like the simplest way **to communicate**, but a gesture in one culture might not have *the same* meaning *as* that gesture in another culture.
: to communicate는 the simplest way를 수식하는 형용사적 용법의 to부정사이다.
: 「the same ... as ~」는 '~와 같은 ...'라는 의미를 나타낸다.

❽ On some occasions, they might feel offended by your gestures **even if** you didn't mean to cause offense.
: even if는 '(비록) …일지라도'라는 의미의 접속사로, 뒤에 가상의 상황이 제시된다.

Check Point

다음 문장의 밑줄 친 that과 어법상 쓰임이 같은 것을 고르시오.

Imagine that you are abroad and you are looking for a restroom.

① The climate there is milder than that of Seoul.
② I didn't notice that the furniture had changed.
③ The car that crashed into a tree was completely destroyed.

정답 ②

Reading 2

I agree with you.

❶ For instance, nodding your head means "yes" in most cultures, but you should be cautious because this is not universal. ❷ In Turkey, Greece, and Bulgaria, a head nod actually means "no." ❸ In Japan, it carries another meaning. ❹ A nod given by a Japanese person signifies that he or she is listening and wants you to continue speaking. ❺ Even if the Japanese person does not agree with your opinion, he or she will still nod to keep the conversation going. ❻ This can be a source of misunderstanding when the speaker thinks a nod means "I agree with you," but it actually means "I want to hear more."

I want to hear more.

❼ The movements themselves are not the only thing that can vary across cultures. ❽ The frequency with which a person uses gestures is also influenced by his or her culture. ❾ Exaggerated gestures for emphasis and explanations are common in certain cultures. ❿ For example, people in France, Spain, and Italy have a tendency to use a lot of gestures when speaking. ⓫ In fact, hand gestures are so important for Italians that they might even pull off the road while driving to continue a conversation. ⓬ It is nearly impossible for them to talk without using their hands.

어휘

nod [nɑd] 동 (고개를) 끄덕이다 영영 to move your head up and down to show agreement or understanding 명 (고개를) 끄덕임 영영 an act of nodding

signify [sígnəfài] 동 의미하다, 나타내다 영영 to convey or indicate a particular meaning

vary [vέəri] 동 서로[각기] 다르다 영영 to differ from each other in size, amount, degree, or nature

exaggerated [igzǽdʒərèitid] 형 과장된, 부풀린 영영 stronger or more intense than usual

emphasis [émfəsis] 명 강조 영영 special importance or attention

tendency [téndənsi] 명 경향 영영 an inclination for a particular behavior

pull off the road 도로를 벗어나다 영영 to stop by the side of the road when driving a car

해석

❶ 예를 들어, 대부분의 문화권에서 고개를 끄덕이는 것은 "맞습니다"라는 의미이지만, 이것이 전 세계 공통은 아니므로 당신은 주의해야 한다. ❷ 터키, 그리스, 그리고 불가리아에서 고개 끄덕임은 사실 "아니오"를 의미한다. ❸ 일본에서, 이것은 또 다른 의미를 지닌다. ❹ 일본인이 고개를 끄덕이는 것은 그 사람이 이야기를 듣고 있고 당신이 계속 이야기하기를 원한다는 것을 나타낸다. ❺ 일본인은 당신의 의견에 동의하지 않더라도, 대화를 이어나가기 위해 끄덕일 것이다. ❻ 화자가 끄덕임이 "당신의 의견에 동의합니다."를 의미한다고 생각하지만, 사실은 "저는 더 듣고 싶습니다."라는 의미일 때 이는 오해의 원인이 될 수 있다.

❼ 동작 그 자체가 문화별로 다를 수 있는 유일한 것은 아니다. ❽ 사람이 제스처를 사용하는 빈도 또한 그 사람의 문화에 영향을 받는다. ❾ 어떤 문화에서는 강조와 설명을 위한 과장된 제스처가 흔하다. ❿ 예를 들어, 프랑스, 스페인, 그리고 이탈리아 사람들은 말할 때 제스처를 많이 사용하는 경향이 있다. ⓫ 실제로, 이탈리아인들에게 손 제스처는 매우 중요해서 그들은 심지어 대화를 이어가기 위해 운전 중에 도로를 벗어날지도 모른다. ⓬ 그들에게는 손을 사용하지 않고 말하는 것이 거의 불가능하다.

⚡ Strategy in Use

Q1 Find a transitional phrase that indicates an example in the first paragraph on this page.

(이 페이지의 첫 번째 단락에서 예시를 나타내는 연결어구를 찾아봅시다.)

▶ For instance (예를 들어)

Self-Study

Q2 Check T if the sentence is true or F if it is false.

(다음 문장이 맞으면 T, 틀리면 F에 표시해 봅시다.)

(1) A nod is thought of as meaning "no" in Turkey. (T) F)

(터키에서 고개 끄덕임은 "아니오"라는 의미로 여겨진다.)

(2) Italians tend to use a lot of gestures when they speak. (T) F)

(이탈리아 사람들은 말할 때 제스처를 많이 사용하는 경향이 있다.)

구문 해설

❹ A nod **given by a Japanese person** signifies *that* he or she is listening and wants you to continue speaking.
: given by a Japanese person은 앞의 명사 A nod를 수식하는 과거분사구이다.
: 접속사 that은 signifies의 목적어 역할을 하는 명사절을 이끈다.
: continue는 목적어로 to부정사와 동명사 둘 다 취할 수 있다.

❼ The movements **themselves** are not *the only thing that* can vary across cultures.
: 재귀대명사 themselves는 앞의 명사 The movements를 강조하기 위해 쓰였다.
: 선행사에 the only가 포함된 경우 관계대명사는 주로 that을 쓴다. 이 외에 선행사에 최상급 형용사, the same, the very 등이 포함된 경우에도 관계대명사 that을 쓴다.

❽ The frequency **with which** a person uses gestures is also influenced by his or her culture.
: 관계대명사 which가 전치사 with의 목적어로 쓰였다. 이처럼 「전치사+관계대명사」의 어순으로 쓰인 경우에 목적격 관계대명사는 생략할 수 없다.

⓫ In fact, hand gestures are **so important** for Italians **that** they might even pull off the road while driving *to continue* a conversation.
: 「so+형용사[부사]+that ...」은 '너무 …해서 ~한[하게]'의 의미이다.
: to continue는 목적을 나타내는 부사적 용법의 to부정사이다.

⓬ **It** is nearly impossible **for them to talk without using their hands**.
: It은 가주어이고 to talk 이하가 진주어이다. for them은 to부정사의 의미상의 주어이다.

Reading 2

❶ On the contrary, there are many cultures where the use of gestures is highly restricted. ❷ Speakers in England, Germany, and some other northern European countries seem stiff and frozen compared to their southern neighbors. ❸ In some parts of East Asia, body movement is kept to a minimum as a sign of politeness. ❹ In fact, excessive gestures can be considered aggressive in these cultures. ❺ Owing to these differences, these people may consider those who use a lot of gestures to be rude and lack self-control. ❻ On the other hand, those who use many gestures may find those who don't dull and restrained.

❼ Effective communication is not just about verbal communication but also about the gestures we use. ❽ Making mere assumptions about a person's intentions based on gestures can cause misunderstandings if we do not take into account the person's cultural background. ❾ Hence, understanding cultural differences in gesture use can help us improve communication and avoid confusion or offense.

어휘

restricted [ristríktid] 형 제한된 영영 limited by rules
stiff [stif] 형 뻣뻣한; *(행동·태도가) 딱딱한, 경직된 영영 formal and not friendly or relaxed
minimum [mínəməm] 명 최소한(도), 최저(치) 영영 the smallest possible amount of something
excessive [iksésiv] 형 지나친, 과도한 영영 too much
aggressive [əgrésiv] 형 공격적인 영영 doing things in a violent way
owing to ... ···때문에 영영 because of

restrained [ristréind] 형 자제하는, 차분한 영영 behaving in a controlled way
mere [miər] 형 단순한; *단지 ···에 불과한 영영 being nothing more than
assumption [əsʌ́mpʃən] 명 추정, 상정 영영 the act of believing something is true without any proof
take into account ... ···을 고려하다 영영 to consider something when making a decision
hence [hens] 부 그러므로, 따라서 영영 for this reason

해석

❶ 이와 반대로, 제스처의 사용이 매우 제한되는 문화권도 많다. ❷ 영국, 독일, 그리고 몇 몇 북유럽 국가의 화자들은 그들의 남부 이웃들에 비해서 딱딱하고 차가워 보인다. ❸ 동아 시아 일부 지역에서는 정중함의 표시로 신체 움직임이 최소한으로 유지된다. ❹ 실제로, 이 들 문화권에서 과도한 제스처는 공격적으로 여겨질 수 있다. ❺ 이러한 차이 때문에, 이 사 람들은 제스처를 많이 사용하는 사람들을 무례하고 자제심이 없다고 간주할지 모른다. ❻ 반면, 제스처를 많이 사용하는 사람들은 그렇지 않은 사람들을 따분하고 억눌려 있다고 생 각할 수도 있다.

❼ 효과적 의사소통은 단지 언어적 의사소통에 관한 것일 뿐만 아니라 우리가 사용하는 제스처에 관한 것이기도 하다. ❽ 단지 제스처를 바탕으로 사람의 의도를 추측하는 것은 우 리가 그 사람의 문화적 배경을 고려하지 않는다면 오해를 불러일으킬 수 있다. ❾ 그러므로, 제스처 사용에서의 문화적 차이를 이해하는 것은 우리가 의사소통을 향상하고 혼란이나 불 쾌감을 피하도록 도울 수 있다.

Strategy in Use

Q2 Find two transitional phrases that indicate contrast in the first paragraph on this page.
(이 페이지의 첫 번째 단락에서 대조를 나타내는 두 개의 연결어구를 찾아봅시다.)

▶ On the contrary (이와는 반대로), On the other hand (반면)

Self-Study

Q3 Check T if the sentence is true or F if it is false.
(다음 문장이 맞으면 T, 틀리면 F에 표시해 봅시다.)

(1) Throughout East Asia, excessive gestures in conversation are considered a form of politeness. (T (F))
(동아시아 전역에서, 대화 중의 과도한 제스처가 정중함의 형태로 여겨진다.)

(2) It is necessary to understand a person's culture in order to accurately perceive his or her intentions behind gestures. ((T) F)
(제스처에 숨은 의도를 정확하게 파악하기 위해서 그 사람의 문화를 이해하는 것이 필요하다.)

구문 해설

❺ Owing to these differences, these people may **consider** those *who use a lot of gestures* **to be rude and (to) lack self-control**.
: 「consider+목적어+to-v」는 '…을 ~하다고 여기다[생각하다]'라는 의미이다.
: who ... gestures는 앞의 those를 선행사로 하는 주격 관계대명사절이다.

❻ On the other hand, those **who** use many gestures may *find those* **who** *don't (use many gestures) dull and restrained*.
: 두 개의 who는 각각 앞의 those를 선행사로 하는 주격 관계대명사이다.
: 「find+목적어+목적격보어」는 '…을 ~라고 여기다'라는 의미로, those who don't가 목적어, dull and restrained가 목적격보어에 해당한다. those who don't 뒤에는 반복을 피하기 위 해 use many gestures가 생략되었다.

❾ Hence, **understanding cultural differences in gesture use** can *help* us *improve* communication and *avoid* confusion or offense.
: understanding ... use는 문장의 주어 역할을 하는 동명사구이다.
: 동사 help의 목적격보어로 동사원형 improve와 avoid가 쓰였다.

Check Point

1. 다음 문장에서 어법상 틀린 것을 찾아 바르게 고치시오.

In fact, excessive gestures can be considered aggressively in these cultures.

_____ → _____

2. 다음 문장의 밑줄 친 Owing to와 바꿔 쓸 수 있는 것을 고르시오.

Owing to these differences, these people may consider those who use a lot of gestures to be rude and lack self-control.

① In spite of   ② Apart from   ③ Except for   ④ With regard to   ⑤ Because of

정답 1. aggressively → aggressive   2. ⑤

Reading 2를 바탕으로 상자 안의 단어를 사용하여 reading map을 완성해 봅시다.

제스처

한 문화에서의 제스처가 다른 문화에서는 ① 다른 의미를 가질 수 있다.

예를 들어, 한 문화에서의 고개 ② 끄덕임이 다른 문화에서는 같은 의미를 갖지 않을 수 있다.

동작뿐만 아니라, 제스처의 ③ 빈도 또한 문화에 의해 영향을 받는다.

몇몇 나라에서, 사람들은 말할 때 많은 제스처를 사용한다. 이와 반대로, 다른 나라에서는 제스처의 사용이 매우 ④ 제한된다.

제스처 사용에서의 ⑤ 문화적인 차이를 이해하는 것은 의사소통을 향상하는 데 도움을 줄 것이다.

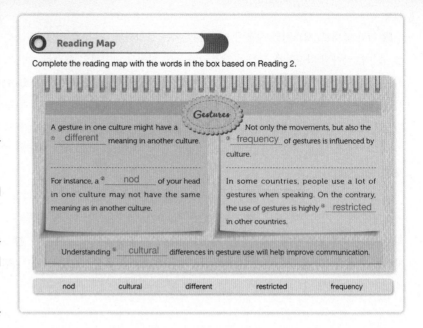

Reading Map

Complete the reading map with the words in the box based on Reading 2.

Gestures

A gesture in one culture might have a ① **different** meaning in another culture.

For instance, a ② **nod** of your head in one culture may not have the same meaning as in another culture.

Not only the movements, but also the ③ **frequency** of gestures is influenced by culture.

In some countries, people use a lot of gestures when speaking. On the contrary, the use of gestures is highly ④ **restricted** in other countries.

Understanding ⑤ **cultural** differences in gesture use will help improve communication.

| nod | cultural | different | restricted | frequency |

A 연어를 살펴보고 빈칸에 다른 예를 써 봅시다.

메시지를 전달하다	의미를 지니다
연설을 하다	병을 옮기다
Sample	Sample
강의를 하다	짐을 지다

B 상자 안의 단어를 사용하여 문장을 완성해 봅시다.

1. 부통령은 내일 포럼에서 연설을 할 것이다.
2. 그 가수는 그녀의 노래를 통해 사랑과 평화의 메시지를 전달했다.
3. 중국어에서, 한 단어는 성조에 따라 많은 의미를 지닐 수 있다.

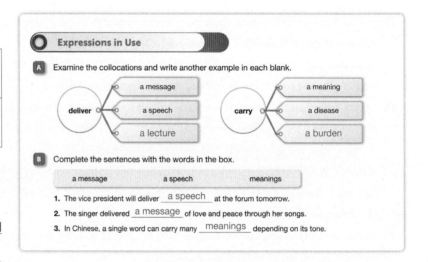

Expressions in Use

A Examine the collocations and write another example in each blank.

deliver — a message / a speech / a lecture

carry — a meaning / a disease / a burden

B Complete the sentences with the words in the box.

| a message | a speech | meanings |

1. The vice president will deliver **a speech** at the forum tomorrow.
2. The singer delivered **a message** of love and peace through her songs.
3. In Chinese, a single word can carry many **meanings** depending on its tone.

More Collocations

deliver a letter 편지를 배달하다	carry a load 짐을 나르다
deliver an address 연설을 하다	carry a story 이야기를 전하다
deliver an attack 공격을 가하다	carry the ball (어떤 일을) 책임지고 하다

어휘

speech [spiːtʃ] 명 연설   vice president 부통령   forum [fɔ́ːrəm] 명 포럼, 토론회   tone [toun] 명 어조, 말투; *(언어의) 성조

[예시답안] burden [bə́ːrdn] 명 짐

1. KEY VOCABULARY

- barrier 명 장벽

- obvious 형 분명한[명백한]

- alternative 명 대안, 선택 가능한 것

- illustrate 동 삽화를 넣다; *분명히 보여 주다

- nonsense 명 터무니 없는 생각[말]

- weird 형 기이한, 이상한

- on some occasion(s) 어떤 경우에는

- offend 동 기분을 상하게[불쾌하게] 하다

- offense 명 위반; *화나게[불쾌하게] 하는 행위, 모욕

- nod 동 (고개를) 끄덕이다 명 (고개를) 끄덕임

- cautious 형 조심스러운, 신중한

- signify 동 의미하다, 나타내다

- misunderstanding 명 오해, 착오

- vary 동 서로[각기] 다르다

- exaggerated 형 과장된, 부풀린

- emphasis 명 강조

- tendency 명 경향

- pull off the road 도로를 벗어나다

- highly 부 크게, 매우

- restricted 형 제한된

- stiff 형 뻣뻣한; *(행동·태도가) 딱딱한, 경직된

- minimum 명 최소한(도), 최저(치)

- excessive 형 지나친, 과도한

- aggressive 형 공격적인

- owing to ... …때문에

- restrained 형 자제하는, 차분한

- mere 형 단순한; *단지 …에 불과한

- assumption 명 추정, 상정

- take into account ... …을 고려하다

- hence 부 그러므로, 따라서

2. KEY STRUCTURES

1. 목적어의 형태에 따라 의미가 달라지는 동사 try

You would probably **try to use** your hands, arms, face, head, or any other parts of your body to deliver your message.

동사 try는 to부정사와 동명사를 모두 목적어로 취할 수 있지만, 목적어의 형태에 따라 그 의미가 달라진다. 「try to-v」는 '…하기 위해 노력하다'라는 의미이고, 「try v-ing」는 '(시험 삼아) …해보다'라는 의미이다.

2. 관계대명사 that을 주로 쓰는 경우

The movements themselves are not **the only thing that** can vary across cultures.

관계대명사 that을 주로 쓰는 경우는 다음과 같다.
- 선행사가 사람과 사물[동물]의 혼합인 경우
- 최상급 형용사, the only, the very, the same, the last 등이 선행사에 포함된 경우
- 선행사가 all, any, no, none, few, little, some, every 등이거나 이를 포함하는 경우
- 선행사가 -thing으로 끝나는 부정대명사인 경우

3. 「전치사+관계대명사」

The frequency **with which** a person uses gestures is also influenced by his or her culture.

관계대명사가 전치사의 목적어로 쓰이는 경우, 전치사는 관계대명사 앞이나 관계사절의 끝에 위치한다. 목적격 관계대명사는 생략 가능하지만, 여기서처럼 「전치사+관계대명사」의 어순으로 쓰인 경우에는 생략할 수 없다.
cf. 「전치사+관계대명사」의 어순일 때는 관계대명사 who나 that을 쓸 수 없다. who나 that을 쓸 때는 전치사가 관계사절 끝에 와야 한다.

4. 「so+형용사[부사]+that ...」

In fact, hand gestures are **so important** for Italians **that** they might even pull off the road while driving to continue a conversation.

「so+형용사[부사]+that ...」은 '너무 …해서 ~한[하게]'이라는 의미로, that 이하에 결과에 해당하는 내용이 온다. 여기서 so는 정도를 강조하는 부사로 쓰였다.
cf. 「such+a(n)+형용사+명사+that ...」과 「so+형용사+a(n)+명사+that ...」 또한 '너무 …해서 ~한[하게]'이라는 의미로, 결과·정도를 나타낸다.

5. to부정사의 의미상의 주어

It is nearly impossible **for them to talk** without using their hands.

to부정사의 의미상의 주어는 to부정사의 행위를 하는 주체로, 「for+목적격」이나 「of+목적격」의 형태로 나타낸다. 대부분의 경우에는 「for+목적격」을 쓰지만, to부정사 앞에 사람에 대한 주관적 판단·평가를 나타내는 형용사가 오는 경우에는 「of+목적격」을 쓴다.

1. 다음 괄호 안의 단어를 빈칸에 알맞은 형태로 바꿔 쓰시오.

(1) Each of the twelve sectors _____ on the graph represented a different month. (display)

(2) The size of the sector showed how many deaths occurred that month, with the largest sectors _____ the months with the highest death rates. (indicate)

(3) For example, people in France, Spain, and Italy have a tendency _____ a lot of gestures when speaking. (use)

2. 다음 중 어법상 **틀린** 부분을 찾아 바르게 고치시오.

(1) Within each sector, three colors were used to showing the cause of death.

_____ → _____

(2) The movements themselves are not the only thing which can vary across cultures.

_____ → _____

(3) It is nearly impossible of them to talk without using their hands.

_____ → _____

3. 주어진 단어를 바르게 배열하여 문장을 완성하시오.

(1) Upon her arrival at the base in Scutari, Nightingale realized _____ proper medical care at the base. (would be / how / to provide / difficult / it)

(2) That was because none of the hospitals were using _____. (any of / as / the same / reporting system / the others)

(3) In fact, hand gestures are _____ they might even pull off the road while driving to continue a conversation. (for Italians / important / so / that)

4. 다음 빈칸 (A)와 (B)에 들어갈 말로 알맞은 것을 고르시오.

> Through her graphs, Nightingale effectively demonstrated the substantial impact that contagious diseases had on the soldiers in the army hospital. _____(A)_____, infectious disease would have wiped out the entire army if the trend had continued. By showing her message in such a clear way, however, she was able to convince people that a large number of deaths could be prevented. _____(B)_____, sanitation procedures used by hospitals underwent extensive reforms, and the number of preventable deaths decreased sharply. Thanks to her effective tools of communication, she made a crucial and lasting impact in the fields of both medicine and statistics.

	(A)		(B)
①	In fact	·····	As a consequence
②	Therefore	·····	Nevertheless
③	Fortunately	·····	As a consequence
④	Meanwhile	·····	Similarly
⑤	For example	·····	Nevertheless

Reading Wrap-Up

Reading 1과 Reading 2를 바탕으로 상자 안의 연결어구를 사용하여 빈칸을 채워 봅시다.

효과적인 의사소통

Reading 1

플로렌스 나이팅게일이 스쿠타리에 도착했을 때, 병원은 열악한 위생 시설로 어려움을 겪고 있었다. ① 게다가, 병원의 의료 기록은 체계적이지 못했다. ② 따라서, 그녀는 병원의 환경과 기록 관리 체계를 개선하는 데 시간을 쏟았다.

Reading 2

한 사람이 제스처를 하는 빈도는 그 사람의 문화에 영향을 받는다. ③ 예를 들어, 남유럽 사람들은 제스처를 많이 사용하는 경향이 있다. ④ 반면, 동아시아 일부 지역에서는 정중함의 표시로 신체 움직임이 최소한으로 유지된다.

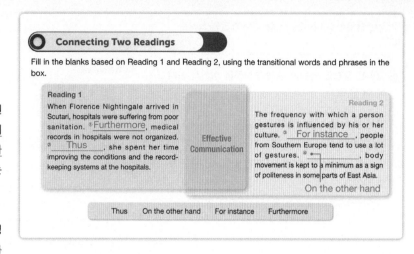

Connecting Two Readings

Fill in the blanks based on Reading 1 and Reading 2, using the transitional words and phrases in the box.

Reading 1
When Florence Nightingale arrived in Scutari, hospitals were suffering from poor sanitation. ① Furthermore, medical records in hospitals were not organized. ② _Thus_, she spent her time improving the conditions and the record-keeping systems at the hospitals.

Effective Communication

Reading 2
The frequency with which a person gestures is influenced by his or her culture. ③ _For instance_, people from Southern Europe tend to use a lot of gestures. ④ _On the other hand_, body movement is kept to a minimum as a sign of politeness in some parts of East Asia.

Thus   On the other hand   For instance   Furthermore

A [Apply] 여러분이 생각하기에 메시지를 효과적으로 전달하는 데 도움이 되는 것에 표시해 봅시다. 자신만의 아이디어를 추가할 수 있습니다. 그러고 나서 짝에게 이유를 설명해 봅시다.

메시지를 효과적으로 전달하는 방법
더 많은 시각 자료를 넣어라(그래프나 그림).
더 많은 글을 넣어라.
청자의 감정에 호소하라.
논리적인 근거를 제시하라.
통계 자료로 시작하라.
예시답안 비언어적 신호를 사용하라.

B [Personalize] 여러분이 가장 좋아하는 제스처는 무엇인가요? 그것은 전 세계적으로 같은 의미를 갖나요? 필요하다면 인터넷을 검색하고, 짝과 그것에 관해 이야기해 봅시다.

[Example]

나는 누군가가 일을 잘했을 때 엄지손가락을 세워 보인다. 그러나, 그리스 같은 몇몇 나라에서 이 제스처는 심한 모욕으로 여겨진다. 그래서 나는 이 제스처를 사용할 때 조심해야 한다.

Check Your Progress
나는 플로렌스 나이팅게일이 자신의 메시지를 효과적으로 전달하기 위해 그래프를 사용한 방법을 이해한다.
나는 문화마다 제스처의 사용이 어떻게 다른지 설명할 수 있다.

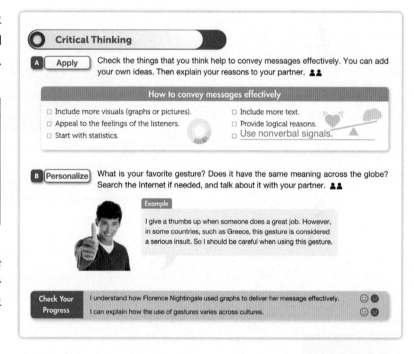

Critical Thinking

A [Apply] Check the things that you think help to convey messages effectively. You can add your own ideas. Then explain your reasons to your partner.

How to convey messages effectively
- ☐ Include more visuals (graphs or pictures).
- ☐ Appeal to the feelings of the listeners.
- ☐ Start with statistics.
- ☐ Include more text.
- ☐ Provide logical reasons.
- ☑ Use nonverbal signals.

B [Personalize] What is your favorite gesture? Does it have the same meaning across the globe? Search the Internet if needed, and talk about it with your partner.

[Example]
I give a thumbs up when someone does a great job. However, in some countries, such as Greece, this gesture is considered a serious insult. So I should be careful when using this gesture.

Check Your Progress
I understand how Florence Nightingale used graphs to deliver her message effectively.
I can explain how the use of gestures varies across cultures.

어휘

visual [víʒuəl] 명 시각 자료   appeal to …에 호소하다   logical [ládʒikəl] 형 논리적인   insult [ínsʌlt] 명 모욕(적인 말·행동)
예시답안 nonverbal [nὰnvə́ːrbəl] 형 말을 사용하지 않는, 비언어적인

Writing Builder

이것은 플로렌스 나이팅게일에 의해 개발된 그래프이다.

A 알맞은 문장을 만들기 위해 부분들을 이어서 아래에 써 봅시다.

1. 그 길은 폭우로 인해 망가진 다리를 보수하기 위해 폐쇄되었다.
2. 내 사촌은 나에게 성 앞에서 찍힌 몇몇 사진들을 보여 주었다.
3. 자원봉사자들이 길에 버려진 빈 병들을 줍고 있다.

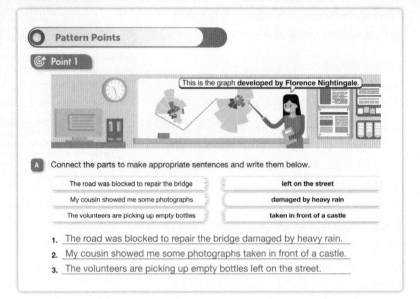

지미는 토미와 같은 야구 모자를 쓰고 있다.

B 알맞은 문장을 만들기 위해 부분들을 이어서 아래에 써 봅시다.

1. 이 시는 그 소설과 같은 작가에 의해 쓰였다.
2. 크게 웃는 것은 운동하는 것과 같은 건강상의 이점을 지닐 수 있다.
3. 우리 아빠는 벽과 같은 색으로 천장을 칠하셨다.

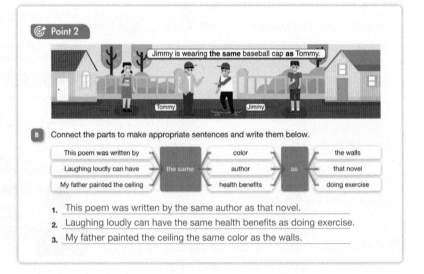

Grammar Point

Point 1 과거분사

과거분사는 수식하는 명사와의 관계가 수동·완료일 때 쓰이며, '…된, …한'으로 해석한다. 분사 단독으로 명사를 수식할 때는 명사 앞에서, 분사에 수식어(구) 등이 있을 때는 뒤에서 수식한다.

Point 2 「the same A as B」

「the same A as B」는 'B와 같은 A'라는 의미를 나타내는 구문이다. B에 「주어+동사」가 나올 때, 동사는 생략할 수도 있다.

어휘

block [blɑk] 통 막다, 차단하다   repair [ripέər] 통 수리[보수]하다   volunteer [vὰləntíər] 명 자원봉사자   ceiling [síːliŋ] 명 천장

A 단어를 알맞은 순서로 배열하여 문장을 만들어 봅시다.

1. 그 여자는 먼지로 덮인 오래된 병을 닦고 있다.
2. 해저에서 발견된 그 배는 금화로 가득 차 있었다.
3. 아이들이 색색의 전구로 장식된 크리스마스트리를 보기 위해 모였다.

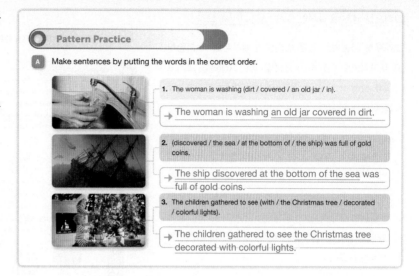

○ **Pattern Practice**

A Make sentences by putting the words in the correct order.

1. The woman is washing (dirt / covered / an old jar / in).

→ The woman is washing an old jar covered in dirt.

2. (discovered / the sea / at the bottom of / the ship) was full of gold coins.

→ The ship discovered at the bottom of the sea was full of gold coins.

3. The children gathered to see (with / the Christmas tree / decorated / colorful lights).

→ The children gathered to see the Christmas tree decorated with colorful lights.

B 예시를 참고하여 문장을 완성해 봅시다.

[Example]
아담은 재키와 같은 반지를 끼고 있다.

1. 제인은 그녀의 친구와 같은 신발 치수를 갖고 있다.
2. 톰은 그의 형제와 같은 요리를 선택했다.
3. 은지는 그녀의 자매와 같은 교과서로 공부했다.

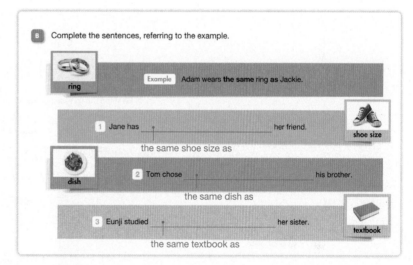

B Complete the sentences, referring to the example.

ring

[Example] Adam wears **the same** ring as Jackie.

1 Jane has _____ her friend.
the same shoe size as

shoe size

dish

2 Tom chose _____ his brother.
the same dish as

3 Eunji studied _____ her sister.
the same textbook as

textbook

Check Point

1. 다음 괄호 안에서 어법상 알맞은 것을 고르시오.
   (1) Cars [leaving / left] in a no-parking zone will be towed.
   (2) Among the guests [inviting / invited] to the party were some celebrities.

2. 주어진 우리말 뜻에 맞도록 괄호 안의 단어를 사용하여 빈칸에 알맞은 말을 쓰시오.
   (1) 그는 그의 친구와 같은 청바지를 입고 있다.
      → He is wearing _____ his friend. (the same, jeans)
   (2) 나는 우리 엄마와 같은 영어 이름을 사용한다.
      → I use _____ my mother. (the same, name)

   정답 1. (1) left   (2) invited   2. (1) the same jeans as   (2) the same English name as

---

어휘

jar [dʒɑːr] 명 병, 단지   be full of ... ...로 가득 차다   textbook [tékstbùk] 명 교과서   문제 tow [tou] 동 견인하다

Writing Workshop

그래프를 통한 효과적인 의사소통 [그래프 묘사]

그래프를 사용하는 것은 여러분의 메시지를 더 분명하고 효과적으로 전달하는 방법입니다. 그래프를 그리고 그것에 관해 쓰기 전에, 먼저 예시로 제시된 그래프 묘사를 확인해 봅시다.

이 그래프는 사랑 고등학교 학생들에게 선호되는 여가 활동을 보여 준다. 가장 인기 있는 활동은 컴퓨터나 스마트폰을 사용하는 것이다. 반면에, TV 시청은 가장 인기가 없는 여가 활동이다. 책을 읽는 학생의 비율은 여가 활동으로 운동하는 학생의 비율보다 두 배 더 높다. 재미로 다른 것을 하는 학생의 비율은 운동하는 학생의 비율과 같다.

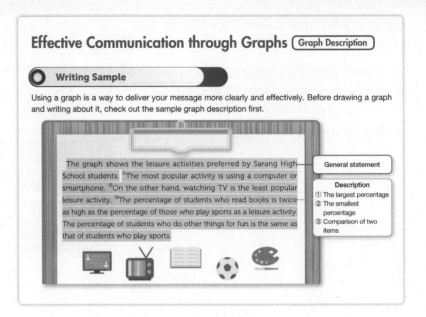

Effective Communication through Graphs (Graph Description)

Writing Sample

Using a graph is a way to deliver your message more clearly and effectively. Before drawing a graph and writing about it, check out the sample graph description first.

The graph shows the leisure activities preferred by Sarang High School students. *The most popular activity is using a computer or smartphone. *On the other hand, watching TV is the least popular leisure activity. *The percentage of students who read books is twice as high as the percentage of those who play sports as a leisure activity. The percentage of students who do other things for fun is the same as that of students who play sports.

General statement

Description
① The largest percentage
② The smallest percentage
③ Comparison of two items

위 그래프 묘사를 바탕으로 빈칸을 채워 봅시다.

사랑 고등학교 학생들의 여가 활동
① 컴퓨터나 스마트폰 사용하기 (34%)
② TV 시청하기 (6%)
③ 독서하기 (30%)
운동하기 (15%)
기타 (15%)
여가 활동의 종류

Fill in the blanks based on the graph description above.

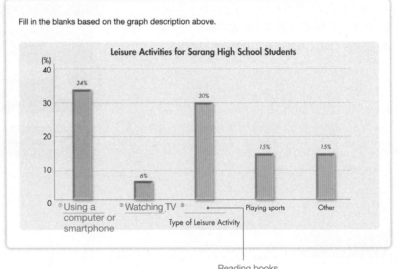

Leisure Activities for Sarang High School Students
Reading books

어휘

description [diskrípʃən] 몡 서술[기술/묘사]   leisure [líːʒər] 몡 여가   general [dʒénərəl] 혱 일반[보편/전반]적인   statement [stéitmənt] 몡 진술, 서술   comparison [kəmpǽrəsn] 몡 비교

이제 설문 조사를 하고, 설문 조사를 바탕으로 그래프를 그리고 그 그래프를 묘사해 봅시다.

Step 1

4-5명의 학생으로 구성된 모둠을 만들어 봅시다. 아래에서 주제를 고르거나 자신만의 주제를 만들어 봅시다. 그러고 나서 다섯 가지의 설문 조사 항목을 만들고, 학급이나 학교를 대상으로 설문 조사를 하고, 아래의 표를 완성해 봅시다.

주제

1. 당신은 왜 휴대 전화를 사용하는가?
2. 당신은 하루에 누구와 가장 많이 이야기하는가?
3. 당신은 어떤 소셜 네트워킹 사이트를 가장 자주 이용하는가?
4. 예시답안 당신은 무엇 때문에 인터넷을 사용하는가?

예시답안

주제: 당신은 무엇 때문에 인터넷을 사용하는가?	
항목	학생 수
(1) 정보 얻기	78
(2) 온라인 수업 듣기	42
(3) 온라인 쇼핑하기	42
(4) 채팅하기	26
(5) 온라인 게임하기	12
합계	200

Step 2

설문 조사 결과를 바탕으로 그래프를 그려 봅시다.

예시답안

제목: 학생들은 무엇 때문에 인터넷을 사용하는가
① 정보 얻기 (39%)
② 온라인 수업 듣기 (21%)
③ 온라인 쇼핑하기 (21%)
④ 채팅하기 (13%)
⑤ 온라인 게임하기 (6%)

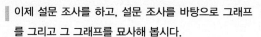

Write Your Own

Now conduct a survey, draw a graph based on the survey, and describe the graph.

Step 1 Brainstorming

Make groups of 4–5 students. Choose a topic below or make your own. Then make five survey items, conduct a survey of the class or school, and complete the table below.

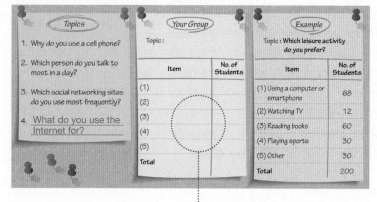

Topic: What do you use the Internet for?

Item	No. of Students
(1) Getting information	78
(2) Taking online courses	42
(3) Shopping online	42
(4) Chatting	26
(5) Playing online games	12
Total	200

Step 2 Outlining

Make a graph based on the survey results.

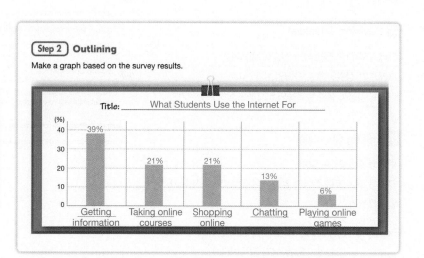

어휘

conduct [kəndʌ́kt] 동 (특정 활동을) 하다　　table [téibl] 명 탁자; *표, 목록　　예시답안 take a course 수강하다

Writing Workshop

Step 3

Step 2의 그래프 묘사를 작성해 봅시다.

예시답안

이 그래프는 학생들이 무엇 때문에 인터넷을 사용하는지 보여 준다. 학생들이 인터넷으로 하는 것들은 다섯 가지 범주로 나뉜다. 그들은 정보를 얻는 데 인터넷을 가장 많이 사용한다. 정보를 얻는 데 인터넷을 사용하는 학생들의 비율은 채팅하는 데 그것을 사용하는 학생들의 비율의 세 배만큼 높다. 온라인 수업을 듣는 것과 온라인 쇼핑을 하는 것은 두 번째로 흔한 용도이다. 온라인 수업을 듣는 것은 온라인 쇼핑을 하는 것과 학생들의 비율이 같다. 마지막으로, 학생들은 온라인 게임을 하는 데 가장 적게 인터넷을 사용한다.

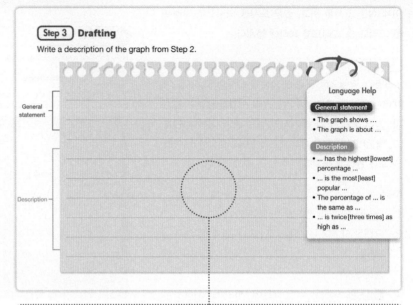

Step 3 Drafting

Write a description of the graph from Step 2.

General statement

Description

Language Help

General statement
- The graph shows ...
- The graph is about ...

Description
- ... has the highest [lowest] percentage ...
- ... is the most [least] popular ...
- The percentage of ... is the same as ...
- ... is twice [three times] as high as ...

The graph shows what students use the Internet for. The things the students do on the Internet are divided into five categories. They use the Internet for getting information the most. The percentage of students who use the Internet for getting information is three times as high as that of those who use it for chatting. Taking online courses and shopping online are the second most common uses. Taking online courses has the same percentage of students as shopping online. Finally, students use the Internet the least for playing online games.

Step 4

초고를 개선하기 위해 체크리스트를 이용해 봅시다. 그러고 나서 짝과 초고를 교환하여 서로의 글을 수정해 봅시다.

A Revising Checklist

그래프에 관한 전반적인 진술이 있는가?
그래프가 정확하게 묘사되었는가?
그래프 설명이 설문 항목들의 비교를 포함하고 있는가?

B Editing Checklist

주어와 동사의 수 일치
그래프 묘사에서 주어와 동사의 수(단수 또는 복수)가 일치하는가?

Example 1. 책을 읽는 것은 한국 십 대들에게 두 번째로 인기 있는 여가 활동이다.

Example 2. 절반의 학생들은 매일 컴퓨터를 사용한다.

Step 4 Writing Clinic 👥

Use the checklists to improve your draft. Then exchange drafts with your partner and edit each other's.

A Revising Checklist

	self	peer
Is there a general statement about the graph?	☐	☐
Is the graph described accurately?	☐	☐
Does the graph description include a comparison of survey items?	☐	☐

B Editing Checklist

	self	peer
Subject-verb agreement Do subjects and verbs agree in number (singular or plural) in the graph description?	☐	☐

Example 1. Reading books are the second most popular leisure activity for Korean teenagers.

is

Example 2. Half of the students uses a computer every day.

use

│ 어휘

accurately [ǽkjurətli] 및 정확하게   **예시답안** be divided into ···로 나누어지다   category [kǽtəgɔ̀ːri] 명 범주

Step 5

짝의 피드백을 이용하여 그래프 묘사를 다시 써 봅시다.

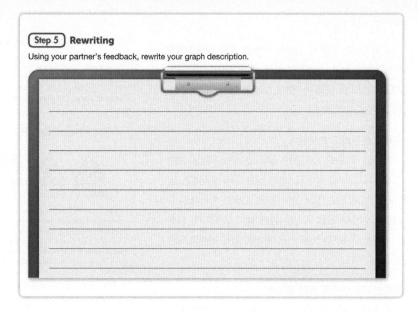

Step 6

A 4명으로 구성된 모둠을 만들어 봅시다. 최종 글을 공유하고 다른 조원들로부터 피드백을 받아 봅시다.

| 그래프 설명은 전반적인 진술과 묘사를 포함하고 있다. |
| 그래프의 모든 항목이 정확하게 묘사되었다. |
| 그래프 설명은 주어와 동사의 수 일치가 바르게 되었다. |

B 누가 그래프를 가장 잘 묘사했나요? 조원들과 의견을 나눠 봅시다.

Check Your Progress 나는 정확한 그래프 설명 글을 쓸 수 있다.

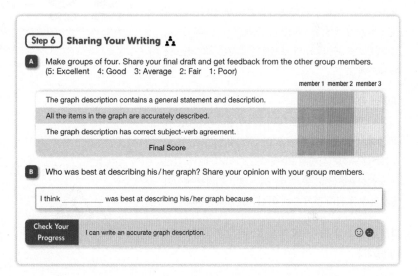

Practice More

다음 문장에서 주어와 동사의 수 일치의 오류를 찾아 바르게 고쳐 쓰시오.

(1) Answering these tricky questions correctly were too difficult for me.

_____ → _____

(2) Most of the lawyers in our firm specializes in real estate law.

_____ → _____

정답 (1) were → was (2) specializes → specialize

어휘

문제 tricky [tríki] 형 힘든[까다로운], 곤란한   specialize [spéʃəlàiz] 동 전공하다[전문적으로 다루다]   real estate 부동산

세계의 도로 표지판

도로 표지판은 기호와 간단한 단어를 통해 사람들에게 정보를 제공한다. 그것들은 보통 전 세계적으로 유사하지만, 나라마다 다를 수 있다. 그러한 흥미로운 표지판 중 몇 개를 살펴보자.

독특한 횡단보도 표지판

이 각각의 도로 표지판은 길을 건너는 사람을 보여주지만, 나라마다 차이가 있다. 일본에서, 표지판은 남자가 모자를 쓰고 있는 것이 특징인 반면, 카타르의 표지판은 인물이 전통 의상을 입은 것이 특징이다. 당신은 라오스의 표지판에서 전통 치마를 입은 여성의 모습을 볼 수 있다.

독특한 교통수단을 위한 표지판

몇몇 나라에는 독특한 교통수단을 위한 독특한 표지판이 있다. 그린란드에서, 당신은 겨울 동안 개 썰매를 볼 수 있다. 위에 있는 이 표지판은 길을 건너는 개 썰매가 있을 수 있음을 의미한다. 인도에서, 인력거는 대중적인 교통수단이다. 위 표지판은 그것을 잡아타는 곳을 나타낸다.

특이한 금지 표지판

각 나라마다 각기 다른 법이 있다. 싱가포르에는 나라 안에서 껌을 사고 파는 것이 금지되어 있다는 것을 사람들에게 상기시키는 표지판이 있다. 태국에서, 당신은 노점상들을 많이 볼 수 있으나, 몇몇 지역은 행상이 금지된 곳을 알려 주기 위해 이 표지판을 사용한다.

다음을 듣고 각 표지판에 대한 올바른 설명의 숫자를 써 봅시다.

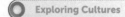

Road Signs around the World

Exploring Cultures

Road signs give people information through symbols and simple words. They are often similar around the world, but they can vary from country to country. Let's look at some of those interesting signs.

— Unique Pedestrian Crossing Signs —

Each of these road signs shows a person crossing a road, but each country has its own variation. In Japan, the sign features a man wearing a hat, whereas Qatar's sign features a person wearing their traditional clothes. You can see a female figure in a traditional skirt on the sign in Laos.

— Signs for Unique Transportation —

Some countries have unique signs for unique transportation. In Greenland, you can see dogsledding during the winter. This sign above means there might be dogsleds crossing the street. In India, rickshaws are popular modes of transportation. The sign above indicates where to catch one.

— Unusual Prohibition Signs —

Each country has different laws. Singapore has a sign to remind people that gum is prohibited from being bought or sold inside the country. In Thailand, you may see a lot of street sellers, but some areas use this sign to show where street selling is prohibited.

Check-Up | Listen and write the number of the correct explanation for each sign.

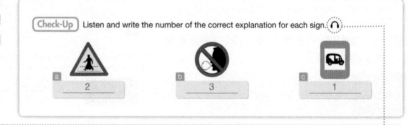

SCRIPT

1. This sign means you are in a place where you can use this popular Indian mode of transportation. They are cheap and efficient for getting around in the city, so many Indian people use them.
2. In Qatar, this sign means drivers should look out for a pedestrian crossing. It is interesting because the figure is wearing traditional Arabic clothing.
3. This sign means that selling or purchasing gum is banned in the country. There is even a fine for spitting out gum on the street. You can find this sign in Singapore.

해석

1. 이 표지판은 당신이 이 대중적인 인도의 교통수단을 이용할 수 있는 장소에 있다는 것을 의미한다. 그것은 도시를 돌아다니기에 저렴하고 효율적이어서, 많은 인도 사람들이 그것을 이용한다.
2. 카타르에서, 이 표지판은 운전자들이 길을 건너는 보행자에 주의해야 한다는 것을 의미한다. 인물이 아랍 전통 의상을 입고 있기 때문에 이 표지판은 흥미롭다.
3. 이 표지판은 나라 안에서 껌을 팔거나 사는 것이 금지된다는 것을 의미한다. 심지어 길에 껌을 뱉는 것에 벌금이 부과된다. 당신은 싱가포르에서 이 표지판을 발견할 수 있다.

어휘

pedestrian [pədéstriən] 명 보행자   variation [vὲəriéiʃən] 명 변화[차이]   whereas [wὲəræz] 접 …임에 반하여   figure [fígjər] 명 수치; *사람[모습]   transportation [trὲnspərtéiʃən] 명 수송; *교통수단   mode [moud] 명 방식[방법]   prohibition [pròuhəbíʃən] 명 금지 (prohibit 동 금지하다)   remind [rimáind] 동 상기시키다   SCRIPT efficient [ifíʃənt] 형 효율적인   look out for …을 조심하다[…에 주의하다]   fine [fain] 명 벌금

A 4-5명의 학생들로 구성된 모둠을 만들어 봅시다. 자국의 문화를 반영하는 다른 국가들의 도로 표지판을 찾아봅시다.

B 표지판 한두 개를 선택하고 그것을 어디서 볼 수 있는지와 그 의미를 써 봅시다.

[Example]

장소: 파타고니아

의미: 강풍 경고

[예시답안]

장소: 하와이

의미: 날카로운 산호를 밟는 것은 심각한 부상을 초래할 수 있다. 암초 위로 걷지 마라.

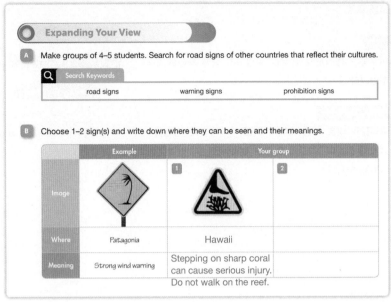

Expanding Your View

A Make groups of 4–5 students. Search for road signs of other countries that reflect their cultures.

Q Search Keywords

| road signs | warning signs | prohibition signs |

B Choose 1–2 sign(s) and write down where they can be seen and their meanings.

	Example	Your group 1	Your group 2
Image			
Where	Patagonia	Hawaii	
Meaning	Strong wind warning	Stepping on sharp coral can cause serious injury. Do not walk on the reef.	

C 모둠의 결과물을 교실 벽에 전시하고 다른 모둠의 결과물을 봅시다.

D 교실 벽에 전시된 모든 표지판 중 가장 흥미로운 표지판에 관해 조원들과 이야기해 봅시다.

[Example]

파타고니아의 강풍 경고 표지판이 내게는 가장 흥미로운 표지판인데, 이 간단한 표지판이 그 지역의 기상 상태를 매우 잘 포착하고 있기 때문이다.

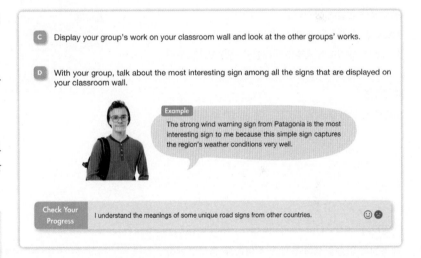

C Display your group's work on your classroom wall and look at the other groups' works.

D With your group, talk about the most interesting sign among all the signs that are displayed on your classroom wall.

Example

The strong wind warning sign from Patagonia is the most interesting sign to me because this simple sign captures the region's weather conditions very well.

Check Your Progress I understand the meanings of some unique road signs from other countries. ☺ ☹

Check Your Progress 나는 다른 나라의 몇몇 독특한 도로 표지판의 의미를 이해한다.

Knowledge Link

다양한 도로 표지판: 호주의 야생 동물 안전 표지판

호주의 주요 도시를 벗어나면 야생 동물들이 자주 출몰하기 때문에 운전자가 조심하지 않으면 야생 동물과 부딪히는 사고가 나기 쉽다. 이런 이유로, 야생 동물들이 자주 출몰하는 지역에는 동물이 그려진 안전 표지판이 곳곳에 세워져 있다. 지상에는 캥거루, 코알라 등을 주의할 것을 알리는 표지판이 있고, 해안가에는 해파리, 늪지대에는 악어, 조류인 맥파이에 대한 주의를 알리는 표지판이 있다.

어휘

reflect [riflékt] 图 반사하다; *나타내다[반영하다]   capture [kǽptʃər] 图 포로로 잡다; *정확히 포착하다[담아내다]   region [ríːdʒən] 명 지방, 지역   예시답안 coral [kɔ́ːrəl] 명 산호   reef [riːf] 명 암초

Project

Task

여러분은 여러분의 생각을 설명하기 위해 토론을 할 것입니다.

Before You Begin

여러분과 다른 사람 사이에 의견 차가 있었던 상황을 생각해 봅시다. 각자의 의견이 무엇이었는지 짝과 이야기해 봅시다.

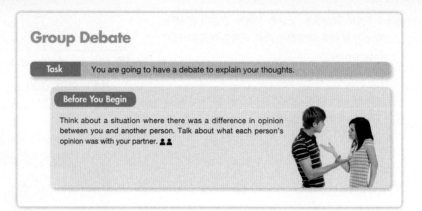

Group Debate

Task   You are going to have a debate to explain your thoughts.

Before You Begin

Think about a situation where there was a difference in opinion between you and another person. Talk about what each person's opinion was with your partner. 👥

Step 1

4-5명의 학생들로 구성된 모둠을 만들어 봅시다. 아래의 토론 주제 중에서 하나를 고르거나 여러분만의 토론 주제를 만들어 봅시다.

Topic 1   학생들은 교복을 입어야 한다.

Topic 2   데이트가 공부를 방해할 수 있으므로 고등학생들은 데이트해서는 안 된다.

예시답안

아파트에서 애완동물을 기르는 것은 문제가 되지 않는다.

Step 1   Make groups of 4–5 students. Choose one of the debate topics below or make your own.

Topic 1
Students should wear school uniforms.

Topic 2
High school students should not date because it can distract them from their studies.

Your group
Keeping pets in an apartment is not a problem.

Step 2

각 조원의 입장을 정해 봅시다. 적어도 두 명의 조원이 각 입장에 배정되어야 합니다.

Step 2   Choose a position for each member of your group. At least two members should be assigned to each position.

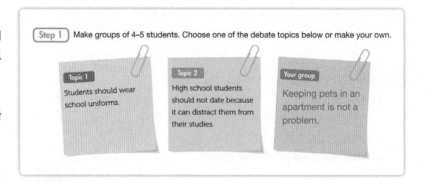

Position	Agree	Disagree
Name		

어휘

debate [dibéit] 명 토론[토의/논의]   distract [distrǽkt] 동 (정신이) 집중이 안 되게 하다   position [pəzíʃən] 명 위치; *입장[태도]   assign [əsáin] 동 (일·책임 등을) 맡기다; *(사람을) 배치하다

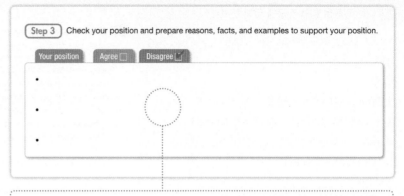

Step 3

여러분의 입장에 표시하고 입장을 뒷받침할 근거, 사실, 예시를 준비해 봅시다.

예시답안

- 개와 같은 몇몇 애완동물은 시끄러울 수 있다. 당신의 개가 밤새도록 짖으면, 이웃들은 매우 화가 날 것이다.
- 당신이 애완동물을 줄로 묶지 않고 아파트 주변을 산책시킨다면, 그것은 이웃들을 신경 쓰이게 할 수 있다.

Step 3 Check your position and prepare reasons, facts, and examples to support your position.

Your position   Agree ☐   Disagree ☑

- •
- •
- •

- Some pets, such as dogs, can be noisy. If your dog barks all night, your neighbors will be very upset.
- When you walk your pet near your apartment without a leash, it may bother the neighbors.

Step 4

토론을 시작해 봅시다. 여러분의 입장을 먼저 말하고, 그다음에 그렇게 생각하는 이유를 설명해 봅시다.

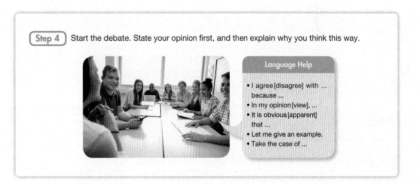

Step 4 Start the debate. State your opinion first, and then explain why you think this way.

Language Help
- I agree [disagree] with ... because ...
- In my opinion [view], ...
- It is obvious [apparent] that ...
- Let me give an example.
- Take the case of ...

Step 5

토론이 끝나면, 그룹 토론을 되돌아보고 아래의 질문에 답해 봅시다. 그러고 나서 조원들과 생각을 나눠 봅시다.

- 당신은 토론에 대해 전반적으로 어떻게 느꼈는가?
- 토론이 다시 열린다면, 당신은 다르게 할 것이 있는가?
- 주제에 대한 당신의 의견을 바꾸었는가? 그렇다면, 이유는 무엇인가?

Check Your Progress

모든 모둠원들이 토론에 적극적으로 참여했다.

우리 모둠원들의 주장은 설득력 있고 논리적이었다.

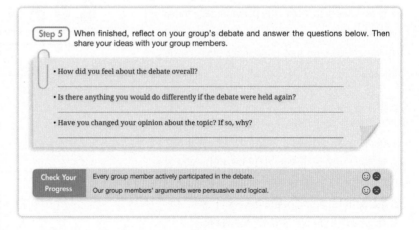

Step 5 When finished, reflect on your group's debate and answer the questions below. Then share your ideas with your group members.

- How did you feel about the debate overall?

- Is there anything you would do differently if the debate were held again?

- Have you changed your opinion about the topic? If so, why?

Check Your Progress

Every group member actively participated in the debate. ☺☹

Our group members' arguments were persuasive and logical. ☺☹

어휘

support [səpɔ́ːrt] 동 지지하다; *(진술·의견을) 뒷받침하다   apparent [əpǽrənt] 형 분명한   overall [óuvərɔ̀ːl] 부 종합[전반]적으로

persuasive [pərswéisiv] 형 설득력 있는   예시답안 leash [liːʃ] 명 (개 등을 매어두는) 가죽끈[줄]

A 다음 단락을 읽고 질문에 답해 봅시다.

1. 이 단락은 주로 무엇에 관한 것인가?

정답 ②

해석

① 말없이 의사소통하는 방법

② 문화에 따라 끄덕임의 의미가 어떻게 다른가

③ 유쾌한 대화를 하는 방법에 관한 조언들

④ 일본인들이 잘 경청하는 이유

2. 빈칸에 들어갈 말로 가장 적절한 것은?

정답 ③

해석

① 대화에서 빠져나오다

② 자신의 진짜 의도를 숨기다

③ 대화를 계속 이어나가다

④ 주제에 관해 동의를 나타내다

A Read the following paragraph and answer the questions.

> For instance, nodding your head means "yes" in most cultures, but you should be cautious because this is not universal. In Turkey, Greece, and Bulgaria, a head nod actually means "no." In Japan, it carries another meaning. A nod given by a Japanese person signifies that he or she is listening and wants you to continue speaking. Even if the Japanese person does not agree with your opinion, he or she will still nod to _____. This can be a source of misunderstanding when the speaker thinks a nod means "I agree with you," but it actually means "I want to hear more."

1. What is the paragraph mainly about?
   ① ways to communicate without words
   ② how the meaning of a nod varies by culture
   ③ tips on how to have a pleasant conversation
   ④ the reason Japanese people are good listeners

2. Which one fits best in the blank?
   ① get out of the conversation
   ② hide his or her real intention
   ③ keep the conversation going
   ④ indicate agreement on the issue

B 그래프를 보고 그것을 묘사하는 단락을 써 봅시다.

Sample

    The graph shows the popular movie genres among Haenim High School students. The most popular movie genre is action. On the other hand, horror is the least popular movie genre. The percentage of students who like comedy movies is three times higher than the percentage of those who like romance movies. Eleven percent of students answered that they prefer other movie genres.

해석

    이 그래프는 해님 고등학교 학생들 사이에서 인기 있는 영화 장르를 보여 준다. 가장 인기 있는 영화 장르는 액션이다. 반면에, 공포는 가장 인기가 없는 영화 장르이다. 코미디 영화를 좋아하는 학생의 비율은 로맨스 영화를 좋아하는 학생의 비율보다 세 배 더 높다. 11%의 학생은 다른 영화 장르를 좋아한다고 답했다.

B Look at the graph and write a paragraph describing it.

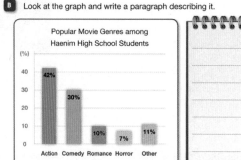

Popular Movie Genres among Haenim High School Students
(%)
40 — 42% (Action)
30 — 30% (Comedy)
20
10 — 10% (Romance), 7% (Horror), 11% (Other)
0
Action Comedy Romance Horror Other

C

Correct the underlined part of each sentence.

1. He put the pieces of paper <u>scatter</u> on the desk into a pile.
2. The beautiful music <u>compose</u> by Bach makes me sentimental.
3. She made a nice breakfast with organic vegetables <u>grow</u> in her garden.

D

Make sentences by putting the words in the correct order.

1. I attended (the same, my brother, elementary school, as).
   → _____
2. It is often said that a pet has (personality, the same, as, its owner).
   → _____
3. The new government followed (as, economic, the same, policies) the previous one.
   → _____

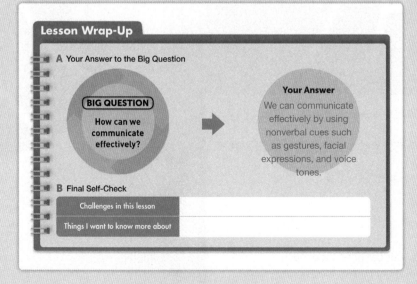

Lesson Wrap-Up

A Your Answer to the Big Question

BIG QUESTION
How can we communicate effectively?

Your Answer
We can communicate effectively by using nonverbal cues such as gestures, facial expressions, and voice tones.

B Final Self-Check

| Challenges in this lesson | |
| Things I want to know more about | |

C 각 문장의 밑줄 친 부분을 고쳐 봅시다.

[정답]
1. scattered   2. composed   3. grown

[해석]
1. 그는 책상 위에 흩어진 종이 여러 장을 쌓아 두었다.
2. 바흐에 의해 작곡된 아름다운 음악은 나를 감상적으로 만든다.
3. 그녀는 자신의 정원에서 자란 유기농 채소로 맛있는 아침 식사를 만들었다.

D 단어를 알맞은 순서대로 배열하여 문장을 만들어 봅시다.

[정답]
1. I attended <u>the same elementary school as my brother</u>.
2. It is often said that a pet has <u>the same personality as its owner</u>.
3. The new government followed <u>the same economic policies as</u> the previous one.

[해석]
1. 나는 <u>나의 형제와 같은 초등학교에</u> 다녔다.
2. 애완동물은 <u>그 주인과 같은 성격을</u> 갖는다고 흔히 말해진다.
3. 새 정부는 이전 정부<u>와 같은 경제 정책들을</u> 따랐다.

A Big Question에 대한 답

BIG QUESTION
우리는 어떻게 효과적으로 의사소통할 수 있는가?

[예시답안]
우리는 제스처, 표정, 목소리 톤과 같은 비언어적 신호들을 사용함으로써 효과적으로 소통할 수 있다.

B 마지막 자가 점검

| 이번 과에서 어려운 점 |
| 내가 더 알고 싶은 것 |

The Future
Is Yours

Lesson Goals

Reading   1. 인공 지능에 관한 글을 읽고 미래에 로봇과 인간이 공존할 수 있는 방법을
            생각해 볼 수 있다.
          2. 미래의 직업에 관한 글을 읽고 변화하는 미래에 대비하는 자세를 기를 수
            있다.
          [Reading Strategy] Identifying Facts and Opinions

Writing   나의 미래 계획을 쓸 수 있다.
          [Writing Task] Future Plan

Language **What** I worry about is that you use your cell phone too much.
          My doctor **suggests (that)** I **(should)** eat healthy food and exercise
          regularly.

Life with Artificial Intelligence

Q Do you know any examples of artificial intelligence?

Q. 인공 지능의 사례 중 아는 것이 있는가?

An Interview with a Futurist

Q What kind of jobs will be popular ten years from now?

Q. 지금으로부터 10년 후에 어떤 종류의 직업이 인기가 있겠는가?

SCIENCE

SOCIAL STUDIES

BIG QUESTION

?

What will our world look like in the future?

CULTURE

WRITING

MY FUTURE PLAN

An Aging World

Q How should we prepare for an aging world?

Q. 우리는 고령화 세계를 어떻게 준비해야 하는가?

Road Map to My Future

Q What do you want to be when you grow up?

Q. 당신은 커서 무엇이 되고 싶은가?

Before Reading

Reading 1

로봇들의 사진을 보고 지시를 따라 봅시다.

1. 각 로봇이 어떤 용도로 만들어졌는지 추측해 봅시다.

[Sample]

a. 음식 나르기

b. 축구하기

c. 트럼펫 불기

2. 어떤 로봇이 가장 유용하다고 생각하나요? 짝과 생각을 나눠 봅시다.

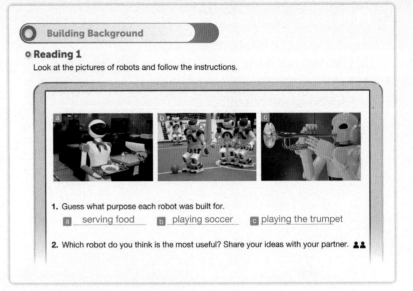

Building Background

○ **Reading 1**

Look at the pictures of robots and follow the instructions.

1. Guess what purpose each robot was built for.
   [a] ___serving food___ [b] ___playing soccer___ [c] ___playing the trumpet___

2. Which robot do you think is the most useful? Share your ideas with your partner. 🧑🧑

Reading 2

사라진 직업들의 사진을 보고 지시를 따라 봅시다.

1. 각 직업이 무엇이었는지 추측해 봅시다.

[Sample]

a. 타이피스트 (타자수)

b. 점등원

c. 전화 교환원

2. 이 직업들이 왜 사라졌다고 생각하나요? 짝과 생각을 나눠 봅시다.

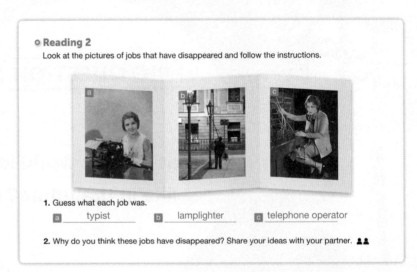

○ **Reading 2**

Look at the pictures of jobs that have disappeared and follow the instructions.

1. Guess what each job was.
   [a] ___typist___ [b] ___lamplighter___ [c] ___telephone operator___

2. Why do you think these jobs have disappeared? Share your ideas with your partner. 🧑🧑

Knowledge Link

사라진 직업들

타이피스트

19세기 후반에 대소문자 구분이 가능하며 탭 기능도 갖춘 타자기가 출시되었고, 이후 타자기 사용이 널리 확산되면서 타이피스트가 생겨났다. 그들은 고용주의 말을 받아쓸 뿐만 아니라 문장의 표현과 수위를 조절하는 자율성을 갖기도 했다.

점등원

초기의 가로등은 전기 대신 촛불이나 가스 연료를 이용했고, 점등원이 매일 저녁 가로등을 켜고 아침에 껐다. 그들은 긴 막대기를 사용해 가로등을 점멸했으며, 초의 심지나 가스 연료 등을 관리하는 업무도 병행했다.

전화 교환원

현대식 자동 전화기가 널리 보급되기 전에는 전화 교환원을 통해야만 통화를 할 수 있었다. 전화 교환원은 고객으로부터 전화 신청을 접수하여 수신자와 연결해주는 역할을 했다.

어휘

purpose [pə́ːrpəs] 명 목적, 용도   build [bild] 동 짓다, 건설하다; *만들어 내다   disappear [dìsəpíər] 동 사라지다

주어진 단어를 사용하여 문장을 완성해 봅시다.

distinguish 동 구별하다
vehicle 명 차량, 탈것
detect 동 발견하다[감지하다]
abstract 형 추상적인
replace 동 대신[대체]하다; 바꾸다[교체하다]
outdated 형 구식인

1. 나는 한 <u>차량</u>이 비포장도로를 달리는 것을 보았다.
2. 내 사전은 <u>구식이다</u>. 나는 여기에서 몇몇 단어를 찾을 수 없다.
3. 샐리와 그녀의 일란성 쌍둥이 자매를 <u>구별하는</u> 것은 어렵다.
4. 이 벽에 있는 거리 미술은 <u>추상적인</u> 패턴들로 그려져 있다.
5. 내 차의 타이어가 닳아서 나는 그것들을 <u>교체해야</u> 한다.
6. 경찰견은 킁킁거리며 가방 냄새를 맡음으로써 가방 안의 폭발물을 <u>탐지하도록</u> 훈련받는다.

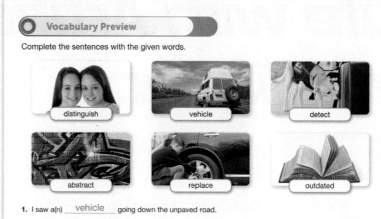

Vocabulary Preview

Complete the sentences with the given words.

distinguish | vehicle | detect
abstract | replace | outdated

1. I saw a(n) ___vehicle___ going down the unpaved road.
2. My dictionary is ___outdated___. I can't find some words in it.
3. It is hard to ___distinguish___ Sally from her identical twin sister.
4. The street art on this wall is painted in ___abstract___ patterns.
5. I need to ___replace___ the tires on my car because they are worn down.
6. The police dog is trained to ___detect___ explosives inside bags by sniffing them.

<u>읽기 전략</u> 사실과 의견 구분하기

사실과 의견을 구분하는 것은 글쓴이가 글에 있는 생각을 얼마나 잘 뒷받침하는지 판단하는 것을 도울 수 있기 때문에 중요하다.
1. 사실은 수치나 통계에 의해 입증되거나, 판단되거나, 뒷받침된다.
2. 의견은 개인적인 믿음, 생각, 혹은 감정을 바탕으로 한다.

다음 문장이 사실이면 F, 의견이면 O에 표시해 봅시다.
1. 나는 그의 실패의 주요 원인이 그의 게으름이라고 생각한다.
2. 베토벤은 일생 동안 아홉 곡의 교향곡을 작곡했다.
3. 언어 습득에 관한 그 교수의 이론은 꽤 설득력이 있다.
4. 그린란드는 세계에서 가장 큰 섬으로, 면적이 200만 km² 이상이다.

Reading Strategy

💡 Identifying Facts and Opinions

It is important to identify facts and opinions because it can help you judge how well the author supports the ideas in the passage.
1. A fact can be proven, measured, or supported by numbers or statistics.
2. An opinion is based on a personal belief, thought, or feeling.

Check F if the sentence is a fact or O if it is an opinion.
1. I think the principal cause of his failure is his laziness. (F /**O**)
2. Beethoven composed nine symphonies throughout his life. (**F**/ O)
3. The professor's theory about language acquisition is pretty convincing. (F /**O**)
4. Greenland is the world's largest island, covering over 2 million square kilometers. (**F**/ O)

어휘

unpaved [ʌnpéivəd] 형 (도로가) 포장되지 않은, 비포장의   identical [aidéntikəl] 형 동일한; *일란성의   wear down 마모되다; *…을 마모시키다
explosive [iksplóusiv] 명 폭발물, 폭약   sniff [snif] 동 코를 킁킁거리다, 냄새를 맡다   laziness [léizinis] 명 게으름, 나태함   acquisition
[æ̀kwəzíʃən] 명 습득

Life with Artificial Intelligence

PREDICTING Look at the pictures on pages 117 to 118 and predict how they are related to artificial intelligence.
(117쪽에서 118쪽의 그림을 보고 그것들이 인공 지능과 어떻게 관련되어 있는지 예측해 봅시다.)

❶ "Hurry up!" Charlie's dad shouts from the front door. ❷ Today, Charlie is going on a school field trip to the museum. ❸ He woke up late and missed the school bus, so his dad is going to take him there. ❹ As soon as they hurry into their self-driving car, Charlie's dad activates the car by asking it to take them to the museum. ❺ When Charlie arrives, his classmates and a robot guide are waiting for him. ❻ The robot guide reads Charlie's face and notices that he feels sorry for not arriving on time. ❼ It tells him, "It's all right. You are not too late." ❽ Then, the robot guide starts to introduce the paintings hanging on the wall. ❾ Some are painted by humans, and others are painted by robots. ❿ However, Charlie cannot confidently distinguish the pictures painted by robots from those painted by humans.

⓫ Do you think this could happen in the distant future? ⓬ Believe it or not, some of these things are happening right now thanks to artificial intelligence (AI)—technology that enables machines to perform tasks that normally require human intelligence. ⓭ Machines with AI can recognize speech, translate languages, and make decisions much like humans do. ⓮ Here are three examples of how AI is already changing our lives.

│ 어휘

artificial intelligence 인공 지능 [영영] a type of computer technology aimed at making machines do intelligent things
field trip 현장 학습 [영영] a trip taken by students for educational purposes

distinguish ... from ∼ …을 ∼와 구별하다 [영영] to tell the difference between two things
distant [dístənt] [형] 먼, 떨어져 있는 [영영] far; faraway

해석

인공 지능과 함께하는 삶

❶ "서둘러!" 찰리의 아버지가 현관에서 소리친다. ❷ 오늘, 찰리는 박물관으로 현장 학습을 갈 것이다. ❸ 그가 늦게 일어나 통학버스를 놓쳐서, 그의 아버지가 그를 그곳으로 데려다줄 것이다. ❹ 그들이 자율 주행 자동차에 급히 타자마자, 찰리의 아버지는 자신들을 박물관으로 데려다 달라고 하는 것으로 차를 작동시킨다. ❺ 찰리가 도착하니, 그의 반 친구들과 로봇 가이드가 그를 기다리고 있다. ❻ 로봇 가이드는 찰리의 표정을 읽고 그가 제시간에 도착하지 못해서 미안해하는 것을 알아챈다. ❼ 그것은 그에게 "괜찮아. 너는 많이 늦지 않았어."라고 말한다. ❽ 그 후, 로봇 가이드는 벽에 걸린 그림들을 소개하기 시작한다. ❾ 일부는 인간에 의해 그려졌고, 다른 것들은 로봇에 의해 그려졌다. ❿ 하지만, 찰리는 로봇에 의해 그려진 그림과 인간에 의해 그려진 그림을 자신 있게 구별할 수 없다.

⓫ 이것이 먼 미래에 일어날 수 있다고 생각하는가? ⓬ 믿기 힘들겠지만, 이것들 중 일부는 인공 지능—보통은 인간의 지능을 필요로 하는 일을 기계가 수행할 수 있도록 하는 기술—덕분에 지금 일어나고 있다. ⓭ 인공 지능이 탑재된 기계들은 인간이 하는 것처럼 말을 인지하고, 언어를 번역하며, 결정을 내릴 수 있다. ⓮ 여기 인공 지능이 이미 우리 삶을 변화시키고 있는 방법의 세 가지 사례가 있다.

Self-Study

Q1 What kinds of tasks can machines with AI do?

(인공 지능이 탑재된 기계들은 어떤 종류의 일을 할 수 있는가?)

▶ Machines with AI can recognize speech, translate languages, and make decisions much like humans do.

(인공 지능이 탑재된 기계들은 인간이 하는 것처럼 말을 인지하고, 언어를 번역하며, 결정을 내릴 수 있다.)

구문 해설

❷ Today, Charlie **is going** on a school field trip to the museum.

: 가까운 미래에 일어날 것으로 예정된 일은 현재진행형으로 나타낼 수 있다.

❹ **As soon as** they hurry into their self-driving car, Charlie's dad activates the car by *asking it to take* them to the museum.

: as soon as는 '…하자마자'라는 의미로, 때를 나타내는 접속사이다.

: 「ask+목적어+목적격보어」는 '…에게 ~하도록 요청하다'라는 의미이며 ask는 목적격보어로 to부정사를 취한다.

❻ The robot guide **reads** Charlie's face and **notices** that he feels sorry for *not arriving on time*.

: 문장의 동사 reads와 notices는 등위접속사 and로 병렬 연결되어 있다.

: not arriving on time은 전치사 for의 목적어로 쓰인 동명사구이다. 동명사의 부정은 동명사 앞에 not이나 never를 붙여서 나타낸다.

❿ However, Charlie cannot confidently distinguish the pictures **painted by robots** from *those* **painted by humans**.

: painted by robots와 painted by humans는 각각 앞에 나온 the pictures와 those를 수식하는 과거분사구이다.

: 지시대명사 those는 앞에서 언급된 the pictures를 가리킨다.

⓬ Believe it or not, some of these things are happening right now **thanks to** artificial intelligence (AI)—technology *that* enables machines to perform tasks *that* normally require human intelligence.

: thanks to는 '… 덕분에'라는 의미의 전치사구이다.

: 두 개의 that은 각각 앞의 technology와 tasks를 선행사로 하는 주격 관계대명사이다.

: enable은 목적격보어로 to부정사를 취한다.

Check Point

다음 괄호 안의 단어를 바르게 배열하여 문장을 완성하시오.

As soon as they hurry into their self-driving car, Charlie's dad activates the car _____ _____. (them / by / to / to / it / asking / the museum / take)

정답 by asking it to take them to the museum

Reading 1

Hit the Road without a Human at the Wheel

❶ Self-driving cars are vehicles that don't need to be operated by a human driver during the driving phase. ❷ If the passenger simply inputs a destination, this automobile does the rest. ❸ Self-driving cars have sensors that can detect pedestrians, cyclists, other vehicles on the road, or even a plastic bag that has suddenly been blown into traffic. ❹ The AI software in self-driving cars predicts the movement of all of these objects and chooses the safest speed and direction for the car to travel. ❺ Also, because the car's AI system can do all this without becoming tired or distracted, some believe that self-driving cars are even safer than those operated by humans.

A Robot That Reads Your Emotions

❻ If you've ever wanted to be friends with a robot, here is one with "emotions" for you. ❼ This "emotional" robot is designed to interact with people and sense their emotions. ❽ It uses sensors to recognize people's facial expressions and tones of voice. ❾ Through AI, it interprets these as emotions, such as anger, happiness, and sadness and reacts to them. ❿ So if you feel down, it will play your favorite song to amuse you. ⓫ Thanks to these characteristics, some businesses have started using these robots in customer service roles. ⓬ These robots can greet customers, engage them in conversation, and explain the products and services on behalf of the company.

어휘

hit the road 길을 나서다, 여행을 떠나다 **영영** to start travelling

at the wheel 핸들을 잡고, 운전하여 **영영** in control of something, especially a vehicle

vehicle [víːikl] **명** 차량, 탈것 **영영** a machine, such as a car, bus, or truck, used for carrying people or other things

phase [feiz] **명** (변화·발달의) 단계[시기/국면] **영영** a particular stage in a process or development

input [ínpùt] **동** 입력하다 **영영** to enter information into a computer or an equipment

automobile [ɔ́ːtəməbìːl] **명** 자동차 **영영** a car

detect [ditékt] **동** 발견하다[감지하다] **영영** to notice something,

especially through indirect means

distracted [distrǽktid] **형** (정신이) 산만해진 **영영** absent-minded; not paying attention

interact with ... ···와 상호 작용하다 **영영** to communicate with or react to each other

interpret [intə́ːrprit] **동** 설명하다; *(···의 뜻으로) 해석[이해]하다 **영영** to determine the meaning or significance of something

engage ... in ~ ···을 ~에 관여[참여]하게 하다 **영영** to attract someone into a shared activity, such as conversation

on behalf of ... ···을 대신[대표]하여 **영영** as a representative of

해석

운전하는 사람 없이 길을 나서다

❶ 자율 주행 자동차는 운전 상태 동안 인간 운전자에 의해 작동될 필요가 없는 차량이다. ❷ 승객이 그저 목적지를 입력하기만 하면, 이 자동차가 나머지 것들을 한다. ❸ 자율 주행 자동차에는 보행자, 자전거를 타는 사람, 도로 위의 다른 차량, 심지어는 차량들 쪽으로 갑자기 날아온 비닐봉지까지도 감지할 수 있는 센서가 있다. ❹ 자율 주행 자동차에 있는 인공 지능 소프트웨어는 이 모든 물체의 움직임을 예측하고 자동차가 이동하기 가장 안전한 속도와 방향을 정한다. ❺ 또한, 자동차의 인공 지능 시스템은 지치거나 주의가 분산되지 않고 이 모든 것을 할 수 있기 때문에, 어떤 사람들은 자율 주행 자동차가 인간에 의해 작동되는 차보다 훨씬 더 안전하다고 생각한다.

당신의 감정을 읽는 로봇

❻ 당신이 로봇과 친구가 되기를 원한 적이 있다면, 여기 당신을 위한 '감정'을 가진 로봇이 있다. ❼ 이 '감정적인' 로봇은 사람들과 소통하고 그들의 감정을 감지하도록 설계되었다. ❽ 그것은 사람들의 표정과 목소리 톤을 인식하기 위해 센서를 이용한다. ❾ 인공 지능을 통해, 로봇은 이것들을 분노, 행복, 그리고 슬픔과 같은 감정으로 해석하고 그에 반응한다. ❿ 그래서 만약 당신의 기분이 울적하다면, 그것은 당신을 즐겁게 해주기 위해 당신이 가장 좋아하는 음악을 들려줄 것이다. ⓫ 이 특징들 덕분에, 몇몇 사업장은 이 로봇들을 고객 서비스 역할에 이용하기 시작했다. ⓬ 이 로봇들은 회사를 대표해 고객을 맞이하고, 그들을 대화에 참여시키며, 제품과 서비스를 설명할 수 있다.

⚡ Strategy in Use

Q1 Underline the part that expresses an opinion in the first paragraph on this page.
(이 페이지의 첫 번째 단락에서 의견을 나타내는 부분에 밑줄 쳐 봅시다.)

▶ self-driving cars are even safer than those operated by humans

Self-Study

Q2 Check T if the sentence is true or F if it is false.
(다음 문장이 맞으면 T, 틀리면 F에 표시해 봅시다.)

(1) Self-driving cars can predict a passenger's destination. (T Ⓕ)
(자율 주행 자동차는 승객의 목적지를 예측할 수 있다.)

(2) Self-driving cars can choose the safest speed and direction for the car to travel. (Ⓣ F)
(자율 주행 자동차는 자동차가 이동하기 가장 안전한 속도와 방향을 정할 수 있다.)

(3) Robots that read people's emotions are working as customer service providers. (Ⓣ F)
(사람의 감정을 읽는 로봇은 고객 서비스 제공자로 일하고 있다.)

구문 해설

❸ Self-driving cars have sensors **that** can detect pedestrians, cyclists, other vehicles on the road, or even a plastic bag **that** has suddenly been blown into traffic.
: 두 개의 that은 각각 앞의 sensors, a plastic bag을 선행사로 하는 주격 관계대명사이다.

❹ The AI software in self-driving cars **predicts** the movement of all of these objects and **chooses** the safest speed and direction *for the car to travel*.
: 문장의 주어는 전치사구 in self-driving cars의 수식을 받는 The AI software이고, 동사 predicts와 chooses가 등위접속사 and로 병렬 연결되었다.
: for the car는 to travel의 의미상의 주어이다.

❺ Also, because the car's AI system can do all this without **becoming tired or distracted**, some believe *that* self-driving cars are <u>even</u> safer than those operated by humans.
: becoming tired or distracted는 전치사 without의 목적어 역할을 하는 동명사구이다.
: 접속사 that은 동사 believe의 목적어 역할을 하는 명사절을 이끈다.
: even은 비교급 safer를 강조하는 부사로, '훨씬'이라는 의미이다.

❻ If you**'ve ever wanted** to be friends with a robot, here is one with "emotions" for you.
: 현재완료가 경험을 나타낼 때는 ever, never, before, once 등과 자주 쓰인다.

Reading 1

The First Artificial Intelligence Artist

❶ AARON is AI software that paints pictures by itself. ❷ It has been producing paintings since 1973. ❸ At first, it could only make abstract images in black and white. ❹ However, over the last 40 years, it has acquired the ability to paint plenty of realistic images of things like rocks, plants, and people, and it can now paint in color, too. ❺ AARON cannot paint new images and styles of painting by itself, but once they are coded into the software, it can draw an almost infinite number of unique paintings. ❻ Several of AARON's paintings have been widely praised and exhibited in art galleries around the world. ❼ Some people even say that they are more artistic than paintings done by humans.

▲ *Untitled Drawing*, 1979

▲ *82P2*, 1981

▲ *TCM #13*, 1995

| 어휘

by itself 저절로; *홀로, 단독으로 영영 without help, guidance, or direct commands

abstract [ǽbstrǽkt] 형 추상적인 영영 expressing the artist's ideas in shapes and patterns rather than showing concrete objects or a situation

acquire [əkwáiər] 동 습득하다, 얻다 영영 to gain something, such as a skill or position, especially permanently

code [koud] 동 (프로그램을) 코드화하다 영영 to write commands that form parts of a computer program

infinite [ínfənət] 형 무한한 영영 impossible to count or measure; limitless

해석

최초의 인공 지능 예술가

❶ 아론은 스스로 그림을 그리는 인공 지능 소프트웨어이다. ❷ 그것은 1973년부터 그림을 그려오고 있다. ❸ 처음에, 그것은 흑백의 추상적인 이미지만 만들 수 있었다. ❹ 그러나 지난 40년 동안, 그것은 바위, 식물, 그리고 사람과 같은 많은 사실적인 이미지들을 그리는 능력을 얻었고, 지금은 채색도 할 수 있다. ❺ 아론은 스스로 새로운 이미지나 화풍을 그려 낼 수는 없지만, 그것들이 소프트웨어에 코드화되기만 하면 독특한 그림들을 거의 무한대로 그릴 수 있다. ❻ 아론의 그림 중 몇 개는 널리 찬사를 받아 전 세계의 미술관에 전시되어 왔다. ❼ 어떤 사람들은 심지어 그것들이 인간에 의해 그려진 그림들보다 더 예술적이라고 말하기도 한다.

🔎 Strategy in Use

Q2 Underline the part that expresses an opinion in the paragraph on this page.
(이 페이지의 단락에서 의견을 나타내는 부분에 밑줄 쳐 봅시다.)

▶ they are more artistic than paintings done by humans

Self-Study

Q3 Check T if the sentence is true or F if it is false.
(다음 문장이 맞으면 T, 틀리면 F에 표시해 봅시다.)

● AARON can create new images and styles of painting by itself. (T / Ⓕ)
(아론은 스스로 새로운 이미지나 화풍을 그려 낼 수 있다.)

구문 해설

❷ It **has been producing** paintings since 1973.
: has been producing은 현재완료 진행형으로, 과거에 시작된 일이 현재까지 계속되고 있음을 나타낸다.

❹ However, over the last 40 years, it has acquired the ability **to paint plenty of realistic images of things like rocks, plants, and people**, and it can now paint in color, too.
: to paint ... people은 the ability를 수식하는 형용사적 용법의 to부정사구이다.

❺ AARON cannot paint new images and styles of painting by itself, but once **they** are coded into the software, it can draw *an almost infinite number of* unique paintings.
: they는 앞서 언급된 new images and styles of painting을 가리킨다.
: '많은, 다수의'라는 의미의 「a number of ...」에서 number 앞에 형용사 large, great, significant 등을 써서 의미를 강조할 수 있다. 여기서는 almost infinite을 써서 '거의 무한히 많은'의 의미를 나타내고 있다.

Check Point

1. 다음 문장의 밑줄 친 that과 어법상 쓰임이 같은 것을 고르시오.

> AARON is AI software that paints pictures by itself.

① It surprises me that she made such a mistake.
② Carbon dioxide is a gas that causes global warming.
③ His performance is vastly superior to that of his colleagues.

2. 본문의 문장 ❼에서 밑줄 친 they가 가리키는 것을 찾아 쓰시오.

> Some people even say that they are more artistic than paintings done by humans.

_____

정답 1. ② 2. Several of AARON's paintings

Reading 1

❶ Artificial intelligence carries out various tasks to improve human society in many ways. ❷ However, AI is also controversial. ❸ What some people worry about is that it may exceed human intelligence and we will no longer be able to control it. ❹ Meanwhile, other people claim that AI will never be able to overtake humans. ❺ That is because AI still lacks some important abilities, like developing goals of its own that are independent of its inventor's commands.

❻ Nobody can predict exactly how the future of AI will unfold, but it is clear that AI is quickly evolving and we will be using it more in the future. ❼ To avoid any potential problems, many experts suggest that legal and ethical standards for AI be devised. ❽ If we are prepared, humans and robots will have a better chance of coexisting peacefully and productively in the years to come.

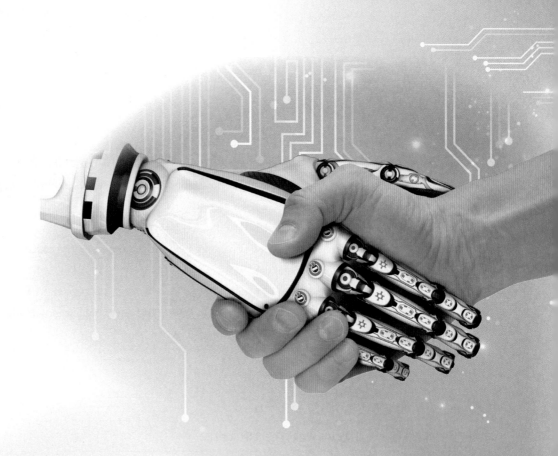

어휘

carry out ... ···을 수행하다 영영 to do, especially a specific thing, such as a task or command

controversial [kὰːntrəvə́ːrʃəl] 형 논란의 여지가 있는 영영 causing public disagreement or disapproval

exceed [iksíːd] 동 넘다[초과하다] 영영 to go over or past the limit

claim [kleim] 동 (···이 사실이라고) 주장하다 영영 to say that something is true, especially something that has not been proven

overtake [òuvərtéik] 동 ···을 따라잡다; 앞지르다, 능가하다 영영 to catch up with and do better than

independent [indipéndənt] 형 독립된; *별개의 영영 separate and not influenced by other things

unfold [ʌnfóuld] 동 (접힌 것을) 펴다; *(이야기 등이) 펼쳐지다, 전개되다 영영 to happen or gradually develop

legal [líːgəl] 형 법률(상)의 영영 allowed by or based on the law; lawful

ethical [éθikəl] 형 윤리적인, 도덕(상)의 영영 relating to moral principles of what is right and wrong

devise [diváiz] 동 고안하다 영영 to work out or create by thinking; plan; invent

coexist [kòuigzíst] 동 공존하다 영영 to exist together without conflict

해석

❶ 인공 지능은 여러 방면으로 인간 사회를 진보시키기 위해 다양한 일들을 수행한다. ❷ 그러나, 인공 지능에는 논란의 여지도 있다. ❸ 일부 사람들이 우려하는 것은 그것이 인간의 지능을 넘어설지도 몰라서 우리가 더는 그것을 통제할 수 없게 되리라는 것이다. ❹ 한편, 다른 사람들은 인공 지능이 절대 인간을 앞지를 수 없을 것이라고 주장한다. ❺ 그것은 인공 지능이 아직 발명가의 명령과 별개인 그것 자체의 목표를 발전시키는 것과 같은 몇몇 주요 능력이 부족하기 때문이다.

❻ 인공 지능의 미래가 정확히 어떻게 펼쳐질지 아무도 예측할 수 없지만, 인공 지능이 빠르게 발전하고 있고 미래에 우리가 그것을 더 많이 사용하게 될 것임은 분명하다. ❼ 어떠한 잠재적인 문제라도 방지하기 위해서, 여러 전문가들은 인공 지능을 위한 법적이고 윤리적인 기준이 고안되어야 한다고 제안한다. ❽ 우리가 준비되어 있다면, 앞으로 인간과 로봇이 평화롭고 생산적으로 공존할 가능성이 더 높아질 것이다.

Strategy in Use

Q3 Underline two opposing opinions about AI in the first paragraph on this page.
(이 페이지의 첫 번째 단락에서 인공 지능에 관한 두 가지 상반된 의견에 밑줄 쳐 봅시다.)

▶ it may exceed human intelligence and we will no longer be able to control it

▶ AI will never be able to overtake humans

Self-Study

Q4 Why do some people say that AI won't be able to overtake humans?
(왜 일부 사람들은 인공 지능이 인간을 앞지를 수 없을 것이라고 말하는가?)

▶ It is because AI still lacks some important abilities, like developing goals of its own that are independent of its inventor's commands.
(그것은 인공 지능이 아직 발명가의 명령과 별개인 그것 자체의 목표를 발전시키는 것과 같은 몇몇 주요 능력이 부족하기 때문이다.)

Q5 What is suggested as a way to avoid potential problems with AI?
(인공 지능이 가진 잠재적인 문제를 방지하는 방법으로 무엇이 제안되는가?)

▶ Devising legal and ethical standards for AI is suggested.
(인공 지능을 위한 법적이고 윤리적인 기준을 고안하는 것이 제안된다.)

구문 해설

❸ **What some people worry about** is *that it may exceed human intelligence and we will no longer be able to control it.*
: what은 선행사를 포함하는 관계대명사로, '…하는 것'으로 해석한다. 여기서는 what이 이끄는 명사절 What ... about이 문장의 주어 역할을 한다.
: that 이하는 주격보어 역할을 하는 명사절이다.
: 「no longer ...」는 '더 이상 …하지 않는'이라는 의미로, 「not ... any longer」나 「not ... anymore」로 바꿔 쓸 수 있다.

❻ Nobody can predict **exactly how the future of AI will unfold**, but *it* is clear *that AI is quickly evolving and we will be using it more in the future.*
: exactly how ... unfold는 동사 predict의 목적어 역할을 하는 간접의문문이다.
: 접속사 but으로 이어지는 절에서 it은 가주어, that 이하가 진주어이다.

❼ **To avoid** any potential problems, many experts *suggest that* legal and ethical standards for AI *(should) be* devised.
: To avoid는 목적을 나타내는 부사적 용법의 to부정사이다.
: suggest(제안하다)와 같이 제안·요구·주장 등을 나타내는 동사 뒤의 that절이 '…해야 한다'는 당위성을 의미할 경우, that절의 동사는 「should+동사원형」으로 나타낸다. 이때 should는 생략할 수 있다.

❽ If we **are prepared**, humans and robots will have a better chance of coexisting peacefully and productively in the years to come.
: 조건을 나타내는 부사절에서는 현재시제가 미래시제를 대신하므로, are prepared가 쓰였다.

Reading 1을 바탕으로 reading map을 완성해 봅시다.

인공 지능은 보통은 ① 인간의 지능을 필요로 하는 일을 기계가 수행할 수 있도록 하는 일종의 기술이다.		
자율 주행 자동차는 도로 위의 물체를 ② 감지하고 그것들의 움직임을 예측하며, ③ 가장 안전한 속도와 방향을 정할 수 있다.	감정적인 로봇은 사람들의 ④ 감정을 감지하고 사람들과 소통할 수 있어서, 몇몇 사업장은 그것들을 고객 서비스 역할에 사용한다.	아론은 처음에 흑백의 ⑤ 추상적인 그림만 그렸지만, 시간이 흐르면서 ⑥ 사실적인 이미지를 채색해서 그릴 수 있는 능력을 얻었다.
준비가 되어 있다면, 인간은 인공 지능과 ⑦ 공존할 가능성이 더 높아질 것이다.		

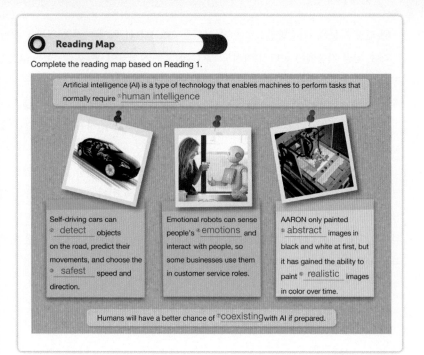

Reading Map

Complete the reading map based on Reading 1.

Artificial intelligence (AI) is a type of technology that enables machines to perform tasks that normally require ⑩human intelligence

Self-driving cars can ② detect objects on the road, predict their movements, and choose the ③ safest speed and direction.

Emotional robots can sense people's ⑧emotions and interact with people, so some businesses use them in customer service roles.

AARON only painted ⑤ abstract images in black and white at first, but it has gained the ability to paint ⑥ realistic images in color over time.

Humans will have a better chance of ⑦coexisting with AI if prepared.

A 굵게 표시된 표현과 같은 의미를 지닌 표현을 연결해 봅시다.

1. 주장은 팀을 대표해서 상을 받았다.
2. 문이 갑자기 스스로 닫혀서, 방 안 사람들을 놀라게 했다.
3. 그는 아파서 그의 임무를 수행할 수 없었다.

a. 수행하다
b. 혼자서
c. …의 대표로

B A에서 굵게 표시된 표현을 사용하여 문장을 완성해 봅시다.

1. 그 대리인은 자신의 고객을 대신해서 협상하고 있다.
2. 실험을 성공적으로 수행하기 위해서는 준비가 필수적이다.
3. 로봇 진공청소기는 책상 다리 주위와 구석을 돌아다니면서, 바닥을 스스로 청소한다.

Expressions in Use

A Match the expressions in bold to the expressions with the same meaning.

1. The captain accepted the award **on behalf of** the team.
2. The door suddenly closed **by itself**, scaring the people in the room.
3. He was unable to **carry out** his duties because he was sick.

a. perform
b. on its own
c. as a representative of

B Complete the sentences with the expressions in bold from **A**.

1. The attorney is negotiating on behalf of her client.
2. Preparation is essential in order to successfully carry out the experiment.
3. The robot vacuum cleaner cleans floors by itself, moving around table legs and corners.

어휘

representative [rèprizéntətiv] 명 대표(자)   attorney [ətə́:rni] 명 변호사; *대리인   negotiate [nigóuʃièit] 동 협상[교섭]하다   client [kláiənt] 명 의뢰인   essential [isénʃəl] 형 필수적인   experiment [ikspérəmənt] 명 (과학적인) 실험   vacuum cleaner 진공청소기

1. KEY VOCABULARY

- artificial intelligence 인공 지능

- field trip 현장 학습

- distinguish ... from ~ …을 ~와 구별하다

- distant 형 먼, 떨어져 있는

- hit the road 길을 나서다, 여행을 떠나다

- at the wheel 핸들을 잡고, 운전하여

- vehicle 명 차량, 탈것

- phase 명 (변화·발달의) 단계[시기/국면]

- input 동 입력하다

- automobile 명 자동차

- detect 동 발견하다[감지하다]

- distracted 형 (정신이) 산만해진

- interact with ... …와 상호 작용하다

- interpret 동 설명하다; *(…의 뜻으로) 해석[이해]하다

- engage ... in ~ …을 ~에 관여[참여]하게 하다

- on behalf of ... …을 대신[대표]하여

- by itself 저절로; *홀로, 단독으로

- abstract 형 추상적인

- acquire 동 습득하다, 얻다

- code 동 (프로그램을) 코드화하다

- infinite 형 무한한

- carry out ... …을 수행하다

- controversial 형 논란의 여지가 있는

- exceed 동 넘다[초과하다]

- claim 동 (…이 사실이라고) 주장하다

- overtake 동 …을 따라잡다; 앞지르다, 능가하다

- independent 형 독립된; *별개의

- unfold 동 (접힌 것을) 펴다; *(이야기 등이) 펼쳐지다, 전개되다

- legal 형 법률(상)의

- ethical 형 윤리적인, 도덕(상)의

- devise 동 고안하다

- coexist 동 공존하다

2. KEY STRUCTURES

1. 동명사의 부정

The robot guide reads Charlie's face and notices that he feels sorry for **not arriving** on time.

동명사의 부정은 동명사 바로 앞에 부정어인 not이나 never를 붙여 나타낸다. 여기서는 동명사 arriving 앞에 not을 써서 '도착하지 못함'의 의미를 나타낸다.

2. 지시대명사 those

However, Charlie cannot confidently distinguish the pictures painted by robots from **those** painted by humans.

앞에 제시된 명사의 반복을 피하기 위해 지시대명사를 사용할 수 있으며 이때 단수형은 that, 복수형은 those로 나타낸다. 여기서는 those가 앞에 나온 명사 the pictures를 가리킨다.

3. 현재완료 진행형

It **has been producing** paintings since 1973.

현재완료 진행형은 「have[has] been v-ing」로 쓰며 현재완료형과 진행형의 특성을 모두 갖는다. 즉, 과거의 어느 시점부터 현재까지 어떤 동작이나 일이 계속되고 있음을 나타내며 단순 현재완료형보다 진행 중임이 강조된다. 여기서는 1973년부터 현재까지 그림을 '계속 그려 오고 있다'는 것을 나타낸다.

4. 형용사적 용법의 to부정사

However, over the last 40 years, it has acquired the ability **to paint** plenty of realistic images of things like rocks, plants, and people, and it can now paint in color, too.

형용사적 용법의 to부정사는 명사나 대명사를 뒤에서 수식하여 '…하는, …할'로 해석하거나, 불완전자동사 뒤에서 주격보어로 쓰일 수 있다. 여기서는 to paint가 앞의 명사 the ability를 수식하는 역할을 하며 '그리는 능력'을 뜻한다.

5. 조건의 부사절에서의 현재시제

If we **are prepared**, humans and robots **will have** a better chance of coexisting peacefully and productively in the years to come.

if는 '…한다면'의 의미로 조건의 부사절을 이끄는 종속접속사이다. 조건을 나타내는 부사절에서 미래의 일을 나타낼 때는 현재시제를 사용한다. 여기서는 주절에 미래시제(will have)를 썼지만, if절에서는 현재시제(are prepared)가 미래시제를 대신하고 있다.

Reading 2 (SOCIAL STUDIES)

An Interview with a Futurist

PREDICTING Read the first paragraph on this page and predict what the interview will be about.
(이 페이지의 첫 단락을 읽고, 인터뷰가 무엇에 관한 내용일지 예측해 봅시다.)

Hailey: ❶ Good afternoon, everyone! ❷ This is Hailey, and today we are talking about jobs of the future. ❸ Many high school students are encouraged to figure out which career they would like to pursue in the future. ❹ It is a huge concern for many students. ❺ So, today, we've invited a special guest, who has some great advice for them. ❻ Let's give a great big welcome to famous futurist Dr. James Kim.

Dr. Kim: ❼ Thank you for inviting me, Hailey.

Hailey: ❽ It's my pleasure. ❾ In many books and films depicting the future, robots have taken over human jobs. ❿ Do you think this will eventually happen?

Dr. Kim: ⓫ In the 18th century, the introduction of machines in factories caused many people to lose their jobs. ⓬ Likewise, I believe that robots will have a similar effect, replacing lots of the jobs that people are doing now. ⓭ In my view, occupations that involve repetitive and mechanical tasks in particular will be taken over by robots.

│ 어휘

futurist [fjúːtʃərist] 몡 미래 학자 영영 someone who studies and predicts the future

pursue [pərsúː] 통 추구하다 영영 to seek or try to attain something

depict [dipíkt] 통 그리다, 묘사하다 영영 to describe someone or something using words or pictures

take over ... 인계받다; *장악하다 영영 to take control of something

replace [ripléis] 통 대신[대체]하다 영영 to take place of or substitute someone or something

occupation [àkjupéiʃən] 몡 직업 영영 a person's regular work or profession; a job

involve [inválv] 통 수반하다, 포함하다 영영 to have something as a part

repetitive [ripétətiv] 혱 반복적인, 반복되는 영영 requiring a person to say or do the same thing again and again

mechanical [məkǽnikəl] 혱 기계로 작동되는; *기계적인, 자동적인 영영 done as if by machine; automatic

해석

미래 학자와의 인터뷰

헤일리 : ❶ 안녕하세요, 여러분! ❷ 저는 헤일리이고, 오늘 저희는 미래의 직업에 관해 이야기하려 합니다. ❸ 많은 고등학생들은 미래에 어떤 직업을 추구하고 싶은지 알아내도록 장려됩니다. ❹ 많은 학생들에게 그것은 큰 걱정거리입니다. ❺ 그래서 오늘, 저희는 특별 손님을 모셨는데, 이분께서 그들에게 좋은 조언을 해 주실 것입니다. ❻ 유명한 미래 학자이신 제임스 김 박사님을 크게 환영해 주세요.

김 박사 : ❼ 초대해 줘서 고마워요, 헤일리 양.

헤일리 : ❽ 제가 감사하죠. ❾ 미래를 묘사하는 많은 책과 영화에서는 로봇이 인간의 일자리를 차지해 왔습니다. ❿ 박사님께서는 이런 일이 결국에는 일어날 거라고 생각하시나요?

김 박사 : ⓫ 18세기에, 공장에 기계가 도입된 것은 많은 사람들이 일자리를 잃도록 했습니다. ⓬ 마찬가지로, 저는 로봇이 현재 사람들이 하고 있는 많은 일들을 대신하며, 비슷한 영향을 끼칠 거라고 생각합니다. ⓭ 제 견해로는, 특히 반복적이고 기계적인 작업을 수반하는 직업은 로봇에 의해 장악될 것입니다.

⭐ Strategy in Use

Q1 Underline the part that expresses a fact in Dr. Kim's second response on this page.

(이 페이지의 김 박사의 두 번째 대답에서 사실을 나타내는 부분에 밑줄 쳐 봅시다.)

▶ In the 18th century, the introduction of machines in factories caused many people to lose their jobs.

Self-Study

Q1 According to Dr. Kim, what kinds of occupations will be taken over by robots?

(김 박사에 의하면, 어떤 종류의 직업이 로봇에 의해 장악될 것인가?)

▶ According to Dr. Kim, occupations that involve repetitive and mechanical tasks will be taken over by robots.

(김 박사에 의하면, 반복적이고 기계적인 작업을 수반하는 직업이 로봇에 의해 장악될 것이다.)

구문 해설

❸ Many high school students **are encouraged to figure** out *which career they would like to pursue in the future.*
: 「be encouraged to-v」는 '…하도록 권장[장려]되다'라는 의미이다.
: which 이하는 figure out의 목적어로 쓰인 간접의문으로, 「의문형용사(which)+명사+주어+동사」의 어순으로 쓰였다.

❺ So, today, we've invited a special guest**, who** has some great advice for them.
: who는 선행사 a special guest를 부연 설명하는 계속적 용법의 주격 관계대명사로, 앞에 콤마(,)가 쓰였다.

❾ In many books and films **depicting the future**, robots *have taken* over human jobs.
: depicting the future는 앞의 명사구 many books and films를 수식하는 현재분사구이다.
: have taken은 현재완료로, 과거의 동작이나 상태가 현재까지 계속됨을 나타낸다.

⓫ In the 18th century, the introduction of machines in factories **caused many people to lose** their jobs.
: 「cause+목적어+목적격보어」는 '…가 ~하도록 야기하다'라는 의미로, caused의 목적격보어로 to lose가 쓰였다.

⓬ Likewise, I believe that robots will have a similar effect, **replacing lots of the jobs** *that* **people are doing now**.
: replacing 이하는 부대상황을 나타내는 분사구문이다.
: that은 선행사 lots of the jobs를 수식하는 목적격 관계대명사로, 생략 가능하다.

Check Point

본문의 문장 ❿에서 밑줄 친 this가 의미하는 바를 우리말로 쓰시오.

> Do you think <u>this</u> will eventually happen?

정답 로봇이 인간의 일자리를 차지하는 것

Reading 2

Hailey: ❶ That sounds scary! ❷ Do you mean it is inevitable that we will be losing our jobs in the future?

Dr. Kim: ❸ You don't have to worry too much. ❹ People have always been able to replace the jobs that are lost because of new technology. ❺ It is important to focus on what humans are good at, such as creativity and imagination. ❻ When it comes to inventing new technologies or creating inspiring art, humans have a striking advantage over robots.

Hailey: ❼ I see. ❽ Then, what will be some of the most promising jobs in the future?

Dr. Kim: ❾ In my opinion, the majority of jobs that people will have in the future probably haven't even been invented yet. ❿ About ten years ago, smartphone application developers didn't exist. ⓫ But now I think they're one of the hottest jobs around. ⓬ And just as the invention of the smartphone has created many new jobs, further developments in technology will continue to cause big changes in the job market. ⓭ This means that your future career might not exist yet either.

어휘

inevitable [inévətəbl] 형 불가피한 영영 unavoidable; sure to happen

when it comes to ... …에 관한 한 영영 with regard to

striking [stráikiŋ] 형 눈에 띄는, 두드러진 영영 unusual or very noticeable

promising [prάmisiŋ] 형 유망한, 촉망되는 영영 showing a lot of potential or possibility

the majority of ... …의 다수 영영 most of

해석

헤일리 : ❶ 무섭게 들리네요! ❷ 우리가 미래에 직업을 잃을 것이 불가피하다는 말씀이신가요?

김 박사 : ❸ 너무 걱정할 필요는 없습니다. ❹ 사람들은 언제나 새로운 기술로 인해 사라진 직업을 대체할 수 있었습니다. ❺ 창의력과 상상력과 같이 인간이 잘하는 것에 집중하는 것이 중요합니다. ❻ 새로운 기술을 개발하는 것이나 영감을 주는 예술을 창작하는 것에 관해서는, 인간이 로봇에 비해 두드러진 강점을 가지고 있습니다.

헤일리 : ❼ 그렇군요. ❽ 그러면, 미래에 가장 유망한 직업은 무엇이 될까요?

김 박사 : ❾ 제 의견으로는, 미래에 사람들이 가지게 될 직업의 대부분은 아마 아직 생겨나지도 않았을 것입니다. ❿ 10여 년 전에, 스마트폰 애플리케이션 개발자는 존재하지 않았습니다. ⓫ 그러나 지금 저는 그들이 가장 인기 있는 직업 중 하나라고 생각합니다. ⓬ 그리고 스마트폰의 발명이 많은 새로운 직업을 만들어 냈듯이, 추가적인 기술 개발이 직업 시장에 큰 변화를 계속 가져올 것입니다. ⓭ 이는 당신의 미래 직업 또한 아직 존재하지 않을지도 모른다는 것을 의미합니다.

구문 해설

❶ That **sounds scary!**
: 지각동사 sound는 보어로 형용사를 취하여 '…인 것 같다, …처럼 들리다'라는 의미를 나타낸다.

❷ Do you mean **(that)** *it is inevitable that we will be losing our jobs in the future*?
: it 이하는 동사 mean의 목적어 역할을 하는 명사절로, 명사절을 이끄는 접속사 that이 생략되었다.
: it은 가주어, that 이하가 진주어이다.

❾ In my opinion, **the majority of jobs** that people will have in the future probably **haven't** even been invented yet.
: 부분을 나타내는 표현인 「the majority of+명사」가 주어로 올 때는 of 뒤의 명사에 동사의 수를 일치시킨다. 여기서는 of 다음에 복수명사인 jobs가 왔으므로, 복수동사 haven't가 쓰였다.

⓫ But now I think they're **one of the hottest jobs** around.
: 「one of the+(형용사의) 최상급+복수명사」 형태의 최상급 구문이다.

⓭ This means that your future career might not exist yet **either**.
: either가 '또한, 역시'라는 뜻의 부사로 쓰였으며 부정문에서는 either를, 긍정문에서는 too를 쓴다.

Strategy in Use

Q2 Underline the part that expresses a fact in Dr. Kim's second response on this page.
(이 페이지의 김 박사의 두 번째 대답에서 사실을 나타내는 부분에 밑줄 쳐 봅시다.)
▶ About ten years ago, smartphone application developers didn't exist.

Self-Study

Q2 According to Dr. Kim, in what areas do humans have an advantage over robots?
(김 박사에 의하면, 어떤 분야에서 인간이 로봇에 비해 강점을 가지고 있는가?)
▶ According to Dr. Kim, humans have an advantage over robots in things like inventing new technologies or creating inspiring art.
(김 박사에 의하면, 인간은 새로운 기술을 개발하는 것이나 영감을 주는 예술을 창작하는 것과 같은 것에서 로봇에 비해 강점을 가지고 있다.)

Q3 According to Dr. Kim, what will continue to cause big changes in the job market?
(김 박사에 의하면, 무엇이 직업 시장에 큰 변화를 계속 가져올 것인가?)
▶ According to Dr. Kim, further developments in technology will continue to cause big changes in the job market.
(김 박사에 의하면, 추가적인 기술 개발이 직업 시장에 큰 변화를 계속 가져올 것이다.)

Reading 2

Hailey: ❶ But if that's the case, then how can we prepare for our future?

Dr. Kim: ❷ No one knows exactly what skills you'll need in the future. ❸ What matters is knowing how to learn. ❹ Because the world is changing rapidly, what you learn today can quickly become outdated. ❺ However, the skills of learning will last your whole life. ❻ In addition, stay up to date on new technology. ❼ I suggest you pay attention to both the general technological trends and their effects on the industry that you are interested in.

Hailey: ❽ That sounds like good advice. ❾ Is there anything you want to add?

Dr. Kim: ❿ There is a famous quote that I always mention when I talk about future jobs: ⓫ "There is no future in any job. ⓬ The future lies in the person who holds the job." ⓭ Although it is hard to forecast what our future will look like, by knowing how to learn and keeping up to date on new technology, we can always be prepared for whatever the future may hold.

Hailey: ⓮ Thank you for sharing this with us, Dr. Kim.

▌어휘

outdated [àutdéitid] 형 구식인 영영 not suitable for modern use
stay[keep] up to date 최신 정보를 (계속) 알다 영영 to continue being aware of the latest information and trends
quote [kwout] 명 인용구[문] 영영 a phrase taken from a book, famous person, etc. and used to make a point

forecast [fɔ́ːrkæst] 동 예상[예측]하다 영영 to predict, usually in a way that is claimed to be precise

해석

헤일리 : ❶ 그런데 만약 그렇다면, 우리는 어떻게 우리의 미래에 대비할 수 있을까요?

김 박사 : ❷ 미래에 당신이 정확히 어떤 기술을 필요로 할지는 아무도 모릅니다. ❸ 중요한 것은 배우는 법을 아는 것입니다. ❹ 세상이 빠르게 변하고 있기 때문에, 당신이 오늘 배우는 것이 곧 시대에 뒤떨어지게 될 수 있습니다. ❺ 그러나, 배움의 기술은 당신의 삶 전체에 걸쳐 지속될 것입니다. ❻ 또한, 새로운 기술을 최신 상태로 파악하세요. ❼ 저는 전반적인 기술 경향과 그것이 당신이 관심 있는 산업에 미치는 영향 둘 다에 주의를 기울일 것을 제안합니다.

헤일리 : ❽ 좋은 조언인 것 같습니다. ❾ 추가하고 싶은 말씀 있으신가요?

김 박사 : ❿ 제가 미래의 직업에 관해 이야기할 때 항상 언급하는 유명한 인용구가 있습니다. ⓫ "어떤 직업에도 미래는 없습니다. ⓬ 미래는 그 직업을 갖는 사람에게 있습니다."라는 것입니다. ⓭ 우리의 미래가 어떨 것 같은지 예측하는 것이 어렵긴 하지만, 배우는 법을 알고 새로운 기술을 최신 상태로 파악함으로써 우리는 미래가 어떤 식으로 나아가든 언제나 대비할 수 있습니다.

헤일리 : ⓮ 저희에게 이를 공유해 주셔서 감사합니다, 김 박사님.

Self-Study

Q4 What are the two things Dr. Kim advises students to do to prepare for the future?
(김 박사가 학생들에게 미래에 대비하기 위해 하라고 조언한 두 가지는 무엇인가?)

▶ He advises students to know how to learn and to stay up to date on new technology.
(그는 학생들에게 배우는 법을 알고 새로운 기술을 최신 상태로 파악하라고 조언한다.)

구문 해설

❸ **What matters** is *knowing* <u>how to learn</u>.
: What matters는 선행사를 포함하는 관계대명사 what이 이끄는 명사절로, 문장의 주어 역할을 한다.
: knowing 이하는 주격보어 역할을 하는 동명사구이다.
: 「how to-v」는 '…하는 방법'을 뜻하며, how to learn이 knowing의 목적어로 쓰였다.

❼ I suggest you pay attention to **both** the general technological trends **and** their effects on the industry *that you are interested in*.
: 「both A and B」는 'A와 B 둘 다'라는 의미이다.
: that 이하는 선행사 the industry를 수식하는 목적격 관계대명사절이다.

⓭ **Although** it is hard to forecast what our future will look like, *by knowing* how to learn and *keeping* up to date on new technology, we can always be prepared for <u>whatever</u> the future may hold.
: although는 '(비록) …이긴 하지만'의 의미로, 양보의 부사절을 이끄는 접속사이다.
: 「by v-ing」는 '…함으로써'라는 의미로, 전치사 by의 목적어로 쓰인 동명사 knowing과 keeping이 등위접속사 and로 병렬 연결되었다.
: whatever는 복합 관계대명사로 '…하는 것은 무엇이든지'라는 의미이며, anything that으로 바꿔 쓸 수 있다.

Check Point

다음 빈칸에 들어갈 말로 바르게 짝지어진 것을 고르시오.

> Although it is hard _____ what our future will look like, by knowing how to learn and keeping up to date on new technology, we can always be prepared for _____ the future may hold.

① forecast ····· whenever
② forecast ····· whatever
③ forecasting ····· whatever
④ to forecast ····· whenever
⑤ to forecast ····· whatever

정답 ⑤

Reading 2를 바탕으로 말풍선을 완성해 봅시다.

우리의 직업이 로봇에 의해 대체될 거라고 생각하시나요?
– 저는 로봇이 ① 반복적이고 ② 기계적인 일을 차지할 거라고 생각합니다.

그러면, 우리는 미래에 우리의 일자리를 잃는 것인가요?
– 사람들은 항상 새로운 기술로 인해 사라진 직업을 ③ 대체할 수 있었기 때문에 우리가 걱정할 필요는 없습니다.

미래에 가장 유망한 직업은 무엇인가요?
– ④ 기술 발전은 ⑤ 직업 시장에 큰 변화를 가져왔고 앞으로도 그럴 것이어서, 당신의 미래 직업은 아마 아직 생기지 않았을 것입니다.

미래에 대비하기 위해 우리는 무엇을 할 수 있을까요?
– 우리는 ⑥ 배우는 법을 알고 새로운 기술을 ⑦ 최신 상태로 파악함으로써 미래에 대비할 수 있습니다.

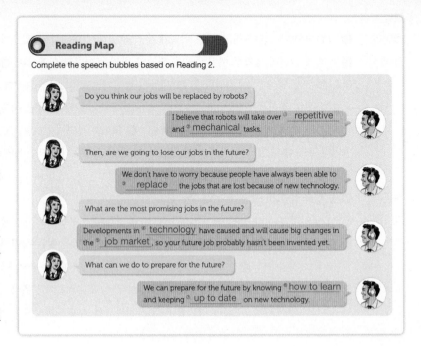

Reading Map

Complete the speech bubbles based on Reading 2.

Do you think our jobs will be replaced by robots?

I believe that robots will take over ② repetitive and ② mechanical tasks.

Then, are we going to lose our jobs in the future?

We don't have to worry because people have always been able to ③ replace the jobs that are lost because of new technology.

What are the most promising jobs in the future?

Developments in ④ technology have caused and will cause big changes in the ⑤ job market , so your future job probably hasn't been invented yet.

What can we do to prepare for the future?

We can prepare for the future by knowing ⑥ how to learn and keeping ⑦ up to date on new technology.

A 연어를 살펴보고 빈칸에 다른 예를 써 봅시다.

환영하다 도와주다	최신 상태로 유지하다 침착함을 유지하다
[Sample] 연설하다	[Sample] 계속 집중하다

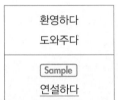 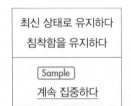

B 상자 안의 단어를 사용하여 문장을 완성해 봅시다.

1. 그는 응급 상황에도 침착함을 유지한다.
2. 이 지저분한 것을 치우는 데 도움을 줄래?
3. 뉴스를 정기적으로 읽는 것은 사회 문제들을 최신 상태로 파악하는 좋은 방법이다.

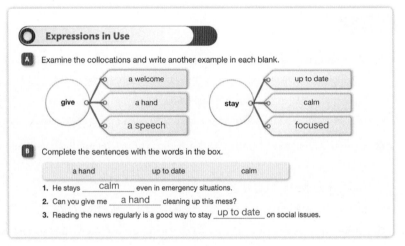

Expressions in Use

A Examine the collocations and write another example in each blank.

give — a welcome / a hand / a speech

stay — up to date / calm / focused

B Complete the sentences with the words in the box.

| a hand | up to date | calm |

1. He stays ___calm___ even in emergency situations.
2. Can you give me ___a hand___ cleaning up this mess?
3. Reading the news regularly is a good way to stay ___up to date___ on social issues.

More Collocations	
give a treat 한턱내다	stay fit 건강을 유지하다
give a ride 태워주다	stay tuned 채널을 고정하다
give a thought 고려해 보다	stay alert 경계를 게을리하지 않다

어휘

emergency [imə́ːrdʒənsi] 명 비상 사태   mess [mes] 명 (지저분하고) 엉망(진창)인 상태   regularly [régjulərli] 부 정기[규칙]적으로

1. KEY VOCABULARY

- futurist 명 미래 학자

- encourage 동 격려[고무]하다; *권장[장려]하다

- pursue 동 추구하다

- concern 명 우려[걱정]

- depict 동 그리다, 묘사하다

- take over ... 인계받다; *장악하다

- replace 동 대신[대체]하다

- occupation 명 직업

- involve 동 수반하다, 포함하다

- repetitive 형 반복적인, 반복되는

- mechanical 형 기계로 작동되는; *기계적인, 자동적인

- in particular 특히[특별히]

- scary 형 무서운, 겁나는

- inevitable 형 불가피한

- when it comes to ... ···에 관한 한

- striking 형 눈에 띄는, 두드러진

- advantage 명 유리한 점, 강점

- promising 형 유망한, 촉망되는

- the majority of ... ···의 다수

- exist 동 존재[현존]하다

- hot 형 더운[뜨거운]; *인기 있는

- further 형 더 먼; *한층 더한, 추가의

- rapidly 부 빨리, 급속히

- outdated 형 구식인

- stay[keep] up to date 최신 정보를 (계속) 알다

- technological 형 과학 기술의

- industry 명 산업

- quote 명 인용구[문]

- forecast 동 예상[예측]하다

2. KEY STRUCTURES

1. 진행형의 용법

This is Hailey, and today we **are talking** about jobs of the future.

Do you mean it is inevitable that we **will be losing** our jobs in the future?

「be v-ing」 형태의 진행형은 진행 중인 동작이나 상태, 또는 미래의 일을 나타내기 위해 사용된다. 첫 번째 문장의 현재진행형 are talking은 예정된 가까운 미래의 계획을 나타내기 위해 쓰였다. 두 번째 문장의 미래진행형 will be losing은 미래에 일어날 것으로 예측되는 일을 나타낸다.

2. 5형식 수동태

Many high school students **are encouraged to figure** out which career they would like to pursue in the future.

5형식 문장을 수동태로 바꿀 때는, 목적어가 수동태 문장의 주어가 되고 목적격보어는 일반적으로 수동형 동사 뒤에 그대로 쓰인다. 여기서는 5형식 문장에서 「encourage+목적어+to figure」이 수동태로 바뀐 것으로, are encouraged 뒤에 to figure가 그대로 쓰였다.

3. 접속사 as

And just **as** the invention of the smartphone has created many new jobs, further developments in technology will continue to cause big changes in the job market.

부사절을 이끄는 접속사 as는 시간(···할 때, ···함에 따라), 이유(···이므로), 양보(비록 ···이지만) 등의 다양한 의미를 나타낸다. 여기서는 방법이나 방식을 나타내는 '···다시피[듯이]'의 의미로 쓰였다. just와 함께 쓰여 '···인 것과 (꼭) 마찬가지로'를 의미할 수도 있다.

4. 「의문사+to-v」

What matters is knowing **how to learn**.

「의문사+to부정사」는 문장에서 주어, 목적어, 보어 역할을 하며, 「how to-v」는 '어떻게 ···하는지' 또는 '···하는 방법'으로 해석한다. 여기에서 how to learn은 knowing의 목적어로 쓰였으며 '배우는 방법'을 의미한다. 단, 의문사 why는 「why to-v」로 쓰지 않고, 명사절인 「why+주어+동사」로 쓴다.

5. 복합 관계대명사 whatever

Although it is hard to forecast what our future will look like, by knowing how to learn and keeping up to date on new technology, we can always be prepared for **whatever** the future may hold.

복합 관계대명사 whatever는 관계대명사 what에 -ever가 붙은 형태로, 명사절과 양보의 부사절을 이끄는 역할을 한다. 여기에서 whatever는 명사절을 이끌어 '···하는 것은 무엇이든지'라는 의미를 나타내며 anything that으로 바꿔 쓸 수 있다.

1. 다음 빈칸에 공통으로 들어갈 말을 쓰시오.

> - No one knows exactly _____ skills you'll need in the future.
> - Because the world is changing rapidly, _____ you learn today can quickly become outdated.

2. 다음 문장의 밑줄 친 부분을 어법에 맞게 고치시오.

(1) The robot guide reads Charlie's face and notices that he feels sorry for <u>arriving not</u> on time.

_____

(2) To avoid any potential problems, many experts suggest that legal and ethical standards for AI <u>are</u> devised.

_____

(3) In many books and films <u>depicted</u> the future, robots have taken over human jobs.

_____

3. 밑줄 친 부분에 유의하여 다음 문장을 우리말로 해석하시오.

(1) If <u>you've ever wanted</u> to be friends with a robot, here is one with "emotions" for you.

→ _____

(2) Many high school students <u>are encouraged to figure out</u> which career they would like to pursue in the future.

→ _____

(3) <u>It</u> is important <u>to focus on</u> what humans are good at, such as creativity and imagination.

→ _____

4. (A), (B), (C)의 각 네모 안에서 어법에 맞는 표현으로 가장 적절한 것을 고르시오.

> Self-driving cars have sensors (A) what / that can detect pedestrians, cyclists, other vehicles on the road, or even a plastic bag that has suddenly been blown into traffic. The AI software in self-driving cars predicts the movement of all of these objects and (B) choose / chooses the safest speed and direction for the car to travel. Also, because the car's AI system can do all this without becoming tired or distracted, some believe that self-driving cars are (C) very / even safer than those operated by humans.

	(A)		(B)		(C)
①	what	·····	choose	·····	even
②	what	·····	chooses	·····	very
③	what	·····	chooses	·····	even
④	that	·····	choose	·····	very
⑤	that	·····	chooses	·····	even

Reading Wrap-Up

Reading 1과 Reading 2를 바탕으로 다음 문장이 사실이면 F, 의견이면 O에 표시해 봅시다.

인공 지능과 함께하는 삶

1. 자율 주행 자동차는 센서를 이용하여 도로 위의 움직이는 물체를 감지할 수 있다.
2. 아론은 1973년부터 스스로 그림을 그려오고 있다.
3. 사람들이 인공 지능에 관한 법적이고 윤리적인 기준을 설정하는 것이 필요하다.

미래 학자와의 인터뷰

4. 로봇은 반복적이고 기계적인 일을 수반하는 일을 대체할 가능성이 있다.
5. 스마트폰의 발명은 스마트폰 앱 개발자와 같은 새로운 직업을 창출했다.
6. 최신 동향에 주의를 기울이는 것은 당신이 미래의 직업에 대비하는 것을 도울 것이다.

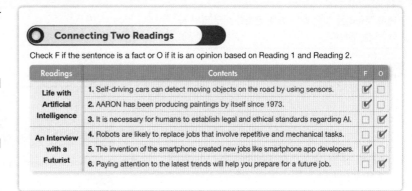

Connecting Two Readings

Check F if the sentence is a fact or O if it is an opinion based on Reading 1 and Reading 2.

Readings	Contents	F	O
Life with Artificial Intelligence	1. Self-driving cars can detect moving objects on the road by using sensors.	☑	☐
	2. AARON has been producing paintings by itself since 1973.	☑	☐
	3. It is necessary for humans to establish legal and ethical standards regarding AI.	☐	☑
An Interview with a Futurist	4. Robots are likely to replace jobs that involve repetitive and mechanical tasks.	☐	☑
	5. The invention of the smartphone created new jobs like smartphone app developers.	☑	☐
	6. Paying attention to the latest trends will help you prepare for a future job.	☐	☑

> • With the help of 3D printing technology, we will be able to make practically any everyday object at home.
> • Drones will provide delivery services, which will help companies save money on shipping costs.

A [Apply] 기술 발전이 우리 미래에 끼칠 영향에 대해 어떻게 생각하나요? 짝과 의견을 나눠 봅시다.

[Example]

• 로봇이 우리를 위해 반복적인 일을 할 것이므로, 우리는 창의적인 일을 위한 시간을 더 갖게 될 것이다.
• 사람들은 새로운 의학 기술의 도움으로 더 오래 더 건강한 삶을 살 것이다.

[예시답안]

• 3D 프린팅 기술의 도움으로, 우리는 사실상 어떤 일상용품이라도 집에서 만들 수 있을 것이다.
• 드론은 배달 서비스를 제공할 것이고, 그것은 기업들이 운송비에 드는 돈을 절약하도록 도울 것이다.

B [Personalize] 미래에 어떤 종류의 직업을 갖고 싶나요? 이 직업을 준비하기 위해 지금부터 무엇을 할 수 있나요? 짝과 생각을 나눠 봅시다.

[Example]

나는 소셜 미디어 분야에 관심이 있다. 나의 미래 직업을 준비하기 위해, 나는 매일 소셜 네트워킹에 관한 신문 기사를 읽을 것이다.

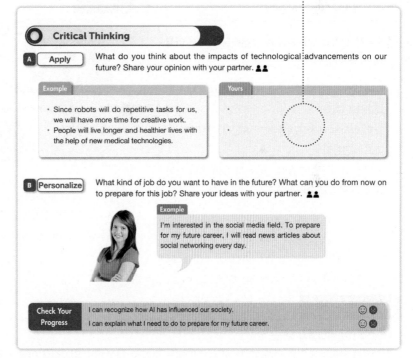

Critical Thinking

A [Apply] What do you think about the impacts of technological advancements on our future? Share your opinion with your partner.

[Example]
• Since robots will do repetitive tasks for us, we will have more time for creative work.
• People will live longer and healthier lives with the help of new medical technologies.

[Yours]

B [Personalize] What kind of job do you want to have in the future? What can you do from now on to prepare for this job? Share your ideas with your partner.

[Example]
I'm interested in the social media field. To prepare for my future career, I will read news articles about social networking every day.

Check Your Progress
I can recognize how AI has influenced our society. ☺ ☹
I can explain what I need to do to prepare for my future career. ☺ ☹

[**Check Your Progress**] 나는 인공 지능이 우리 사회에 어떻게 영향을 끼쳤는지 알 수 있다.
나는 나의 미래 직업을 준비하기 위해 해야 할 일을 설명할 수 있다.

어휘

advancement [ədvǽnsmənt] 명 발전, 진보　　field [fiːld] 명 들판; *분야　　[예시답안] practically [prǽktikəli] 부 사실상, 거의

Writing Builder

내가 걱정하는 것은 네가 휴대 전화를 너무 많이 사용한다는 것이다.

A 알맞은 문장을 만들기 위해 부분들을 이어서 아래에 써 봅시다.

1. 내가 인생에서 가장 후회하는 것은 다른 이들의 의견을 너무 신경 쓴 것이다.
2. 위대한 과학자를 만드는 것은 천재성이 아니라 창의성이다.
3. 에반이 불평하고 싶은 것은 그의 이웃이 늦은 밤에 시끄럽게 한다는 것이다.

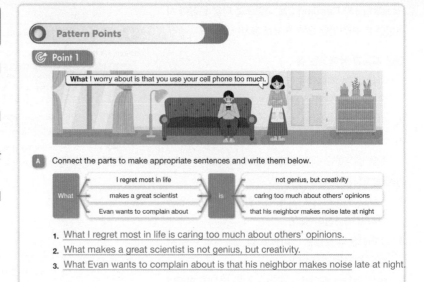

Pattern Points

Point 1

What I worry about is that you use your cell phone too much.

A Connect the parts to make appropriate sentences and write them below.

What	I regret most in life	is	not genius, but creativity
	makes a great scientist		caring too much about others' opinions
	Evan wants to complain about		that his neighbor makes noise late at night

1. What I regret most in life is caring too much about others' opinions.
2. What makes a great scientist is not genius, but creativity.
3. What Evan wants to complain about is that his neighbor makes noise late at night.

나의 의사는 내가 건강에 좋은 음식을 먹고 규칙적으로 운동해야 한다고 제안한다.

B 알맞은 문장을 만들기 위해 부분들을 이어서 아래에 써 봅시다.

1. 수의사는 내가 정기적으로 내 개를 산책시켜야 한다고 제안한다.
2. 나의 상사는 내가 프로젝트 기획안을 작성해야 한다고 제안한다.
3. 농구팀 코치는 선수들이 연습하기 전에 준비 운동을 해야 한다고 제안한다.

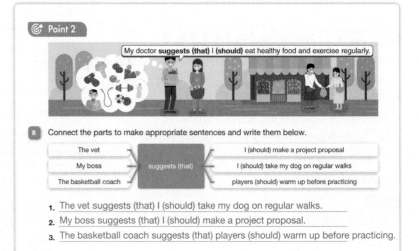

Point 2

My doctor suggests (that) I (should) eat healthy food and exercise regularly.

B Connect the parts to make appropriate sentences and write them below.

The vet		I (should) make a project proposal
My boss	suggests (that)	I (should) take my dog on regular walks
The basketball coach		players (should) warm up before practicing

1. The vet suggests (that) I (should) take my dog on regular walks.
2. My boss suggests (that) I (should) make a project proposal.
3. The basketball coach suggests (that) players (should) warm up before practicing.

Grammar Point

Point 1 관계대명사 what

선행사를 포함하고 있는 관계대명사 what은 '…하는 것'으로 해석하며, 명사절을 이끌어 문장 내에서 주어, 목적어, 보어 역할을 한다. what은 the thing(s) which[that]로 바꿔 쓸 수 있다.

Point 2 제안·요구·명령·주장 등을 나타내는 동사 다음의 that절

제안·요구·명령·주장 등을 나타내는 동사 뒤에 이어지는 that절이 '…해야 한다'는 당위성을 나타낼 때 that절의 동사는 「should+동사원형」의 형태를 취하며, should는 생략할 수 있다. 대표적인 동사로는 demand(요구하다), suggest(제안하다), recommend(권하다), insist(주장하다), order(명령하다) 등이 있다. 단, that절의 내용이 객관적인 사실을 나타내는 경우에는 that절에 직설법을 써서 시제와 수에 따라 동사의 형태를 바꾼다.

어휘

genius [dʒíːniəs] 명 천재성   vet [vet] 명 수의사   proposal [prəpóuzəl] 명 제안, 제의   warm up 몸을 천천히 풀다[준비 운동을 하다]

A 말풍선 중 하나를 사용하여 문장을 완성해 봅시다.

1. 인도에 관하여 나를 매료시킨 것은 아름답고 이국적인 풍경이었다.

2. 어릴 때 내가 항상 원했던 것은 세상을 구하는 영웅이 되는 것이었다.

3. 그 영화에서 우리를 정말 겁먹게 했던 것은 갑작스러운 괴물의 출현이었다.

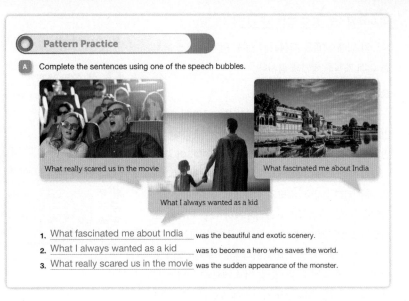

Pattern Practice

A Complete the sentences using one of the speech bubbles.

What really scared us in the movie

What fascinated me about India

What I always wanted as a kid

1. <u>What fascinated me about India</u> was the beautiful and exotic scenery.
2. <u>What I always wanted as a kid</u> was to become a hero who saves the world.
3. <u>What really scared us in the movie</u> was the sudden appearance of the monster.

B 에밀리는 미래 직업을 결정하는 데 어려움을 겪고 있습니다. 그녀의 친구들은 그녀에게 몇 가지 조언을 해 주었습니다. 예시를 참고하여 문장을 완성해 봅시다.

조셉: 너는 무엇이 너를 들뜨게 만드는지 생각해 봐야 해.
산드라: 우선 다양한 직업에 대해서 조사하는 것이 어때?
앤드류: 네 멘토가 되어 줄 사람을 찾아보는 것이 어떨까?
나오미: 직업 능력 평가 시험을 보는 것이 어때?

[Example]
조셉은 그녀가 무엇이 그녀를 들뜨게 만드는지 생각해 봐야 한다고 주장했다.

1. 산드라는 그녀가 우선 다양한 직업에 대해서 조사해야 한다고 제안했다.
2. 앤드류는 그녀가 그녀의 멘토가 되어 줄 사람을 찾아봐야 한다고 제안했다.
3. 나오미는 그녀가 직업 능력 평가 시험을 봐야 한다고 권했다.

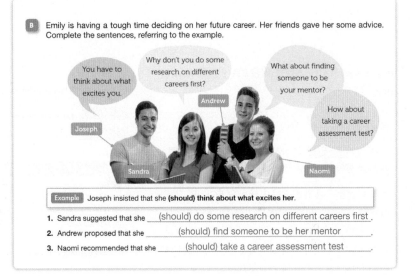

B Emily is having a tough time deciding on her future career. Her friends gave her some advice. Complete the sentences, referring to the example.

Joseph: You have to think about what excites you.
Andrew: Why don't you do some research on different careers first?
Andrew: What about finding someone to be your mentor?
Naomi: How about taking a career assessment test?

[Example] Joseph insisted that she **(should) think about what excites her.**

1. Sandra suggested that she <u>(should) do some research on different careers first</u>.
2. Andrew proposed that she <u>(should) find someone to be her mentor</u>.
3. Naomi recommended that she <u>(should) take a career assessment test</u>.

Check Point

주어진 우리말 뜻에 맞도록 빈칸에 알맞은 말을 쓰시오.

(1) 나를 가장 놀라게 한 것은 그가 혼자서 모든 음식을 준비했다는 것이었다.

_____ surprised me most _____ that he prepared all the food himself.

(2) 그녀의 아버지는 그녀가 혼잡한 시간대 전에 떠나야 한다고 제안했다.

Her father _____ that she _____ before rush hour.

정답 (1) What, was   (2) suggested[proposed], (should) leave

어휘

fascinate [fǽsənèit] 동 매혹[매료]하다   exotic [igzátik] 형 이국적인   appearance [əpíərəns] 명 외모; *출현   assessment [əsésmənt] 명 평가   propose [prəpóuz] 동 제안[제의]하다

Writing Workshop

내 미래에 대한 로드 맵 [미래 계획]

자신의 미래 계획을 작성하기 전에, 먼저 예시로 제시된 미래 계획을 확인해 봅시다.

요리사가 되기 위한 나의 계획

나의 꿈은 세계 최고의 요리사가 되는 것이다. 내가 만든 요리를 즐기는 사람들을 보는 것은 나를 행복하게 만들 것이기 때문에 나는 요리사가 되고 싶다. 이 꿈을 이루기 위해, 나는 다음 일들을 할 것이다. 먼저, 내가 할 일은 방학 동안에 고모의 식당에서 아르바이트하는 것이다. 또한, 고등학교를 졸업한 후에 나는 다양한 요리법들을 배우기 위해 요리 학교에 진학할 것이다. 마지막으로, 나는 내 음식을 즐기러 오는 누구와도 소통할 수 있도록 몇몇 외국어를 배울 계획이다. 나는 세계적으로 유명한 요리사가 되기 위해 최선을 다할 것이다!

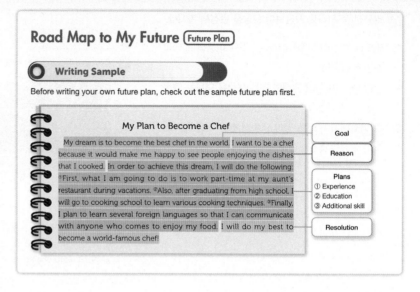

위에 예시로 제시된 계획을 바탕으로 빈칸을 채워 봅시다.

목표: 세계 최고의 ① 요리사 되기		
이유: ② 내가 만든 요리를 즐기는 사람들을 보는 것은 나를 행복하게 만들 것이다.		
계획 1: 경험 방학 동안 고모의 식당에서 ③ 아르바이트하기	계획 2: 교육 다양한 ④ 요리법들을 배우기 위해 요리 학교에 진학하기	계획 3: 추가적인 기량 내 음식을 즐기러 오는 누구와도 소통하도록 몇몇 ⑤ 외국어들을 배우기
다짐: ⑥ 세계적으로 유명한 요리사가 되기 위해 최선을 다하기		

어휘

chef [ʃef] 몡 요리사, 주방장   dish [diʃ] 몡 큰 접시; *요리   part-time 시간제로   graduate [grǽdʒuèit] 동 졸업하다   technique [tekníːk] 몡 기법, 기술   additional [ədíʃənl] 혱 추가의

자라서 무엇이 되고 싶나요? 미래 계획에 관해 써 봅시다.

Step 1

미래에 무엇을 하고 싶은지 생각해 봅시다. 그러고 나서 질문에 답해 봅시다.

- 어떤 종류의 경험이 당신이 그 직업을 갖는 데 도움을 줄 것인가? (예를 들어, 아르바이트, 자원봉사 등)
- 그 직업에는 어떤 종류의 교육이 요구되는가?
- 어떤 추가적인 기량이 당신이 그 직업을 갖는 데 도움을 줄 것인가?

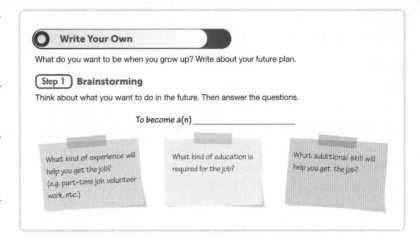

Write Your Own

What do you want to be when you grow up? Write about your future plan.

Step 1 Brainstorming

Think about what you want to do in the future. Then answer the questions.

To become a(n) _____

What kind of experience will help you get the job? (e.g. part-time job, volunteer work, etc.)

What kind of education is required for the job?

What additional skill will help you get the job?

Step 2

미래 계획을 위한 개요를 작성해 봅시다.

예시답안

소프트웨어 개발자가 되기 위한 나의 계획	
내가 그 직업을 갖고 싶어 하는 이유	나는 IT 분야와 컴퓨터 프로그래밍에 관심이 많다.
계획 1: 경험	소프트웨어 개발 공모전에 참가하기
계획 2: 교육	컴퓨터 공학 학사 학위 받기
계획 3: 추가적인 기량	정보 처리 자격증 취득하기
다짐	최고의 소프트웨어 개발자가 되는 데 많은 노력 기울이기

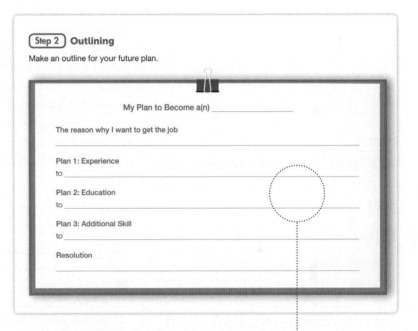

Step 2 Outlining

Make an outline for your future plan.

My Plan to Become a(n) _____

The reason why I want to get the job
_____

Plan 1: Experience
to _____

Plan 2: Education
to _____

Plan 3: Additional Skill
to _____

Resolution
_____

My Plan to Become a Software Developer

The reason why I want to get the job
I have a lot of interest in the IT field and computer programming.

Plan 1: Experience
to participate in software development contests

Plan 2: Education
to get a bachelor's degree in computer engineering

Plan 3: Additional Skill
to acquire a certificate in data processing

Resolution
to put a lot of effort into becoming the best software developer

어휘

grow up 성장하다, 자라다   require [rikwáiər] 통 요구하다   예시답안 bachelor's degree 학사 학위   certificate [sərtífikət] 명 증서, 증명서; *자격증

Writing Workshop

개요를 바탕으로 미래 계획을 작성해 봅시다.

예시답안

소프트웨어 개발자가 되기 위한 나의 계획

　나의 꿈은 세계에서 최고의 소프트웨어 개발자 중 한 명이 되는 것이다. 나는 IT 분야와 컴퓨터 프로그래밍에 관심이 많기 때문에 소프트웨어 개발자가 되고 싶다. 이 꿈을 이루기 위해, 나는 다음 일들을 할 것이다. 먼저, 내가 할 일은 소프트웨어 개발 공모전에 참가하는 것이다. 또한, 나는 컴퓨터 공학 학사 학위를 받을 것이다. 마지막으로, 나는 정보 처리 자격증을 취득할 계획이다. 나는 최고의 소프트웨어 개발자가 되는 데 많은 노력을 기울일 것이다!

Step 4

초고를 개선하기 위해 체크리스트를 이용해 봅시다. 그러고 나서 짝과 초고를 교환하여 서로의 글을 수정해 봅시다.

A Revising Checklist

미래 계획이 목표와 이유를 분명하게 나타내는가?
미래 계획이 경험, 교육, 그리고 추가적인 기량과 관련된 계획들을 포함하는가?
세부 사항들이 적절한 연결어와 함께 제시되어 있는가? (예를 들어, 첫째, 둘째, 또한, 마지막으로 등)

B Editing Checklist

미완성 문장
미완성 문장은 주어, 동사, 목적어, 보어, 접속사, 또는 전치사가 빠져서 불완전한 문장이다. 미래 계획에 미완성 문장이 없는가?

Example 1. 내가 할 일은 고모의 식당에서 아르바이트하는 것이다.

Example 2. 나의 선생님은 내가 중급 수준의 작문 수업을 들어야 한다고 제안하셨다.

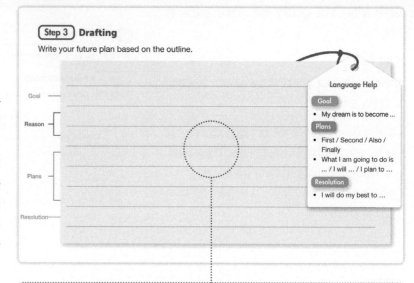

Step 3 **Drafting**

Write your future plan based on the outline.

Goal

Reason

Plans

Resolution

Language Help

Goal
- My dream is to become ...

Plans
- First / Second / Also / Finally
- What I am going to do is ... / I will ... / I plan to ...

Resolution
- I will do my best to ...

My Plan to Become a Software Developer

　My dream is to become one of the top software developers in the world. I want to be a software developer because I have a lot of interest in the IT field and computer programming. In order to achieve this dream, I will do the following: First, what I am going to do is to participate in software development contests. Also, I will get a bachelor's degree in computer engineering. Finally, I plan to acquire a certificate in data processing. I will put a lot of effort into becoming the best software developer!

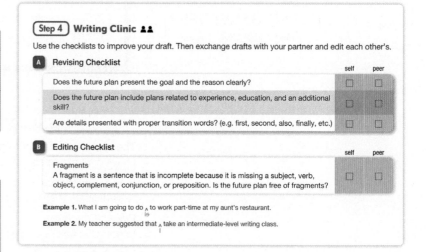

Step 4 **Writing Clinic** 👥

Use the checklists to improve your draft. Then exchange drafts with your partner and edit each other's.

A Revising Checklist

	self	peer
Does the future plan present the goal and the reason clearly?	☐	☐
Does the future plan include plans related to experience, education, and an additional skill?	☐	☐
Are details presented with proper transition words? (e.g. first, second, also, finally, etc.)	☐	☐

B Editing Checklist

	self	peer
Fragments A fragment is a sentence that is incomplete because it is missing a subject, verb, object, complement, conjunction, or preposition. Is the future plan free of fragments?	☐	☐

Example 1. What I am going to do ∧ to work part-time at my aunt's restaurant.
　　　　　　　is

Example 2. My teacher suggested that ∧ take an intermediate-level writing class.
　　　　　　　I

어휘

fragment [frǽgmənt] 명 조각, 파편; *문장의 단편　　object [ábdʒekt] 명 물체; *목적어　　complement [kámpləmənt] 명 보완물; *보어
conjunction [kəndʒʌ́ŋkʃən] 명 접속사　　preposition [prèpəzíʃən] 명 전치사　　free of …이 없는　　intermediate [ìntərmíːdiət] 형 중간의; *(수준이) 중급의

Step 5

짝의 피드백을 이용하여 미래 계획을 다시 써 봅시다.

Step 5 Rewriting

Using your partner's feedback, rewrite your future plan.

Step 6

A 4명으로 구성된 모둠을 만들어 봅시다. 최종 글을 공유하고 다른 조원들로부터 피드백을 받아 봅시다.

| 미래 계획은 목표, 이유, 구체적인 계획, 그리고 다짐을 포함한다. |
| 연결어가 바르게 사용되었다. |
| 미래 계획은 어떤 미완성 문장도 포함하지 않는다. |

B 누구의 미래 계획이 가장 인상적인가요? 조원들과 의견을 나눠 봅시다.

Check Your Progress 나는 나의 미래 계획을 쓸 수 있다.

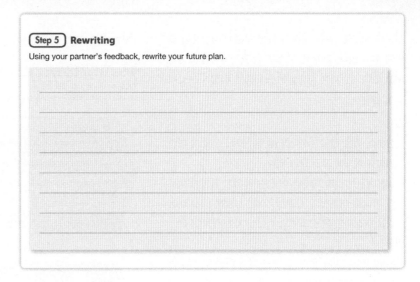

Step 6 Sharing Your Writing

A Make groups of four. Share your final draft and get feedback from the other group members.
(5: Excellent 4: Good 3: Average 2: Fair 1: Poor)

member 1 member 2 member 3

	member 1	member 2	member 3
The future plan includes a goal, a reason, detailed plans, and a resolution.			
Transition words are used correctly.			
The future plan does not contain any fragments.			
Final Score			

B Whose future plan is the most impressive? Share your opinion with your group members.

I think _____'s future plan is the most impressive because _____.

Check Your Progress I can write my future plan. ☺☹

Practice More

다음 문장에서 미완성 문장의 오류를 찾아 문장을 다시 쓰시오.

(1) What is really upsetting his arrogance.

_____

(2) I can lend you the book as long as you don't lose.

_____

정답 (1) What is really upsetting is his arrogance.
(2) I can lend you the book as long as you don't lose it[the book].

어휘

문제 arrogance [ǽrəgəns] 명 거만, 오만   lend [lend] 동 빌려주다

Inside Culture

고령화되는 세계

전 세계적으로, 의료 기술의 향상 덕분에 사람들이 더 오래 살고 있다. 그래서, 세계의 인구는 빠르게 고령화되고 있다. 전 세계 사람들은 노인층을 어떻게 보살피고 있을까?

일본

- 정부는 특별 인적 자원 센터를 통하여 노년층이 취업 기회를 찾도록 도와 오고 있다.
- 일본에서는 60번째 생일이 인생의 가장 특별한 행사 중 하나로 여겨진다. 60세가 되는 사람은 다시 태어남을 상징하는 붉은 조끼와 붉은 모자를 착용한다.

인도

- 부모님이 나이가 들면, 그들은 대개 아들에 의해 보살핌을 받는다. 부모님을 양로원에 들어가게 하는 것은 부끄러운 일로 간주된다.
- 인도 사람들은 공경의 표시로 노인들의 발을 만진다.

독일

- 독일의 고령자들 대부분은 독립적인 삶을 산다. 그들은 사회적으로 활동적이며 노인이라 불리는 것을 좋아하지 않는다.
- 상대적으로 후한 연금이 노년층이 은퇴한 후 수여된다.

그리스

- 한 지붕 아래 몇 세대가 함께 살아가는 것을 흔하게 볼 수 있다.
- 교회의 수석 사제는 *geronda*라고 불리는데, 그것은 '노인'을 의미한다. 그것은 노년에 대한 그리스인들의 존경심을 반영한다.

다음을 듣고 각 인물에 해당하는 알맞은 나라를 빈칸에 써 봅시다.

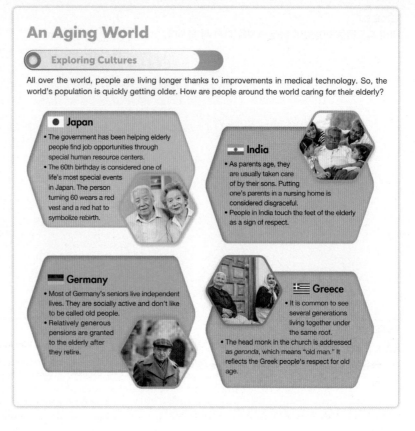

SCRIPT

1. My family has a special way of saying "Good morning" to me. My grandchildren touch my feet when they wake up in the morning. It's their way of showing respect to me.
2. Even though I'm old, I'm still working at the local library. The government offers various job training programs and helped me find a suitable job.
3. In my country, *geronda* means "old man." It's not considered rude at all because old age is honored and celebrated.
4. Although I am old and getting much older, I want to stay fit and not rely on others. I also don't like to be called an old man.

해석

1. 우리 가족은 내게 "안녕히 주무셨어요"라고 말하는 특별한 방식이 있습니다. 나의 손주들은 아침에 일어나면 내 발을 만집니다. 그것은 내게 존경을 표현하는 그들의 방법입니다.
2. 비록 나는 나이가 들었지만, 여전히 지역 도서관에서 일하고 있습니다. 정부는 다양한 직업 훈련 프로그램을 제공하며 내가 적당한 일자리를 찾도록 도와주었습니다.
3. 우리나라에서 *geronda*는 '노인'을 의미합니다. 이 말은 전혀 무례하다고 여겨지지 않는데, 노년은 명예롭고 축복받는 일이기 때문입니다.
4. 비록 나는 나이가 많고 훨씬 더 나이 들어가고 있지만, 나는 건강을 유지하고 싶고 다른 사람들에게 의지하는 것을 원하지 않습니다. 나는 노인으로 불리는 것도 좋아하지 않습니다.

어휘

pension [pénʃən] 몡 연금   grant [grænt] 동 수여하다   retire [ritáiər] 동 은퇴[퇴직]하다   address [ədrés] 동 말을 걸다; *호칭으로 부르다

A 4-5명의 학생들로 구성된 모둠을 만들어 봅시다. 한국의 고령화 인구에 관한 정보를 찾아봅시다.

Example

한국인들은 60번째와 70번째 생일을 매우 중요하게 여겨서, 대규모의 가족 모임을 갖는다.

예시답안

• 한국인들은 비록 멀리 떨어져 살더라도 설날과 추석과 같은 명절에 그들의 부모님을 찾아뵈어야 한다고 생각한다.
• 한국인들은 연장자에게 존댓말을 쓴다. 만약 누군가가 그것을 쓰지 않는다면, 그 사람은 매우 무례하게 여겨질 것이다.

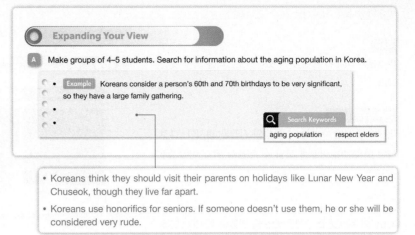

Expanding Your View

A Make groups of 4–5 students. Search for information about the aging population in Korea.

> Example Koreans consider a person's 60th and 70th birthdays to be very significant, so they have a large family gathering.

Search Keywords
aging population   respect elders

• Koreans think they should visit their parents on holidays like Lunar New Year and Chuseok, though they live far apart.
• Koreans use honorifics for seniors. If someone doesn't use them, he or she will be considered very rude.

B 132쪽의 나라 중 하나를 선택하여 한국과의 유사점 및 차이점으로 상자를 채워 봅시다.

예시답안

한국	공통점	그리스
한국의 노인들은 자녀들이 결혼한 후에 그들과 따로 산다.	한국인들과 그리스인들은 노인들을 공경한다.	그리스에서는 보통 여러 세대가 함께 산다.

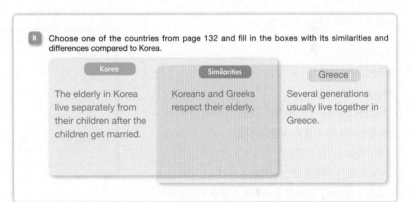

B Choose one of the countries from page 132 and fill in the boxes with its similarities and differences compared to Korea.

Korea

The elderly in Korea live separately from their children after the children get married.

Similarities

Koreans and Greeks respect their elderly.

Greece

Several generations usually live together in Greece.

C 모둠의 결과물을 교실 벽에 전시하고 다른 모둠의 결과물을 읽어 봅시다.

D 교실 벽에 전시된 모든 방식들 중 노인을 돌보는 가장 좋은 방식에 관해 조원들과 이야기해 봅시다.

Example

일본에서 노인들이 일자리를 찾도록 지원하는 것은 훌륭하다. 내 생각에 이것은 일본 노인들이 건강하고 활기차게 지내는 데 도움이 될 것 같다.

Check Your Progress 나는 몇몇 다른 나라에서 노인들이 어떻게 대우받는지 설명할 수 있다.

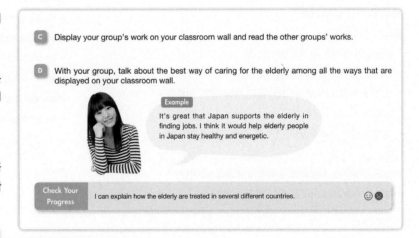

C Display your group's work on your classroom wall and read the other groups' works.

D With your group, talk about the best way of caring for the elderly among all the ways that are displayed on your classroom wall.

Example

It's great that Japan supports the elderly in finding jobs. I think it would help elderly people in Japan stay healthy and energetic.

Check Your Progress   I can explain how the elderly are treated in several different countries.   ☺ ☹

| 어휘

family gathering 가족 모임   energetic [ènərdʒétik] 형 활동적인   예시답안 honorific [ànərífik] 명 존댓말

Project

미래의 제품을 광고하는 포스터 만들기

Task

여러분은 미래의 제품을 광고하는 포스터를 만들 것입니다.

Before You Begin

미래에 출시될 수 있는 제품들의 사진을 봅시다. 그것들이 무엇이며 어떻게 쓰일 수 있는지 짝과 이야기해 봅시다.

Step 1

4-5명의 학생들로 구성된 모둠을 만들어 봅시다. 미래에 어떤 종류의 제품들이 출시될지 논의해 봅시다.

Make a Poster Advertising a Future Product

Task You are going to make a poster advertising a future product.

Before You Begin

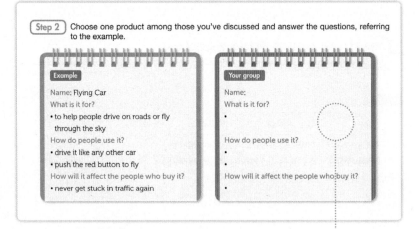

Look at the pictures of products that could be released in the future. Talk about what they are and how they could be used with your partner. 👥

Step 1 Make groups of 4–5 students. Discuss what kinds of products will be released in the future.

Step 2

여러분이 논의한 것들 중 한 가지 제품을 선택하고 예시를 참고하여 질문에 답해 봅시다.

Example

제품명: 나는 자동차
용도가 무엇인가?
• 사람들이 길에서 운전하거나 하늘을 날도록 돕는 것
사람들은 그것을 어떻게 사용하는가?
• 여느 자동차처럼 운전한다
• 하늘을 날기 위해서 빨간 버튼을 누른다
이것을 구매하는 사람들에게 어떻게 영향을 미치는가?
• 다시는 교통 체증에 갇히지 않게 된다

예시답안

제품명: 자동 샴푸 기계
용도가 무엇인가?
• 사람들의 머리를 감기고 말리는 것
사람들은 그것을 어떻게 사용하는가?
• 그것에 누워 샴푸로 머리를 감기 위해 씻기 버튼을 누른다
• 그것에 앉아 머리를 말리기 위해 말리기 버튼을 누른다
이것을 구매하는 사람들에게 어떻게 영향을 미치는가?
• 빠르고 수월하게 머리를 감고 말릴 수 있다

Step 2 Choose one product among those you've discussed and answer the questions, referring to the example.

Example
Name: Flying Car
What is it for?
• to help people drive on roads or fly through the sky
How do people use it?
• drive it like any other car
• push the red button to fly
How will it affect the people who buy it?
• never get stuck in traffic again

Your group
Name:
What is it for?
•
•
How do people use it?
•
•
How will it affect the people who buy it?
•

Name: The Auto Shampoo Machine
What is it for?
• to wash and dry people's hair
How do people use it?
• lie on it and press the Wash button to shampoo
• sit on it and press the Dry button to blow-dry
How will it affect the people who buy it?
• be able to wash and dry your hair quickly and easily

Step 3

각 조원의 역할을 정해 봅시다.

Step 3 Choose a role for each member of your group.

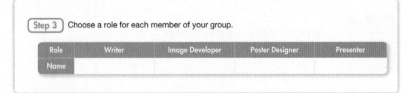

Role	Writer	Image Developer	Poster Designer	Presenter
Name				

어휘

release [rilíːs] 동 풀어 주다; *(대중들에게) 공개[발표]하다   get stuck 꼼짝 못하게 되다, 갇히다   예시답안 shampoo [ʃæmpúː] 명 샴푸
동 (머리를) 샴푸로 감다   blow-dry (머리를) 드라이어로 말리다

Step 4

예시를 참고하여 모둠의 포스터를 디자인해 봅시다. 다섯 가지 핵심 요소를 반드시 포함하도록 합시다.

Step 5

모둠의 결과물을 학급에 발표해 봅시다. 모둠의 제품의 요소를 설명하고 반 친구들이 그것을 사도록 설득해 봅시다.

Sample

저희 모둠은 여러분에게 <u>나는 자동차</u>를 소개하겠습니다. 이 제품은 <u>여러분이 길에서 운전하거나 하늘을 날도록 도와줄</u> 것입니다. 이것을 작동시키기 위해서, 여러분은 <u>이것을 여느 자동차처럼 운전하면 되고, 만약 날고 싶다면 그저 빨간 버튼을 누르면 됩니다</u>. 이 제품이 있다면, 여러분은 <u>다시 교통 체증에 갇히지 않을</u> 것입니다. 여러분의 삶을 바꿀 이 기회를 놓치지 마세요!

예시답안

저희 모둠은 여러분에게 <u>자동 샴푸 기계</u>를 소개하겠습니다. 이 제품은 <u>사람들의 머리를 감기고 말려줄</u> 것입니다. 이것을 작동시키기 위해서, 여러분은 <u>그것에 누워 샴푸로 머리를 감기 위해 씻기 버튼을 누르거나 그것에 앉아 머리를 말리기 위해 말리기 버튼을 누르면</u> 됩니다. 이 제품이 있다면, 여러분은 <u>빠르고 수월하게 머리를 감고 말릴 수 있을</u> 것입니다. 여러분의 삶을 바꿀 이 기회를 놓치지 마세요!

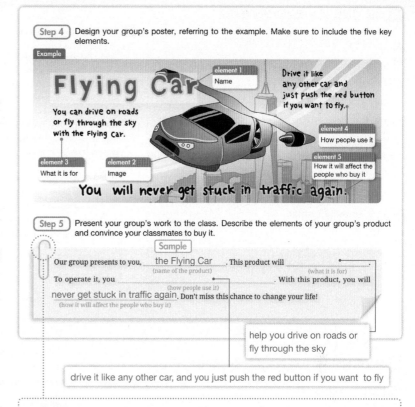

예시답안

Our group presents to you, <u>the Auto Shampoo Machine</u>. This product will <u>wash and dry people's hair</u>. To operate it, you <u>lie on it and press the Wash button to shampoo or sit on it and press the Dry button to blow-dry</u>. With this product, you will <u>be able to wash and dry your hair quickly and easily</u>. Don't miss this chance to change your life!

Step 6

모둠의 포스터를 교실 벽에 전시하고 가장 사고 싶은 제품에 투표해 봅시다.

Check Your Progress

모든 조원이 참여하여 자신의 역할을 수행했다.

우리 모둠의 포스터는 다섯 가지 핵심 요소들을 모두 포함한다.

우리 모둠의 발표는 설득력이 있었다.

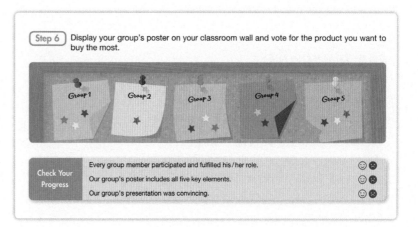

어휘

element [éləmənt] 명 요소   operate [ápərèit] 동 작동되다; *(기계 등을) 가동[조작]하다

Lesson Review

A 다음 단락을 읽고 질문에 답해 봅시다.

1. 이 단락은 주로 무엇에 관한 내용인가?

[정답] ②

[해석]

① 다양한 유형의 자율 주행 자동차

② 자율 주행 자동차의 특징들

③ 자율 주행 자동차를 개발할 필요성

④ 자율 주행 자동차에 대한 늘어나는 우려

2. ⓐ와 ⓑ에 들어갈 알맞은 단어를 고르시오.

[정답] ⓐ detect ⓑ safer

A Read the following paragraph and answer the questions.

Self-driving cars are vehicles that don't need to be operated by a human driver during the driving phase. If the passenger simply inputs a destination, this automobile does the rest. Self-driving cars have sensors that can ⓐ [neglect / detect] pedestrians, cyclists, other vehicles on the road, or even a plastic bag that has suddenly been blown into traffic. The AI software in self-driving cars predicts the movement of all of these objects and chooses the safest speed and direction for the car to travel. Also, because the car's AI system can do all this without becoming tired or distracted, some believe that self-driving cars are even ⓑ [safer / more dangerous] than those operated by humans.

1. What is the paragraph mainly about?
  ① various types of self-driving cars
  ② characteristics of self-driving cars
  ③ the need to develop self-driving cars
  ④ increasing concerns about self-driving cars

2. Choose the appropriate words for ⓐ and ⓑ.
  ⓐ _____ ⓑ _____

B 메모를 바탕으로 미래 계획을 완성해 봅시다.

[Sample]

My Plan to Become an Architect

My dream is to become the best architect in the world because I'd like to build wonderful buildings all over the world. In order to achieve my dream, I will do the following things: First, I plan to volunteer at an NGO to help build houses in poor regions. Also, what I am going to do after graduating from high school is to major in architecture in university. Finally, I will study art to create inspirational and artistic buildings. I will do my best to become a world-famous architect!

[해석]

건축가가 되기 위한 나의 계획

나의 꿈은 세계 최고의 건축가가 되는 것인데 나는 전 세계에 아름다운 건축물을 짓고 싶기 때문이다. 나의 꿈을 이루기 위해서, 나는 다음 일들을 할 것이다. 먼저, 나는 가난한 지역에 집을 짓는 것을 돕기 위해 NGO에서 자원봉사를 할 계획이다. 또한, 고등학교를 졸업한 후 내가 할 일은 대학에서 건축학을 전공하는 것이다. 마지막으로, 나는 영감을 주고 예술적인 건물을 만들기 위해 예술을 공부할 것이다. 나는 세계적으로 유명한 건축가가 되기 위해 최선을 다할 것이다!

B Based on the memo, complete the future plan.

Memo

Goal
to become the best architect in the world

Reason
I'd like to build wonderful buildings all over the world.

Plans
1. to volunteer at an NGO to help build houses in poor regions
2. to major in architecture in university
3. to study art to create inspirational and artistic buildings

My Plan to Become a(n) _____

My dream is to become _____ because _____.
In order to achieve my dream, I will do the following things: First, _____ _____. Also, what I am going to do after graduating from high school is _____. Finally, _____ I will do my best to become a(n) _____ _____!

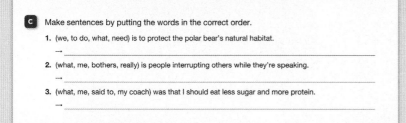

C Make sentences by putting the words in the correct order.

1. (we, to do, what, need) is to protect the polar bear's natural habitat.
   → _____

2. (what, me, bothers, really) is people interrupting others while they're speaking.
   → _____

3. (what, me, said to, my coach) was that I should eat less sugar and more protein.
   → _____

D Complete the sentences using the words in the box, referring to the example.

| Example | The lecturer suggested that her students **(should) be** more ambitious. |

1. The cabin crew strongly recommends that we _____ seated till we land.
2. The customer demands that the merchant _____ him for his loss immediately.
3. My mother suggested that I _____ a pair of thick socks because of the cold weather.

> stay   wear   compensate

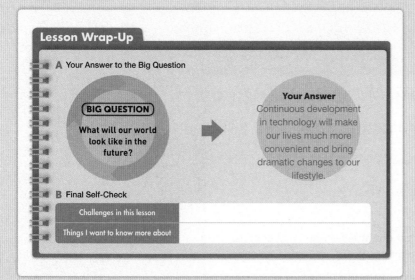

Lesson Wrap-Up

A Your Answer to the Big Question

BIG QUESTION

What will our world look like in the future?

→

Your Answer
Continuous development in technology will make our lives much more convenient and bring dramatic changes to our lifestyle.

B Final Self-Check

| Challenges in this lesson | |
| Things I want to know more about | |

C 단어를 올바른 순서대로 배열하여 문장을 만들어 봅시다.

[정답]

1. <u>What we need to do</u> is to protect the polar bear's natural habitat.
2. <u>What really bothers me</u> is people interrupting others while they're speaking.
3. <u>What my coach said to me</u> was that I should eat less sugar and more protein.

[해석]

1. <u>우리가 해야 하는 것은</u> 북극곰의 자연 서식지를 보호하는 것이다.
2. <u>나를 정말 거슬리게 하는 것은</u> 다른 사람들이 말할 때 가로막는 사람들이다.
3. <u>나의 코치가 내게 말한 것은</u> 내가 더 적은 당분과 더 많은 단백질을 섭취해야 한다는 것이었다.

D 예시를 참고하여 상자 안의 단어를 사용해 문장을 완성해 봅시다.

[정답]

1. (should) stay   2. (should) compensate
3. (should) wear

[해석]

[Example]

강사는 그녀의 학생들이 더 야망이 **있어야 한다**고 제안했다.

1. 객실 승무원은 우리가 착륙할 때까지 자리에 <u>머물러야 한다</u>고 강력하게 권고한다.
2. 고객은 상인에게 그의 손해를 즉각 <u>배상해야 한다</u>고 요구한다.
3. 우리 엄마는 추운 날씨 때문에 내가 두꺼운 양말을 <u>신어야 한다</u>고 제안했다.

A Big Question에 대한 답

(BIG QUESTION)
미래에 우리의 세상은 어떤 모습일까?

[예시답안]

계속되는 기술 개발이 우리 삶을 훨씬 더 편리하게 만들고 우리의 생활 방식에 급격한 변화를 가져올 것이다.

B 마지막 자가 점검

| 이번 과에서 어려운 점 |
| 내가 더 알고 싶은 것 |

Better
Together

Lesson Goals

Reading   1. 크라우드소싱에 관한 글을 읽고 작은 힘이 모여 위대한 성과를 이루어 낼
수 있음을 이해할 수 있다.

2. 체육 대회에서 일어난 이야기를 읽고 함께하는 것의 진정한 가치를 생각해
볼 수 있다.

[Reading Strategy] Making Inferences

Writing   학교 행사에 관한 신문 기사를 작성할 수 있다.

[Writing Task] Newspaper Article

Language   **The fact that we are from different countries** doesn't matter to us.
Without my mom's support, **I would have given** up a long time ago.

Many Heads Are Better Than One

Q Can you think of any examples of when a crowd achieved something big?

Q. 당신은 군중이 어떤 큰 것을 이루어 냈던 사례를 생각해 낼 수 있는가?

A Very Special Sporting Event

Q What do you think is more important than winning?

Q. 당신은 이기는 것보다 더 중요한 것이 무엇이라고 생각하는가?

SOCIAL STUDIES

LITERATURE

BIG QUESTION

?

Why is cooperation important?

CULTURE

WRITING

News

News +++ Information +++ News +++ Information +++ News +++ Info

News +++ Information +++ News +++ Information +++ News +++ Inf

Combined Efforts to Preserve Cultures

Q Do you know what kinds of activities NGOs do?

Q. 당신은 비정부 기구가 어떤 종류의 활동을 하는지 알고 있는가?

News about Cooperation

Q Have you ever cooperated with your friends at a school event?

Q. 당신은 학교 행사에서 친구들과 협력한 적이 있는가?

Before Reading

Reading 1

그림을 보고 지시를 따라 봅시다.

1. 적절한 설명의 번호를 빈칸에 써 봅시다.

(1) 그는 백과사전을 만들기 위해 글을 쓰는 중이지만, 시간이 오래 걸리고 있다.

(2) 그는 조각상의 받침대를 세우기 위한 충분한 돈이 없어서 걱정하고 있다.

(3) 그는 전국에서 꽃과 잎이 언제 처음 나타나는지에 관한 정보를 수집하는 데 어려움을 겪고 있다.

2. 1에서 언급된 문제를 해결하기 위한 방법을 짝과 이야기해 봅시다.

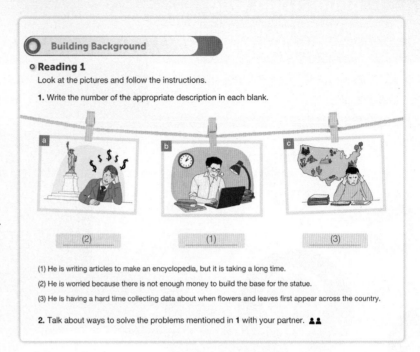

Building Background

○ Reading 1

Look at the pictures and follow the instructions.

1. Write the number of the appropriate description in each blank.

a   (2)   b   (1)   c   (3)

(1) He is writing articles to make an encyclopedia, but it is taking a long time.

(2) He is worried because there is not enough money to build the base for the statue.

(3) He is having a hard time collecting data about when flowers and leaves first appear across the country.

2. Talk about ways to solve the problems mentioned in 1 with your partner. 👥

Reading 2

그림을 보고 다음에 무슨 일이 일어날지 짝과 이야기해 봅시다.

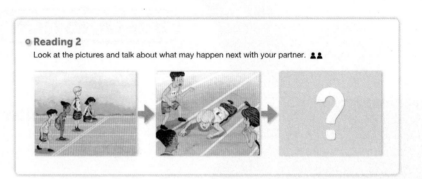

○ Reading 2

Look at the pictures and talk about what may happen next with your partner. 👥

Knowledge Link

자유의 여신상의 의미

자유의 여신상(Statue of Liberty)은 미국 독립 100주년을 기념하여 프랑스에서 미국에 기증한 작품으로 오른손에는 햇불을, 왼손에는 사각형 책자를 들고 있다. 오른손에 들고 있는 햇불은 자유의 빛을 상징하고, 왼손에 들고 있는 책자는 미국 독립 선언서를 상징하는 것으로, 앞면에 미국 독립기념일인 '1776년 7월 4일'이 새겨져 있다. 왕관에 달린 7개의 가시는 북극해, 남극해, 남대서양, 북대서양, 북태평양, 남태평양, 인도양의 7개의 바다와 전 세계의 대륙을 의미하고 몸을 감싸고 있는 긴 옷은 민주주의를 실현했던 로마 공화국을 상징한다. 그리고 여신상이 밟고 있는 쇠사슬은 노예 제도 폐지를 의미한다.

어휘

base [beis] 몡 (사물의) 맨 아래 부분   statue [stǽtʃuː] 몡 조각상

주어진 단어를 사용하여 문장을 완성해 봅시다.

donation 명 기부, 기증
collaboration 명 협동, 공동 작업
compile 동 엮다, 편집하다
stumble 동 발이 걸리다, 발을 헛디디다
sympathy 명 동정, 연민
applause 명 박수

1. 나는 한 남자가 계단 위의 장난감에 발이 걸리는 것을 보았다.
2. 협동은 농구 경기에서 이기기 위해 중요하다.
3. 나는 우는 소녀에게 동정심을 느껴서, 그녀를 위로하려고 했다.
4. 편집자들은 잡지를 만들기 위해 사진과 기사를 편집한다.
5. 하객들은 신부를 보았을 때 한 차례 큰 박수를 보냈다.
6. 그 남자는 자연재해 피해자들을 돕기 위해 대피처에 기부했다.

Vocabulary Preview

Complete the sentences with the given words.

donation collaboration compile

stumble sympathy applause

1. I saw a guy __stumble__ over a toy on the stairs.
2. __Collaboration__ is important to win a basketball game.
3. I felt __sympathy__ for the crying girl, so I tried to comfort her.
4. The editors __compile__ pictures and articles to make a magazine.
5. The guests gave a big round of __applause__ when they saw the bride.
6. The man made a(n) __donation__ to the shelter to help natural disaster victims.

읽기 전략 추론하기

글쓴이가 자신의 생각을 항상 직접적으로 설명하는 것은 아니다. 그래서, 숨겨진 의미를 알아내기 위해 독자는 글에 있는 다른 정보를 바탕으로 추론해야 한다.

다음 문장에서 무엇을 추론할 수 있는가?
높은 콜레스테롤은 어른들만의 문제로 여겨지곤 했다.
① 높은 콜레스테롤은 더 이상 어른들에게 문제가 아니다.
② 아이들만이 높은 콜레스테롤의 문제가 있다.
③ 높은 콜레스테롤은 어른들과 아이들 모두에게 문제이다.

Reading Strategy

💡 **Making Inferences**

Writers do not always explain their ideas directly. So, to figure out the hidden meaning, readers need to make inferences based on the other information in the text.

What can you infer from the following sentence?

High cholesterol used to be thought of as a problem only for adults.

① High cholesterol is no longer a problem for adults.
② Only children have a problem with high cholesterol.
③ High cholesterol is a problem for both adults and children.

어휘

comfort [kʌ́mfərt] 동 위로[위안]하다   editor [édətər] 명 편집장; *(출판물 등의) 편집자   a round of 한 차례의   shelter [ʃéltər] 명 주거지; *대피처, 피난처   disaster [dizǽstər] 명 재난, 재해   victim [víktim] 명 피해자[희생자]   inference [ínfərəns] 명 추론 (infer 동 추론하다)   hidden [hídn] 형 숨겨진, 숨은   cholesterol [kəléstəròul] 명 콜레스테롤

MANY HEADS ARE BETTER THAN ONE

❶ If two heads are better than one, then what could hundreds of heads accomplish? ❷ This question was the origin of crowdsourcing. ❸ The word "crowdsourcing" comes from a combination of the words "crowd" and "outsourcing." ❹ It is based on the belief that getting input from a large group of people can lead to a better solution. ❺ Although the term "crowdsourcing" was first coined by a magazine editor in 2005, people have used this method throughout history. ❻ Let's find out how people have found better solutions to problems by crowdsourcing.

How did the Statue of Liberty get on her feet?

❼ The Statue of Liberty is one of the world's most symbolic monuments. ❽ However, without the efforts of many ordinary people, this gorgeous statue would have never become one of America's most famous landmarks.

❾ The magnificent Statue of Liberty was designed by a French sculptor and given as a gift from the French government to the US in the late 1800s. ❿ The statue was sent to New York in pieces, awaiting assembly. ⓫ Unfortunately, the US government could not afford to fund a base for the statue, so the pieces lay in storage boxes for several months.

┃ 어휘

outsourcing [àutsɔ́ːrsiŋ] 명 아웃소싱(업무의 일부를 효율성 증대를 목적으로 외부 용역이나 부품으로 대체하는 것) 영영 the practice of companies paying outside people or other companies to do work for them
lead to ... ...로 이어지다 영영 to result in
term [təːrm] 명 용어 영영 a word or phrase that has a particular meaning
coin [kɔin] 동 (새로운 낱말을) 만들다 영영 to make a new term
get on one's feet 일어서다, 기립하다 영영 to become established
monument [mánjumənt] 명 기념물 영영 a building, statue, or other structure that honors a person or event

magnificent [mægnífəsnt] 형 참으로 아름다운, 감명 깊은 영영 very beautiful or impressive
sculptor [skʌ́lptər] 명 조각가 영영 a person who makes sculptures
await [əwéit] 동 기다리다 영영 to wait for someone or something
assembly [əsémbli] 명 집회; *조립 영영 the process of fitting different parts together
fund [fʌnd] 동 자금[기금]을 대다 영영 to provide money for a particular purpose

해석

백지장도 맞들면 낫다

❶ 두 사람의 지혜가 한 사람보다 낫다면, 수백 명의 지혜는 무엇을 성취할 수 있을까? ❷ 이 질문이 크라우드소싱의 발단이었다. ❸ '크라우드소싱'이라는 단어는 '군중'과 '아웃소싱'이라는 단어들의 조합에서 비롯되었다. ❹ 그것은 대규모 집단의 사람들로부터 정보를 얻는 것이 더 나은 해결책으로 이어질 수 있다는 믿음을 바탕으로 한다. ❺ '크라우드소싱'이라는 용어는 2005년에 한 잡지 편집자에 의해 처음 만들어졌지만, 사람들은 역사를 통틀어 이 방법을 사용해 왔다. ❻ 사람들이 어떻게 크라우드소싱으로 문제들에 대한 더 나은 해결책을 찾아 왔는지 알아보자.

자유의 여신상은 어떻게 설 수 있었는가?

❼ 자유의 여신상은 세계에서 가장 상징적인 기념물 중 하나이다. ❽ 하지만 많은 평범한 사람들의 노력이 없었다면, 이 멋진 조각상은 결코 미국의 가장 유명한 랜드마크 중 하나가 되지 못했을 것이다.

❾ 웅장한 자유의 여신상은 한 프랑스 조각가에 의해 디자인되었으며 1800년대 후반에 프랑스 정부로부터 미국에 선물로 보내졌다. ❿ 이 조각상은 조각조각으로 뉴욕에 보내져서, 조립을 기다렸다. ⓫ 불행하게도 미국 정부는 조각상의 받침대에 기금을 댈 형편이 되지 않아서, 그 조각들은 수개월 동안 보관함에 놓여 있었다.

Self-Study

Q1 Why did the pieces of the Statue of Liberty lie in storage boxes for several months?
(왜 자유의 여신상 조각들은 수개월 동안 보관함에 놓여 있었는가?)

▶ It was because the US government could not afford to fund a base for the statue.
(미국 정부가 조각상의 받침대에 기금을 댈 형편이 되지 않았기 때문이었다.)

구문 해설

❹ It is based on **the belief that getting input from a large group of people can lead to a better solution**.
: that 이하는 the belief를 보충 설명하는 동격의 명사절이다.

❻ Let's find out **how people have found better solutions to problems by crowdsourcing**.
: how 이하는 find out의 목적어 역할을 하는 간접의문문으로, 「의문사+주어+동사」의 어순으로 쓰였다.

❽ However, **without** the efforts of many ordinary people, this gorgeous statue **would have** never **become** one of America's most famous landmarks.
: without이 이끄는 전치사구가 if절을 대신하는 가정법 과거완료 구문으로, 주절에는 「조동사의 과거형+have p.p.」가 쓰였다.

❾ The magnificent Statue of Liberty **was designed** by a French sculptor and **(was) given** as a gift *from* the French government *to* the US in the late 1800s.
: 문장의 동사 was designed와 (was) given이 등위접속사 and로 병렬 연결되어 있다.
: 「from A to B」는 'A에서 B로'라는 의미이다.

Check Point

주어진 우리말 뜻에 맞도록 괄호 안의 단어를 바르게 배열하여 문장을 완성하시오.
The Statue of Liberty is _____. (most / monuments / one / world's / the / of / symbolic).
(자유의 여신상은 세계에서 가장 상징적인 기념물 중 하나이다.)

정답 one of the world's most symbolic monuments

Reading 1

❶ Then an influential newspaper editor named Joseph Pulitzer had a brilliant idea. ❷ Using his newspaper, he promoted a fundraising campaign targeted at the general public. ❸ In just five months, the campaign raised over $100,000 from more than 120,000 donors around the country. ❹ Most of the donations were less than one dollar. ❺ However, all together, the money was enough to cover the cost of building the base for the statue. ❻ There was even enough money left over to give the sculptor a gift!

How have people created the world's most comprehensive encyclopedia?

❼ Wikipedia, a giant online encyclopedia, was actually born from an earlier project known as Nupedia. ❽ The plan was to publish an online encyclopedia written by experts. ❾ However, there was a major problem: ❿ The content was being written extremely slowly, with only 21 articles written during the first year.

⓫ To accelerate the process of writing content, the plan was changed. ⓬ In the new project, called Wikipedia, permission to write or edit articles was given to anyone with Internet access, not just to the experts alone. ⓭ The scale of collaboration was impressive. ⓮ By the end of the first year, Wikipedia contained more than 20,000 articles in 18 languages. ⓯ Since then, the site has grown rapidly, swelling to more than 40 million articles written in more than 250 languages. ⓰ Every month, Wikipedia receives over 18 billion hits, making it one of the most popular sites on the Internet.

어휘

fundraising [fʌ́ndrèiziŋ] 명 모금 영영 the activity of collecting donations of money to support a person, organization, etc.
donor [dóunər] 명 기부자 영영 a person or group that gives money or goods in order to help others
donation [dounéiʃən] 명 기부, 기증 영영 money or goods that you give in order to help a person or organization
comprehensive [kùmprihénsiv] 형 포괄적인, 종합적인 영영 including everything; thorough

encyclopedia [insàikləpí:diə] 명 백과사전 영영 a reference work that contains information about many different subjects
accelerate [æksélərèit] 동 가속화하다 영영 to gain speed
permission [pərmíʃən] 명 허가, 승인 영영 the action of officially allowing someone to do something
collaboration [kəlæ̀bəréiʃən] 명 협동, 공동 작업 영영 the act of working with another person or group in order to do something
swell [swel] 동 부풀다; *증가하다 영영 to increase in size or number

해석

❶ 그때 조셉 퓰리처라는 이름의 영향력 있는 신문 편집자에게 훌륭한 아이디어가 있었다. ❷ 자신의 신문을 이용해서, 그는 일반 대중이 대상이 된 기금 모금 캠페인을 추진했다. ❸ 단 5개월 만에, 그 캠페인은 전국의 12만 명이 넘는 기부자로부터 10만 달러 이상을 모금했다. ❹ 기부금의 대부분은 1달러 미만이었다. ❺ 하지만, 모두 합치면 그 금액은 조각상의 받침대를 건립할 비용을 대기에 충분했다. ❻ 심지어 조각가에게 선물을 줄 만큼 충분한 돈이 남았다!

사람들은 어떻게 세계에서 가장 방대한 백과사전을 만들어 냈을까?

❼ 거대한 온라인 백과사전인 위키피디아는 사실 누피디아로 알려진 초기 프로젝트에서 생겨났다. ❽ 그 계획은 전문가들에 의해 작성된 온라인 백과사전을 출간하는 것이었다. ❾ 하지만, 중대한 문제가 하나 있었다. ❿ 첫해 동안 고작 21개의 글이 작성되며 내용이 극도로 느리게 작성되고 있었던 것이다.

⓫ 내용 작성 과정의 속도를 높이기 위해, 계획이 변경되었다. ⓬ 위키피디아로 불리는 새 프로젝트에서는, 글을 작성하거나 편집하는 것에 대한 허가가 단지 전문가들에게만이 아니라 인터넷에 접속하는 누구에게나 주어졌다. ⓭ 공동 작업의 규모는 인상적이었다. ⓮ 첫해가 끝날 무렵에, 위키피디아는 2만 개가 넘는 글을 18개의 언어로 보유했다. ⓯ 그 이후에 그 사이트는 250개 이상의 언어로 작성된 4천만 개가 넘는 글로 늘어나며 급속도로 성장했다. ⓰ 매달 위키피디아는 180억 건이 넘는 조회 수를 기록하며, 인터넷에서 가장 인기 있는 사이트 중 하나가 되었다.

구문 해설

❺ However, all together, the money was enough **to cover the cost of building the base for the statue**.
: to cover 이하는 형용사 enough를 한정하는 부사적 용법의 to부정사구로, '…하기에, …하는 데'라는 의미이다.

❻ There was even enough money left over to **give the sculptor a gift**!
: 수여동사 give는 간접목적어 the sculptor와 직접목적어 a gift를 취한다.

❿ The content **was being written** extremely slowly, *with only 21 articles written during the first year*.
: was being written은 진행형 수동태로, '(과거에) 작성되고 있었다'라는 의미이다.
: 「with+명사(구)+과거분사」는 '…이 ~된 채로'라는 의미이다.

⓯ Since then, the site has grown rapidly, **swelling to more than 40 million articles *written in more than 250 languages***.
: swelling 이하는 부대상황을 나타내는 분사구문이다.
: written ... languages는 명사구 more than 40 million articles를 수식하는 과거분사구이다.

💡 Strategy in Use

Q1 What can you infer from the second and third paragraphs on this page?
(이 페이지의 두 번째와 세 번째 단락에서 무엇을 추론할 수 있는가?)
① Wikipedia is the first project for an online encyclopedia.
(위키피디아는 최초의 온라인 백과사전 프로젝트이다.)
② Nupedia was not popular because of Wikipedia.
(누피디아는 위키피디아 때문에 인기가 없었다.)
③ Anyone who can access the Internet can write articles for Wikipedia.
(인터넷에 접속할 수 있는 사람 누구든 위키피디아에 글을 작성할 수 있다.)

Self-Study

Q2 What was Joseph Pulitzer's idea for how to fund the base of the statue?
(조각상의 받침대에 기금을 댈 방법에 대한 조셉 퓰리처의 아이디어는 무엇이었는가?)
▶ His idea was to use his newspaper to promote a fundraising campaign targeted at the general public.
(그의 아이디어는 일반 대중이 대상이 된 기금 모금 캠페인을 추진하기 위해 자신의 신문을 이용하는 것이었다.)

Q3 What was the major problem Nupedia had?
(누피디아가 가진 중대한 문제는 무엇이었는가?)
▶ The major problem Nupedia had was that the content was being written extremely slowly, with only 21 articles written during the first year.
(누피디아가 가진 중대한 문제는 첫해 동안 고작 21개의 글이 작성되며 내용이 극도로 느리게 작성되고 있었던 것이다.)

Reading 1

❶ Wikipedia enables people from around the world to build a free, shared knowledge base. ❷ Its volunteer writers and editors, who are united by the joy of sharing their knowledge, have compiled a huge amount of information in a single location and made it available to everyone. ❸ Thanks to them, we see how much we can achieve and learn when we work together.

How do we observe climate change?

❹ Another form of crowdsourcing is citizen science, which is the practice of public participation and collaboration in scientific research. ❺ Through citizen science, people collect data and share knowledge for research projects.

❻ A great example of citizen science is Project BudBurst in the US. ❼ Ordinary participants in all parts of the country observe and record data about the first appearance of leaves, flowers, and fruits from various plant species in their local areas. ❽ Then they send their data to a national database. ❾ Scientists use the accumulated data to learn about how individual plant species respond to climate changes locally, regionally, and nationally. ❿ They will also use it to detect the possible long-term impacts of climate change by comparing the findings with historical data.

어휘

compile [kəmpáil] 동 엮다, 편집하다 영영 to gather content from many sources and put it together

observe [əbzə́ːrv] 동 (…을) 보고 알다; *관찰하다 영영 to watch someone or something carefully

citizen [sítəzən] 명 시민, 주민 영영 a person who lives in a particular place

database [déitəbèis] 명 데이터베이스 영영 a collection of pieces of information

accumulate [əkjúːmjulèit] 동 모으다, 축적하다 영영 to gather more and more of something gradually as time passes

respond to ... …에 반응하다 영영 to do something as a reaction to something

regionally [ríːdʒənli] 부 국지적으로, 지역적으로 영영 in a way that covers a particular region

해석

❶ 위키피디아는 전 세계 사람들이 무료로 공유되는 지식 기반을 만들 수 있게 해 준다. ❷ 자신의 지식을 공유하는 즐거움으로 결속된 위키피디아의 자발적인 집필자와 편집자들은 거대한 양의 정보를 한 곳에 엮어서 그것을 모든 사람이 이용할 수 있도록 했다. ❸ 그들 덕분에, 우리는 우리가 협력할 때 얼마나 많이 성취하고 배울 수 있는지 알게 된다.

우리는 어떻게 기후 변화를 관찰하는가?

❹ 크라우드소싱의 또 다른 형태는 시민 과학인데, 그것은 과학 연구에서의 대중의 참여와 협업의 실행이다. ❺ 시민 과학을 통해, 사람들은 연구 프로젝트를 위한 자료를 수집하고 지식을 공유한다.

❻ 시민 과학의 훌륭한 사례는 미국의 프로젝트 버드버스트이다. ❼ 전국 각지의 일반 참여자들은 자신들의 지역에 있는 다양한 식물 종의 잎, 꽃, 그리고 열매가 처음 나타나는 것에 관한 정보를 관찰하고 기록한다. ❽ 그러고 나서 그들은 국가 데이터베이스로 그들의 자료를 보낸다. ❾ 과학자들은 개별 식물 종이 지역적으로, 국지적으로, 그리고 전국적으로 어떻게 기후 변화에 반응하는지 알기 위해 그 축적된 자료를 이용한다. ❿ 그들은 또한 조사 결과를 과거의 데이터와 비교함으로써 발생 가능한 기후 변화의 장기적 영향을 알아내기 위해 그것(그 자료)을 사용할 것이다.

Self-Study

Q4 What unites the volunteer writers and editors of Wikipedia?
(무엇이 위키피디아의 자발적인 집필자와 편집자들을 결속시키는가?)

▶ The joy of sharing their knowledge unites them.
(자신의 지식을 공유하는 즐거움이 그들을 결속시킨다.)

Q5 What is the role of participants in Project BudBurst?
(프로젝트 버드버스트에서 참여자들의 역할은 무엇인가?)

▶ They observe and record data about the first appearance of leaves, flowers, and fruits from various plant species in their local areas, and then they send their data to a national database.
(그들은 자신들의 지역에 있는 다양한 식물 종의 잎, 꽃, 그리고 열매가 처음 나타나는 것에 관한 정보를 관찰하고 기록하고 나서, 국가 데이터베이스로 그들의 자료를 보낸다.)

구문 해설

❶ Wikipedia **enables** people from around the world **to build** a free, shared knowledge base.
: 「enable+목적어+to-v」는 '…가 ~할 수 있게 하다'라는 의미로, 동사 enable은 목적격보어로 to부정사를 취한다.

❷ Its volunteer writers and editors, **who are united by the joy of sharing their knowledge**, have compiled a huge amount of information in a single location and *made it available* to everyone.
: who ... knowledge는 삽입된 주격 관계대명사절로, 선행사 Its volunteer writers and editors를 부연 설명한다.
: 「make+목적어+목적격보어」 구문으로, made의 목적격보어로 형용사 available이 쓰였다.
: it은 앞서 언급된 a huge amount of information을 가리킨다.

❹ Another form of crowdsourcing is citizen science**, which** is the practice of public participation and collaboration in scientific research.
: which는 관계대명사의 계속적 용법으로 쓰여 선행사인 citizen science를 부연 설명하고 있다.

❾ Scientists use the accumulated data **to learn** about *how individual plant species respond to climate changes locally, regionally, and nationally.*
: to learn은 목적을 나타내는 부사적 용법의 to부정사이다.
: how 이하는 전치사 about의 목적어 역할을 하는 간접의문문이다.

❿ They will also use **it** to detect the possible long-term impacts of climate change by *comparing* the findings *with* historical data.
: it은 앞 문장에서 언급한 the accumulated data를 가리킨다.
: 「compare A with B」는 'A를 B와 비교하다'라는 의미이다.

Reading 1

❶ Each sample of data, sent in voluntarily by tens of thousands of contributors, is hugely valuable. ❷ In fact, a research project of this grand scale would be impossible without crowdsourcing.

❸ Nowadays, crowdsourcing is being enhanced by technologies such as social media networks and even specially designed crowdsourcing platforms. ❹ Such networks and platforms make it easier than ever before to take advantage of the combined power of the masses. ❺ This collective power helps us achieve a lot more than one of us could possibly achieve alone.

어휘

enhance [inhǽns] 동 …을 높이다, 강화하다, 향상시키다 영영 to increase or improve something

platform [plǽtfɔːrm] 명 (기차역의) 플랫폼; 강단; *플랫폼(사용 기반이 되는 컴퓨터 시스템·소프트웨어) 영영 a piece of software or an interface which serves as an environment for people to work, communicate, and share

take advantage of ... …을 이용하다 영영 to use something, such as an opportunity, in a way that helps you

combined [kəmbáind] 형 결합된, 합동의 영영 formed or produced by adding two or more things together

mass [mæs] 명 덩어리; *일반 대중 영영 a large number of people

collective [kəléktiv] 형 집단의, 단체의 영영 shared or done by a group of people

해석

❶ 수많은 기여자들에 의해 자발적으로 보내진 각각의 자료 표본은 매우 귀중하다. **❷** 사실, 크라우드소싱이 없다면 이 대규모의 연구 프로젝트는 불가능할 것이다.

❸ 오늘날, 크라우드소싱은 소셜 미디어 네트워크와 심지어 특별히 고안된 크라우드소싱 플랫폼 같은 기술로 인해 강화되고 있다. **❹** 그런 네트워크와 플랫폼은 대중의 결합된 힘을 이용하는 것을 그 어느 때보다 더 수월하게 만든다. **❺** 이 집단적 힘은 우리 중 한 명이 아마 홀로 성취할 수 있을 것보다 훨씬 더 많이 성취하도록 우리를 돕는다.

Strategy in Use

Q2 What can you infer from the second paragraph on this page?
(이 페이지의 두 번째 단락에서 무엇을 추론할 수 있는가?)
① Thanks to new technologies, people are getting more creative.
(새로운 기술 덕분에, 사람들은 더 창의적이게 되고 있다.)
② Crowdsourcing has become more accessible to people than before.
(크라우드소싱은 이전보다 더 사람들에게 접근 가능하게 되었다.)

구문 해설

❶ **Each sample** of data, *sent in voluntarily by* <u>*tens of thousands of contributors*</u>, **is** hugely valuable.
: 문장의 주어는 Each sample이고 「each+단수명사」는 단수 취급하므로, 단수동사 is가 쓰였다.
: sent ... contributors는 주어 Each sample을 보충 설명하는 과거분사구로, 문장 중간에 삽입되었다.
: 「tens of thousands of ...」는 '수많은 ...'이라는 의미이다.

❷ In fact, a research project of this grand scale **would be** impossible **without** crowdsourcing.
: without이 이끄는 구가 if절을 대신하는 가정법 과거 구문으로, 주절에는 「조동사의 과거형+동사원형」이 쓰였다.

❹ Such networks and platforms make **it** easier than ever before **to take advantage of the combined power of the masses**.
: it은 가목적어, to take 이하가 진목적어이다.

❺ This collective power **helps us achieve** *a lot* more than one of us could possibly achieve alone.
: 「help+목적어+동사원형」은 '...가 ~하도록 돕다'라는 의미이며, help는 목적격보어로 동사원형과 to부정사를 둘 다 취할 수 있다.
: a lot은 '훨씬'이라는 의미로 비교급 more를 수식하는 부사이다. even, much, far 등으로 바꿔 쓸 수 있다.

Self-Study

Q6 What is the benefit of using collective power?
(집단적 힘을 이용하는 것의 이점은 무엇인가?)
▶ By using collective power, we can achieve a lot more than one of us could possibly achieve alone.
(집단적 힘을 이용함으로써, 우리는 우리 중 한 명이 아마 홀로 성취할 수 있을 것보다 훨씬 더 많이 성취할 수 있다.)

Check Point

다음 괄호 안에서 어법상 알맞은 것을 고르시오.
Each sample of data, [sending / sent] in voluntarily by tens of thousands of contributors, [is / are] hugely valuable.

정답 sent, is

Reading 1을 바탕으로 상자 안의 단어를 사용하여 reading map을 완성해 봅시다.

문제	해결: 크라우드소싱	결과
미국 정부는 조각상의 ① 받침대를 세울 충분한 돈이 없었다.	조셉 퓰리처가 일반 대중이 대상이 된 ② 기금 모금 캠페인을 추진했다.	12만 명이 넘는 사람들로부터 받은 ③ 기부금이 조각상을 위한 받침대를 건립하도록 도왔다.
온라인 백과사전을 만들기 위해 전문가들이 고용되었지만, 내용은 극도로 ④ 느리게 작성되고 있었다.	위키피디아의 글을 작성하거나 ⑤ 편집하는 것에 대한 허가가 인터넷에 접속하는 누구에게나 주어졌다.	거대한 양의 정보가 한 곳에 ⑥ 엮였다.
과학자들은 언제 잎, 꽃, 그리고 열매가 처음 나타나는지에 관한 많은 양의 ⑦ 자료가 필요하다.	시민들은 ⑧ 현지 지역의 잎, 꽃, 그리고 열매의 첫 출현을 보고한다.	과학자들은 개별 식물 종들이 ⑨ 기후 변화에 어떻게 반응하는지 알아내기 위해 그 자료를 이용한다.

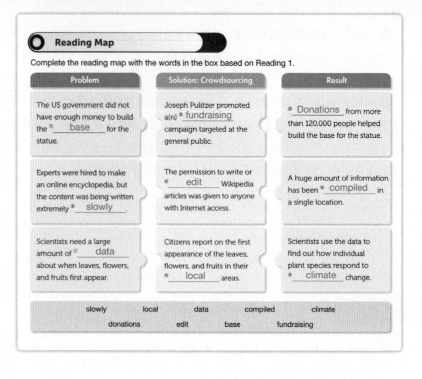

Reading Map

Complete the reading map with the words in the box based on Reading 1.

Problem	Solution: Crowdsourcing	Result
The US government did not have enough money to build the ① __base__ for the statue.	Joseph Pulitzer promoted a(n) ② __fundraising__ campaign targeted at the general public.	③ __Donations__ from more than 120,000 people helped build the base for the statue.
Experts were hired to make an online encyclopedia, but the content was being written extremely ④ __slowly__.	The permission to write or ⑤ __edit__ Wikipedia articles was given to anyone with Internet access.	A huge amount of information has been ⑥ __compiled__ in a single location.
Scientists need a large amount of ⑦ __data__ about when leaves, flowers, and fruits first appear.	Citizens report on the first appearance of the leaves, flowers, and fruits in their ⑧ __local__ areas.	Scientists use the data to find out how individual plant species respond to ⑨ __climate__ change.

| slowly | local | data | compiled | climate |
| donations | edit | base | fundraising | |

A 굵게 표시된 표현과 같은 의미를 지닌 표현을 연결해 봅시다.

1. 태양에의 과도한 노출은 결국 피부암을 **초래할** 수 있다.
2. 각각의 환자는 이 알약에 다르게 **반응할** 것이다.
3. 당신이 대량으로 구매하면 할인을 **이용할** 수 있다.

a. …을 적절히 사용하다
b. …을 초래하다
c. …에 반응하다

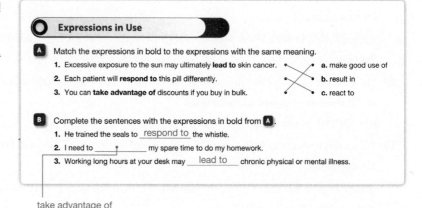

Expressions in Use

A Match the expressions in bold to the expressions with the same meaning.

1. Excessive exposure to the sun may ultimately **lead to** skin cancer. — b
2. Each patient will **respond to** this pill differently. — c
3. You can **take advantage of** discounts if you buy in bulk. — a

a. make good use of
b. result in
c. react to

B Complete the sentences with the expressions in bold from **A**.

1. He trained the seals to __respond to__ the whistle.
2. I need to _____ my spare time to do my homework.

    take advantage of

3. Working long hours at your desk may __lead to__ chronic physical or mental illness.

B A에서 굵게 표시된 표현을 사용하여 문장을 완성해 봅시다.

1. 그는 바다표범을 휘파람에 반응하도록 훈련시켰다.
2. 나는 숙제를 하기 위해 남는 시간을 활용해야 한다.
3. 책상 앞에서 장시간 일하는 것은 만성적인 신체적 혹은 정신적 질병을 초래할 수도 있다.

어휘

ultimately [ʌ́ltəmətli] 분 궁극적으로   buy in bulk 대량으로 구입하다   seal [si:l] 명 바다표범   whistle [wísl] 명 휘파람   spare [spɛər]
형 여분의   chronic [kránik] 형 만성의

1. KEY VOCABULARY

- outsourcing 명 아웃소싱
- lead to ... ···로 이어지다
- term 명 용어
- coin 동 (새로운 낱말을) 만들다
- get on one's feet 일어서다, 기립하다
- monument 명 기념물
- magnificent 형 참으로 아름다운, 감명 깊은
- sculptor 명 조각가
- await 동 기다리다
- assembly 명 집회; *조립
- fund 동 자금[기금]을 대다
- fundraising 명 모금
- donor 명 기부자
- donation 명 기부, 기증
- comprehensive 형 포괄적인, 종합적인
- encyclopedia 명 백과사전
- accelerate 동 가속화하다
- permission 명 허가, 승인
- collaboration 명 협동, 공동 작업
- swell 동 부풀다; *증가하다
- compile 동 엮다, 편집하다
- observe 동 (···을) 보고 알다; *관찰하다
- citizen 명 시민, 주민
- database 명 데이터베이스
- accumulate 동 모으다, 축적하다
- respond to ... ···에 반응하다
- regionally 부 국지적으로, 지역적으로
- enhance 동 ···을 높이다, 강화하다, 향상시키다
- platform 명 (기차역의) 플랫폼; 강단; *플랫폼(사용 기반이 되는 컴퓨터 시스템·소프트웨어)
- take advantage of ... ···을 이용하다
- combined 형 결합된, 합동의
- mass 명 덩어리; *일반 대중
- collective 형 집단의, 단체의

2. KEY STRUCTURES

1. 「형용사[부사]의 비교급+than」
Most of the donations were **less than** one dollar.
형용사나 부사의 성질, 상태, 수량의 차이를 나타내는 비교급은 「형용사[부사]의 비교급+than」으로 나타낼 수 있다. 여기서는 형용사 little의 비교급 less가 사용되어 '···보다 더 적은'의 의미를 나타낸다.

2. 「A, not B」
In the new project, called Wikipedia, permission to write or edit articles was given to anyone with Internet access, **not** just to the experts alone.
「A, not B」는 'B가 아니라 A'라는 의미를 나타내는 구문으로, A와 B의 문법적 형태는 같아야 하며 「not B, but A」로 바꿔 쓸 수 있다. 따라서 위의 문장은 '..., permission to write or edit articles was given not just to the experts alone, but to anyone with Internet access.'로 바꿔 쓸 수 있다.

3. 불가산명사
Its volunteer writers and editors, who are united by the joy of sharing their knowledge, have compiled **a huge amount of information** in a single location and made **it** available to everyone.
information과 같은 불가산명사는 단수 취급한다. 여기서는 지시대명사 it이 앞에 언급된 a huge amount of information을 가리키는데, information이 불가산명사이므로 단수 취급한 것이다. 다른 불가산명사로는 baggage, luggage, advice, equipment, furniture 등이 있다.

4. 진행형 수동태
Nowadays, crowdsourcing **is being enhanced** by technologies such as social media networks and even specially designed crowdsourcing platforms.
진행형 수동태는 진행 중인 동작이나 일을 나타내는 진행형에 수동태가 합쳐진 「be동사+being p.p.」의 형태이다. 여기서는 현재진행형 수동태인 is being enhanced가 '강화되고 있다'는 의미를 나타낸다.

5. 가목적어 it, 진목적어 to부정사
Such networks and platforms make **it** easier than ever before **to take advantage of the combined power of the masses**.
가주어 it이 쓰이는 구문과 마찬가지로, 목적어가 길어질 때 목적어 자리에 가목적어 it을 쓰고 진목적어는 절 끝에 둔다. 여기서는 동사 make 뒤에 가목적어 it과 목적격보어로 쓰인 easier ... before가 쓰인 후, 진목적어인 to부정사구 to take ... masses가 쓰였다.

A Very Special Sporting Event

❶ A few years ago, a sporting event for disabled teenagers was held. ❷ The day was bright and clear without a cloud in sight. ❸ The early autumn breeze blew gently across the faces of the crowd. ❹ The stadium, decorated with flags and balloons, was packed with excited spectators.

❺ The first event was the 100-meter dash. ❻ Nine teenage contestants were getting ready in their respective lanes. ❼ Standing at the starting line, they fixed their eyes on the finish line. ❽ Despite their disabilities, the contestants had been training hard for the race and were keen to win. ❾ The fact that they had disabilities didn't matter to them.

❿ Once the starting gun blasted, they started running vigorously to take the lead. ⓫ However, as soon as the race started, something unexpected happened. ⓬ All of a sudden, one boy stumbled and fell to the ground. ⓭ For a moment he lay there in shock, and then he started crying in disappointment. ⓮ His knees were bleeding and it seemed like he was in a lot of pain. ⓯ The boy was clearly very distressed. ⓰ The crowd fell quiet and looked at him with sympathy.

어휘

disabled [diséibld] 형 장애를 가진 영영 having a physical or mental disability
breeze [briːz] 명 산들바람, 미풍 영영 a gentle wind
spectator [spékteitər] 명 관중 영영 a person who watches an event, game, etc.
dash [dæʃ] 명 돌진; *단거리 경주 영영 a short, fast race
contestant [kəntéstənt] 명 참가자 영영 a person who competes in a contest
blast [blæst] 동 폭발시키다; *크게 울리다 영영 to make a loud sound
vigorously [vígərəsli] 부 필사적으로; 힘차게 영영 in a way that shows great force and energy

take the lead 선두에 서다 영영 to move into first place
stumble [stʌ́mbl] 동 발이 걸리다, 발을 헛디디다 영영 to put your foot down awkwardly when you are walking or running so that you fall or almost fall
bleed [bliːd] 동 피를 흘리다, 피가 나다 영영 to lose blood because of a cut, injury, etc.
distressed [distrést] 형 괴로워하는 영영 feeling or showing unhappiness or pain
sympathy [símpəθi] 명 동정, 연민 영영 a feeling of sorrow or pity about someone else's trouble or misfortune

해석

매우 특별한 체육 대회

❶ 몇 년 전에, 장애가 있는 십 대들을 위한 체육 대회가 열렸다. ❷ 그날은 구름이 보이지 않게 화창하고 맑았다. ❸ 초가을 미풍이 관중들의 얼굴 쪽으로 부드럽게 불었다. ❹ 깃발과 풍선으로 장식된 경기장은 들뜬 관중들로 꽉 들어차 있었다.

❺ 첫 번째 종목은 100m 달리기였다. ❻ 아홉 명의 십 대 참가자들은 그들 각자의 레인에서 준비하고 있었다. ❼ 그들은 출발선에 서서, 결승선에 시선을 고정시켰다. ❽ 장애에도 불구하고, 참가자들은 경주를 위해 열심히 훈련해 왔고 우승하기를 간절히 바랐다. ❾ 그들에게 장애가 있다는 사실은 그들에게 문제가 되지 않았다.

❿ 출발 총성이 울리자, 그들은 선두를 차지하기 위해 힘차게 달리기 시작했다. ⓫ 하지만 경주가 시작되자마자, 예상치 못한 일이 일어났다. ⓬ 갑자기, 한 소년이 발을 헛디뎌 땅에 넘어졌다. ⓭ 잠시 그는 충격으로 거기 그대로 있었고, 그러고는 실망감에 울기 시작했다. ⓮ 그의 양 무릎에서 피가 나고 있었고 그는 매우 고통스러워 보였다. ⓯ 소년은 분명히 매우 괴로워했다. ⓰ 관중들은 조용해졌고 동정심으로 그를 바라보았다.

Strategy in Use

Q1 What can you infer from the phrase "they fixed their eyes on the finish line"?
('그들은 결승선에 시선을 고정시켰다'라는 구절에서 무엇을 추론할 수 있는가?)

▶ Sample The nine teenage contestants were focused fully on winning the race.
(아홉 명의 십 대 참가자들은 경주에서 우승하는 것에 완전히 집중했다.)

구문 해설

❹ The stadium, **decorated with flags and balloons**, *was packed with* excited spectators.
: decorated ... balloons는 명사 The stadium을 부연 설명하는 과거분사구로, 문장 중간에 삽입된 형태이다.
: 「be packed with」는 '…로 꽉 차다'라는 의미이다.

❼ **Standing at the starting line**, they fixed their eyes on the finish line.
: Standing ... line은 동시동작을 나타내는 분사구문이다.

❾ **The fact that they had disabilities** didn't matter to them.
: that they had disabilities는 앞의 The fact를 보충 설명하는 동격의 명사절이다.

❿ **Once** the starting gun blasted, they *started running* vigorously to take the lead.
: once는 '…하자마자, …할 때'라는 의미의 접속사이다.
: 동사 start는 동명사를 목적어로 취한다.
: to take the lead는 목적을 나타내는 부사적 용법의 to부정사구이다.

⓫ However, as soon as the race started, **something unexpected** happened.
: 과거분사 unexpected가 부정대명사 something을 뒤에서 수식하고 있다.

⓭ For a moment he **lay** there in shock, and then he started crying in disappointment.
: lay는 '(어떤 상태로) 있다'를 뜻하는 자동사 lie의 과거형이다.
: *cf.* 타동사 lay는 '놓다'라는 의미이며, 과거형은 laid이다.

Check Point

다음 문장의 밑줄 친 Despite와 바꿔 쓸 수 있는 것을 고르시오.

Despite their disabilities, the contestants had been training hard for the race and were keen to win.

① Considering　② According to　③ As for　④ In spite of　⑤ Due to

정답 ④

Reading 2

❶ What happened next took everyone by surprise. ❷ From further along the track, the other eight runners heard the boy's cries. ❸ Each of them began to slow down and look back toward the boy. ❹ Then, a runner turned around and ran straight back toward the starting line where the boy had fallen. ❺ The others also went back to help their fellow runner.

❻ All the runners surrounded the crying boy and gently helped him up. ❼ One boy with autism brushed the dust off him and patted him on his head. ❽ A girl with Down syndrome softly hugged him and said, "Chin up. ❾ Grab my hand and get up. ❿ Let's go together." ⓫ Then, all nine contestants put their arms around one another's shoulders and walked toward the finish line, smiling all the way. ⓬ Without the kindness of his competitors, the boy would have remained in tears on the ground. ⓭ Instead, he was making his way to the finish line with joy on his face.

어휘

take ... by surprise …을 깜짝 놀라게 하다 영영 to surprise someone
fellow [félou] 명 동료 영영 people who belong to the same group or who share a situation or experience
autism [ɔ́ːtizm] 명 자폐증 영영 a disorder that causes problems in forming relationships and in communicating with others
brush ... off ~ ~에게서 …을 털어주다 영영 to remove something quickly with a sweeping motion
pat [pæt] 동 쓰다듬다, 토닥거리다 영영 to lightly touch someone with

your hand to show affection or to give comfort
Down syndrome 다운 증후군 영영 a condition that someone is born with and that causes below average mental abilities and physical problems
chin up 기운 내 영영 cheer up
competitor [kəmpétətər] 명 경쟁자 영영 someone who is trying to win or do better than all others

해석

❶ 그다음에 일어난 일은 모두를 깜짝 놀라게 했다. ❷ 트랙을 따라 저 멀리에서, 다른 여덟 명의 주자들이 그 소년의 울음소리를 들었다. ❸ 그들 각각은 속도를 줄이고 소년 쪽으로 뒤돌아보기 시작했다. ❹ 그다음에, 한 주자가 몸을 돌려서 소년이 넘어졌던 출발선을 향해 곧장 뛰어 돌아왔다. ❺ 나머지 주자들도 그들의 동료 주자를 돕기 위해 되돌아갔다.

❻ 모든 주자들은 울고 있는 소년을 둘러싸고 다정하게 그가 일어나도록 도왔다. ❼ 자폐증이 있는 한 소년은 그에게서 먼지를 털어 주고 그의 머리를 쓰다듬었다. ❽ 다운 증후군이 있는 한 소녀는 부드럽게 그를 안아 주며 "기운 내. ❾ 내 손을 잡고 일어서. ❿ 같이 가자."라고 말했다. ⓫ 그러고 나서, 아홉 명의 모든 참가자들은 서로 어깨동무를 하고 내내 웃으며 결승선을 향해 걸어갔다. ⓬ 경쟁자들의 친절함이 없었다면, 그 소년은 울면서 바닥에 넘어져 있었을 것이다. ⓭ 대신에, 그는 기쁜 얼굴로 결승선으로 나아가고 있었다.

Strategy in Use

Q2 What can you infer from the first paragraph on this page?
(이 페이지의 첫 번째 단락에서 무엇을 추론할 수 있는가?)

▶ Sample The contestants cared more about their fellow runner than they did about winning the competition.
(참가자들은 시합에서 이기는 것보다 그들의 동료 주자에 더 마음을 썼다.)

Self-Study

Q1 Check T if the sentence is true or F if it is false.
(다음 문장이 맞으면 T, 틀리면 F에 표시해 봅시다.)

(1) When the boy fell down, his fellow runners went back toward him. ((T) F)
(소년이 넘어졌을 때, 그의 동료 주자들은 그를 향해 되돌아갔다.)

(2) The boy who fell down could not finish the race because of his injury. (T (F))
(넘어진 소년은 부상 때문에 경주를 끝마칠 수 없었다.)

구문 해설

❶ **What** happened next took everyone by surprise.
: what은 선행사를 포함하는 관계대명사로, '···하는 것'이라는 의미를 나타낸다. 여기서는 The thing that[which]으로 바꿔 쓸 수 있다.

❸ Each of them **began to slow down** and **(to) look back toward the boy**.
: 동사 begin은 목적어로 to부정사와 동명사 둘 다 취할 수 있다. 여기서는 began의 목적어 역할을 하는 두 개의 to부정사구가 등위접속사 and로 병렬 연결되어 있다.

❹ Then, a runner *turned* around and *ran* straight back toward the starting line **where the boy *had fallen***.
: where the boy had fallen은 장소를 나타내는 선행사 the starting line을 수식하는 관계부사절이다.
: 소년이 넘어진 것은 한 주자가 몸을 돌려 뛴 것보다 먼저 일어난 일이므로 과거완료 had fallen이 쓰였다.

❺ **The others** also went back *to help* their fellow runner.
: the others는 여러 사람[개] 중 나머지 전부를 가리킬 때 쓴다.
: to help는 목적을 나타내는 부사적 용법의 to부정사이다.

⓬ **Without** the kindness of his competitors, the boy **would have remained** in tears on the ground.
: without이 이끄는 구가 if절을 대신하는 가정법 과거완료 구문으로, 주절에는 「조동사의 과거형+have p.p.」가 쓰였다.

Reading 2

❶ After a moment of silence, the audience burst into applause. ❷ Everyone in the stadium stood up, and the cheering went on as the nine contestants reached the finish line and waved their hands in the air. ❸ Many people were moved to tears by the sight of the young people supporting their fellow runner and walking together across the finish line.

❹ People who were there that day told the story for many years after. ❺ One spectator said, "Their warm hearts touched every one of us at the stadium. ❻ Winning a medal was not as important as helping their fellow runner. ❼ Deep down, we all know that there is something more important than individual victories. ❽ What matters most is making sure everyone succeeds, even if it means slowing down ourselves." ❾ Those nine contestants taught everyone a very important lesson about the value of coexistence. ❿ After that day, all nine runners were remembered as winners.

어휘

burst into ... (갑자기) ···을 터뜨리다[내뿜다] 영영 to begin to produce or do something suddenly

applause [əplɔ́ːz] 명 박수 영영 clapping of hands to praise or show approval

be moved to tears 감동해서 울다 영영 to be deeply moved and cry

coexistence [kòuigzístəns] 명 공존 영영 the state of living in peace with each other

해석

❶ 잠깐의 침묵 이후, 관중들은 박수갈채를 보냈다. ❷ 경기장 안의 모든 사람들이 일어났고, 아홉 명의 참가자들이 결승선에 도착해서 공중에 손을 흔드는 동안 환호가 계속되었다. ❸ 많은 사람들은 어린 친구들이 그들의 동료 주자를 부축하고 함께 결승선을 통과하여 걸어가는 광경에 감동하여 눈물을 흘렸다.

❹ 그날 그곳에 있었던 사람들은 그 후 여러 해가 지나도록 그 이야기를 했다. ❺ 한 관중은 "그들의 따뜻한 마음은 경기장에 있었던 우리 모두를 감동시켰어요. ❻ 메달을 따는 것이 그들의 동료 주자를 돕는 것만큼 중요하지는 않았지요. ❼ 마음속 깊이, 우리는 모두 개인의 승리보다 더 중요한 것이 있음을 알고 있어요. ❽ 가장 중요한 것은 그것이 우리의 속도를 늦추는 것을 의미할지라도, 반드시 모두가 성공하도록 하는 것이죠."라고 말했다. ❾ 그 아홉 명의 참가자들은 모두에게 공존의 가치에 관한 매우 중요한 교훈을 가르쳐 주었다. ❿ 그날 이후로, 아홉 명의 모든 주자들은 승자로 기억되었다.

Self-Study

Q2 According to one spectator at the sporting event, what is more important than individual victories?
(체육 대회의 한 관중에 따르면, 무엇이 개인의 승리보다 더 중요한가?)

▶ According to one spectator, making sure everyone succeeds is more important than individual victories.
(한 관중에 따르면, 반드시 모두가 성공하도록 하는 것이 개인의 승리보다 더 중요하다.)

구문 해설

❸ Many people were moved to tears by the sight of the young people **supporting their fellow runner and walking together across the finish line**.
: supporting 이하는 앞의 명사구 the young people을 보충 설명하는 현재분사구이다. 이때 현재분사 supporting과 walking이 등위접속사 and로 병렬 연결되어 있다.

❹ People **who were there that day** told the story for many years after.
: who ... day는 선행사 People을 수식하는 주격 관계대명사절이다.

❻ **Winning a medal** was not *as important as* helping their fellow runner.
: Winning a medal은 문장의 주어 역할을 하는 동명사구이다.
: 「as+형용사[부사]의 원급+as ...」는 '…만큼 ~한[하게]'이라는 의미의 원급 비교 구문이다.

❽ What matters most is **making sure *everyone succeeds***, even if it means slowing down ourselves.
: making ... succeeds는 관계대명사 What이 이끄는 절에서 주격보어 역할을 하는 동명사구이다.
: everyone은 단수 취급하므로 단수 동사 succeeds가 쓰였다.

❾ Those nine contestants **taught everyone a very important lesson about the value of coexistence**.
: 「teach+간접목적어+직접목적어」는 '…에게 ~을 가르치다'의 의미로, everyone이 taught의 간접목적어이고 a very important lesson 이하가 직접목적어이다.

Check Point

1. 주어진 우리말 뜻에 맞도록 괄호 안의 단어를 올바르게 배열하시오.

Deep down, we all know that _____.
(individual / than / victories / is / more / important / there / something)
(마음속 깊이, 우리는 모두 개인의 승리보다 더 중요한 것이 있음을 알고 있다.)

2. 다음 문장의 밑줄 친 부분 중 어법상 틀린 것을 찾아 바르게 고치시오. (2개)

That matters most is making sure everyone succeed, even if it means slowing down ourselves.
① ② ③ ④ ⑤

_____ → _____

_____ → _____

정답 1. there is something more important than individual victories   2. ① That → What ③ succeed → succeeds

Reading 2를 바탕으로 상자 안의 단어를 사용하여 reading map을 완성해 봅시다.

출발선

1. ① 장애가 있는 아홉 명의 십 대 참가자들은 100m 달리기를 뛸 준비를 하고 있었다.

경주 도중

2. 경주가 시작되자마자, 한 주자가 ② 발을 헛디뎠고 ③ 실망감에 울었다.

3. 다른 여덟 명의 주자는 넘어진 소년을 ④ 격려하기 위해 그 소년을 향해 되돌아갔다.

결승선

4. 참가자들은 ⑤ 결승선을 향해 함께 걸어가며, ⑥ 공존의 가치를 보여 주었다.

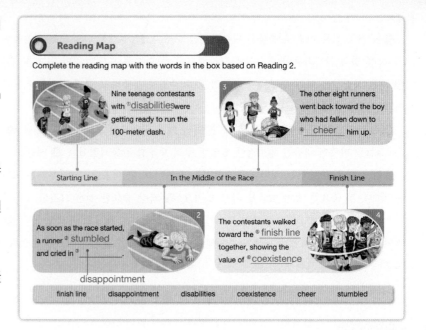

Reading Map

Complete the reading map with the words in the box based on Reading 2.

Nine teenage contestants with ①disabilities were getting ready to run the 100-meter dash.

The other eight runners went back toward the boy who had fallen down to ④ cheer him up.

Starting Line | In the Middle of the Race | Finish Line

As soon as the race started, a runner ② stumbled and cried in ③ ___.
disappointment

The contestants walked toward the ⑤ finish line together, showing the value of ⑥ coexistence

| finish line | disappointment | disabilities | coexistence | cheer | stumbled |

A 연어를 살펴보고 빈칸에 다른 예를 써 봅시다.

선두에 서다 (잘못의) 책임을 지다	메달을 획득하다 우승하다
Sample 산책하다	Sample 선거에서 이기다

B 상자 안의 단어를 사용하여 문장을 완성해 봅시다.

1. 그녀는 수학 경시대회에서 메달을 획득했다.
2. 그 항공사는 비행기 추락에 대한 책임을 져야 한다.
3. 마침내, 그는 다른 경쟁자들을 따라잡았고 선두에 섰다.

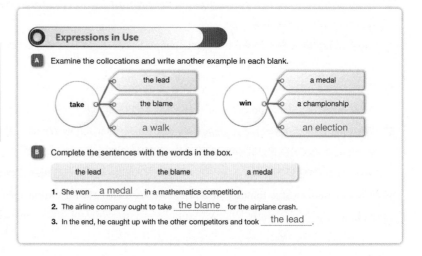

Expressions in Use

A Examine the collocations and write another example in each blank.

take — the lead / the blame / a walk

win — a medal / a championship / an election

B Complete the sentences with the words in the box.

| the lead | the blame | a medal |

1. She won   a medal   in a mathematics competition.
2. The airline company ought to take   the blame   for the airplane crash.
3. In the end, he caught up with the other competitors and took   the lead   .

More Collocations

take medicine 약을 먹다	win a contract 계약을 따내다
take control 주도권을 잡다	win one's heart …의 마음을 얻다
take a seat 자리에 앉다	win the lottery 복권에 당첨되다

어휘

blame [bleim] 뗑 책임, 탓   airline company 항공사   ought to …해야 한다   crash [kræʃ] 뗑 (자동차 충돌·항공기 추락) 사고   catch up with … …을 따라잡다

Reading 2 · 핵심 어휘 · 구문

1. KEY VOCABULARY

- disabled 형 장애를 가진
- in sight …이 보이는 곳에, 시야 안에
- breeze 명 산들바람, 미풍
- be packed with … …로 가득 차다
- spectator 명 관중
- dash 명 돌진; *단거리 경주
- contestant 명 참가자
- respective 형 각자의, 각각의
- blast 동 폭발시키다; *크게 울리다
- vigorously 부 필사적으로; 힘차게
- take the lead 선두에 서다
- stumble 동 발이 걸리다, 발을 헛디디다
- bleed 동 피를 흘리다, 피가 나다
- distressed 형 괴로워하는
- sympathy 명 동정, 연민
- take … by surprise …을 깜짝 놀라게 하다
- fellow 명 동료
- autism 명 자폐증
- brush … off ~ ~에게서 …을 털어주다
- pat 동 쓰다듬다, 토닥거리다
- Down syndrome 다운 증후군
- chin up 기운 내
- all the way 내내[시종]
- competitor 명 경쟁자
- silence 명 침묵, 고요
- burst into … (갑자기) …을 터뜨리다[내뿜다]
- applause 명 박수
- be moved to tears 감동해서 울다
- deep down 마음속으로는[내심]
- coexistence 명 공존

2. KEY STRUCTURES

1. 동시동작을 나타내는 분사구문
Standing at the starting line, they fixed their eyes on the finish line.

분사구문은 문맥에 따라 때, 이유, 동시동작, 연속동작, 조건, 양보 등의 의미를 가진다. 여기서는 Standing at the starting line이 동시동작을 나타내는 분사구문으로 쓰여, '출발선에 선 채'로 해석하며, While they were standing at the starting line 등으로 바꿔 쓸 수 있다.

2. 접속사 once
Once the starting gun blasted, they started running vigorously to take the lead.

이 문장에서 접속사 Once는 '…하자마자'라는 의미로 쓰였다. 이와 같은 의미로 바꿔 쓸 수 있는 표현에는 as soon as, no sooner … than, the moment, the instant, hardly[scarcely] … when [before], immediately 등이 있다.

3. 부정대명사의 수식
However, as soon as the race started, **something unexpected** happened.

something과 같이 -thing 또는 -body, -one으로 끝나는 부정대명사를 수식하는 형용사는 부정대명사 뒤에 온다. 여기서는 형용사 역할을 하는 과거분사 unexpected가 부정대명사 something을 뒤에서 수식하며, '예상치 못한 일'을 나타낸다.

4. 「as+형용사[부사]의 원급+as …」
Winning a medal was not **as important as** helping their fellow runner.

「as+형용사[부사]의 원급+as …」는 '…만큼 ~한[하게]'이라는 의미의 원급 비교 구문이다. 비교 대상은 보통 문법적 형태가 같아야 하며, 여기서는 두 개의 동명사구 Winning a medal과 helping their fellow runner가 비교 대상이다.

5. 「teach+간접목적어+직접목적어」
Those nine contestants **taught everyone a very important lesson about the value of coexistence**.

4형식 문장은 수여동사 뒤에 간접목적어, 직접목적어가 이어지는 문장으로, 대표적인 수여동사로는 teach, give, tell, sell, bring, offer 등이 있다. 여기서는 taught 뒤에 간접목적어 everyone, 직접목적어 a very important … coexistence가 왔다.

1. 다음 문장의 밑줄 친 부분을 어법에 맞게 고치시오.

(1) Another form of crowdsourcing is citizen science, <u>that</u> is the practice of public participation and collaboration in scientific research.

_____

(2) However, as soon as the race started, <u>unexpected something</u> happened.

_____

(3) Those nine contestants taught <u>to everyone</u> a very important lesson about the value of coexistence.

_____

2. 주어진 단어를 바르게 배열하여 문장을 완성하시오.

(1) Let's find out _____ to problems by crowdsourcing.

(found / solutions / have / better / people / how)

(2) Without the kindness of his competitors, the boy _____ on the ground.

(would / remained / tears / have / in)

(3) Winning a medal _____ their fellow runner.

(as / as / helping / not / important / was)

3. 밑줄 친 부분에 유의하여 다음 문장을 우리말로 해석하시오.

(1) However, all together, the money was <u>enough to cover the cost</u> of building the base for the statue.

→ _____

(2) Such networks and platforms make <u>it</u> easier than ever before <u>to take advantage of the combined power of the masses</u>.

→ _____

(3) <u>The fact that they had disabilities</u> didn't matter to them.

→ _____

4. 다음 밑줄 친 부분 중 어법상 틀린 것을 고르시오.

① <u>To accelerate</u> the process of writing content, the plan was changed. In the new project, called Wikipedia, permission to write or edit articles ② <u>was given to anyone</u> with Internet access, not just to the experts alone. The scale of collaboration was impressive. By the end of the first year, Wikipedia contained ③ <u>more than</u> 20,000 articles in 18 languages. Since then, the site has grown rapidly, swelling to more than 40 million articles ④ <u>were written</u> in more than 250 languages. Every month, Wikipedia receives over 18 billion hits, making it ⑤ <u>one of the most popular sites</u> on the Internet.

Reading 1과 Reading 2를 바탕으로 각 문제를 올바른 해결책과 짝지어 봅시다.

1. 미국 정부는 자유의 여신상의 받침대를 건립할 돈이 필요했다.
2. 온라인 백과사전의 내용을 쓰는 데 아주 오랜 시간이 걸렸다.
3. 한 연구 프로젝트는 다양한 식물에 관한 많은 양의 자료를 수집할 필요가 있다.
4. 한 주자가 땅에 넘어졌고 실망감에 울었다.

a. 기금 모금 캠페인을 펼침으로써, 받침대를 건립할 충분한 돈이 모였다.
b. 여러 지역의 시민들이 식물에 관한 자료를 기록하고 그 자료를 국가 데이터베이스로 보낸다.
c. 모든 사람이 글을 작성하거나 편집할 수 있도록 함으로써, 거대한 온라인 백과사전이 만들어졌다.
d. 다른 참가자들이 그 주자가 일어나는 것을 도와주었고, 그들 모두는 결승선을 함께 통과했다.

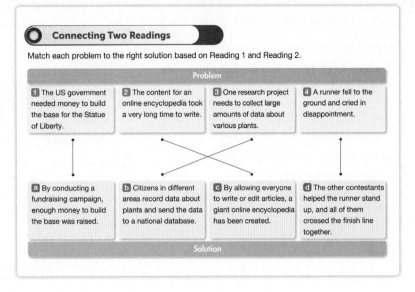

Connecting Two Readings

Match each problem to the right solution based on Reading 1 and Reading 2.

Problem

1. The US government needed money to build the base for the Statue of Liberty.
2. The content for an online encyclopedia took a very long time to write.
3. One research project needs to collect large amounts of data about various plants.
4. A runner fell to the ground and cried in disappointment.

a. By conducting a fundraising campaign, enough money to build the base was raised.
b. Citizens in different areas record data about plants and send the data to a national database.
c. By allowing everyone to write or edit articles, a giant online encyclopedia has been created.
d. The other contestants helped the runner stand up, and all of them crossed the finish line together.

Solution

A [Apply] 성공적인 크라우드소싱에 관한 다른 사례를 생각해 봅시다. 짝과 생각을 나눠 봅시다.

[Example]
한 범죄자가 소셜 미디어에 게시된 수배 공고 덕분에 체포되었다. 많은 사람들이 용의자를 어디에서 언제 보았는지 알렸다. 그들이 제공한 모든 정보가 그 용의자를 추적하는 데 중요한 역할을 했다.

[예시답안]
한 여행 웹사이트는 항공, 식당, 호텔 등에 관심 있는 사람들에게 정보를 제공하기 위해 회원들의 의견과 후기를 이용한다. 사람들은 그들의 개인적인 경험과 여행 팁들을 무료로 공유하는데, 이는 이 웹사이트를 여행에 관한 가장 믿을 만한 출처 중 하나로 만든다.

B [Reflect] 비록 보상이 보장되지 않더라도 누군가를 도와준 적이 있나요? 짝과 경험을 나눠 봅시다.

Check Your Progress
나는 크라우드소싱의 몇 가지 사례와 그 결과를 설명할 수 있다.
나는 개인의 승리보다 더 중요한 것이 있음을 알 수 있다.

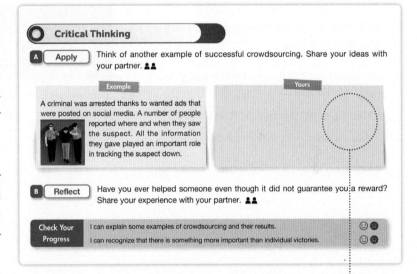

Critical Thinking

A [Apply] Think of another example of successful crowdsourcing. Share your ideas with your partner.

Example
A criminal was arrested thanks to wanted ads that were posted on social media. A number of people reported where and when they saw the suspect. All the information they gave played an important role in tracking the suspect down.

Yours

B [Reflect] Have you ever helped someone even though it did not guarantee you a reward? Share your experience with your partner.

Check Your Progress
I can explain some examples of crowdsourcing and their results.
I can recognize that there is something more important than individual victories.

A travel website uses the opinions and the reviews of its members to provide information to people interested in flights, restaurants, hotels, etc. People share their personal experiences and travel tips for free, which makes this website one of the most reliable sources for traveling.

어휘

criminal [krímInl] 명 범인, 범죄자   suspect [sʌ́spekt] 명 용의자   play a role 역할을 하다   track down …을 찾아내다, 추적하다   reward [riwɔ́ːrd] 명 보상   [예시답안] reliable [riláiəbl] 형 믿을 만한

우리가 다른 나라에서 왔다는 사실은 우리에게 문제가 되지 않는다.

A 알맞은 문장을 만들기 위해 부분들을 이어서 아래에 써 봅시다.

1. 그녀가 장학금을 받았다는 소식이 그녀의 부모님을 행복하게 만들었다.
2. 우리가 더 많은 도서관을 지어야 한다는 제안이 시장에 의해 받아들여졌다.
3. 당신이 트로피를 차지할 가능성이 매우 높다.

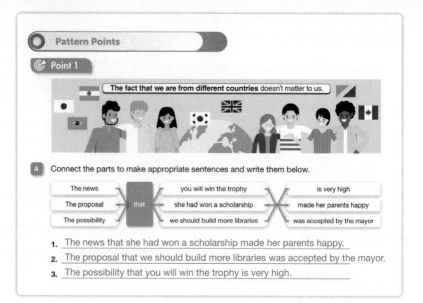

Pattern Points

Point 1

The fact that we are from different countries doesn't matter to us.

A Connect the parts to make appropriate sentences and write them below.

The news		you will win the trophy		is very high
The proposal	that	she had won a scholarship		made her parents happy
The possibility		we should build more libraries		was accepted by the mayor

1. The news that she had won a scholarship made her parents happy.
2. The proposal that we should build more libraries was accepted by the mayor.
3. The possibility that you will win the trophy is very high.

제 어머니의 지지가 없었다면, 저는 오래전에 포기했을 것입니다.

B 알맞은 문장을 만들기 위해 부분들을 이어서 아래에 써 봅시다.

1. 그의 농담이 아니었다면, 나는 어색하게 느꼈을 것이다.
2. 그 튜브가 없었다면, 나는 바다에서 익사했을 것이다.
3. 그 밧줄이 없었다면, 나는 절벽에서 떨어졌을 것이다.

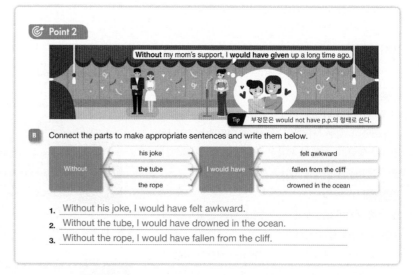

Point 2

Without my mom's support, I would have given up a long time ago.

Tip 부정문은 would not have p.p.의 형태로 쓴다.

B Connect the parts to make appropriate sentences and write them below.

Without	his joke		I would have	felt awkward
	the tube			fallen from the cliff
	the rope			drowned in the ocean

1. Without his joke, I would have felt awkward.
2. Without the tube, I would have drowned in the ocean.
3. Without the rope, I would have fallen from the cliff.

Grammar Point

[Point 1] 동격의 명사절을 이끄는 접속사 that

앞에 나온 명사의 의미를 바꿔 말하거나 구체적으로 설명하기 위해 명사 뒤에 동격의 명사절을 이끄는 접속사 that을 쓸 수 있다. 동격의 that절 앞에 자주 쓰이는 명사로는 fact, idea, opinion, news, doubt, thought, hope, question 등이 있다.

[Point 2] if절을 대신하는 어구 without

without(… 없이)은 가정이나 조건의 의미를 함축하므로 if절을 대신할 수 있다. without이 쓰였을 때 주절에는 가정법 과거를 나타내는 「조동사의 과거형+동사원형」, 가정법 과거완료를 나타내는 「조동사의 과거형+have p.p.」를 쓸 수 있다. 부정문은 조동사의 과거형 뒤에 not을 붙여 나타낸다.

어휘

scholarship [skάlərʃip] 명 장학금   possibility [pὰsəbíləti] 명 가능성   cliff [klif] 명 절벽   drown [draun] 동 익사하다

A 다음 말풍선 중 하나를 사용하여 문장을 완성해 봅시다.

1. 신은 스스로 돕는 자를 돕는다는 옛말이 있다.
2. 지휘자는 관객들이 음악회 중에는 조용히 해야 한다고 당부했다.
3. 배심원단은 제임스가 범죄를 저지른 사람이라는 결론에 이르렀다.

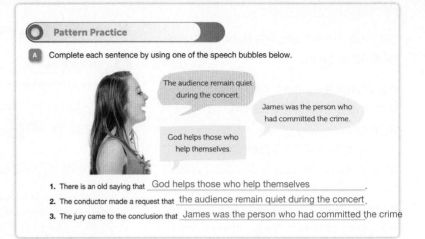

Pattern Practice

A Complete each sentence by using one of the speech bubbles below.

The audience remain quiet during the concert.

James was the person who had committed the crime.

God helps those who help themselves.

1. There is an old saying that _God helps those who help themselves_.
2. The conductor made a request that _the audience remain quiet during the concert_.
3. The jury came to the conclusion that _James was the person who had committed the crime_

B 다음은 역사상 가장 위대한 발명품들 중 몇 가지이다. 예시를 참고하여 문장을 완성해 봅시다.

[Example]

나침반 덕분에, 많은 선원들이 바다 한가운데 있는 동안에 길을 잃지 않았다.

→ 나침반이 없었다면, 많은 선원들이 바다 한가운데 있는 동안에 길을 잃었을 것이다.

1. 페니실린 덕분에, 전쟁 중에 많은 병사들이 전염병으로 죽지 않았다.
→ 페니실린이 없었다면, 전쟁 중에 많은 병사들이 전염병으로 죽었을 것이다.
2. 바퀴 덕분에, 사람들은 무거운 짐을 스스로 나를 필요가 없었다.
→ 바퀴가 없었다면, 사람들은 무거운 짐을 스스로 날라야 했을 것이다.
3. 종이 덕분에, 우리 조상들은 우리의 역사를 기록할 수 있었다.
→ 종이가 없었다면, 우리 조상들은 우리의 역사를 기록할 수 없었을 것이다.

B Below are some of the greatest inventions in history. Complete the sentences, referring to the example.

Example	Thanks to the compass, many sailors did not get lost while in the middle of the ocean. → Without the compass, many sailors **would have gotten** lost while in the middle of the ocean.
1	Thanks to penicillin, many soldiers did not die of infections during the war. → Without penicillin, many soldiers _would have died_ of infections during the war.
2	Thanks to the wheel, people did not have to carry heavy loads by themselves. → Without the wheel, people _would have had_ heavy loads _to carry_ by themselves.
3	Thanks to paper, our ancestors were able to write down our history. → Without paper, our ancestors _would not have been able to write down_ our history.

| Check Point |

주어진 우리말 뜻에 맞도록 빈칸에 알맞은 말을 쓰시오.
(1) 그녀가 경쟁자에게 패배했다는 소문은 사실이 아니었다.
＿＿＿＿＿ ＿＿＿＿＿ ＿＿＿＿＿ she had lost against the competitor was not true.
(2) 네 차가 없었다면, 우리는 수업에 늦었을 것이다.
＿＿＿＿＿ your car, we ＿＿＿＿＿ ＿＿＿＿＿ ＿＿＿＿＿ ＿＿＿＿＿ for class.

정답 (1) The rumor that (2) Without, would have been late

어휘

jury [dʒúəri] 명 배심원단   compass [kʌ́mpəs] 명 나침반   infection [infékʃən] 명 감염; *전염병   load [loud] 명 짐[화물]   ancestor [ǽnsestər] 명 조상

Writing Workshop

협동에 관한 뉴스 신문 기사

▌신문 기사를 작성하기 전에, 먼저 예시로 제시된 신문 기사를 확인해 봅시다.

아람 고등학교 뉴스 2018년 10월 22일
학생들이 좋은 목적으로 돈을 모금하다
이민수 작성

 2018년 10월 13일 지역 공원에서 한 무리의 아람 고등학교 학생들이 벼룩시장을 열었다. 그들은 심장병이 있는 아이들을 돕기 위한 돈을 마련하기 위해 이 행사를 열었다. 그들은 지역 주민들에게 필요 없는 물건을 기증해 달라고 부탁해서 그것들을 시장에서 판매했다.

 벼룩시장은 많은 사람들로 가득했다. 학생들은 그날 백만 원을 모았는데, 그것은 아동 병원에 기증될 것이다. 이 행사의 기획을 도운 한 학생은 "제 친구들과 저희 지역 주민들의 도움이 없었다면, 저희는 이렇게 많은 돈을 모을 수 없었을 것입니다."라고 말했다.

News about Cooperation (Newspaper Article)

Writing Sample

Before writing a newspaper article, check out the sample newspaper article first.

Aram High School News

October 22, 2018

Students Raise Money for Good Cause — Headline

By Lee Minsu — Byline / the name of the author

 A group of students from Aram High School held a flea market on October 13, 2018 at a local park. They held this event to raise money to help children with heart disease. They asked people from the community to donate items that they didn't need and sold them at the market. — 5W1H / who, what, when, where, why, and how

 The flea market was packed with many people. The students raised 1,000,000 won that day, which will be donated to a children's hospital. — Result

One student who helped plan this event said, "Without the aid of my friends and the people in our community, we could not have raised this much money." — Quote

Donate!

▌위에 예시로 제시된 신문 기사를 바탕으로 빈칸을 채워 봅시다.

누가	한 무리의 아람 고등학교 학생들		
무엇을	벼룩시장을 열었음		
언제	2018년 10월 13일	어디서	지역 공원
왜	심장병이 있는 아이들을 돕기 위한 돈을 마련하기 위해		
어떻게	지역 주민들에게 필요 없는 물건을 기증해 달라고 부탁해서 그것들을 시장에서 판매함		

Fill in the blanks based on the sample newspaper article above.

Who	a group of students from Aram High School		
What	held a flea market		
When	October 13, 2018	Where	a local park
Why	to raise money to help children with heart disease		
How	asked people from the community to donate items that they didn't need and sold them at the market		

▌어휘

cooperation [kouàpəréiʃən] 명 협력, 협동 (cooperate 동 협동하다) flea market 벼룩시장 heart disease 심장병 aid [eid] 명 원조, 지원
byline [báilàin] 명 필자 이름을 적은 행

학생들이 협동했던 학교 행사에 관한 신문 기사를 써 봅시다.

Step 1

의미 있는 것을 성취하기 위해 친구와 협동했던 학교 행사에 관해 생각해 봅시다.

Example

학교 축제: 우리 반은 관현악단을 구성하여 학교 축제에서 합주했다.

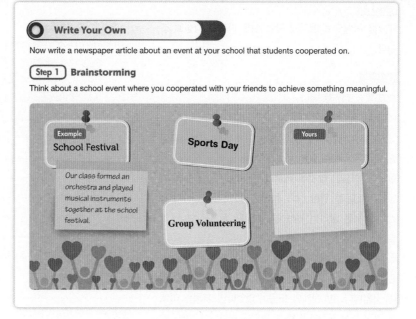

Write Your Own

Now write a newspaper article about an event at your school that students cooperated on.

Step 1 **Brainstorming**

Think about a school event where you cooperated with your friends to achieve something meaningful.

Example
School Festival

Our class formed an orchestra and played musical instruments together at the school festival.

Sports Day

Group Volunteering

Yours

Step 2

질문에 답하며 신문 기사를 위한 개요를 작성해 봅시다.

예시답안

누가 행사를 주최했는가? → 나주에 있는 고등학교의 한 학급	
그들은 무엇을 했는가? → 다양한 꽃과 식물로 가득 찬 학교 정원을 만듦	
언제, 어디서 그 일이 일어났는가? → 2018년 4월 5일 식목일에 학교 건물 옥상에서	
그들은 왜 그 일을 했나? → 휴식 공간을 만들고 녹지 공간의 가치를 알리기 위해	
그들은 어떻게 그 일을 했나? → 집에서 식물을 가져와 옥상에 두고 물을 줌	
결과는 어땠는가? → 그들은 아름다운 옥상 정원을 만들었다.	
그 행사에 대해 누군가 무슨 말을 했는가? → "저는 이 경험을 결코 못 잊을 것입니다. 반 전체의 도움이 없었다면 저희는 이토록 멋진 휴식 공간을 만들 수 없었을 것입니다."	

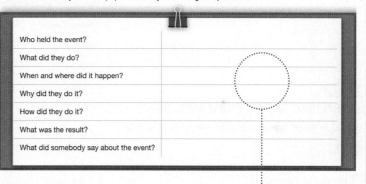

Step 2 **Outlining**

Make an outline for your newspaper article by answering the questions.

Who held the event?	
What did they do?	
When and where did it happen?	
Why did they do it?	
How did they do it?	
What was the result?	
What did somebody say about the event?	

Who held the event?
→ a class from a high school in Naju
What did they do?
→ created a school garden filled with various flowers and plants
When and where did it happen?
→ on Arbor Day, April 5, 2018, on the school building rooftop
Why did they do it?
→ to make a place to relax and to promote the value of green space
How did they do it?
→ brought some plants from their homes, placed them on the rooftop, and watered them
What was the result?
→ They built a beautiful rooftop garden.
What did someone say about the event?
→ "I will never forget this experience. Without the help of the whole class, we could not have built such a great place to relax."

어휘

musical instrument 악기　　sports day 운동회 날　　예시답안 Arbor Day 식목일　　rooftop [rú(:)ftὰp] 명 (건물의) 옥상

Writing Workshop

Step 3

개요를 바탕으로 행사에 관한 신문 기사를 작성해 봅시다.

예시답안

학교 옥상 정원을 열다

이지수 작성

　2018년 4월 5일 식목일에 나주에 있는 고등학교의 한 학급은 다양한 꽃과 식물로 가득 찬 학교 정원을 만들었다. 그들은 그것을 학교 건물 옥상에 만들었다. 그들은 학생들을 위한 야외 휴식 공간을 만들고 녹지 공간의 가치를 알리기 위해 이 프로젝트를 시작했다. 그들은 집에서 식물을 가져와 옥상에 두고 물을 주었다. 마침내, 그들은 학교를 위한 아름다운 옥상 정원을 만들었다. 이 반의 한 학생은 "저는 이 경험을 결코 못 잊을 것입니다. 반 전체의 도움이 없었다면 저희는 이토록 멋진 휴식 공간을 만들 수 없었을 것입니다."라고 말했다.

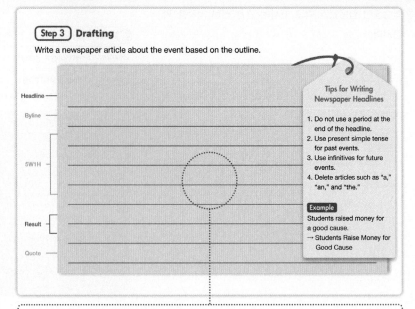

Step 3 Drafting

Write a newspaper article about the event based on the outline.

Headline —
Byline —
5W1H —
Result —
Quote —

Tips for Writing Newspaper Headlines

1. Do not use a period at the end of the headline.
2. Use present simple tense for past events.
3. Use infinitives for future events.
4. Delete articles such as "a," "an," and "the."

Example
Students raised money for a good cause.
→ Students Raise Money for Good Cause

School Rooftop Garden Opens

By Lee Jisu

　On Arbor Day, April 5, 2018, a class from a high school in Naju created a school garden filled with various flowers and plants. They built it on the school building rooftop. They started this project to make an outdoor place for students to relax and to promote the value of green space. They brought some plants from their home, placed them on the rooftop, and watered them. Finally, they built a beautiful rooftop garden for the school. One student from the class said, "I will never forget this experience. Without the help of the whole class, we could not have built such a great place to relax."

Step 4

초고를 개선하기 위해 체크리스트를 이용해 봅시다. 그러고 나서 짝과 초고를 교환하여 서로의 글을 수정해 봅시다.

A Revising Checklist

기사의 표제가 사람들의 주의를 끌기에 충분히 흥미로운가?

기사는 5W1H에 관한 정보를 포함하고 있는가?

기사는 인용구를 포함하고 있는가?

B Editing Checklist

명사와 대명사 일치

기사 내 대명사가 그것이 가리키는 명사의 성, 수, 사람과 일치하는가?

Example 1. 지역 주민들은 그들에게 필요 없는 물건들을 기증했다.

Example 2. 그녀는 조카의 생일을 맞아 그에게 흔들 목마를 주었다.

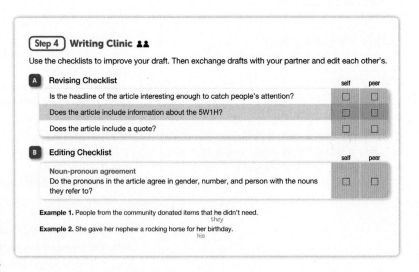

Step 4 Writing Clinic 👥

Use the checklists to improve your draft. Then exchange drafts with your partner and edit each other's.

A Revising Checklist

	self	peer
Is the headline of the article interesting enough to catch people's attention?	☐	☐
Does the article include information about the 5W1H?	☐	☐
Does the article include a quote?	☐	☐

B Editing Checklist

	self	peer
Noun-pronoun agreement Do the pronouns in the article agree in gender, number, and person with the nouns they refer to?	☐	☐

Example 1. People from the community donated items that he didn't need.

they

Example 2. She gave her nephew a rocking horse for her birthday.

his

| 어휘

period [píəriəd] 명 기간; *마침표　　infinitive [infínətiv] 명 동사원형; 부정사　　pronoun [próunàun] 명 대명사

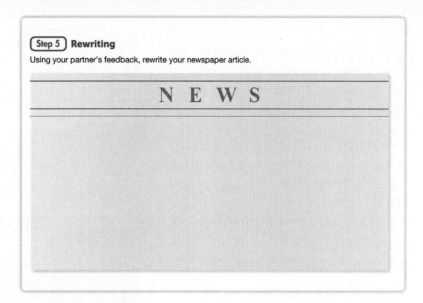

Step 5

짝의 피드백을 이용하여 신문 기사를 다시 써 봅시다.

Step 5 Rewriting

Using your partner's feedback, rewrite your newspaper article.

N E W S

Step 6

A 4명으로 구성된 모둠을 만들어 봅시다. 최종 글을 공유하고 다른 조원들로부터 피드백을 받아 봅시다.

표제, 필자명을 적는 줄, 결과, 그리고 인용구가 적절하게 쓰였다.
기사는 5W1H에 관해 정확한 정보를 포함하고 있다.
기사는 명사와 대명사 일치와 관련된 어떤 오류도 포함하지 않는다.

B 누구의 신문 기사가 가장 흥미로운가요? 조원들과 의견을 나눠 봅시다.

Check Your Progress 나는 신문 기사를 쓸 수 있다.

Step 6 Sharing Your Writing

A Make groups of four. Share your final draft and get feedback from the other group members. (5: Excellent 4: Good 3: Average 2: Fair 1: Poor)

	member 1	member 2	member 3
The headline, byline, result, and quote are written properly.			
The article includes accurate information about the 5W1H.			
The article does not contain any errors related to noun-pronoun agreement.			
Final Score			

B Whose newspaper article is the most interesting? Share your opinion with your group members.

I think _____'s newspaper article is the most interesting because _____.

Check Your Progress I can write a newspaper article. ☺☹

Practice More

다음 문장에서 명사와 대명사 일치의 오류를 찾아 바르게 고쳐 쓰시오.

(1) Harry's taste in food is completely different from those of his brother.

_____ → _____

(2) The girl in the water grabbed the rope to save himself.

_____ → _____

정답 (1) those → that   (2) himself → herself

어휘
문제 taste [teist] 명 맛, 미각; *기호, 취향   completely [kəmplíːtli] 부 완전히, 전적으로

문화를 보존하기 위한 협력

비정부 기구(NGO)는 특정한 문제들을 해결하기 위해 일하는 시민들의 비영리적이고 자발적인 집단이다. 아래는 전 세계의 문화적 가치를 보존하는 NGO의 몇몇 사례들이다.

Native Planet

목적

토착민들의 문화를 보존하기

하는 일

- 토착민들과 그들의 독특한 문화의 매력적인 세계를 그리는 다큐멘터리를 제작함
- 전 세계의 부족 공동체에 관한 정보를 수집함

World Cultural Heritage Voices (WCHV)

목적

역사, 문화, 자연 유적지를 보존하기

하는 일

- 전쟁이나 빈곤으로 고통받는 국가에 있는 역사, 문화 유적지의 상태에 관한 정보를 수집함
- 위기에 처한 문화 유적지에 관한 소식을 인쇄물이나 인터넷 매체를 통해 출간함

International Federation of Film Archives (FIAF)

목적

전 세계의 영화를 보존하기

하는 일

- 영화와 관련된 문서와 자료를 수집하고 보존함
- 영화 복원에 관련된 교육을 제공함

Combined Efforts to Preserve Cultures

Exploring Cultures

A non-governmental organization (NGO) is a nonprofit and voluntary group of citizens that works to solve specific issues. Below are some examples of NGOs that preserve cultural values around the world.

Native Planet

Goal
to preserve the cultures of indigenous peoples

What it does
- makes documentaries that describe the fascinating world of indigenous peoples and their unique cultures
- collects information about tribal communities around the world

World Cultural Heritage Voices (WCHV)

Goal
to preserve historical, cultural, and natural heritage sites

What it does
- collects information about the conditions of historical and cultural heritage sites in countries suffering from war or poverty
- publishes news about endangered cultural heritage sites through print and Internet media

International Federation of Film Archives (FIAF)

Goal
to preserve films from around the world

What it does
- collects and preserves documents and materials related to cinema
- provides training related to film restoration

각 NGO를 그것의 올바른 설명과 연결해 봅시다.

a. 그것은 영화의 수집과 보존을 장려한다.
b. 그것은 문화, 역사 유적지가 보존되어야 한다고 생각한다.
c. 그것은 토착민과 그들의 문화적 정체성의 가치를 보호한다.

Check-Up Match each NGO to its proper description.

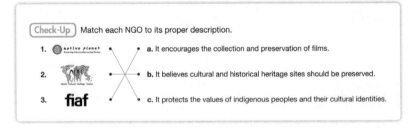

1. native planet
2. World Cultural Heritage Voices
3. fiaf

a. It encourages the collection and preservation of films.
b. It believes cultural and historical heritage sites should be preserved.
c. It protects the values of indigenous peoples and their cultural identities.

어휘

nonprofit [nὰnpráfit] 혱 비영리적인 voluntary [vάləntèri] 혱 자발적인 indigenous [indídʒənəs] 혱 토착의 tribal [tráibəl] 혱 부족의
endangered [indéindʒərd] 혱 위험[위기]에 처한 archive [άːrkaiv] 몡 기록 보관소 document [dάkjumənt] 몡 문서 material
[mətíəriəl] 몡 직물; *자료 restoration [rèstəréiʃən] 몡 복원 identity [aidéntəti] 몡 신원, 신분; *주체성, 독자성

A 4-5명의 학생들로 구성된 모둠을 만들어 봅시다. 전 세계의 문화유산을 보존하기 위해 일하는 NGO를 찾아봅시다.

B 여러분의 모둠이 학급에 소개하고 싶은 NGO를 선택하고 그것의 명칭, 목적, 하는 일을 적어 봅시다.

예시답안

명칭: 국경 없는 의사회

목적: 응급 의료 지원이 필요한 사람들을 돕기

하는 일:
- 사람들에게 치료를 제공하기 위해 자연재해나 전염병이 발생한 곳을 방문함
- 영양실조나 의료 서비스의 부족으로 고통받는 사람들을 도움

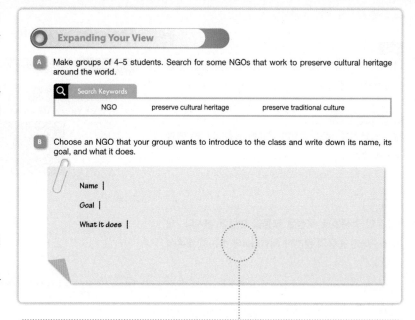

Name: Doctors Without Borders

Goal: to help people who need emergency medical aid

What it does:
- visits places where natural disasters or epidemics have occurred to provide people with treatment
- helps people suffering from malnutrition or lack of health care

C 모둠의 결과물을 교실 벽에 전시하고 다른 모둠의 결과물을 읽어 봅시다.

D 어떤 NGO의 활동이 여러분에게 가장 의미 있어 보이는지 조원들과 이야기해 봅시다.

Example

내 생각에는, 토착민의 문화를 보존하려는 Native Planet의 노력이 가장 의미 있는 것 같다. 토착 문화는 우리에게 다른 삶의 방식과 사고방식에 대해 가르쳐 주어서, 그것들을 보호하는 것은 중요하다.

Check Your Progress 나는 다양한 문화를 보존하기 위해서 몇몇 NGO가 하고 있는 일을 이해한다.

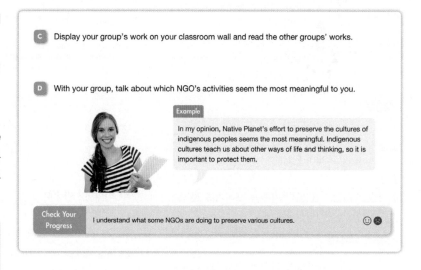

어휘

traditional [trədíʃənl] 휑 전통의   예시답안 epidemic [èpədémik] 명 유행[전염]병   provide ... with ~ …에게 ~을 제공하다   treatment [trí:tmənt] 명 치료, 처치   malnutrition [mæ̀lnju:tríʃən] 명 영양실조(증)

Project

더 나은 세상을 위한 동영상 만들기

Task

여러분은 전 세계적인 문제에 대한 인식을 높일 동영상을 만들 것입니다.

Before You Begin

짧은 동영상을 보고 그것이 무엇에 관한 것인지 짝과 토론해 봅시다.

Step 1

4-5명의 학생들로 구성된 모둠을 만들어 봅시다. 세계에서 어떤 종류의 문제가 해결되어야 하는지 토론해 봅시다.

Step 2

여러분이 토론한 것 중 한 가지 문제를 선택하고 그것에 관한 동영상 기획을 시작해 봅시다.

[Example]

문제	환경 오염
제목	다 같이 자연을 보호합시다
장면	
#1 강가에서	사람들이 강에 쓰레기를 버린다. 쓰레기가 강을 따라 떠내려가고 있다.
#2 도로 위에서	하늘이 회색으로 보인다. 교통량이 많다. 사람들이 심하게 기침하고 있다.
#3 강가에서	사람들이 강으로 돌아와서 쓰레기를 줍는다.
#4 버스에서	사람들이 버스를 타고 미소를 짓는다.
#5 정원에서	사람들이 씨앗을 심고 "다 같이 자연을 보호합시다!"라고 말한다.

[예시답안]

문제	자원 고갈
제목	자원 문제를 해결하기 위해 친환경적이 됩시다
장면	
#1 분리수거함 앞에서	사람들이 재활용 쓰레기를 분리수거하지 않는다.
#2 도로 위에서	트럭이 나무 기둥들을 운반해 가고 있다.
#3 마을에서	주택들에 태양열 전지판을 이용한 지붕이 있다.
#4 책상 위에	책상 위의 책 표지에 "재생 용지에 인쇄됨"이라고 쓰여 있다.
#5 들판에서	사람들이 "자원 문제를 해결하기 위해 친환경적이 됩시다"라고 쓰인 팻말을 들고 웃는다.

Make a Video for a Better World

Task You are going to make a video to increase awareness of a global problem.

Before You Begin

Watch the video clip and discuss what it is about with your partner. ▶ 👥

Step 1 Make groups of 4–5 students. Discuss what kinds of problems need to be solved in the world.

Step 2 Choose one problem among those you've discussed and start planning a video about it.

Example

Problem	Environmental pollution
Title	Let's Conserve Nature Together
Scenes	
#1 At the river	People dump trash in the river. Trash is floating down the river.
#2 On the road	The sky looks gray. There is heavy traffic. People are coughing hard.
#3 At the river	People come back to the river and pick up the trash.
#4 On the bus	People take the bus and smile.
#5 In the garden	People plant seeds and say, "Let's conserve nature together!"

Your group

Problem	
Title	
Scenes	
#1	
#2	
#3	
#4	
#5	

Problems	Resource exhaustion
Title	Let's Go Green to Solve Resource Problems
Scenes	
#1 In front of the recycling bins	People do not separate their recyclable waste.
#2 On the road	A truck is carrying away tree trunks.
#3 In a village	The houses have solar-paneled roofs.
#4 On a desk	The cover of a book on the desk says "printed on recycled paper."
#5 In a field	People smile while holding a sign saying "Go Green to Solve Resource Problems."

어휘

conserve [kənsə́ːrv] 동 보존하다   dump [dʌmp] 동 버리다   float [flout] 동 떠다니다   cough [kɔːf] 동 기침하다   plant [plænt] 동 심다

예시답안 exhaustion [igzɔ́ːstʃən] 명 탈진; *고갈   go green 친환경적이 되다   recyclable [riːsáikləbl] 형 재활용할 수 있는

Step 3

각 조원의 역할을 정하고 계획한 대로 모둠의 동영상을 촬영해 봅시다. 필요할 경우 배경 음악과 캡션(설명)을 사용해 봅시다.

Step 3 Choose a role for each member of your group and film your group's video as planned. Use background music and captions if necessary.

Role	Name
Actor	
Camera operator	
Video editor	
Presenter	

Step 4

모둠의 동영상에 대해 짧게 소개하고 그것을 학급에 발표해 봅시다.

Sample

저희 동영상의 제목은 "다 같이 자연을 보호합시다"입니다. 이 동영상은 환경 오염을 방지하는 것에 관한 내용입니다.

예시답안

저희 동영상의 제목은 "자원 문제를 해결하기 위해 친환경적이 됩시다"입니다. 이 동영상은 천연자원을 활용하는 방법에 관한 내용입니다.

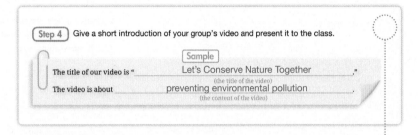

Step 4 Give a short introduction of your group's video and present it to the class.

Sample
The title of our video is "_____Let's Conserve Nature Together_____."
                                    (the title of the video)
The video is about _____preventing environmental pollution_____.
                              (the content of the video)

예시답안
The title of our video is "Let's Go Green to Solve Resource Problems."
The video is about ways to utilize natural resources.

Step 5

가장 인상적인 동영상에 투표해 봅시다.

Check Your Progress
모든 조원이 참여했고 자신의 역할을 수행했다.
우리 모둠의 동영상은 우리의 메시지를 효과적인 방법으로 전달한다.

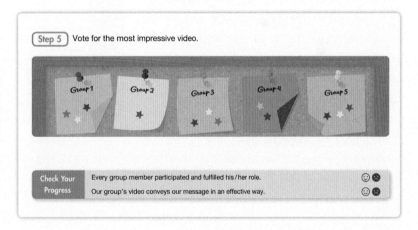

Step 5 Vote for the most impressive video.

Check Your Progress
Every group member participated and fulfilled his/her role. ☺ ☹
Our group's video conveys our message in an effective way. ☺ ☹

| 어휘

caption [kǽpʃən] 명 캡션(사진·삽화 등에 붙인 설명)   operator [ápərèitər] 명 (장비·기계를) 조작[운전]하는 사람   presenter [prizéntər] 명 진행자   예시답안 utilize [júːtəlàiz] 동 활용[이용]하다

A 다음 단락을 읽고 질문에 답해 봅시다.

1. 이 단락의 제목으로 가장 적절한 것은?

[정답] ③

[해석]

① 기후 변화에 적응하는 방법

② 과학은 언제나 사실을 말하는가?

③ 대중에 의해 강력해진 과학 프로젝트

④ 자료: 우리의 문제에 대한 해결책을 찾기 위한 열쇠

2. 이 단락을 바탕으로 다음 문장이 맞으면 T, 틀리면 F에 표시해 봅시다.

[정답] (1) F (2) T

[해석]

(1) 참가자들은 전국에 걸쳐 특정 식물 종에 대한 정보를 수집한다.

(2) 참가자들에 의해 수집된 자료들은 기후 변화의 장기적 영향을 알아내기 위해 사용된다.

A Read the following paragraph and answer the questions.

> A great example of citizen science is Project BudBurst in the US. Ordinary participants in all parts of the country observe and record data about the first appearance of leaves, flowers, and fruits from various plant species in their local areas. Then they send their data to a national database. Scientists use the accumulated data to learn about how individual plant species respond to climate changes locally, regionally, and nationally. They will also use it to detect the possible long-term impacts of climate change by comparing the findings with historical data.

1. Which is the best title for the paragraph?

① How to Adapt to Climate Change

② Does Science Always Tell the Truth?

③ A Science Project Made Powerful by the Public

④ Data: The Key to Finding Solutions to Our Problems

2. Check T if the sentence is true or F if it is false according to the paragraph.

(1) The participants collect information about a specific plant species from across the country. (T/F)

(2) The data collected by participants is used to identify the long-term effects of climate change. (T/F)

B 개요를 바탕으로 신문 기사를 작성해 봅시다.

[Sample]

Students Volunteer at Local Orphanage

By Kim Minji

A group of Dalnim High School students volunteered at the local orphanage on December 24, 2018. They wanted to give orphans a nice memory of Christmas Eve. The students taught the children Christmas songs and handed out gifts. Thanks to the students' help, the children at the orphanage had a great time. One volunteer said, "It was very meaningful for me. I'd like to visit again next year."

[해석]

학생들이 지역 보육원에서 봉사활동을 하다

김민지 작성

2018년 12월 24일에 한 무리의 달님 고등학교 학생들이 지역 보육원에서 자원봉사를 했다. 그들은 고아들에게 크리스마스이브의 멋진 추억을 만들어 주고 싶었다. 학생들은 아이들에게 크리스마스 노래를 가르쳐 주고 선물을 나눠 주었다. 학생들의 도움 덕분에, 보육원의 아이들은 즐거운 시간을 보냈다. 한 자원봉사자는 "그것은 제게 매우 의미 있었어요. 내년에도 다시 방문하고 싶어요."라고 말했다.

B Based on the outline, write a newspaper article.

Who	a group of Dalnim High School students
What	volunteered at the local orphanage
When	December 24, 2018
Where	the local orphanage
Why	to give orphans a nice memory of Christmas Eve
How	taught the children Christmas songs and handed out gifts
Result	Children at the orphanage had a great time.
Quote	One volunteer said, "It was very meaningful for me. I'd like to visit again next year."

Student News

By _____

_____

_____

_____

_____

_____

C Make sentences by putting the words in the correct order.

1. There is no (deserves, doubt, she, all the credit, that).
   → _____

2. We need to find (that, proof, is, the portrait, authentic).
   → _____

3. (he, five languages, spoke, that, the fact) helped him become a diplomat.
   → _____

D Complete the sentences, referring to the example.

| Example | Without the refrigerator, all the ingredients **would have gone** rotten overnight. (go) |

1. Without the loud cheers from our fans, we _____ the cricket game yesterday. (lose)
2. Without the name tag on his chest, I _____ him at this conference. (recognize)
3. Without the help of many people, the charity event _____ last week. (cancel)

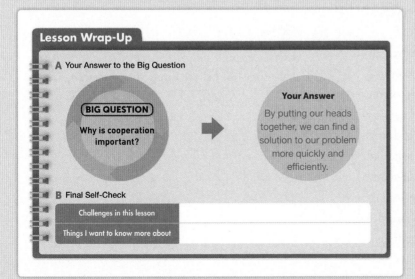

Lesson Wrap-Up

A Your Answer to the Big Question

BIG QUESTION
Why is cooperation important?

→

Your Answer
By putting our heads together, we can find a solution to our problem more quickly and efficiently.

B Final Self-Check

| Challenges in this lesson | |
| Things I want to know more about | |

C 단어를 알맞은 순서대로 배열하여 문장을 만들어 봅시다.

[정답]

1. There is no <u>doubt that she deserves all the credit</u>.
2. We need to find <u>proof that the portrait is authentic</u>.
3. <u>The fact that he spoke five languages</u> helped him become a diplomat.

[해석]

1. <u>그녀가 모든 공을 받을 만하다는 것</u>에는 의심할 여지가 없다.
2. 우리는 <u>그 초상화가 진품이라는 증거</u>를 찾아야 한다.
3. <u>그가 다섯 언어를 구사했다는 사실</u>은 그가 외교관이 되는 데 도움이 되었다.

D 예시를 참고하여 문장을 완성해 봅시다.

[정답]

1. Without the loud cheers from our fans, we <u>would have lost</u> the cricket game yesterday.
2. Without the name tag on his chest, I <u>would not have recognized</u> him at this conference.
3. Without the help of many people, the charity event <u>would have been canceled</u> last week.

[해석]

[Example]
냉장고가 없었다면, 모든 재료들이 밤사이에 썩었을 것이다.

1. 우리 팬들의 큰 응원이 없었다면, 우리는 어제 크리켓 경기에서 <u>졌을 것이다</u>.
2. 그의 가슴 위에 이름표가 없었다면, 나는 이 학회에서 그를 <u>알아보지 못했을 것이다</u>.
3. 많은 사람들의 도움이 없었다면, 그 자선 행사는 지난주에 <u>취소되었을 것이다</u>.

A Big Question에 대한 답

[BIG QUESTION]
협동은 왜 중요한가?

[예시답안]
우리의 머리를 맞댐으로써, 우리는 우리의 문제에 대한 해결책을 더 빠르고 효율적으로 찾을 수 있다.

B 마지막 자가 점검

| 이번 과에서 어려운 점 |
| 내가 더 알고 싶은 것 |

1 다음 글의 (A), (B), (C)의 각 네모 안에서 어법에 맞는 표현으로 가장 적절한 것은?

When you think of Florence Nightingale, you probably picture a lady with a lamp taking care of injured and ill soldiers. Her compassion for these people was clearly seen through her acts. On the other hand, her passion for statistics as a way (A) to save / saving people's lives is not well known to many people.

In October 1853, the conflict between Russia and an alliance of European countries turned into a war in the Turkish region (B) knowing / known as Crimea. The war lasted from October 1853 to March 1856 and resulted in large numbers of deaths and injuries. (C) Hoping / Hoped to contribute her skills to help the British troops fighting in the Crimean War, Nightingale accepted a nursing position at an army base in Scutari, Turkey in 1854.

	(A)		(B)		(C)
①	to save	.....	knowing	.....	Hoped
②	to save	.....	known	.....	Hoped
③	to save	.....	known	.....	Hoping
④	saving	.....	knowing	.....	Hoped
⑤	saving	.....	known	.....	Hoping

[2-3] 다음을 읽고, 물음에 답하시오.

Upon her arrival at the base in Scutari, Nightingale realized how difficult (A) (be / provide / medical care / it / proper / to / would) at the base. Essential supplies such as food, basic furniture, and blankets were not ① sufficient, and sometimes nonexistent. Patients had to deal with ② inadequate sanitation, which was worsened by exposure to rats and fleas.

Furthermore, the medical records were extremely ③ disorganized. That was because none of the hospitals were using the same reporting system as any of the others. Each hospital had a different system of naming and classifying diseases, and even the number of deaths was not accurate. Thus, Nightingale ④ dedicated herself not only to serving the needs of the injured and ill soldiers directly but also to improving the record-keeping of the hospitals. She introduced the practice of recording the cause of each death in a ⑤ different manner, which had not been done previously.

2 밑줄 친 ①~⑤ 중, 문맥상 낱말의 쓰임이 적절하지 않은 것은?

| 주관식 |
3 위 글의 (A)에 주어진 말을 바르게 배열하시오.

_____

4 다음 글의 빈칸에 들어갈 말로 가장 적절한 것은?

The polar area graph presented a great deal of information about the causes of death of British soldiers in Crimea at a glance. Each of the twelve sectors displayed on the graph represented a different month. The size of the sector showed how many deaths occurred that month, with the largest sectors indicating the months with the highest death rates. Within each sector, three colors were used to show _____. The blue section represented deaths attributed to infectious diseases like cholera. The pink section showed deaths caused by wounds, most of which were received in combat. Black stood for deaths caused by anything other than diseases or wounds.

① the main hospitals
② the cause of death
③ the names of diseases
④ the method of treatment
⑤ the number of deaths

| 주관식 |
5 다음 영영 풀이에 해당하는 낱말을 찾아 쓰시오.

to make someone believe firmly that something is true

Through her graphs, Nightingale effectively demonstrated the substantial impact that contagious diseases had on the soldiers in the army hospital. In fact, infectious disease would have wiped out the entire army if the trend had continued. By showing her message in such a clear way, however, she was able to convince people that a large number of deaths could be prevented. As a consequence, sanitation procedures used by hospitals underwent extensive reforms, and the number of preventable deaths decreased sharply. Thanks to her effective tools of communication, she made a crucial and lasting impact in the fields of both medicine and statistics.

7 다음 글의 밑줄 친 ①~⑤ 중, 어법상 틀린 것은?

The movements ① themselves are not the only thing that can vary across cultures. The frequency ② with which a person uses gestures is also influenced by his or her culture. Exaggerated gestures for emphasis and explanations are common in certain cultures. For example, people in France, Spain, and Italy have a tendency to use a lot of gestures when ③ speaking. In fact, hand gestures are ④ so important for Italians that they might even pull off the road while driving to continue a conversation. It is nearly impossible ⑤ of them to talk without using their hands.

6 다음 글의 제목으로 가장 적절한 것은?

Imagine that you are abroad and you are looking for a restroom. The problem is you don't speak the language. What would you do in this situation? You would probably try to use your hands, arms, face, head, or any other parts of your body to deliver your message. When you encounter a language barrier, gestures are an obvious alternative to illustrate your points. These movements may seem like the simplest way to communicate, but a gesture in one culture might not have the same meaning as that gesture in another culture. In other words, your gestures may seem like nonsense to others, so they might think you are weird. On some occasions, they might feel offended by your gestures even if you didn't mean to cause offense.

① Small Gestures Can Change Your Life
② Be Careful When You Use Body Language!
③ How to Read Body Language More Effectively
④ The Best Way to Communicate with Foreign People
⑤ Hidden Scientific Principle behind the Use of Gesture

[8-9] 다음을 읽고, 물음에 답하시오.

On the contrary, there are many cultures where the use of gestures is highly restricted. Speakers in England, Germany, and some other northern European countries seem ① stiff and frozen compared to their southern neighbors. In some parts of East Asia, body movement is kept to a ② minimum as a sign of politeness. In fact, ③ excessive gestures can be considered aggressive in these cultures. Owing to these differences, these people may consider those who use a lot of gestures to be rude and lack self-control. On the other hand, those who use many gestures may find those who don't dull and ④ restrained.

Effective communication is not just about verbal communication but also about the gestures we use. Making mere ⑤ assumptions about a person's intentions based on gestures can cause misunderstandings if we do not take into account the person's cultural background. (A) 그러므로, 제스처 사용에서의 문화적 차이를 이해하는 것은 우리가 의사소통을 향상하고 혼란이나 불쾌감을 피하도록 도울 수 있다.

8 위 글의 밑줄 친 낱말의 영영 풀이로 적절하지 않은 것은?

① stiff: formal and not friendly or relaxed
② minimum: the smallest possible amount of something
③ excessive: too much
④ restrained: behaving in a polite way
⑤ assumption: the act of believing something is true without any proof

| 주관식 |

9 위 글의 밑줄 친 (A)의 우리말 뜻에 맞도록 문장을 완성하시오.

Hence, understanding cultural differences in gesture use can _____ _____ _____ _____ and avoid confusion or offense.

10 다음 글의 흐름으로 보아, 주어진 문장이 들어가기에 가장 적절한 곳은?

Through AI, it interprets these as emotions, such as anger, happiness, and sadness and reacts to them.

If you've ever wanted to be friends with a robot, here is one with "emotions" for you. (①) This "emotional" robot is designed to interact with people and sense their emotions. (②) It uses sensors to recognize people's facial expressions and tones of voice. (③) So if you feel down, it will play your favorite song to amuse you. (④) Thanks to these characteristics, some businesses have started using these robots in customer service roles. (⑤) These robots can greet customers, engage them in conversation, and explain the products and services on behalf of the company.

11 다음 글의 빈칸에 공통으로 들어갈 말로 가장 적절한 것은?

AARON is AI software that paints pictures _____. It has been producing paintings since 1973. At first, it could only make abstract images in black and white. However, over the last 40 years, it has acquired the ability to paint plenty of realistic images of things like rocks, plants, and people, and it can now paint in color, too. AARON cannot paint new images and styles of painting _____, but once they are coded into the software, it can draw an almost infinite number of unique paintings. Several of AARON's paintings have been widely praised and exhibited in art galleries around the world. Some people even say that they are more artistic than paintings done by humans.

① by itself   ② in colors
③ with help   ④ for humans
⑤ as a therapy

12 다음 글의 (A), (B), (C)의 각 네모 안에서 문맥에 맞는 낱말로 가장 적절한 것은?

Artificial intelligence carries out various tasks to improve human society in many ways. However, AI is also controversial. What some people worry about is that it may (A) exceed / develop human intelligence and we will no longer be able to control it. Meanwhile, other people claim that AI will never be able to overtake humans. That is because AI still lacks some important abilities, like developing goals of its own that are (B) dependent / independent of its inventor's commands.

Nobody can predict exactly how the future of AI will unfold, but it is clear that AI is quickly evolving and we will be using it more in the future. To avoid any potential problems, many experts suggest that legal and ethical standards for AI be (C) devised / abandoned. If we are prepared, humans and robots will have a better chance of coexisting peacefully and productively in the years to come.

	(A)		(B)		(C)
①	exceed	.....	dependent	.....	devised
②	exceed	.....	independent	.....	devised
③	develop	.....	dependent	.....	abandoned
④	develop	.....	independent	.....	abandoned
⑤	develop	.....	independent	.....	devised

[13-14] 다음을 읽고, 물음에 답하시오.

Hailey: In many books and films depicting the future, robots have taken over human jobs. Do you think this will eventually happen?

Dr. Kim: In the 18th century, the introduction of machines in factories caused many people to lose their jobs. Likewise, I believe that robots will have (A) a similar effect, replacing lots of the jobs that people are doing now. In my view, occupations that involve repetitive and mechanical tasks in particular will be taken over by robots.

Hailey: That sounds scary! Do you mean it is inevitable that we will be losing our jobs in the future?

Dr. Kim: You don't have to worry too much. People have always been able to replace the jobs that are lost because of new technology.

13 위 글에 드러난 Hailey의 심경으로 가장 적절한 것은?

① excited   ② grateful
③ ashamed   ④ sorrowful
⑤ worried

| 주관식 |

14 밑줄 친 (A)가 가리키는 것을 우리말로 쓰시오.

_____

[15-16] 다음을 읽고, 물음에 답하시오.

Hailey: But if that's the case, then how can we prepare for our future?

Dr. Kim: No one knows exactly what skills you'll need in the future. What matters is knowing how to learn. Because the world is changing rapidly, what you learn today can quickly become outdated. However, the skills of learning will last your whole life. In addition, stay up to date on new technology. I suggest you pay attention to both the general technological trends and their effects on the industry that you are interested in.

Hailey: That sounds like good advice. Is there anything you want to add?

Dr. Kim: There is a famous quote that I always mention when I talk about future jobs: "There is no future in any job. The future lies in the person who holds the job." Although it is hard to forecast what our future will look like, by knowing how to learn and keeping up to date on new technology, we can always be prepared for whatever the future may hold.

Hailey: Thank you for sharing this with us, Dr. Kim.

15 위 글의 주제로 가장 적절한 것은?

① different types of future jobs
② the latest trends in technology
③ factors that influence our future
④ various skills for the future
⑤ how to get ready for future jobs

16 위 글의 마지막에 드러난 Dr. Kim의 어조로 가장 적절한 것은?

① critical   ② descriptive
③ skeptical   ④ optimistic
⑤ sympathetic

[17-18] 다음을 읽고, 물음에 답하시오.

The magnificent Statue of Liberty was designed by a French sculptor and given as a gift from the French government to the US in the late 1800s. The statue was sent to New York in pieces, awaiting assembly.

(A) Then an influential newspaper editor named Joseph Pulitzer had a brilliant idea. Using his newspaper, he promoted a fundraising campaign targeted at the general public.

(B) Unfortunately, the US government could not afford to fund a base for the statue, so the pieces lay in storage boxes for several months.

(C) In just five months, the campaign raised over $100,000 from more than 120,000 donors around the country. Most of the donations were less than one dollar. However, all together, the money was enough to cover the cost of building the base for the statue.

17 주어진 글 다음에 이어질 글의 순서로 가장 적절한 것은?

① (A) – (B) – (C)　　② (A) – (C) – (B)
③ (B) – (A) – (C)　　④ (B) – (C) – (A)
⑤ (C) – (A) – (B)

18 자유의 여신상에 관한 위 글의 내용과 일치하지 <u>않는</u> 것은?

① 프랑스 정부가 미국에 보낸 선물이었다.
② 조립되지 않은 채로 뉴욕에 보내졌다.
③ 미국 정부가 기금 모금 캠페인을 추진했다.
④ 조각상의 조각들은 수개월 동안 보관함에 놓여 있었다.
⑤ 모금 캠페인으로 조각상의 받침대를 세우기에 충분한 자금이 모였다.

19 다음 글에서 전체 흐름과 관계 <u>없는</u> 문장은?

To accelerate the process of writing content, the plan was changed. In the new project, called Wikipedia, permission to write or edit articles was given to anyone with Internet access, not just to the experts alone. ① The scale of collaboration was impressive. ② By the end of the first year, Wikipedia contained more than 20,000 articles in 18 languages. ③ But controversy over Wikipedia's reliability has been around for years. ④ Since then, the site has grown rapidly, swelling to more than 40 million articles written in more than 250 languages. ⑤ Every month, Wikipedia receives over 18 billion hits, making it one of the most popular sites on the Internet.

| 주관식 |

20 보기에 주어진 단어들을 바르게 배열하여 밑줄 친 우리말을 영어로 표현하시오.

A great example of citizen science is Project BudBurst in the US. Ordinary participants in all parts of the country observe and record data about the first appearance of leaves, flowers, and fruits from various plant species in their local areas. Then they send their data to a national database. <u>과학자들은 개별 식물 종이 지역적으로, 국지적으로, 그리고 전국적으로 어떻게 기후 변화에 반응하는지 알기 위해 그 축적된 자료를 이용한다.</u> They will also use it to detect the possible long-term impacts of climate change by comparing the findings with historical data.

보기　individual plant species / climate changes / how / to learn about / respond to

→ Scientists use the accumulated data _____
_____

locally, regionally, and nationally.

21 다음 글의 상황에 나타난 분위기의 변화로 가장 적절한 것은?

A few years ago, a sporting event for disabled teenagers was held. The day was bright and clear without a cloud in sight. The early autumn breeze blew gently across the faces of the crowd. The stadium, decorated with flags and balloons, was packed with excited spectators.

The first event was the 100-meter dash. Nine teenage contestants were getting ready in their respective lanes. Standing at the starting line, they fixed their eyes on the finish line. Despite their disabilities, the contestants had been training hard for the race and were keen to win. The fact that they had disabilities didn't matter to them.

① festive → tense
② urgent → humorous
③ romantic → sad
④ mysterious → peaceful
⑤ monotonous → gloomy

[22-23] 다음을 읽고, 물음에 답하시오.

Once the starting gun blasted, they started running vigorously to take the lead. However, as soon as the race started, something unexpected happened. All of a sudden, ① one boy stumbled and fell to the ground. For a moment he lay there in shock, and then he started crying in disappointment. ② His knees were bleeding and it seemed like he was in a lot of pain. The boy was clearly very distressed. The crowd fell quiet and looked at ③ him with sympathy.

What happened next took everyone by surprise. From further along the track, the other eight runners heard the boy's cries. Each of them began to slow down and look back toward the boy. Then, ④ a runner turned around and ran straight back toward the starting line where the boy had fallen. The others also went back to help ⑤ their fellow runner.

22 위 글의 내용과 일치하지 <u>않는</u> 것은?

① 출발 총성과 함께 주자들이 달렸다.
② 경기가 시작되자마자 한 소년이 넘어졌다.
③ 넘어진 소년은 곧바로 다시 일어났다.
④ 관중들은 넘어진 소년에게 동정심을 느꼈다.
⑤ 다른 주자들이 넘어진 소년을 돕기 위해 되돌아왔다.

23 밑줄 친 부분이 가리키는 대상이 나머지 넷과 <u>다른</u> 것은?

[24-25] 다음을 읽고, 물음에 답하시오.

After a moment of silence, the audience burst into applause. Everyone in the stadium stood up, and the cheering went on as the nine contestants reached the finish line and waved their hands in the air. Many people were moved to tears by the sight of the young people supporting their fellow runner and walking together across the finish line.

People who were there that day told the story for many years after. One spectator said, "Their warm hearts touched every one of us at the stadium. (A) <u>Winning a medal was not as important as helping their fellow runner.</u> Deep down, we all know that there is something more important than individual victories. What matters most is making sure everyone succeeds, even if it means slowing down ourselves." Those nine contestants taught everyone a very important lesson about the value of _____. After that day, all nine runners were remembered as winners.

24 빈칸에 들어갈 말로 가장 적절한 것은?

① victory   ② diversity
③ coexistence   ④ patience
⑤ communication

| 주관식 |
25 위 글의 밑줄 친 (A)를 우리 말로 옮기시오.

Lesson 1 p.28

1. (1) to start   (2) something small
   (3) writing them down
2. (1) that   (2) viewing   (3) to agree
3. (1) 당신의 습관이 더 작을수록, 그것을 계속하는 것이 더 쉽다.
   (2) 타인의 좋은 소식을 축하할 일로 보려고 노력하라.
   (3) 정리된 논거를 준비해 두는 것은 당신이 평정을 유지하고 계속 집중하도록 도와줄 것이다.
4. ②

Lesson 2 p.64

1. (1) found myself gazing   (2) caused him to lose
   (3) was compelled to leave
2. (1) to walk → walking   (2) that → which
   (3) insignificantly → insignificant
3. (1) 흥분과 기대를 가득 안고, 나는 성벽의 동쪽에 있는 문인 흥인지문에서 여행을 시작했다.
   (2) 이 산이 매우 가팔라서, 나의 진행은 예상보다 훨씬 더 느렸다.
   (3) 그는 심지어 베수비오산을 오른 최초의 시각 장애인이 되었다.
4. ②

Lesson 3 p.100

1. which
2. (1) tall enough to fit
   (2) one of the world's greatest inventions
   (3) no matter where you are
3. (1) stretching
   (2) resolving
   (3) seeking
4. ⑤

Lesson 4 p.142

1. (1) displayed   (2) indicating   (3) to use
2. (1) showing → show
   (2) which → that
   (3) of → for
3. (1) how difficult it would be to provide
   (2) the same reporting system as any of the others
   (3) so important for Italians that
4. ①

Lesson 5 p.178

1. what
2. (1) not arriving
   (2) (should) be
   (3) depicting
3. (1) 당신이 로봇과 친구가 되기를 원한 적이 있다면, 여기 당신을 위한 '감정'을 가진 로봇이 있다.
   (2) 많은 고등학생들은 미래에 어떤 직업을 추구하고 싶은지 알아내도록 장려된다.
   (3) 창의력과 상상력과 같이 인간이 잘하는 것에 집중하는 것이 중요하다.
4. ⑤

Lesson 6 p.214

1. (1) which   (2) something unexpected
   (3) everyone
2. (1) how people have found better solutions
   (2) would have remained in tears
   (3) was not as important as helping
3. (1) 하지만, 모두 합치면 그 금액은 조각상의 받침대를 건립할 비용을 대기에 충분했다.
   (2) 그런 네트워크와 플랫폼은 대중의 결합된 힘을 이용하는 것을 그 어느 때보다 더 수월하게 만든다.
   (3) 그들에게 장애가 있다는 사실은 그들에게 문제가 되지 않았다.
4. ④

중간고사 Lesson 1- Lesson 3   p.114

1. ④   **2.** ⑤   **3.** ④ to become → becoming   **4.** ③   **5.** ③
6. Try to see, to celebrate   **7.** ③   **8.** ⑤   **9.** ②   **10.** ⑤
11. with[With]   **12.** ③   **13.** ②   **14.** started learning how to use an iron-tipped stick   **15.** ⑤   **16.** ③
17. ②   **18.** ②   **19.** ⑤   **20.** ⑤   **21.** went bankrupt
22. ④   **23.** ④   **24.** ③   **25.** ①

[1-2] 해석 인생에서 당신의 큰 꿈들은 무엇인가? 아마도 당신의 목표는 완벽한 몸매를 갖는 것, 마라톤을 완주하는 것, 또는 베스트셀러 작가가 되는 것일 것이다. 그러나, 이 목표들을 달성하기 위한 강한 의지를 갖더라도, 당신은 단지 며칠 후에 포기하는 자신을 발견할지도 모른다.

대부분의 시간 동안, 우리는 큰 목표들에 집중한다. 큰 목표들은 시각화하기 쉽다. 우리는 거울 앞에서 만족스러워하고, 결승선에서 미소를 짓고, 팬들에게 책에 사인해 주는 우리 자신을 상상할 수 있다. 이 큰 목표들은 우리의 일상생활에 방향과 목적을 제시한다. (A) 그러나, 당신은 너무 욕심을 부리지 않도록 주의해야 한다. 큰 목표들은 우리를 도와주기보다, 우리 삶에 비현실적인 변화를 만들도록 부추길 수 있다. (B) 예를 들어, 어느 날 당신이 슈퍼모델처럼 날씬해지기로 결심했다고 상상해 보라. 일주일 동안, 당신은 헬스장에서 스스로를 너무 심하게 몰아붙인다. 당신은 다리를 다치고 회복하기 위해 2주 동안 휴식을 취해야 한다. 결국, 당신은 살이 빠지는 대신 더 찌게 된다.

1. 풀이 우리가 종종 큰 목표들에 집중하여 비현실적인 변화를 만들기 때문에 목표를 달성하지 못한다는 내용의 글이므로, 주제로 ④ '우리가 목표를 달성하는 데 실패하는 이유'가 가장 적절하다.
① 살을 빼기 위한 효과적인 방법들
② 우리의 꿈을 실현하는 과정
③ 비현실적인 변화의 필요성
⑤ 큰 목표에 집중하는 것의 중요성

2. 풀이 (A) 빈칸 앞에는 큰 목표를 가질 때의 일반적인 특징이 제시되고 빈칸 뒤에는 이런 목표를 가짐으로써 나타나는 부정적인 영향이 제시되므로, 역접의 의미를 나타내는 'However(그러나)'가 적절하다.
(B) 빈칸 앞에 큰 목표가 우리 삶에 비현실적인 변화를 만든다는 내용이 오고 빈칸 뒤에 그에 대한 구체적인 예시가 이어지므로, 'For example(예를 들어)'이 적절하다.
① 더욱이 ····· 사실   ② 한편 ····· 이에 반하여
③ 비슷하게 ····· 요약하면   ④ 그러므로 ····· 게다가

3. 해석 당신의 삶을 바꾸는 것은 큰 일이다. 그러나, 당신의 일상 습관을 바꾸는 것은 당신이 할 수 있는 작은 일이다. 당신의

습관이 더 작을수록, 그것을 계속하는 것이 더 쉽다. 더 강해지고 건강해지기 위해서, 식사 때마다 채소 1인분을 추가로 먹어라. 더 아는 것이 많아지기 위해, 자기 전에 책 한 페이지를 읽어라. 언젠가, 당신은 당신 자신이 항상 되고 싶었던 사람이 되어 있는 것을 발견할 것이다. 기억해라, 당신의 큰 꿈을 실현시키는 것은 큰 목표가 아니라 매일의 습관이라는 것을.

풀이 ④「find+목적어+목적격보어」는 '···가 ~하는 것을 발견하다'라는 의미로, find의 목적어와 목적격보어가 능동의 관계일 때, 목적격보어 자리에 현재분사(v-ing)를 쓴다. 따라서, to become은 becoming이 되어야 한다.

4. 해석 우리는 우리의 삶을 ① 의미 있게 유지하기 위해 큰 꿈들이 필요하다. 그러나, 만일 우리가 큰 꿈에만 ② 사로잡히게 된다면, 우리는 어느 날 "이것은 압도적이야! 나는 ③ 큰(→작은) 것들부터 시작했어야 했어."라고 생각하며 잠에서 깰지도 모른다. 당신의 큰 꿈은 무엇인가? 거기서부터, 올해 목표를 세워라. 그러고 나서 이번 주 목표를 세워라. 하루에 ④ 감당할 수 있는 하나의 행동부터 시작해라. 스스로에게 "나의 큰 꿈을 ⑤ 달성하는 데 한 걸음 다가가기 위해 오늘 내가 할 수 있는 한 가지 일은 무엇인가?"라고 질문해라.

풀이 ③ 큰 꿈에만 사로잡혀 압도적이라고 느끼는 상황에서 작은 일부터 시작했어야 했다고 하는 것이 자연스러우므로, 'big(큰)'은 'little(작은)' 등이 되어야 한다.

[5-6] 해석 당신 자신을 남과 비교하는 것은 당신을 슬프게 할 것입니다. 그것은 우리가 자주 우리 자신의 가장 안 좋은 점을 타인의 가장 좋은 점과 비교하기 때문입니다. 그러나, 당신은 그 누구도 모든 것을 갖추고 있지 않다는 것을 명심해야 합니다. 우리는 모두 고유한 외모, 성격, 그리고 재능을 가진 개인입니다. 그러므로, 당신의 삶에서 좋은 점들을 보려고 노력하고 그것들에 감사하십시오. 당신이 스스로를 존중하고 가치를 인정하기 시작한다면, 가장 친한 친구를 향한 당신의 질투는 자연스럽게 사라질 것입니다. (가장 친한 친구는 진정한 당신을 아는 사람이라고 합니다.)

가장 중요하게는, 삶을 경쟁으로 여기는 것을 멈추십시오. 다른 사람의 성공이 당신이 실패한다는 것을 뜻하지 않습니다. 타인의 좋은 소식을 축하할 일로 보려고 노력하십시오. 그러면 그들의 행복이 당신의 행복에 더해질 것입니다.

5. 풀이 다른 사람과 자신을 비교하거나 삶을 경쟁으로 여기지 말고 스스로를 존중하라고 조언하는 내용의 글이므로, 가장 친한 친구는 진정한 당신의 모습을 아는 사람이라는 내용의 ③은 글의 흐름과 관계 없다.

6. 풀이 첫 번째 빈칸에는 '···하려고 노력하다'라는 의미의「try to-v」구문인 Try to see를 써야 한다. 두 번째 빈칸에는 '축하할

일'을 나타내기 위해 something을 수식하는 형용사적 용법의 to 부정사인 to celebrate를 써야 한다.

7. 해석 효과적인 공부의 비결은 알맞은 종류의 노력을 기울이는 데 있습니다. '얼마나 많이'보다는 공부하는 '방법'에 있는 것입니다. 우리 모두에게는 각자 다른 학습 방식이 있습니다. 예를 들어, 어떤 사람들은 읽기가 아닌 듣기로 가장 잘 학습합니다. 다른 사람들은 그들이 배우는 것을 적는 것으로 가장 잘 학습합니다. 몇 가지 다른 학습 방법들을 시도해 보고 당신에게 가장 잘 맞는 것을 찾으세요. 또한, 많은 정보를 습득하려고 하면서 몇 시간씩 앉아 있으면, 당신의 두뇌는 지칠 것이고 당신은 모든 것을 기억할 수는 없을 것입니다. 꼭 쉬는 시간을 갖고 당신이 다시 활기를 찾았을 때 공부한 것을 복습하도록 하세요.
풀이 빈칸 뒤에 사람마다 다른 학습 방법에 대한 예시가 이어지므로, 빈칸에는 ③ '각자 다른 학습 방법이 있습니다'가 들어가는 것이 적절하다.
① 우리 성적을 관리합니다
② 공부하기 위해 노력합니다
④ 비슷한 공부 방법이 있습니다
⑤ 때때로 쉬어야 합니다

8. 해석 첫째로, 당신이 그분들과 대화를 나눌 때, "부모님 말씀이 맞아요."라는 말로 시작하세요. 이것은 당신이 부모님의 견해를 존중한다는 것을 그분들께 보여 줍니다. 또한, 당신의 요점에 대해 생각하고 그것을 적어 보는 시간을 갖는 것이 도움이 될 수 있습니다. 정리된 논거를 준비해 두는 것은 당신이 평정을 유지하고 계속 집중하도록 도와줄 것입니다. 덧붙여, 당신이 무엇을 하든, 화를 내고 부모님께 소리 지르기 시작하지 마십시오. 대신, 당신이 어른스러운 논의를 할 수 있다는 것을 그분들에게 보여 주십시오. 이 방법들로, 당신은 성숙한 사람으로 보일 수 있고 부모님과의 갈등의 정도 또한 줄일 수 있습니다.
풀이 주어진 문장이 Instead(대신)로 시작하는 것으로 보아, 앞에 어른스러운 논의를 할 수 있음을 보여 주는 것과는 상반되는 내용이 나와야 한다. 따라서 주어진 문장은 부모님께 화를 내고 소리 지르지 말라는 내용 뒤인 ⑤에 들어가는 것이 가장 적절하다.

9. 해석 흥분과 기대를 가득 안고, 나는 성벽의 동쪽에 있는 문인 흥인지문에서 여행을 시작했다. 그곳에서 멀지 않은 곳에 한양도성 박물관이 있었다. 나는 도보 여행을 시작하기 전에 성벽의 역사에 관한 모든 것을 배우기 위해 이 박물관에 들렀다.
그러고 나서 나는 한국 전쟁 이후에 피난민들의 거주지였던 마을인 이화마을을 지나갔다. 현재, 그 마을은 다채로운 벽화와 조각품으로 꾸며져 있다. 나는 예술가들의 창의력에 기분 좋게 놀랐다. 그들은 그 마을을 방문객들이 보는 곳마다 예술을 즐길 수 있는 즐거운 장소로 바꿔 놓았다.
풀이 장소를 나타내는 부사(구)가 문장 앞에 나올 경우 주어와 동

사는 도치되므로, ②는 was the Seoul City Wall Museum이 되어야 한다.

[10-11] 해석 이튿날, 나의 여행은 북악산 기슭에 있는 말바위 안내소에서 시작되었다. 이 산이 매우 가팔라서, 나의 진행은 예상보다 훨씬 더 느렸다. 하지만, 나는 머지않아 342m 높이의 산정상에서 장관을 이루는 풍경을 바라보고 있는 나 자신을 발견했다. 그곳에서, 나는 끝없는 고층 건물들이 내 아래로 펼쳐져 있는 서울의 놀라운 전경을 바라보면서 얼마의 시간을 보냈다.
심장이 뛰는 채로, 나는 인왕산에 걸친 성벽 구간을 계속 걸었는데, 그곳은 매우 다양하고 독특한 암석 형성으로 유명하다. 나는 특히 선바위, 즉 '참선하는 승려 바위'의 거대한 크기와 독특한 형상에 감명받았다.
길은 그다음에 성벽의 원래 경로에서 갈라졌지만, 나는 대문 중 하나인 돈의문이 한때 있던 터에서 그곳으로 다시 합류할 수 있었다. 비록 돈의문은 1915년에 파괴되었지만, 그 터는 현재 나무와 유리로 된 계단식 단으로 표시되어 있다.

10. 풀이 ⑤ 돈의문은 1915년에 파괴되었고, 그 터에는 현재 나무와 유리로 된 계단식 단이 있다.

11. 풀이 (A)와 (B)가 포함된 두 문장 모두 '…이 ~한 채로'를 나타내는 「with+명사(구)+현재분사」 구문이 사용된 것으로, 빈칸에는 with[With]가 들어가야 한다.

12. 해석 공연이 끝난 후에, 나는 성벽을 따라서 남산에서 내려왔다. 마침내, 나는 도보 여행이 전부 시작되었던 장소인 흥인지문으로 돌아왔음을 알았다.
얼마나 멋진 경험이었던가! 나는 마지막에 지치긴 했지만, 그 도보 여행은 정말로 그만한 가치가 있었다. 나는 이번 여행에서 서울의 다양한 면을 발견했다. 오늘날 서울은 현대적인 것들로 고동치지만, 한양도성은 사라지긴 했어도 잊히지 않은 과거를 상기시키는 역할을 한다. 나는 지금 이토록 놀라운 유적지들을 둘러본 것에 엄청난 성취감을 느낀다.
풀이 필자는 여행을 마친 후, 놀라운 유적지들을 둘러본 것에 엄청난 성취감을 느낀다고 했으므로 ③ 'fulfilled and satisfied(성취감을 느끼고 만족한)'가 알맞다.
① 겁먹고 무서워하는 ② 궁금하고 고무된
④ 안도하고 편안한 ⑤ 후회하고 미안해하는

[13-14] 해석 홀먼은 1786년에 영국에서 태어나 열두 살에 영국 해군에 자원병으로 입대했다. 해상에서 몇 년을 보낸 후, 그는 ① 떠오르는 젊은 장교가 되었다. 하지만 그가 시력을 잃게 한 정체불명의 병에 ② 걸렸을 때, 그의 경력은 갑자기 끝이 났다. 그가 ③ 영구적으로 실명하게 되어 해군을 어쩔 수 없이 떠나야 했을 때 그는 고작 스물다섯 살이었다.

이런 상황에 처한 대부분의 사람은 깊은 ④ 절망과 슬픔에 빠질 것이다. 하지만, 홀먼은 그의 불운이 그를 억누르게 두지 않았고 자신의 상황에 ⑤ 맞섰다. 그는 긍정적인 태도를 유지하려 노력했고 스스로 주변 길을 찾아가도록 끝부분에 쇠가 달린 지팡이를 사용하는 방법을 배우기 시작했다. 각각의 두드림으로 그는 주변을 더 잘 이해하기 위해 그의 청각을 사용할 수 있었다.

13. 〔풀이〕 ② contract가 '(병에) 걸리다'라는 뜻으로 쓰여 영영 풀이는 to become ill with a disease 등이 되어야 한다.

14. 〔풀이〕 동사 started의 목적어로 동명사 learning이 오고, learning의 목적어로 「의문사+to-v」 구문인 how to use an iron-tipped stick이 와야 한다.

15. 〔해석〕 1821년에 홀먼이 나폴리에 도착했을 때, 그는 노련한 여행가가 되어 있었다. (C) 그는 심지어 베수비오산을 오른 최초의 시각 장애인이 되었다. 그가 등반했을 때, 그 산은 격렬한 화산 활동 중이었다. (A) 홀먼과 그의 두 동행이 화산의 불안정한 언저리에 다가갔을 때, 땅은 걷기에 거의 너무 뜨거워졌다. (B) 그의 동료들은 되돌아가기를 원했지만, 홀먼은 두렵지 않았다. 그는 정상에 이를 때까지 용감하게 나아갔다.
〔풀이〕 홀먼이 노련한 여행가가 되었다는 내용의 주어진 글 다음에 심지어 그가 베수비오산을 오른 최초의 시각 장애인이 되었다는 내용의 (C)가 온 뒤, 당시 그 산이 등반하기에 위험했다는 내용의 (A)로 이어진 후, 동료들은 되돌아가고 싶어 했지만 홀먼은 산 정상까지 두려움 없이 나아갔다는 내용인 (B)로 이어지는 것이 자연스럽다.

[16-17] 〔해석〕 유럽을 지나 여행한 후, 홀먼은 계속해서 세계를 여행했다. 그는 러시아, 인도, 중국, 호주, 그리고 아프리카와 남아메리카의 여러 지역으로 여행했다. 그는 그의 지팡이로 두드리고 그를 둘러싼 모든 소리와 냄새에 세심한 주의를 기울임으로써 낯선 새로운 도시를 탐험하곤 했다. 사람들이 홀먼에게 앞을 못 보는 사람이 어떻게 그런 여행을 즐길 수 있는지 물었을 때, 그는 자신이 앞을 볼 수 없다는 것이 사실 여행을 더 짜릿하게 만든다고 말했다. 그것은 그의 호기심을 발동시키고 그가 평범한 여행자보다 모든 것을 더 깊이 살피게 했다. 일생 동안, 홀먼은 다섯 개의 대륙을 방문했고 적어도 200개의 개별 문화와 접촉했다.

16. 〔해석〕 홀먼이 앞을 볼 수 없다는 것은 세상에 대한 그의 호기심을 ⓐ 자극했고, 그는 다른 여행자들보다 주위의 모든 것을 더 ⓑ 주의 깊게 탐험할 수 있었다.
〔풀이〕 ③ 홀먼이 앞을 보지 못했지만, 오히려 그것이 그의 호기심을 '자극했고,' 그가 다른 여행자들보다 더 '주의 깊게' 세상을 탐험할 수 있었다는 내용이므로, 빈칸에는 각각 stimulated와 carefully가 들어가는 것이 가장 적절하다.

① 만족시켰다 ····· 천천히 　② 억눌렀다 ····· 분명히
④ 유발했다 ····· 쉽게 　⑤ 통제했다 ····· 극도로

17. 〔풀이〕 (A) '···함으로써'라는 의미를 나타내는 「by v-ing」에서 전치사 by의 목적어로 쓰인 동명사 tapping과 등위접속사 and로 병렬 연결된 형태인 paying이 와야 한다.
(B) 「force+목적어+to-v」는 '···에게 ~하도록 강요하다'라는 의미이다.
(C) 「no fewer than …」은 '···(만큼)이나, 최소한'이라는 뜻의 비교급 표현이다.

18. 〔해석〕 테이트 모던은 외부와 내부 모두 여전히 옛 발전소와 비슷한데, 콘크리트 바닥과 철제 기둥들이 그 특징을 이룬다. 길이 155m, 너비 23m, 높이 35m로 뻗어 있는 터빈 홀은 크고 웅장한 출입 구역으로 바뀌었다. 그곳은 커다란 설치 미술을 위한 전시 공간으로도 기능한다. 터빈 홀 옆에는 보일러 하우스가 있는데, 7층으로 되어 있다. 로비와 공용 공간은 처음 두 층에 있다. 3층에서 5층에는 전시회장이 있다. 6층과 7층은 음식점과 술집을 특징으로 한다.
〔풀이〕 ② 터빈 홀이 웅장한 출입 구역으로 바뀌었다고 했지만 '터빈 홀은 한때 출입 구역이었다'는 내용은 알 수 없다.
① 테이트 모던은 옛 발전소와 비슷한 외관을 갖고 있다.
③ 보일러 하우스는 터빈 홀 근처에 위치해 있다.
④ 미술품은 보일러 하우스의 3층에 전시되어 있다.
⑤ 방문객들은 보일러 하우스의 6층과 7층에서 식사를 할 수 있다.

19. 〔해석〕 이 건물에는 원래 105개의 감방이 있었지만, 이것들은 40개의 호화로운 객실로 (A) 개조되었다. 객실들은 현대적인 가구들로 새롭게 꾸며졌으나, 드러나 있는 벽돌, 창살이 있는 창문, 그리고 원래의 감방문 같은 세부 요소들이 그것(그 건물)의 과거에 관한 단서를 제공한다. 만일 당신에게 여분의 공간이 필요하다면, 판사, 변호사, 교도관, 그리고 감독관과 같은 명칭의 스위트 룸을 (B) 이용할 수 있다. 투숙객들은 심지어 교도소의 역사에 관한 슬라이드가 상영되는 동안 특별한 저녁 식사도 즐길 수 있다. 그들이 분위기에 빠져들도록 흑백 줄무늬의 교도소 모자가 주어진다.
한때 이 호텔은 사람들이 필사적으로 (C) 탈출하고자 했던 장소였지만, 약간의 창의적인 생각으로 그곳은 투숙객들이 절대로 떠나고 싶어 하지 않는 장소가 되었다.
〔풀이〕 (A) 원래는 감방이 있었던 건물의 용도가 객실로 개조되었다고 하는 것이 자연스러우므로, 'converted(개조되다)'가 적절하다. blend는 '···와 섞이다'의 의미이다.
(B) 여분의 공간이 필요하면 스위트 룸을 이용할 수 있다는 내용이므로 'available(이용할 수 있는)'을 써야 한다. affordable은 '가격이 알맞은'의 의미이다.

정답 및 해설

(C) 이 호텔은 원래 사람들이 간절히 벗어나고자 했던 교도소였으므로 'escape(탈출하다)'가 적절하다. encounter는 '맞닥뜨리다, 접하다'의 의미이다.

[20-21] 해석 겨울의 혹독한 추위에서 벗어나기를 갈망하는 베를린 사람들은 이제 운이 좋다. 그 도시 근처, 비행선 제조를 위한 거대한 격납고는 늘 햇살이 빛나고 기온이 온화한 섭씨 26도로 유지되는 테마파크가 되었다. 그 격납고는 그것을 소유한 회사가 2002년에 파산해서 쓰이지 않게 되었다. 그러나, 말레이시아의 한 회사가 이 거대한 반구형의 버려진 건물을 보고 엄청난 잠재력을 보았다. 2004년에, 그 격납고는 열대 테마파크로 개장했다.

약 66,000m² 규모로, 그 반구형 건물은 안에 자유의 여신상이 들어갈 만큼 충분히 높다. 그곳에는 50,000그루가 넘는 식물을 보유한 세계에서 가장 큰 인공 열대 우림이 있다. 실내 수영장은 올림픽 수영장 4개의 크기이며, 워터슬라이드는 9층 높이이다. 반구형 건물의 남쪽 부분에서는 특수 은박 지붕이 인공 햇빛을 만들어 내서, 방문객들은 심지어 한겨울에도 선탠을 할 수 있다!

20. 풀이 ⑤ 테마파크의 입장료는 언급되지 않았다.

21. 해석 **Q.** 독일에 있는 격납고는 왜 사용이 중단되었는가? **A.** 격납고를 소유한 회사가 파산했기 때문이었다.
풀이 격납고를 소유한 회사가 2002년에 파산하여 격납고가 더 이상 쓰이지 않게 되었다고 했으므로 '파산하다'를 의미하는 go bankrupt의 과거형인 went bankrupt가 적절하다.

22. 해석 수천 년 동안, 인간은 그들이 어디에 있는지 알아내려고 하는 데 어려움을 겪었다. 그래서, 그들은 이 문제를 해결하는 데 많은 시간과 노력을 쏟았다. 그들은 복잡한 지도를 그렸고, 그들 자신이 맞는 길로 가기 위해 거대한 표지물을 세웠으며, 심지어 별을 올려다봄으로써 길을 찾는 것을 배웠다. 오늘날, 당신은 세계에서 가장 위대한 발명품 중 하나를 바로 이용할 수 있기 때문에 당신이 어디에 있는지와 어떤 길로 가야 하는지 알아내는 것이 훨씬 더 쉽다. 당신이 위성 위치 확인 시스템(GPS) 수신기를 가지고 있는 한, 당신은 잘못된 길로 들어설 것을 걱정할 필요가 전혀 없다. (사실, GPS 신호는 그것이 지구의 표면에 도달하면 매우 약해진다.) 당신이 지구상 어디에 있더라도, 당신의 GPS 수신기는 당신의 정확한 위치를 알려주고 당신이 가야 할 어떤 곳이든 당신에게 방향을 알려줄 것이다!
풀이 다양한 방법으로 우리의 위치를 파악하고자 했던 예전과 달리 오늘날에는 GPS의 발명으로 길을 찾기가 훨씬 수월해졌다는 내용의 글이므로, 지구의 표면에서 GPS 신호가 약해진다는 ④는 글의 흐름과 무관하다.

23. 해석 이야기는 1957년에 시작하는데, 그때는 소련이 ① 세계 최초의 인공위성인 스푸트니크 1호를 궤도로 발사했다고 발표하여 세계를 깜짝 놀라게 했던 때였다. 특히, 존스 홉킨스 대학 응용 물리학 연구소의 두 명의 연구원인 윌리엄 귀에르와 조지 와이펜바흐는 이 성취에 매우 놀랐다. 호기심으로 가득 차서, 그들은 이듬해에 청취 기지를 지었고, ② 스푸트니크 1호의 무선 신호를 면밀히 관찰하기 시작했다. 위성으로부터 나오는 지속적인 소리를 듣던 중 그들은 흥미로운 점에 주목했는데, ③ 그것의 무선 주파수가 반복적으로 높아졌다가 낮아지는 것이었다. ④ 이것은 위성이 청취자 쪽으로 이동하는지 그로부터 멀어지는지에 따라 무선 신호의 주파수가 상승하고 하강하기 때문에 발생하고 있었다. 이러한 변화를 추적함으로써, 귀에르와 와이펜바흐는 ⑤ 위성의 정확한 위치를 알아낼 수 있었다.
풀이 ④는 앞 절의 내용인 위성의 무선 주파수가 반복적으로 높아졌다가 낮아지는 것을 가리키는 반면, 나머지는 모두 스푸트니크 1호를 가리킨다.

[24-25] 해석 무선 신호는 위성을 추적하기 위해 지표면에서부터 측정될 수 있었을 뿐만 아니라 위성에서 수신기까지의 거리를 측정함으로써, 수신기의 정확한 위치 역시 측정될 수 있었다. 이것이 현대 GPS 이면에 있는 기본 개념이다. 위성은 신호를 전송하는 데 활용되고, GPS 수신기가 달린 어떤 장치든 당신이 어디에 있는지, 얼마나 높은 곳에 있는지, 심지어 얼마나 빨리 움직이고 있는지를 측정하는 데 이 신호를 사용할 수 있다.

맥클루어는 귀에르와 와이펜바흐가 연구해 왔던 개념, 즉 확인된 장소에서 위성이 어디에 있는지 찾아내는 것을 받아들이고 이를 완전히 뒤집어 생각함으로써 이 놀라운 통찰을 제시할 수 있었다. 마찬가지로, 우리는 우리의 관점을 뒤바꿈으로써 대단한 발명품이나 아이디어를 만들어 낼 수 있다. 전해지기를, 진정한 발견은 새로운 영역을 찾는 데 있는 것이 아니라, 새로운 눈으로 사물을 보는 데 있는 것이다!

24. 풀이 GPS 발명 원리와 같이 우리의 관점을 달리함으로써 새로운 발명품이나 아이디어를 창조해 낼 수 있다는 내용의 글이므로, 글의 제목으로 ③ '새로운 아이디어는 다른 관점에서 나온다'가 가장 적절하다.
① GPS 수신기를 사용하는 방법
② 왜 GPS가 역대 최고의 발명품인가
④ 놀라운 아이디어를 생각해 내는 것의 어려움
⑤ 혁신의 비밀: 스스로 계속 도전하라!

25. 풀이 빈칸 앞에서 맥클루어가 기존의 것을 뒤집어 생각해 통찰력을 발휘했다는 내용이 나오고 빈칸 뒤에서는 우리도 이와 같이 관점을 뒤바꿈으로써 발명품이나 아이디어를 만들어 낼 수 있다는 내용이 나오므로, 빈칸에는 ① 'Likewise(마찬가지로)'가 적절하다.
② 그러나　③ 무엇보다도　④ 예를 들어　⑤ 반면에

1. ③ **2.** ⑤ **3.** it would be to provide proper medical care **4.** ② **5.** convince **6.** ② **7.** ⑤ **8.** ④ **9.** help us improve communication **10.** ③ **11.** ① **12.** ② **13.** ⑤ **14.** (A) 많은 사람들이 일자리를 잃도록 하는 것 **15.** ⑤ **16.** ④ **17.** ③ **18.** ② **19.** ③ **20.** to learn about how individual plant species respond to climate changes **21.** ① **22.** ③ **23.** ④ **24.** ③ **25.** 메달을 따는 것이 그들의 동료 주자를 돕는 것만큼 중요하지는 않았다.

1. 해석 당신은 플로렌스 나이팅게일을 생각할 때, 아마 부상당하고 병든 군인들을 돌보는 램프를 든 여성을 상상할 것이다. 이 사람들에 대한 그녀의 연민은 그녀의 행동을 통해 분명히 보인다. 반면에, 사람들의 생명을 구하려는 방법으로서의 통계에 대한 그녀의 열정은 많은 사람에게 잘 알려져 있지 않다.

1853년 10월, 러시아와 유럽 연합국 사이의 갈등은 크림 반도로 알려진 터키 지역에서 전쟁으로 변모되었다. 전쟁은 1853년 10월부터 1856년 3월까지 지속되었고 수많은 사망과 부상을 초래했다. 크림 전쟁에서 싸우는 영국군을 돕기 위해 그녀의 기술을 제공하길 바랐기 때문에, 나이팅게일은 1854년 터키의 스쿠타리에 있는 군 기지에서 간호직을 맡았다.

풀이 (A) 명사 a way를 수식하는 형용사적 용법의 to부정사인 to save가 와야 한다.

(B) the Turkish region은 크림 반도로 '알려진' 것이므로, 수동의 의미를 나타내는 과거분사 known이 적절하다.

(C) 분사구문의 생략된 주어인 Nightingale이 '희망하는' 것이므로, 현재분사 Hoping이 와야 한다.

[2-3] 해석 스쿠타리에 있는 군 기지에 도착하자마자, 나이팅게일은 기지에 적절한 의학 치료를 제공하는 것이 얼마나 어려울지 깨달았다. 음식, 기본 가구, 그리고 담요와 같은 필수 보급품이 ① 충분하지 않았으며, 어떨 때는 아예 없었다. 환자들은 ② 부적절한 위생 시설에 대처해야 했는데, 이는 쥐와 벼룩에의 노출로 악화되었다.

게다가, 의료 기록은 극도로 ③ 체계적이지 못했다. 그것은 어떤 병원도 다른 어느 곳과 동일한 기록 체계를 사용하고 있지 않았기 때문이었다. 병원마다 질병에 이름을 붙이고 분류하는 체계가 달랐고, 심지어 사망자 수도 정확하지 않았다. 따라서, 나이팅게일은 부상당하고 병든 군인들의 요구를 직접 들어주는 것뿐만 아니라 병원의 기록 관리를 개선하는 데에도 ④ 전념했다. 그녀는 각 사망의 원인을 ⑤ 다른(→ 동일한) 방식으로 기록하는 관행을 도입했는데, 이는 이전에 시행된 적이 없었다.

2. 풀이 ⑤ 모든 병원이 다른 기록 체계를 사용하는 상황에서 나이팅게일이 의료 기록 관리를 개선하기 위해 사망의 원인을 '동일한' 방식으로 기록하는 관행을 도입했다는 내용이 되어야 하므로, 'different'는 'uniform(획일적인)' 등이 되어야 한다.

3. 풀이 realized의 목적어 역할을 하는 간접의문문 내에서 의문사 다음에 가주어 it이 오고 그 뒤에 동사 would be, 진주어 to provide, 목적어 proper medical care가 와야 한다.

4. 해석 폴라 그래프는 크림 반도에서의 영국 군인들의 사망 원인에 관한 다량의 정보를 한눈에 보여 주었다. 그래프에 보이는 열두 개의 영역 각각은 다른 달을 나타냈다. 영역의 크기는 그달에 얼마나 많은 사망자가 발생했는지를 보여 주었는데, 가장 큰 영역은 사망률이 가장 높은 달을 나타냈다. 각 영역 내에는, 사망 원인을 보여주기 위해 세 개의 색이 사용되었다. 파란색 부분은 콜레라 같은 전염병으로 인한 죽음을 나타냈다. 분홍색 부분은 부상으로 인한 사망을 보여 주었는데, 그중 대부분은 전투에서 당한 것이었다. 검은색은 질병이나 부상 외에 다른 것으로 인한 사망을 나타냈다.

풀이 빈칸 뒤에서 세 가지 색들이 각기 다른 사망 원인을 나타냈다고 하였으므로, 빈칸에는 ② 'the cause of death(사망 원인)'가 들어가는 것이 적절하다.

① 주요 병원 ③ 질병의 이름 ④ 치료 방법 ⑤ 사망자 수

5. 해석 그녀의 그래프를 통해, 나이팅게일은 군 병원 내에서 전염병이 군인들에게 미치는 상당한 영향을 효과적으로 보여 주었다. 사실상, 그 추세가 계속되었다면 전염병이 군 전체를 전멸시켰을 것이다. 그러나 그녀의 메시지를 그런 명확한 방식으로 보여 줌으로써, 그녀는 많은 죽음이 예방될 수 있다는 것을 사람들에게 납득시킬 수 있었다. 그 결과, 병원에 의해 사용되었던 위생 절차는 대대적인 개혁에 들어갔고, 예방 가능한 사망자 수가 급격하게 감소했다. 그녀의 효과적인 의사소통 수단 덕분에, 그녀는 의학과 통계학 두 분야 모두에 중대하고 지속적인 영향을 끼쳤다.

풀이 주어진 영영 풀이는 '어떤 것이 사실임을 누군가가 확고하게 믿게 하다'라는 의미로, convince(납득시키다, 확신시키다)에 해당한다.

6. 해석 당신이 해외에 있고 화장실을 찾고 있다고 상상해 보라. 문제는 당신이 그 나라의 언어를 말할 줄 모른다는 것이다. 이 상황에서 당신은 어떻게 하겠는가? 아마 당신은 메시지를 전하기 위해 손, 팔, 얼굴, 머리, 또는 신체의 다른 부분들을 사용하려 할 것이다. 당신이 언어 장벽에 부딪혔을 때, 제스처는 당신이 말하고자 하는 바를 설명하기 위한 명백한 대안이다. 이 동작들은 의사소통하기 위한 가장 간단한 방법처럼 보일지 모르지만, 한 문화에서의 제스처가 다른 문화의 그 제스처와 같은 의미를 갖지 않을 수도 있다. 다시 말해서 당신의 제스처가 다른 사람들에

게는 말이 안 되는 것처럼 보일 수 있어서, 그들이 당신을 이상하게 생각할지도 모른다. 어떤 경우에는, 당신이 기분을 상하게 하려고 한 것이 아닐지라도 그들은 당신의 제스처로 인해 불쾌해할 수 있다.

풀이 하나의 제스처가 문화마다 의미가 달라서 오해가 생길 수 있다는 내용의 글이므로, 글의 제목으로는 ② '보디랭귀지를 사용할 때 주의하라!'가 가장 적절하다.
① 작은 제스처가 당신의 삶을 바꿀 수 있다
③ 보디랭귀지를 더 효과적으로 읽는 방법
④ 외국 사람들과 의사소통하기 위한 최고의 방법
⑤ 제스처 사용에 숨겨진 과학적 원리

7. 해석 동작 그 자체가 문화별로 다를 수 있는 유일한 것은 아니다. 사람이 제스처를 사용하는 빈도 또한 그 사람의 문화에 영향을 받는다. 어떤 문화에서는 강조와 설명을 위한 과장된 제스처가 흔하다. 예를 들어, 프랑스, 스페인, 그리고 이탈리아 사람들은 말할 때 제스처를 많이 사용하는 경향이 있다. 실제로, 이탈리아인들에게 손 제스처는 매우 중요해서 그들은 심지어 대화를 이어가기 위해 운전 중에 도로를 벗어날지도 모른다. 그들에게는 손을 사용하지 않고 말하는 것이 거의 불가능하다.

풀이 ⑤ to부정사의 의미상의 주어는 보통 「for+목적격」으로 나타내며, to부정사 앞에 사람의 성격이나 성질을 나타내는 형용사가 올 경우에만 「of+목적격」의 형태로 쓴다. 따라서, of them은 for them이 되어야 한다.

[8-9] 해석 이와 반대로, 제스처의 사용이 매우 제한되는 문화권도 많다. 영국, 독일, 그리고 몇몇 북유럽 국가의 화자들은 그들의 남부 이웃들에 비해서 ① 딱딱하고 차가워 보인다. 동아시아 일부 지역에서는 정중함의 표시로 신체 움직임이 ② 최소한으로 유지된다. 실제로, 이들 문화권에서 ③ 과도한 제스처는 공격적으로 여겨질 수 있다. 이러한 차이 때문에, 이 사람들은 제스처를 많이 사용하는 사람들을 무례하고 자제심이 없다고 간주할지 모른다. 반면, 제스처를 많이 사용하는 사람들은 그렇지 않은 사람들을 따분하고 ④ 억눌려 있다고 생각할 수도 있다.

효과적 의사소통은 단지 언어적 의사소통에 관한 것일 뿐만 아니라 우리가 사용하는 제스처에 관한 것이기도 하다. 단지 제스처를 바탕으로 사람의 의도를 ⑤ 추측하는 것은 우리가 그 사람의 문화적 배경을 고려하지 않는다면 오해를 불러일으킬 수 있다. 그러므로, 제스처 사용에서의 문화적 차이를 이해하는 것은 우리가 의사소통을 향상하고 혼란이나 불쾌감을 피하도록 도울 수 있다.

8. 풀이 ④ restrained는 '억눌린, 억제된'이라는 뜻으로, 영영 풀이는 behaving in a controlled way가 되어야 한다.

9. 풀이 「help+목적어+목적격보어」 구문으로, help는 목적격보어로 동사원형과 to부정사를 둘 다 취할 수 있다. 여기서는 목

적격보어로 동사원형 improve를 쓴 것으로, 밑줄 수에 제한이 없다면 to부정사인 to improve를 쓸 수도 있다.

10. 해석 당신이 로봇과 친구가 되기를 원한 적이 있다면, 여기 당신을 위한 '감정'을 가진 로봇이 있다. 이 '감정적인' 로봇은 사람들과 소통하고 그들의 감정을 감지하도록 설계되었다. 그것은 사람들의 표정과 목소리 톤을 인식하기 위해 센서를 이용한다. 인공 지능을 통해, 로봇은 이것들을 분노, 행복, 그리고 슬픔과 같은 감정으로 해석하고 그에 반응한다. 그래서 만약 당신의 기분이 울적하다면, 그것은 당신을 즐겁게 해주기 위해 당신이 가장 좋아하는 음악을 들려줄 것이다. 이 특징들 덕분에, 몇몇 사업장은 이 로봇들을 고객 서비스 역할에 이용하기 시작했다. 이 로봇들은 회사를 대표해 고객을 맞이하고, 그들을 대화에 참여시키며, 제품과 서비스를 설명할 수 있다.

풀이 주어진 문장의 these는 ③ 바로 앞에 있는 people's facial expressions and tones of voice를 가리킨다. 로봇이 센서를 이용해 사람의 표정과 목소리를 인식한다는 내용에 이어 인공 지능을 통해 이를 분노, 행복, 슬픔 같은 감정으로 해석하여 그에 반응한다는 흐름이 자연스럽다.

11. 해석 아론은 스스로 그림을 그리는 인공 지능 소프트웨어이다. 그것은 1973년부터 그림을 그려오고 있다. 처음에, 그것은 흑백의 추상적인 이미지만 만들 수 있었다. 그러나 지난 40년 동안, 그것은 바위, 식물, 그리고 사람과 같은 많은 사실적인 이미지들을 그리는 능력을 얻었고, 지금은 채색도 할 수 있다. 아론은 스스로 새로운 이미지나 화풍을 그려 낼 수는 없지만, 그것들이 소프트웨어에 코드화되기만 하면 독특한 그림들을 거의 무한대로 그릴 수 있다. 아론의 그림 중 몇 개는 널리 찬사를 받아 전 세계의 미술관에 전시되어 왔다. 어떤 사람들은 심지어 그것들이 인간에 의해 그려진 그림들보다 더 예술적이라고 말하기도 한다.

풀이 ① 첫 번째 빈칸 뒤에서 아론이 1973년 이후 계속 그림을 그려왔고, 지난 40년 동안 사실적인 이미지를 채색해서 그리는 능력도 얻게 되었다고 했으므로, 빈칸에는 'by itself(스스로)'라는 말이 적절하고, 두 번째 빈칸에도 by itself가 들어가 새로운 이미지나 화풍을 '스스로' 그려낼 수는 없다는 내용이 되어야 자연스럽다.
② 채색된 ③ 도움을 받아 ④ 인간을 위해 ⑤ 치료법으로

12. 해석 인공 지능은 여러 방면으로 인간 사회를 진보시키기 위해 다양한 일들을 수행한다. 그러나, 인공 지능에는 논란의 여지도 있다. 일부 사람들이 우려하는 것은 그것이 인간의 지능을 (A) 넘어설지도 몰라서 우리가 더는 그것을 통제할 수 없게 되리라는 것이다. 한편, 다른 사람들은 인공 지능이 절대 인간을 앞지를 수 없을 것이라고 주장한다. 그것은 인공 지능이 아직 발명가의 명령과 (B) 별개인 그것 자체의 목표를 발전시키는 것과 같은 몇몇 주요 능력이 부족하기 때문이다.

인공 지능의 미래가 정확히 어떻게 펼쳐질지 아무도 예측할 수 없지만, 인공 지능이 빠르게 발전하고 있고 미래에 우리가 그것을 더 많이 사용하게 될 것임은 분명하다. 어떠한 잠재적인 문제라도 방지하기 위해서, 여러 전문가들은 인공 지능을 위한 법적이고 윤리적인 기준이 (C) 고안되어야 한다고 제안한다. 우리가 준비되어 있다면, 앞으로 인간과 로봇이 평화롭고 생산적으로 공존할 가능성이 더 높아질 것이다.

풀이 (A) 일부 사람들이 우려하는 것은 인공 지능이 인간의 지능을 '넘어서' 인간이 그것을 통제할 수 없게 되는 것이므로 exceed가 적절하다.

(B) 인공 지능이 아직은 발명가의 명령과는 '별개인' 그것 자체의 목표를 발전시키는 능력이 부족하다는 내용이 자연스러우므로 independent가 와야 한다.

(C) 잠재적 문제를 방지하기 위해 인공 지능을 위한 기준이 '고안되어야' 한다는 내용이 자연스러우므로 devised가 와야 한다. abandon은 '버리다'를 의미한다.

[13-14] 해석 헤일리: 미래를 묘사하는 많은 책과 영화에서는 로봇이 인간의 일자리를 차지해 왔습니다. 박사님께서는 이런 일이 결국에는 일어날 거라고 생각하시나요?

김 박사: 18세기에, 공장에 기계가 도입된 것은 많은 사람들이 일자리를 잃도록 했습니다. 마찬가지로, 저는 로봇이 현재 사람들이 하고 있는 많은 일들을 대신하며, (A) 비슷한 영향을 끼칠 거라고 생각합니다. 제 견해로는, 특히 반복적이고 기계적인 작업을 수반하는 직업은 로봇에 의해 장악될 것입니다.

헤일리: 무섭게 들리네요! 우리가 미래에 직업을 잃을 것이 불가피하다는 말씀이신가요?

김 박사: 너무 걱정할 필요는 없습니다. 사람들은 언제나 새로운 기술로 인해 사라진 직업을 대체할 수 있었습니다.

13. 풀이 ⑤ 헤일리는 로봇이 인간의 일자리를 차지하여 미래에 직업을 잃게 되는 것을 '우려하고' 있다.

① 신이 난 ② 감사하는 ③ 수치스러운 ④ 슬픈

14. 풀이 밑줄 친 (A)는 앞 문장에 제시된 '많은 사람들이 일자리를 잃도록 하는 것'을 가리킨다.

[15-16] 해석 헤일리: 그런데 만약 그렇다면, 우리는 어떻게 우리의 미래에 대비할 수 있을까요?

김 박사: 미래에 당신이 정확히 어떤 기술을 필요로 할지는 아무도 모릅니다. 중요한 것은 배우는 법을 아는 것입니다. 세상이 빠르게 변하고 있기 때문에, 당신이 오늘 배우는 것이 곧 시대에 뒤떨어지게 될 수 있습니다. 그러나, 배움의 기술은 당신의 삶 전체에 걸쳐 지속될 것입니다. 또한, 새로운 기술을 최신 상태로 파악하세요. 저는 전반적인 기술 경향과 그것이 당신이 관심 있는 산업에 미치는 영향 둘 다에 주의를 기울일 것을 제안합니다.

헤일리: 좋은 조언인 것 같습니다. 추가하고 싶은 말씀 있으신가요?

김 박사: 제가 미래의 직업에 관해 이야기할 때 항상 언급하는 유명한 인용구가 있는데, "어떤 직업에도 미래는 없습니다. 미래는 그 직업을 갖는 사람에게 있습니다."라는 것입니다. 우리의 미래가 어떨 것 같은지 예측하는 것이 어렵긴 하지만, 배우는 법을 알고 새로운 기술을 최신 상태로 파악함으로써 우리는 미래가 어떤 식으로 나아가든 언제나 대비할 수 있습니다.

헤일리: 저희에게 이를 공유해 주셔서 감사합니다, 김 박사님.

15. 풀이 배우는 법을 알고 새로운 기술을 최신 상태로 파악함으로써 미래에 대비할 수 있다고 하는 내용의 인터뷰 글이므로, ⑤ '미래 직업에 대비하는 방법'이 주제로 가장 적절하다.

① 다양한 종류의 미래 직업들
② 기술의 최신 동향
③ 우리의 미래에 영향을 끼치는 요소들
④ 미래를 위한 다양한 기술들

16. 풀이 ④ 김 박사는 미래를 예측하는 것은 어렵지만 배우는 법을 알고 새로운 기술을 최신 상태로 파악하면 미래가 어떤 식으로 나아가든 대비할 수 있다고 하며 '낙관적'인 어조로 미래를 전망하고 있다.

① 비판적인 ② 서술적인 ③ 회의적인 ⑤ 동정적인

[17-18] 해석 웅장한 자유의 여신상은 한 프랑스 조각가에 의해 디자인되었으며 1800년대 후반에 프랑스 정부로부터 미국에 선물로 보내졌다. 이 조각상은 조각조각으로 뉴욕에 보내져서, 조립을 기다렸다.

(B) 불행하게도 미국 정부는 조각상의 받침대에 기금을 댈 형편이 되지 않아서, 그 조각들은 수개월 동안 보관함에 놓여 있었다.

(A) 그때 조셉 퓰리처라는 이름의 영향력 있는 신문 편집자에게 훌륭한 아이디어가 있었다. 자신의 신문을 이용해서, 그는 일반 대중이 대상이 된 기금 모금 캠페인을 추진했다.

(C) 단 5개월 만에, 그 캠페인은 전국의 12만 명이 넘는 기부자로부터 10만 달러 이상을 모금했다. 기부금의 대부분은 1달러 미만이었다. 하지만, 모두 합치면 그 금액은 조각상의 받침대를 건립할 비용을 대기에 충분했다.

17. 풀이 조각조각으로 미국에 보내진 자유의 여신상에 관한 주어진 글 뒤에, 미국 정부가 조각상의 받침대에 기금을 댈 형편이 되지 않아 조각들이 보관함에 계속 놓여 있었다는 (B)로 이어지고, 기금을 대기 위해 모금 캠페인을 추진했다는 내용의 (A)가 온 후, 모금 캠페인의 성공적인 결과를 언급한 (C)로 이어지는 것이 가장 자연스럽다.

18. 풀이 ③ 조셉 퓰리처라는 신문 편집자가 기금 모금 캠페인을 추진했다.

19. 해석 내용 작성 과정의 속도를 높이기 위해, 계획이 변경되었다. 위키피디아로 불리는 새 프로젝트에서는, 글을 작성하거나 편집하는 것에 대한 허가가 단지 전문가들에게만이 아니라 인터넷에 접속하는 누구에게나 주어졌다. 공동 작업의 규모는 인상적이었다. 첫해가 끝날 무렵에, 위키피디아는 2만 개가 넘는 글을 18개의 언어로 보유했다. (그러나 위키피디아의 신뢰성에 관한 논란이 몇 년간 있어 왔다.) 그 이후에 그 사이트는 250개 이상의 언어로 작성된 4천만 개가 넘는 글로 늘어나며 급속도로 성장했다. 매달 위키피디아는 180억 건이 넘는 조회 수를 기록하며, 인터넷에서 가장 인기 있는 사이트 중 하나가 되었다.
풀이 위키피디아의 성장 과정에 대해 서술한 글이므로, 위키피디아의 신뢰성에 관한 논란을 언급한 ③은 글의 흐름과 무관하다.

20. 해석 시민 과학의 훌륭한 사례는 미국의 프로젝트 버드버스트이다. 전국 각지의 일반 참여자들은 자신들의 지역에 있는 다양한 식물 종의 잎, 꽃, 그리고 열매가 처음 나타나는 것에 관한 정보를 관찰하고 기록한다. 그리고 나서 그들은 국가 데이터베이스로 그들의 자료를 보낸다. 과학자들은 개별 식물 종이 지역적으로, 국지적으로, 그리고 전국적으로 어떻게 기후 변화에 반응하는지 알기 위해 그 축적된 자료를 이용한다. 그들은 또한 조사 결과를 과거의 데이터와 비교함으로써 발생가능한 기후 변화의 장기적 영향을 알아내기 위해 그것(그 자료)을 사용할 것이다.
풀이 밑줄 친 문장의 '알기 위해'는 목적을 나타내는 부사적 용법의 to부정사구인 to learn about으로 나타낼 수 있으며, 전치사 about의 목적어 역할을 하는 간접의문문은 「의문사＋주어＋동사」의 어순으로 쓴다.

21. 해석 몇 년 전에, 장애가 있는 십 대들을 위한 체육 대회가 열렸다. 그날은 구름이 보이지 않게 화창하고 맑았다. 초가을 미풍이 관중들의 얼굴 쪽으로 부드럽게 불었다. 깃발과 풍선으로 장식된 경기장은 들뜬 관중들로 꽉 들어차 있었다.
　첫 번째 종목은 100m 달리기였다. 아홉 명의 십 대 참가자들은 그들 각자의 레인에서 준비하고 있었다. 그들은 출발선에 서서, 결승선에 시선을 고정시켰다. 장애에도 불구하고, 참가자들은 경주를 위해 열심히 훈련해 왔고 우승하기를 간절히 바랐다. 그들에게 장애가 있다는 사실은 그들에게 문제가 되지 않았다.
풀이 ① 화창한 날에 들뜬 관중들이 경기장에 꽉 들어찬 '즐거운' 분위기에 이어 100m 달리기 시작 직전 참가자들이 결승선에 시선을 고정시키며 '긴장된' 분위기가 조성되었다.
② 긴급한 → 익살스러운　　③ 낭만적인 → 슬픈
④ 신비한 → 평화로운　　⑤ 단조로운 → 우울한

[22-23] 해석 출발 총성이 울리자, 그들은 선두를 차지하기 위해 힘차게 달리기 시작했다. 하지만 경주가 시작되자마자, 예상치 못한 일이 일어났다. 갑자기, ① 한 소년이 발을 헛디뎌 땅에 넘어졌다. 잠시 그는 충격으로 거기 그대로 있었고, 그러고는 실망감에 울기 시작했다. ② 그의 양 무릎에서 피가 나고 있었고 그는 매우 고통스러워 보였다. 소년은 분명히 매우 괴로워했다. 관중들은 조용해졌고 동정심으로 ③ 그를 바라보았다.
　그다음에 일어난 일은 모두를 깜짝 놀라게 했다. 트랙을 따라 저 멀리서, 다른 여덟 명의 주자들이 그 소년의 울음소리를 들었다. 그들 각각은 속도를 줄이고 소년 쪽으로 뒤돌아보기 시작했다. 그다음에, ④ 한 주자가 몸을 돌려서 소년이 넘겨졌던 출발선을 향해 곧장 뛰어 돌아왔다. 나머지 주자들도 ⑤ 그들의 동료 주자를 돕기 위해 되돌아갔다.

22. 풀이 ③ 넘어진 소년은 충격으로 그대로 있었다.

23. 풀이 ④의 a runner는 넘어진 소년을 도와주기 위해 출발선으로 되돌아간 주자를 가리키는 반면, 나머지는 모두 넘어진 소년을 가리킨다.

[24-25] 해석 잠깐의 침묵 이후, 관중들은 박수갈채를 보냈다. 경기장 안의 모든 사람들이 일어났고, 아홉 명의 참가자들이 결승선에 도착해서 공중에 손을 흔드는 동안 환호가 계속되었다. 많은 사람들은 어린 친구들이 그들의 동료 주자를 부축하고 함께 결승선을 통과하여 걸어가는 광경에 감동하여 눈물을 흘렸다.
　그날 그곳에 있었던 사람들은 그 후 여러 해가 지나도록 그 이야기를 했다. 한 관중은 "그들의 따뜻한 마음은 경기장에 있었던 우리 모두를 감동시켰어요. 메달을 따는 것이 그들의 동료 주자를 돕는 것만큼 중요하지는 않았지요. 마음속 깊이, 우리는 모두 개인의 승리보다 더 중요한 것이 있음을 알고 있어요. 가장 중요한 것은 그것이 우리의 속도를 늦추는 것을 의미할지라도, 반드시 모두가 성공하도록 하는 것이죠."라고 말했다. 그 아홉 명의 참가자들은 모두에게 공존의 가치에 관한 매우 중요한 교훈을 가르쳐 주었다. 그날 이후로, 아홉 명의 모든 주자들은 승자로 기억되었다.

24. 풀이 개인의 승리보다 모두가 성공하도록 하는 것이 더 중요함을 깨닫게 되었다는 내용이므로, 빈칸에는 ③ 'coexistence(공존)'가 들어가는 것이 가장 적절하다.
① 승리　② 다양성　④ 인내　⑤ 의사소통

25. 풀이 「as＋형용사의 원급＋as ...」의 원급 비교 구문이 사용된 문장으로, '…만큼 ～한'이라고 해석한다.

Source

Reading

Lesson 2
Reading 1 Adapted from
- https://www.lonelyplanet.com/south-korea/seoul/travel-tips-and-articles/circumnavigating-seoul-hiking-the-ancient-city-wall

Reading 2 Adapted from
- http://jasonroberts.net/a-sense-of-the-world/about-the-blind-traveler/

Lesson 3
Reading 1 Adapted from
- http://www.tate.org.uk/about/projects/constructing-tate-modern
- *Daily Mail*, 2013년 2월 25일
- https://www.tropical-islands.de/en/tropical-world/attractions/dome/

Reading 2 Adapted from
- *The Telegraph*, 2011년 7월 12일

Lesson 4
Reading 1 Adapted from
- *The Guardian*, 2010년 8월 13일

Lesson 5
Reading 1 Adapted from
- https://www.google.com/selfdrivingcar/
- https://www.ald.softbankrobotics.com/en/cool-robots/pepper
- https://en.wikipedia.org/wiki/AARON

Lesson 6
Reading 1 Adapted from
- http://sofii.org/case-study/fundraising-for-the-statue-of-libertys-pedestal
- https://en.wikipedia.org/wiki/Wikipedia
- http://www.birds.cornell.edu/citscitoolkit/projects/ucar/budburst/

Reading 2 Adapted from
- pp.165~166, Diana Loomans, *What All Children Want Their Parents to Know*, HJ Kramer, 2005

*집필진의 직접 집필인 경우 출처를 밝히지 않았음.

사진

유료 사이트
- http://www.shutterstock.com
- http://www.istockphoto.com

pp. 6, 7, 8, 9, 18, 20, 22, 24, 29, 31, 33, 36, 37, 38, 39, 42, 43, 44, 45, 46, 48, 50, 52, 54, 65, 67, 68, 69, 71, 72, 73, 74, 76, 78, 79, 80, 81, 82, 90, 101, 103, 104, 105, 107, 108, 109, 110, 112, 120, 121, 122, 123, 132, 134, 136, 138, 140, 143, 145, 146, 147, 149, 150, 151, 152, 153, 154, 156, 157, 158, 159, 160, 162, 164, 166, 168, 179, 181, 186, 187, 190, 192, 193, 194, 195, 196, 198, 200, 202, 204, 215, 217, 218, 219, 222, 223, 224, 225; NA image / Shutterstock.com p.48; bozulek / Shutterstock.com p.72; Nataliya Hora / Shutterstock.com p.80; Jacek Wojnarowski / Shutterstock.com p.108; berna namoglu / Shutterstock.com p.186

기타
p.8
- https://www.buzzfeed.com/ellievhall/memorable-dear-abby-columns?utm_term=.ctaBQEAdJ#.ree1e9QDw

p.44
- https://en.wikipedia.org/wiki/Christopher_Columbus
- https://en.wikipedia.org/wiki/Roald_Amundsen
- https://en.wikipedia.org/wiki/Neil_Armstrong
- https://en.wikipedia.org/wiki/Richard_Francis_Burton

p.48
- http://uticelkorea.blog.hu/2015/01/18/erodfal_szoul_korul
- http://blog.kcomwel.or.kr/2267
- http://seoulcitywall.seoul.go.kr/front/kor/sub01/course.do?gubun=A002

p.50
- http://seoulcitywall.seoul.go.kr/front/kor/sub01/course.do?gubun=A006
- https://ko.wikipedia.org/wiki/%ED%8C%8C%EC%9D%BC:Seonbawi.jpg
- http://seoulcitywall.seoul.go.kr/front/kor/sub01/course.do?gubun=A006

p.52
- http://www.namdaemunmarket.net/b/B03-37

p.65
- https://commons.wikimedia.org/wiki/File:James.Holman.by.George.Chinnery.1830.jpg

p.72
- http://tour.buyeo.go.kr/html/tour/culture/culture_030803.html
- http://tour.gongju.go.kr/html/kr/sub5/sub5_050102.html

p.73
- htt://tour.chuncheon.go.kr/
- http://tong.visitkorea.or.kr/cms/resource/29/1225629_image2_1.jpg

p.80
- http://www.timeout.com/london/art/galleries/tate-modern
- https://www.hetarresthuis.nl/
- http://inhabitat.com/gigantic-airship-hangar-transformed-into-tropical-island-resort/

p.84
- http://now-here-this.timeout.com/2011/11/15/vintage-london-tates-turbine-hall/
- http://www.keyword-suggestions.com/dGF0ZSBtb2Rlcm4gaW50ZXJpb3I/

p.86
- http://ecorebirth.altervista.org/wp-content/uploads/2015/07/desktop_Art-Hotel-Het-Arresthuis-Trends-Hunter.jpg
- https://www.hetarresthuis.nl/

p.88
- http://www.meteoweb.eu/2014/10/tropical-islands-park-il-paradiso-in-una-cupola-ecco-le-foto-del-

Source

sogno-tedesco/340631/
- http://www.sueddeutsche.de/wirtschaft/
bildstrecke-verschwendete-steuermilliarden-
inostdeutschland-1.651506-2
- http://www.dailymail.co.uk/news/article-2281349/
Incredible-pictures-luxury-Tropical-Islands-resort-
inside-enormous-German-hangar-surrounded-SNOW.
html

p.90
- https://www.hetarresthuis.nl/
- https://wordlesstech.com/from-airships-to-water-
park/
- http://korean.visitseoul.net/attractions/서울도서관-옛-
서울시청사-KR_/10231

p.108
- http://www.dailymail.co.uk/news/article-2402713/
Orana-Wildlife-Park-New-Zealand-The-zoo-tourists-
caged-close-encounter-lions.html

p.109
- http://www.waarmakers.nl/projects/
goedzaktemp/#sustainability
- http://www.craftychica.com/2012/04/the-art-of-
reverse-graffiti/

p.110
- http://hipcycle.com/large-upcycled-paper-bowl.html
- http://just-me-and-t.blogspot.kr/2012/06/spoon-
mirror.html
- http://dishfunctionaldesigns.blogspot.kr/2012/09/
old-ladders-repurposed-as-home-decor.html

p.121
- https://commons.wikimedia.org/wiki/File:Florence_
Nightingale_three_quarter_length.jpg

p.150
- http://www.kaplaninternational.com/blog/road-
signs-around-the-world
- http://www.pickledelisquare.com/2009/05/sign-
language-laos.html#!/2009/05/sign-language-laos.
html
- http://rlv.zcache.com/dog_sleds_crossing_
traffic_sign_greenland_classic_round_sticker-
rac77c778d3624ef5b10f9 ed175277a97_
v9waf_8byvr_324.jpg
- http://chandigarhtrafficpolice.org/trafficsigns/gif/
facility_information_sign/auto_rickshaw_stand.gif

p.151
- https://en.wikipedia.org/wiki/Road_signs_in_
Australia
- http://www.safetysign.com/beach-signs

p.158
- http://www.shanghaidaily.com/nation/Robot-
waiters-found-in-Zhejiang/shdaily.shtml
- http://www.sporttechie.com/2015/08/29/sports/
soccer/robocup-robots-practicing-2050-human-vs-
robot-soccer-tournament/
- http://www.happyjappy.com/nagoya/toyota_kaikan_
exhibition_hall.html
- https://commons.wikimedia.org/wiki/
File:Lamplighter_(3770623470).jpg

p.164
- http://www.nytimes.com/2016/05/07/arts/design/
harold-cohen-a-pioneer-of-computer-generated-art-
dies-at-87. html?_r=0

- http://radicalart.info/AlgorithmicArt/algebra/AARON/
index.html

p.168
- http://bengrosser.com/wp-content/resources/
top800.jpg

p.188
- http://www.psfk.com/2013/02/ctx-keyboard.html
- http://www.mirror.co.uk/news/technology-
science/technology/amazing-tf-x-concept-video-
shows-6116262
- http://itechfuture.com/concept-flexible-cell-phone-
and-new-technology/

p.222
- http://www.nativeplanet.org/
- http://worldculturalheritagevoices.org/
- http://www.fiafnet.org/

*출처표시를 안 한 사진 및 삽화 등은 저작자 및 발행사에서 저작권을 가지고 있는 경우임.

Video

p.224
- http://www.activateleadership.co.za/cells/view/1674

Memo

Memo

Memo

지은이

양현권 서울대학교 영어교육과
백기창 불암고등학교
장은미 대인고등학교
김낙훈 성동고등학교
김형석 ㈜NE능률 교과서개발연구소
박한나 ㈜NE능률 교과서개발연구소

High School English
Reading & Writing
자습서

펴낸이 주민홍
펴낸곳 서울시 마포구 월드컵북로 396(상암동) 누리꿈스퀘어 비즈니스타워 10층
㈜NE능률 (우편번호 03925)
펴낸날 2018년 1월 10일 초판 제1쇄 발행
2020년 4월 15일 제6쇄
전화 02 2014 7114
팩스 02 3142 0356
홈페이지 www.neungyule.com
등록번호 제 1-68호
ISBN 979-11-253-1963-4
정가 15,000원

고객센터

교재 내용 문의: contact.nebooks.co.kr (별도의 가입 절차 없이 작성 가능)

제품 구매, 교환, 불량, 반품 문의: 02 2014 7114 ☎ 전화 문의는 본사 업무시간 중에만 가능합니다.

NE능률 교재 MAP

아래 교재 MAP을 참고하여 본인의 현재 혹은 목표 수준에 따라 교재를 선택하세요.
NE능률 교재들과 함께 영어실력을 쑥쑥~ 올려보세요!
MP3 등 교재 부가 학습 서비스 및 자세한 교재 정보는 www.nebooks.co.kr에서 확인하세요.

교과서/
내신

중1
중학영어1 자습서 [김성곤_2015 개정]
중학영어1 평가문제집 1학기 [김성곤_2015 개정]
중학영어1 평가문제집 2학기 [김성곤_2015 개정]
중학영어1 자습서 [양현권_2015 개정]
중학영어1 평가문제집 1학기 [양현권_2015 개정]
중학영어1 평가문제집 2학기 [양현권_2015 개정]

중2
중학영어2 자습서 [김성곤_2015개정]
중학영어2 평가문제집 1학기 [김성곤_2015개정]
중학영어2 평가문제집 2학기 [김성곤_2015개정]
중학영어2 자습서 [양현권_2015 개정]
중학영어2 평가문제집 1학기 [양현권_2015 개정]
중학영어2 평가문제집 2학기 [양현권_2015 개정]

중2-3
생활 일본어 자습서 [2015 개정]
생활 중국어 자습서 [2015 개정]

중3
중학영어3 자습서 [김성곤_2015 개정]
중학영어3 평가문제집 1학기 [김성곤_2015 개정]
중학영어3 평가문제집 2학기 [김성곤_2015 개정]
중학영어3 자습서 [양현권_2015 개정]
중학영어3 평가문제집 1학기 [양현권_2015 개정]
중학영어3 평가문제집 2학기 [양현권_2015 개정]

고1
영어 자습서 [김성곤_2015 개정]
영어 평가문제집 [김성곤_2015 개정]
내신100신 기출예상문제집_영어1학기
[김성곤_2015]
내신100신 기출예상문제집_영어2학기
[김성곤_2015]
영어 자습서 [양현권_2015 개정]
영어 평가문제집 [양현권_2015 개정]

고1-2
영어 I 자습서 [2015 개정]
영어 I 평가문제집 [2015 개정]
내신100신 기출예상문제집_영어 I
[2015 개정]
실용 영어 자습서 [2015 개정]
실용 영어 평가문제집 [2015 개정]
일본어 I 자습서 [2015 개정]
중국어 I 자습서 [2015 개정]

고2
영어 독해와 작문 자습서 [2015 개정]
영어 독해와 작문 평가문제집 [2015 개정]
영어 회화 자습서 [2015 개정]

고2-3
영어 II 자습서 [2015 개정]
영어 II 평가문제집 [2015 개정]
일본어 II 자습서 [2015 개정]
중국어 II 자습서 [2015 개정]
내신100신 기출예상문제집_영어II
[2015 개정]

고3